COMENTÁRIOS À EXECUÇÃO DO NOVO CÓDIGO DE PROCESSO CIVIL

Enfoques Civilistas e Trabalhistas

FRANCISCO ANTONIO DE OLIVEIRA

(CURRICULUM REDUZIDO)

— Desembargador Federal do Trabalho aposentado do Tribunal Regional do Trabalho da 2ª Região.

— Presidente do Tribunal Regional do Trabalho da 2ª Região no período de 2000 a 2002.

Instrução

— Bacharel em Ciências Jurídicas e Sociais pela Pontifícia Universidade Católica — Campinas — Turma 1.970.

— Bacharel em Ciências Econômicas pela Fundação Moura Lacerda — Ribeirão Preto — SP — Turma 1963.

— Contador formado pela Escola Técnica e Ginásio Catanduva/SP Turma de 1956.

— Diplomado em Curso Avançado de Espanhol pela FIRST CLASS Institute of Languages, de Campinas.

— Diplomado em Língua Italiana pela Pontifica Universidade Católica de São Paulo.

— Mestre em Direito do Trabalho pela Pontifícia Universidade Católica de São Paulo — PUC/SP, em 18.07.2000

— Doutor em Direito do Trabalho pela Pontifícia Universidade Católica de São Paulo — PUC/SP. Em 20.06.2001

— Presidente do Colégio de Presidentes e de Corregedores da Justiça do Trabalho no período de 2000 a 2002

— Membro do Conselho Superior do Tribunal Superior do Trabalho no período de 2000 a 2002

Obras Publicadas

GÊNERO: DIREITO MATERIAL E PROCESSUAL: TRABALHO, CIVIL E CONSTITUCIONAL

Editora Revista dos Tribunais e Editora LTr

— A Execução na Justiça do Trabalho — 8ª ed. LTr

— A Prova no Processo do Trabalho — 4ª ed. LTr, 2014

— Ação Civil Pública. Enfoques Trabalhistas — 3ª ed. LTr, 2013

— Ação Rescisória. Enfoques Trabalhistas — 4ª ed. LTr, 2013

— Alterações do CPC Comentado. Aspectos Processuais Trabalhistas e Civis. Ed, RT Esgotado

— Comentários aos Precedentes Normativos e às Orientações Jurisprudenciais do TST — 3ª ed. LTr. 2014

— Comentários às Súmulas do TST — 11ª ed. LTr, 2014

— Comentários à Consolidação das Leis do Trabalho — 4ª ed. LTr, 2014

— Mandado de Injunção (Da Inconstitucionalidade por omissão). Enfoques Trabalhistas — 3ª ed. LTr, 2014

— Mandado de Segurança e Controle Jurisdicional — 4ª ed. LTr, 2013

— Manual de Audiências Trabalhistas — 8ª ed. LTr, 2013

— Manual de Direito Individual e Coletivo do Trabalho — 3ª ed. RT

— Manual de Penhora. Enfoques Trabalhistas e Jurisprudência — 3ª ed. LTr, 2014

— Manual de Processo do Trabalho — 4ª ed. LTr, 2011

— Medidas Cautelares, Procedimentos Especiais — 4ª ed. LTr, 2008

— Novo contrato por prazo determinado. Lei n. 9.601/98 — Ed RT esgotado

— Manual de Revelia — 2ª ed. LTr, 2015

— O Processo na Justiça do Trabalho, 5ª ed. LTr, 2008

— Tratado de Direito Processual do Trabalho. 1ª ed. LTr, 2008

— A Lei do Mandado de Segurança Comentada, LTr, 2011.

— Curso de Direito do Trabalho, LTr, 2012

— O Livro da Competência — LTr, 2012

— Questões Processuais Trabalhista — LTr, no prelo

— Tratado de Direito Processual do Trabalho —LTr. (2 volumes)

GÊNERO — ROMANCE

1. Peregrinos do Universo, Editora Vértice — Ficção, 2001
2. Inquisição — O lado sombrio da Igreja. Editora Appris — Ficção, 2014
3. Por que Elas Traem, Editora Appris — Psico/Social, 2014
4. Prostituição. Glamour e Ocaso, Editora Appris — Psico/Social, 2014
5. Introspecção. Editora Appris — no prelo (Crônicas) — 2014

— Professor convidado pela Universidade Presbiteriana Mackenzie — Curso de Direito — para ministrar aulas em Curso de Pós-Graduação

— Professos convidado do Centro de Extensão Universitária (CEU) para ministrar aulas no Curso de Pós-Graduação

— Professor convidado da Escola Paulista de Direito (EPD) para ministrar aulas em Curso de Pós-Graduação

— Escola Superior de Advocacia — São Paulo

— Professor da ESA-São Paulo —Ministrou Curso de Execução Trabalhista com duração de 24 horas.

MENÇÃO ELOGIOSA

— Menção elogiosa do Tribunal Superior do Trabalho sobre a obra "A Execução na Justiça do Trabalho" — Sessão Plenária de 16.06.88.

— Menção elogiosa do Tribunal Superior do Trabalho sobre obras publicadas — 14ª Sessão Extraordinária realizada em setembro/93.

— Menção elogiosa do Tribunal Superior do Trabalho sobre obras publicadas. 32ª Seção Ordinária da Seção Especializada em Dissídios Coletivos, 2000.

Condecorações

— Agraciado com a medalha da Ordem do Mérito Judiciário do Trabalho no Grau de Comendador, concedida pelo E. Órgão Especial do Tribunal Superior do Trabalho, e promovido ao grau de GRANDE OFICIAL, pelo Pleno do Tribunal Superior do Trabalho.

— Agraciado com a Medalha da Ordem do Mérito Judiciário do Tribunal Regional do Trabalho da 2ª Região, no grau de Grã-Cruz.

— Agraciado com o título de Cidadão Campineiro pela Câmara Municipal de Campinas/SP.

Participações

— Membro da Academia Nacional de Direito do Trabalho.

— Membro do Instituto Brasileiro de Direito Social — Seção Brasileira da Societé Internacionale de Droit du Travail et de la Securité Social.

— Membro do Instituto dos Advogados de São Paulo (sócio colaborador).

— Membro da Asociación Iberoamericana de Derecho del Trabajo y de la Seguridad Social.

— Membro do Instituto de Direito do Trabalho do Mercosul (sócio efetivo titular).

— Membro da Academia Paulista de Magistrados

— Membro da Academia Paulista de Letras Jurídicas, na qualidade de Acadêmico Perpétuo como Titular de Cadeira e sócio fundador, Cadeira n. 10, patrono Frederico Marques a partir de 11.8.2003.

— Homenageado pela 2ª Turma do Tribunal Superior do Trabalho na sessão do dia 18.08.2004 em razão da sua aposentadoria.

— Homenageado pela 4ª Turma do Tribunal Superior do Trabalho na sessão do dia 18.08.2004 em razão da sua aposentadoria.

FRANCISCO ANTONIO DE OLIVEIRA

COMENTÁRIOS À EXECUÇÃO DO NOVO CÓDIGO DE PROCESSO CIVIL

Enfoques Civilistas e Trabalhistas

LTr 80

LTr

EDITORA LTDA.

Rua Jaguaribe, 571
CEP 01224-003
São Paulo, SP — Brasil
Fone (11) 2167-1101
www.ltr.com.br
Março, 2016

versão impressa — LTr 5398.0 — ISBN 978-85-361-8714-3
versão digital — LTr 8878.1 — ISBN 978-85-361-8733-4

Dados Internacionais de Catalogação na Publicação (CIP)
(Câmara Brasileira do Livro, SP, Brasil)

Oliveira, Francisco Antonio de

Comentários à execução do novo código de processo civil: enfoques civilistas e trabalhistas / Francisco Antonio de Oliveira. — São Paulo : LTr, 2016.

Bibliografia.

1. Execuções (Direito) 2. Processo civil I. Título.

15-10678 CDU-347.952

Índice para catálogo sistemático:

1. Execução civil : Direito processual civil
347.952

Dedico esta obra
à minha esposa, Maria Aparecida,
ao meu filho André e à sua esposa Carol, aos meus netos Talita, Maria Luísa e Gustavo, à Karla e aos meus pais José Antonio e Clarina, in memoriam.

Sumário

Enfoque introdutório

Iniciamos este livro Capítulo IV — Do Incidente de Desconsideração da Personalidade Jurídica, que emcampou a Teoria da Disregard of legal entity, por ser essa novidade uma das inovações mais importantes do Novo Código. A teoria da superação da personalidade jurídica originária do direito anglo-saxão vinha sendo utilizada fortemente na doutrina que se formou através dos anos e na jurisprudência que se formara lentamente. Durante muito tempo permitiu-se que sócios e diretores não fossem responsabilizados, protegidos por um véu imaginário que separava a pessoa física da jurídica. E à mercê desse subterfúgio, as pessoas jurídicas definhavam e o patrimônio dos sócios enriqueciam. Falências eram habitualmente projetadas por advogados especializados. O Código Civil em vigor inclui a teoria Disregard of legal entity no art. 50 para os casos de desvio de finalidade ou caso de confusão patrimonial. O novo Código ampliou o núcleo operacional e permitiu o envolvimento dos responsáveis nos negócios da pessoa jurídica.

Capítulo IV
DO INCIDENTE DE DESCONSIDERAÇÃO DA PERSONALIDADE JURÍDICA

TEORIA DO *DISREGARD OF LEGAL ENTITY*

DA RESPONSABILIDADE DO SÓCIO — ENFOQUE TRABALHISTA

Razões de ordem fática e jurídica inexistem para que o sócio que corre o risco do empreendimento, que participa dos lucros, enriquece o seu patrimônio particular, seja colocado à margem de qualquer responsabilidade, quando a pessoa jurídica responder por suas obrigações.

Como carrear ao empregado os prejuízos da pessoa jurídica, quando não dispõe de meios para evitar a "quebra" e não tem poderes de gerência e de administração?

Ensina o saudoso mestre da responsabilidade civil, José Aguiar Dias, com respaldo em Saleilles, que "a lei deixa a cada um a liberdade de seus atos; ela não proíbe senão aqueles que se conhecem como causas diretas do dano. Não poderia proibir aqueles que apenas trazem em si a virtualidade de atos danosos, uma vez que se possa crer fundamentalmente que tais perigos possam ser evitados, à base de prudência e de habilidade. Mas, se a lei os permite, impõe àqueles que tomam o risco a seu cargo a obrigação de pagar os gastos respectivos, sejam ou não resultados de culpa. Entre eles e as vítimas não há equiparação. Ocorrido o dano, é preciso que alguém o suporte. Não há culpa positiva de nenhum deles. Qual seria então o critério de imputação do risco? A prática exige que aquele que obtém proveito de iniciativa lhe suporte os encargos, pelo menos a título de sua causa material, uma vez que essa iniciativa constitui um fato que, em si e por si, encerra perigos potenciais contra os quais os terceiros não dispõem de defesa eficaz. É um balanceamento a fazer. A justiça quer que se faça inclinar o prato da responsabilidade para o lado do iniciador do risco".

E, com respaldo em Mataja, prossegue o festejado autor: "A distribuição do ônus do prejuízo atende, primordialmente, ao interesse social, distribuição essa que se faz entre os que obtiveram proveitos e correram o risco do negócio. (...) Se não estamos a coberto dos riscos, tenhamos pelo menos a certeza de que não sofreremos impunemente as conseqüências da atividade alheia. À fórmula viver perigosamente replicamos com esta outra, que é a sua sanção: responder pelos nossos atos." (*Da Responsabilidade Civil*, vol. 1, p. 75.)

É princípio informador do direito do trabalho que "o empregado não corre o risco do empreendimento, já que também não participa dos lucros". Em não havendo bens que suportem a execução forçada — insolvência, concordata, falência, liquidação extrajudicial, desaparecimento dos bens de pessoa jurídica etc. —, os sócios responderão pelos débitos trabalhistas da empresa com os seus patrimônios particulares. Nesse sentido, os seguintes diplomas legais: arts. 594 e 596 do CPC; arts. 134, 135, 185, 186 e 187 do CTN; art. 10 do Dec. 3.708/19; art. 121 do Dec.-lei. 2.627/40 (revogado parcialmente pela Lei n. 6.404/1976); arts. 117, 121, 154, 155, 156, 158 e 245 da Lei n. 6.404/76; arts. 50, 990, 1.023 a 1.026 do CC; e arts. 4º e 29 da Lei n. 6.830/80, *ex vi* do art. 889 da CLT.

Realça Arion Romita que "a limitação da responsabilidade dos sócios é incompatível com a proteção que o direito do trabalho dispensa aos empregados; deve ser abolida, nas relações da sociedade com seus empregados, de tal forma que os créditos dos trabalhadores encontrem integral satisfação, mediante a execução subsidiária os bens particulares dos sócios. É tempo de afirmar, sem rebuços, que, nas sociedades por cotas de responsabilidade limitada, todos os sócios devem responder com seus bens particulares, embora subsidiariamente, pelas dívidas trabalhistas da sociedade; a responsabilidade deles deve ser solidária, isto é, caberá ao empregado exeqüente o direito de exigir de cada um dos sócios o pagamento integral da dívida societária. Vale dizer, para fins de satisfação dos direitos trabalhistas, será aberta uma exceção à regra segundo a qual a responsabilidade dos sócios se exaure no limite do valor do capital social; a responsabilidade trabalhista dos sócios há de ser ilimitada, embora subsidiária; verificada a insuficiência do patrimônio societário, os bens dos sócios individualmente considerados, porém, solidariamente, ficarão sujeitos à execução, ilimitadamente, até o pagamento integral dos créditos dos empregados. Não se compadece com a índole do direito obreiro a perspectiva de ficarem os créditos trabalhistas a descoberto, enquanto os sócios, afinal os beneficiários diretos do resultado do labor dos empregados da sociedade, livram os seus bens pessoais da execução, a pretexto de que os patrimônios são separados. Que permaneçam separados para os efeitos comerciais, compreende-se; já para efeitos fiscais, assim não entende a lei; não se deve permitir, outrossim, no direito do trabalho, para completa e adequada proteção dos empregados. (...) Quanto às sociedades anônimas, a questão é mais delicada e exige reflexão. Impraticável será invocar-se a responsabilidade dos acionistas, é evidente. A responsabilidade há de ser dos gestores (diretores, administradores, pouco importa a denominação). Urge, também, proclamar que, se insuficiente o patrimônio da sociedade anônima, os diretores responderão solidariamente, com seus bens particulares, pela satisfação dos direitos trabalhistas dos empregados da sociedade. Semelhante conclusão não aberra da moderna concepção vigente a respeito da responsabilidade dos gestores de sociedade por ações. No campo da execução trabalhista, a responsabilidade dos gestores se traduziria na obrigação de satisfazer subsidiariamente os débitos da sociedade. A perspectiva de ter de responder com seus bens pessoais pelas dívidas sociais (embora somente depois de excutido o patrimônio social) certamente estimulará os gestores no sentido de conduzirem sua administração a bom êxito, evitando arrastar a sociedade à posição de devedor insolvente ante seus empregados" (Aspectos do Processo de Execução Trabalhista à luz da Lei n. 6.830/80. LTr 45/1041 e ss.).

Rubens Requião assinala: "Ora, diante do abuso de direito e da fraude no uso da personalidade jurídica, o juiz tem o direito de indagar em seu convencimento, se há de consagrar a fraude ou o abuso de direito, ou se deva desprezar a personalidade jurídica, para, penetrando em seu âmago, alcançar as pessoas e bens que dentro dela se escondem para fins ilícitos ou abusivos. Se a personalidade jurídica constitui criação da lei, como concessão do Estado, objetivando, como diz Cunha Gonçalves, "a realização de um fim", nada mais transcendente do que se reconhecer ao Estado, através de sua Justiça, a faculdade de verificar se o direito concedido está sendo adequadamente usado. A personalidade jurídica passa a ser considerada doutrinariamente um direito relativo, permitindo ao juiz penetrar o véu da personalidade para coibir os abusos ou condenar a fraude através de seu uso. (...) A relatividade do direito da personalização jurídica nos leva, numa rápida digressão, à teoria do abuso de direito. É do conhecimento elementar que foi ela criação da jurisprudência dos tribunais franceses. Deve-se a Josserand a sistematização de seu uso, contando com a oposição crítica e sistemática de Planiol. Para se compreender a fundo a teoria do abuso de direito, deve-se partir da observação de Josserand de que, se a sociedade garante a determinadas pessoas as suas prerrogativas, não é para ser-lhes agradável, mas para assegurar-lhes a própria conservação. Esse é, na verdade, o mais alto tributo do direito: *a sua finalidade social.* Já se vai tornando um conceito clássico a doutrina de Geny de que nem todo direito está contido na legalidade. A lei, de fato, não abrange todas as peculiaridades da vida cotidiana nos seus vários matizes." (*Curso de Direito Comercial*, v. 1, p. 265-266.)

Clóvis Ramalhete defende o emprego da doutrina inglesa do *disregard of legal entity*: "III) Ao ser desconsiderada a personalidade da sociedade mercantil, as normas legais que geram esse efeito não a desconstituem, mas negam eficácia a certos atos dela, quando se desvenda por detrás da vontade manifestada pela pessoa jurídica a real presença dominante do querer dos sócios; pois a desconsideração da personalidade é proteção jurídica principalmente dos grupos econômicos, da moderna economia empresarial. IV) O sistema legal vigente neste País, quando rege a eficácia dos atos jurídicos, autoriza, no Brasil, a aplicação da doutrina mercantil inglesa do *disregard of legal entity*, desde que aqui com apoio em norma de lei. V) A desconsideração da personalidade da sociedade mercantil do sistema jurídico brasileiro, de direito escrito, ou funda-se em norma expressa da lei que rege o caso, a qual dispõe não se respeite a personalização legal do ente mercantil, ou, de outro modo, funda-se no sistema legal genérico, o da eficácia dos atos jurídicos e nos princípios gerais do direito, ambos aplicáveis ao caso" (Parecer n. 63, 10.8.1981 publicado no DOU, I, em 18.3.1981.)

O art. 8º da CLT autoriza expressamente o emprego da teoria do *disregard of legal entity.*

O crédito trabalhista não pode ser relegado a plano terciário, quando a empresa não vai bem, quebra ou desaparece com o fundo de comércio. O sócio, ao participar de um fundo de comércio, assume os riscos e os benefícios que o empreendimento poderá refletir. Uma coisa é certa. O empregado não pode participar dos riscos do empreendimento, mesmo porque jamais participa dos lucros. O trabalhador é aquele, num país de desempregados, que consegue um trabalho (com vínculo empregatício ou autônomo) e entrega a sua força de trabalho sem nada perguntar, sem possibilidade de imiscuir-se na administração da empresa. E, dia a dia, vê esfumar-se o seu único patrimônio, que é a higidez física, patrimônio fungível que jamais poderá ser recuperado. Junto com a quebra, com a derrocada, com o desaparecimento do fundo de comércio, descobre-se a ausência de depósitos fundiários, o não recolhimento de cotas previdenciárias, o atraso no salário. Constata que a Carteira assinada nada significou, porque o Poder Público não fiscalizou, e inicia a sua *via crucis* quando passa a correr atrás do prejuízo. Não responsabilizar o sócio seria condenar o trabalhador e sua prole ao castigo da morte lenta, à inanição. Daí por que o sócio deve responder, subsidiariamente. Mas, não existindo bens no fundo de comércio, a responsabilidade dos sócios passa a ser solidária entre si. A situação do trabalhador entre a empresa e os sócios e o desaparecimento do fundo de comércio ou a quebra é a de *res inter alios*.

A situação do trabalhador é retratada pelo mestre Russomano de forma candente: "Quando alguém pegar com suas mãos o código trabalhista de um país, saiba que ali estão séculos de sofrimentos calados ou de revoltas e que aquelas páginas, nas entrelinhas da composição em linotipo, foram escritas a sangue e a fogo, porque, até hoje, infelizmente, nenhuma classe dominante abriu mão de seus privilégios apenas por um ideal de fraternidade ou por espírito de amor aos homens." (*O Empregado e o Empregador no Direito do Trabalho*, Ed. LTr. São Paulo, 1978, p. 12 e ss.)

A quebra da empresa (Lei n. 11.101/2005) impõe restrição à preferência do crédito trabalhista (art. 83, I) até 150 salários mínimos, transformando em quirografário o crédito que sobejar ao valor indicado (art. 83, VI, *c*). Daí por que a execução sobre os bens dos sócios se torna mais vantajosa, pois a restrição imposta em caso de falência não o beneficia. Dispõe o art. 596, CPC:

> "Os bens particulares dos sócios não respondem pelas dívidas da sociedade senão nos casos previstos em lei; o sócio, demandado pelo pagamento da dívida, tem direito a exigir que sejam primeiro excutidos os bens da sociedade."

Evidentemente, não haverá bens disponíveis em caso de falência, devendo o sócio responder com o seu patrimônio particular.

Em suma, o crédito trabalhista tem todos os benefícios executórios da Lei dos Executivos Fiscais (art. 889, CLT), não rendendo tributo a nenhuma preferência, posto que, se existente, estará colocada em grau inferior. Di-lo o art. 186 do CTN. Antes o crédito trabalhista cedia vez à infortunística (crédito por acidente do trabalho ou doença profissional). Com a modificação da lei, a responsabilidade acidentária passou para a União, cedendo vez ao crédito trabalhista.

O art. 596 do Código Buzaid (art.795 do Cód. novo) normatiza a responsabilidade subsidiária do sócio. Nesse caso, em ocorrendo a hipótese, deve o sócio usar o benefício que a lei lhe assegura.

A responsabilidade subsidiária do sócio não exige que tenha integrado a lide e faça parte dos limites subjetivos da coisa julgada. Inaplicável *in casu* a orientação antes contida na Súmula n. 205, de discutível legalidade (art. 2º, § 2º, CLT), que cuidava de grupos econômicos, já hoje revogada pela Resolução TST n. 121/2003.

O sócio, nesse caso, poderá se defender mediante a apresentação de embargos de terceiro, cuja defesa estará restrita ao bem ou bens penhorados.

Por alento subsidiário, tínhamos o art. 350 do Código Comercial, que dispunha: "O sócio que se despedir antes de dissolvida a sociedade ficará responsável pelas obrigações contraídas e perdas havidas até o momento da despedida..." (art. 8º, CLT). Referido artigo foi revogado, tendo correspondente no art. 1.024 do CC.

Vale dizer, o sócio retirante poderá vir a responder pelos débitos da sociedade e para com empregado admitido antes da saída do sócio. Em acontecendo a hipótese, este poderá agir regressivamente contra os demais sócios.

O crédito trabalhista é indivisível (art. 891, CC, correspondendo ao art. 259, CC de 2002), do que resulta que o trabalhador poderá dirigir a execução contra qualquer sócio.

Em suma, o crédito trabalhista tem todos os benefícios executórios da Lei dos Executivos Fiscais (art. 889, CLT), não rendendo tributo a nenhuma preferência, posto que, se existente, estará colocado em grau inferior. Di-lo o art. 186 do CTN. Antes, o crédito trabalhista cedia vez à infortunística (crédito por acidente do trabalho ou doença profissional). Com a modificação da lei, a responsabilidade acidentária passou para a União, cedendo vez ao crédito trabalhista.

A responsabilidade do sócio está diretamente ligada à espécie de culpa objetiva. Se a administração empresarial não foi bem-sucedida, deve-se aos sócios que não tiveram competência para levar a bom termo o empreendimento. Fatores outros, como planos econômicos, dificuldades para captação de capital de giro, custo operacional do produto, impossibilidade competitiva etc. São elementos circunstanciais contidos todos no risco do empreendimento.

Em sede trabalhista, o sócio poderá ser responsabilizado, podendo, sempre, usar do benefício de ordem e indicar bens desembargados da pessoa jurídica. Se os bens do fundo de comércio não forem suficientes à liquidação do débito, o sócio responderá com seus bens particulares. O sócio que se retira da sociedade será responsável até esse momento (art. 1.003, parágrafo único, CC), por inadimplência futura, podendo indicar bens de sócios remanescentes.

Na execução trabalhista, dado o superprivilégio do crédito trabalhista, não rendendo tributo a nenhum outro crédito, dada a sua natureza alimentar (art. 100 da CF), tem aplicação a Lei n. 6.830/80, *ex vi* art. 889 da CLT.

Dispõe o art. 29 da Lei n. 6.830/80: "A cobrança judicial da Dívida Ativa da Fazenda Pública não é sujeita a concurso de credores ou habilitação em falência, concordata, liquidação, inventário ou arrolamento."

Por sua vez, dispõe o art. 30: "Sem prejuízo dos privilégios especiais sobre determinados bens, que sejam previstos em lei, responde pelo pagamento da Dívida Ativa da Fazenda Pública a totalidade dos bens e das rendas, de qualquer origem ou natureza, do sujeito passivo, seu espólio ou sua massa, inclusive os gravados por ônus real ou cláusula de inalienabilidade ou impenhorabilidade, seja qual for a data da constituição do ônus ou da cláusula, excetuados unicamente os bens e rendas que a lei declara absolutamente impenhoráveis."

O crédito trabalhista tem preferência ao executivo fiscal e até mesmo à infortunística, posto que esta, hoje, está a cargo da União. Este superprivilégio restaria neutralizado caso a empregadora desaparecesse com o fundo de comércio e os sócios não respondessem pela dívida da empresa. Daí por que a responsabilidade do sócio persiste em tais casos.

A responsabilidade é subsidiária, vale dizer, poderá e deverá o sócio, quando penhorados os bens do seu patrimônio, indicar bens da pessoa jurídica que se apresentem suficientes a levar a bom termo a execução. O art. 275 do CC/2002, correspondente *ipsis litteris* ao art. 904 do CC/1916, expressa a solidariedade, sem o benefício de ordem. O art. 350 do Código Comercial, hoje revogado, deixava expressa a subsidiariedade ao normatizar que os bens do sócio responderiam depois de executados os bens sociais. O CC/2002 deixou expresso o mesmo direcionamento no art. 1.024: "Os bens particulares dos sócios não podem ser executados por dívidas da sociedade, senão depois de executados os bens sociais."

Para o direito do trabalho, não importa o tipo de sociedade para a qual o trabalhador prestou serviço nem se a sociedade é de responsabilidade limitada ou ilimitada.

Também não se perquire se o sócio teria agido com dolo ou culpa, pois a sua responsabilidade está diretamente ligada ao risco do negócio. Grita ao bom-senso que aquele que obtém proveito em sua iniciativa negocial também suporte os encargos. Toda iniciativa encerra perigos potenciais para o dono do negócio. Não obviamente ao trabalhador, cuja única "culpa" seria a de dar a sua força de trabalho, sem qualquer possibilidade de opinar sobre os destinos da empresa.

O crédito trabalhista é indivisível (art. 891, CC, correspondendo ao art. 259, CC de 2002), do que resulta que o trabalhador poderá dirigir a execução contra qualquer sócio.

O art. 596 do Código Buzaid normatizou a responsabilidade subsidiária do sócio. Nesse caso, em ocorrendo a hipótese, deve o sócio usar o benefício que a lei lhe assegura.

A responsabilidade subsidiária do sócio não exige que tenha integrado a lide e faça parte dos limites subjetivos da coisa julgada. Inaplicável *in casu* a orientação antes contida na Súmula 205, de discutível legalidade (art. 2º, § 2º, CLT), que cuidava de grupos econômicos, já hoje revogada pela Resolução TST n. 121/2003.

O sócio, nesse caso, poderá se defender mediante a apresentação de embargos de terceiro, cuja defesa estará restrita ao bem ou bens penhorados.

Art. 133. O incidente de desconsideração da personalidade jurídica será instaurado a pedido da parte ou do Ministério Público, quando lhe couber intervir no processo.

✍ *Comentários:* O artigo adotou a teoria da superação da personalidade (*Disregard of Legal Entity*). A desconsideração da personalidade consiste em que se ignore a personalidade jurídica autônoma da entidade moral, quando houver desvios de objetivos, com a adoção de objetivos fraudulentos, impondo prejuízos a terceiros. Com a superação da personalidade, haverá a possibilidade de alcançar o patrimônio particular dos sócios da empresa para a satisfação do crédito. A responsabilidade do sócio será subsidiária, isto é, ele poderá indicar bens da sociedade livres e desembaraçados que possam garantir o crédito. Os sócios da empresa, todavia, são solidários entre si. O credor poderá acionar qualquer dos sócios, não havendo a necessidade de que o executado faça parte dos limites subjetivos da coisa julgada. A prova deverá ser feita pelo requerente.

A CLT já previa a aplicação da teoria no art. 8º de autorizar a aplicação do direito comparado. Em sede civilista, a teoria foi adotada pela primeira vez no Código de Defesa do Consumidor. Nesse sentido, dispõe o art. 28, *in verbis:*

> "O juiz poderá desconsiderar a personalidade jurídica da sociedade quando, em detrimento do consumidor, houver abuso de direito, excesso de poder, infração da lei, fato ou ato ilícito ou violação dos estatutos ou contrato social. A desconsideração também será efetivada quando houver falência, estado de insolvência, encerramento ou inatividade da pessoa jurídica provocados por má administração."
>
> "§ 5º Também poderá ser desconsiderada a pessoa jurídica sempre que sua personalidade for, de alguma forma, obstáculo ao ressarcimento de prejuízos causados aos consumidores."

Ensina Eduardo Gabriel Saad, comentando o art. 28, que "Deflui do texto do dispositivo aqui sob análise que o juiz tem a faculdade de desconsiderar a personalidade jurídica de uma sociedade. Temos para nós, diz o mestre, que essa faculdade converte-se em dever depois de feita a prova do prejuízo do consumidor devido a uma das circunstâncias elencadas nesse mesmo art. 28 do Código de Defesa do Consumidor. O silêncio da norma nos permite concluir que semelhante decisão do juiz não depende de requerimento da parte; o procedimento é admitido *ex officio*" [*Comentários ao Código de Defesa do Consumidor (Lei n. 8.078, de 11.9.90)*. 3. ed. LTr, São Paulo, 1998, p. 297-298.]

O Código Civil em vigor prevê a superação da personalidade no art. 50.

§ 1º O pedido de desconsideração da personalidade jurídica observará os pressupostos previstos em lei.

✍ *Comentários:* Toda empresa tem uma finalidade social e com essa finalidade é criada e autorizada e mercadejar para produzir a circulação de bens ou de serviços no desenvolvimento de uma atividade lícita. Todavia, se a pessoa jurídica adota a prática de atos ilícitos, violando os seus estatutos, com abuso de direito, desrespeitando a lei e buscando o enriquecimento fácil e sem causa dos seus sócios, com isso provocando a falência, o fechamento do fundo de comércio ou tornando-se insolvente, o credor poderá acionar o sistema de desconsideração da personalidade da pessoa jurídica para que os sócios se tornem os responsáveis pelos débitos da empresa. Haverá também a desconsideração da personalidade quando o patrimônio dos sócios e da pessoa jurídica se confundem por conveniência da entidade moral.

§ 2º Aplica-se o disposto neste Capítulo à hipótese de desconsideração inversa da personalidade jurídica.

✍ *Comentário:* Reportamo-nos aos comentários retro.

Art. 134. O incidente de desconsideração é cabível em todas as fases do processo de conhecimento, no cumprimento de sentença e na execução fundada em título executivo extrajudicial.

✍ *Comentário:* A teoria da desconsideração da personalidade tem aplicação em qualquer fase do processo judicial ou extrajudicial. A generalização se estende à fase de conhecimento e à fase de execução. Poderá ser requerida em sede cautelar, mediante o arresto de bens de um dos sócios da empresa, o qual depois poderá ser convolado em penhora.

§ 1º A instauração do incidente será imediatamente comunicada ao distribuidor para as anotações devidas.

✍ *Comentários:* Requerida a instauração do incidente de desconsideração da personalidade jurídica, o fato será comunicado imediatamente do órgão distribuidor para que faça imediatamente as anotações devidas. Embora não mencione a lei, a decisão interlocutória que for proferida deverá ser averbada à margem da matrícula de imóvel do sócio no Cartório de Registros de Imóveis (art. 167, II, n. 12, da Lei de Registros Públicos); em caso negativo, isto é, se o sócio não possuir imóvel, o registro deverá ser feito no Cartório de Títulos e Documentos para dar publicidade a terceiros.

§ 2º Dispensa-se a instauração do incidente se a desconsideração da personalidade jurídica for requerida na petição inicial, hipótese em que será citado o sócio ou a pessoa jurídica.

✍ *Comentários:* O autor poderá requerer o incidente por ocasião da distribuição da petição inicial. Se o fizer, não haverá a necessidade de requerer incidente. Nesse caso, a citação será dirigida ao sócio ou à empresa, segundo dispõe o parágrafo sob comento. Isso significa que o credor poderá escolher um ou outro: o sócio ou a empresa. A prática indica que, nesse caso, será mais seguro que se faça a citação de ambos. Com isso, não haverá prejuízo. Poderá haver benefício: se ambos não apresentarem defesa, haverá revelia.

§ 3º A instauração do incidente suspenderá o processo, salvo na hipótese do § 2º.

✍ *Comentários:* A parte poderá fazer o requerimento de forma incidente, ocasião em que alegará os motivos que dão suporte do pedido desconsideração da personalidade. Se o requerimento for incidente, haverá a citação da empresa ou do sócio e a suspensão do processo principal com abertura de instrução probatório, onde serão assegurados às partes a ampla defesa e o efetivo contraditório. Caberá ao autor a prova do fato constitutivo é, ao sócio, a prova do fato impeditivo, modificativo ou extintivo.

§ 4º O requerimento deve demonstrar o preenchimento dos pressupostos legais específicos para desconsideração da personalidade jurídica.

✍ *Comentários:* Na petição inicial do requerimento do incidente, o requerente deverá indicar, de forma objetiva, as situações envolventes da empresa que autorizam a desconsideração da personalidade. Essas alegações iniciais são consideradas os pressupostos que, se existentes, poderão dar ensejo à declaração, autorizando que os bens do sócio sejam arrestados ou penhorados, passando ele a responder pelo débito da pessoa jurídica. Os pressupostos poderão ser a falência dolosa, o fechamento do fundo de comércio de forma dolosa, o desvio dos objetivos da empresa descambando para a prática de atos ilícitos com a finalidade de enriquecer sem causa o patrimônio dos sócios. Se o requerimento for incidente, haverá a suspensão do processo principal com abertura de instrução probatória, onde serão assegurados às partes a ampla defesa e o efetivo contraditório. Caberá ao autor a prova do fato constitutivo è ao sócio, a prova do fato impeditivo, modificativo ou extintivo.

Art. 135. Instaurado o incidente, o sócio ou a pessoa jurídica será citado para manifestar-se e requerer as provas cabíveis no prazo de 15 (quinze) dias.

Comentários: Se o requerimento for incidente, haverá a suspensão do processo principal para citação das partes (pessoa jurídica ou sócio) com abertura de instrução probatória, onde serão assegurados às partes a ampla defesa e o efetivo contraditório. Caberá ao autor a prova do fato constitutivo é ao sócio, a prova do fato impeditivo, modificativo ou extintivo. As partes terão o prazo de 15 (quinze) dias para requererem as provas que pretendem fazer e cabíveis para a espécie. Não se descarta a necessidade de prova pericial técnico-contábil, com exame de escrita e balancete especial para a finalidade.

Art. 136. Concluída a instrução, se necessária, o incidente será resolvido por decisão interlocutória.

Comentários: Desde que concluída a instrução probatória, o juiz poderá determinar data para proferir a decisão ou determinar a conclusão dos autos. A decisão que vier a ser proferida deferindo ou indeferindo o pedido terá natureza jurídica de "decisão interlocutória mista". Da decisão, caberá agravo interno nos termos do parágrafo único, infra.

Parágrafo único. Se a decisão for proferida pelo relator, cabe agravo interno.

Art. 137. Acolhido o pedido de desconsideração, a alienação ou a oneração de bens, havida em fraude de execução, será ineficaz em relação ao requerente.

Comentários: O artigo não é claro, quando se refere à fraude à execução. Como regra, os bens alienados ou dados em garantia antes do requerimento do incidente não dariam suporte para a declaração de fraude à execução, já que sócio não seria responsável, mas sim a pessoa jurídica. Todavia, a alienação ou a entrega em garantia real de bens que determinaram a insolvência do sócio depois de feita a citação, terá a tipicidade de fraude à execução e a alienação será ineficaz.

A redação do *caput* deveria ser a que segue:

> "Art. 137. Acolhido o pedido de desconsideração, a alienação ou a oneração de bens, depois da citação do incidente de desconsideração, será considerada em fraude à execução e, portanto, ineficaz."

Art. 1.062. O incidente de desconsideração da personalidade jurídica aplica-se ao processo de competência dos juizados especiais.

Comentários: A desconsideração da personalidade é instituto de grande valia para se ressarcir o credor de prejuízos ocasionados por fraudes cometidas pela pessoa jurídica, tramadas pelos sócios da empresa, com a finalidade enriquecimento do patrimônio particular. A aplicação nos juizados especiais não deixa de ser uma necessidade inescusável.

Seção V
Da Coisa Julgada

DA VEROSSIMILITUDE DA COISA JULGADA

Todo julgamento tem como premissa a busca da verdade real. Para que isso possa viabilizar-se em concreto, a estrutura processual universal garante o devido processo legal, o princípio da ampla defesa, o princípio do contraditório e o tratamento igualitário das partes no processo. Todavia, sabemos que essa garantia não é suficiente para que se consiga, com certeza, a verdade real. A prevalência da verdade formal é aceita universalmente. É como se colocássemos a verdade real num pedestal imaginário e para ele mirássemos como um objetivo desejado, mas difícil ou mesmo impossível de alcançar. Todos têm consciência da fabilidade da prova produzida, seja ela testemunhal, documental, pericial ou de inspeção no local. Toda e qualquer prova poderá ser falseada e a possibilidade de descobrir ou não esse vezo de conteúdo está diretamente ligada à competência do falsário. Toda e qualquer testemunha pode ser "industriada". Documentos podem ser falsificados e perícias podem ser falseadas. É bem verdade que a parte adversa tem o poder de fiscalização, mas descobrir ou não vai depender da vivência e da eficiência do advogado. O instituto da preclusão também contribui para a prevalência da verdade formal. Some-se a isso um comodismo enraigado de se aceitar a preclusão sem maiores indagações, como meio hábil e fácil de agilizar o processo. É esse conjunto probatório que servirá de supedâneo para que o juiz instrutor firme a sua convicção e atenda aos ditames constitucionais. Mesmo porque o magistrado não pode julgar fora das provas dos autos (o que não está nos autos, não está no mundo do direito). Do ponto de vista formal, o juiz cumpre o seu ofício de dar o direito. No que diz respeito à sua consciência, também estará tranquilo, pois sabe que a prevalência da verdade formal representa um "mal necessário", e que a busca da verdade real tornou-se apenas um desejo perseguido e dificilmente alcançado. Em havendo o caso de revelia, a situação é ainda mais tormentosa. Se a parte não provar que não foi citada, ou que um motivo ponderoso a impediu de estar em juízo no dia aprazado, jamais conseguirá reverter a situação na jurisdição *ad quem*. Nem mesmo o manejo da ação rescisória será possível, pois a ilegalidade está no fato de não haver sido citada. A dificultar que se descubra a verdade verdadeira daquilo que é posto em juízo, deixa-se a critério do juiz do primeiro e do segundo graus de jurisdição a análise da prova. A boa ou a má análise da prova não respalda o corte rescisório, excepcionando, apenas, o erro de fato (quando o juiz afirma o contrário do que aflora da prova). Todavia, a análise distorcida da prova por juízes é mais comum do que se imagina, em dependendo do tema discutido sobre o qual formou convicção e acaba por julgar todos os processos como se fossem iguais. A análise assim levada a efeito é ilegal, mas não admite a ação rescisória. Tem-se, assim, de forma objetiva, que tudo contribui e conspira para que a coisa julgada não reflita a verdade, contentando-se o legislador com a verdade formal, a qual se impõe como uma necessidade para que o ofício jurisdicional se desenvolva com maior rapidez. Inventou-se inúmeras frases feitas para dar suporte à ignomínia: "Justiça tarda, não é justiça"; "É preferível julgar rapidamente, ainda que de forma incorreta." Formou-se um arsenal de possibilidades contrárias à busca da verdade real. Aceita-se, plenamente, a coisa julgada material, cuja verdade está apenas na aparência, na verossimilitude.

O tema não passou despercebido à argúcia de *Piero Calamandrei*. Diz o mestre italiano: "Todo o sistema probatório civil está preordenado, não só a consentir, senão diretamente a impor ao juiz que se contente, ao julgar a respeito dos fatos, com o sub-rogado da verdade que é a verossimilitude. Ao juiz não lhe é permitido, como se lhe permite ao historiador, que permaneça incerto a respeito dos fatos que em que decidir; deve de qualquer jeito (essa é sua função) resolver a controvérsia numa certeza jurídica (*Voltaire*). Para obtê-la, se vê constrangido como *extrema ratio* a se contentar com o que alguém continua chamando "verdade formal", conseguida mediante o artifício das provas legais e o mecanismo autônomo da distribuição da carga da prova; mas mesmo quando, no sistema das provas "livres", parece que a liberdade de apreciação fosse o instrumento mais adaptado para a consecução da chamada "verdade substancial", a avaliação mesmo que livre leva em todo caso a um juízo de probabilidade e de verossimilitude, não de verdade absoluta. Mesmo que todas as testemunhas estejam concordes em testificar um fato, o juiz, quando chega a concluir que aquele fato é verdadeiro, quer dizer em substância, existindo caso, sem que o mesmo o advirta, que ainda que todas as testemunhas estejam de acordo ao relatar daquele modo o fato, é verossímil que o fato tenha ocorrido precisamente assim." Prossegue: "Mesmo para o juiz mais escrupuloso e atento, vale o limite fatal de relatividade próprio da natureza humana: o que enxergamos, só é o que nos parece que enxergamos. Não verdade, senão verossimilitude: é dizer, aparência (que pode ser também ilusão) de verdade." (*Direito Processual Civil*, Ed. Bookseller, Campinas, 1999, p. 283/284, trad. de Luiz Abezia e Sandra Drina Fernandes Barbery).

DA COISA JULGADA COMO PRESUNÇÃO DA VERDADE

A verdade que aflora da coisa julgada não pode ser tida como uma verdade verdadeira. A verdade que forma o seu conteúdo, como regra, é a verdade formal, que nada mais é do que a certeza jurídica. Esta se contenta com as provas produzidas nos autos. Se a parte titular do direito não logrou prová-la, qualquer que seja o motivo, embora possa ter direito, perderá a ação. A decisão será cristalizada em coisa julgada material em que a verdade verdadeira seria outra, se a parte conseguisse fazer prova. Exemplifique-se: "A" empresta dinheiro a "B" e não documentou o empréstimo. O crédito não é pago. "A" ajuíza ação contra "B". "A" perde a ação por não conseguir provar que havia feito o empréstimo a "B". A coisa julgada material fixa a verdade formal de que "B" nada deve a "A". A certeza jurídica se sobrepõe à verdade real. Isso acontece em virtude de que o juiz que julga está preso às provas produzidas naquele processo, ao ônus probatório e ao princípio da persuasão racional. O juiz deverá dizer expressamente de que forma firmou a sua convicção para decidir neste ou naquele sentido. Todavia, o faz diante das provas produzidas. Se todas as testemunhas direcionarem para determinado sentido, ainda que não seja o fato verdadeiro, se a parte contrária não produzir contraprova convincente, ou mesmo nada produzir, poderá prevalecer a verdade afirmada formalmente pelas testemunhas, não a verdade que seria a real. Não se descobriu ainda um meio pelo qual o juiz poderá encontrar a verdade real. A liberação interpretativa do juiz no passado mostrou-se pior que a verdade formal. A coisa julgada material, mesmo em sede de verossimilitude, dá segurança às decisões e impede que a cada momento se possa desdizer ou rediscutir aquilo que restou decidido. Abre-se a exceção em temas pontuais que permitem o ajuizamento da ação rescisória, enquanto não decorrido o prazo decadencial de 2 (dois) anos.

DA COISA JULGADA: BREVE ENFOQUE

A coisa julgada é a transformação de uma decisão meritória em definitiva, não podendo mais ser retratada ou discutida pelas partes. Prolatada a sentença, a regra é a de que nem o juiz prolator poderá rediscutir o mérito, salvo se lhe for dada a oportunidade pela via dos embargos declaratórios. Assim mesmo, somente, para corrigir omissões, obscuridades ou contradições. Não pode o juiz, depois de haver proferido a sentença, chamar o processo à ordem para acertar matéria meritória que, por lapso, decidira erradamente. Se isso ocorrer, competirá à parte prejudicada utilizar-se do recurso próprio. A matéria assim posta não pode ser levada à discussão pela via dos embargos declaratórios. Ressalva-se a existência de erro material, que poderá ser concertado a qualquer momento ou grau de jurisdição, uma vez que não transita em julgado. A coisa julgada poderá trazer em seu *cerne erronia*, ilegalidade e injustiça, com má apreciação da prova e mesmo por não deter o magistrado esmerado conhecimento sobre o ônus da prova. As decisões injustas, mal avaliadas ou mal interpretadas devem ser corrigidas pela via recursal. Todavia, a ilegalidade cometida em julgamento poderá ser objeto de ação rescisória. Assim, aquela decisão transitada em julgado em que o magistrado, por ocasião da análise da prova, fez afirmação contrária, *v. g.*, não havia confissão e o magistrado afirma que a parte era confessa, comete a ilegalidade do erro de fato, vale dizer, a sentença está calcada em afirmação errada. Um outro exemplo: o recurso foi interposto dentro do prazo, e o juiz nega o processamento com suporte na intempestividade. A ilegalidade seria flagrante e permitira o uso da ação rescisória, uma vez que a sentença que transitou em julgado estaria viciada pela ilegalidade. Suponha-se que a parte agrave de instrumento e o Regional confirme a erronia. Embora a Súmula n. 280 do TST, em princípio, seja obstativa do recurso de revista, deve a parte recorrer de revista: primeiro, pelo fato de o comando sumular não ser de acolhimento obrigatório dos tribunais inferiores; segundo pelo fato de que a ilegalidade deve ser corrigida pelo recurso de revista. Possivelmente, o Regional indeferirá o processamento da revista com suporte na Súmula n. 218. Se isso se der, deve a parte agravar de instrumento. O TST é sensível aos casos de ilegalidade e, possivelmente, mandará subir o recurso obstado na jurisdição Regional. Se, porventura, o agravo de instrumento não for conhecido, restará à parte desconstituir a sentença primária com base na ilegalidade contida no erro da intempestividade.

DO CONTEÚDO FORMAL

Dá-se quando a parte não recorreu; recorreu e desistiu posteriormente; a decisão tornou-se irrecorrível por haver a parte utilizado de todos os recursos colocados à sua disposição. Lembra Amaral Santos (ob. cit., v. 3º/43 e 44) que: "A coisa julgada formal consiste no fenômeno da imutabilidade da sentença pela preclusão dos prazos para recurso. Dá-se porque a sentença não poderá ser reformada por meio de recursos, seja porque dela não caibam mais recursos, seja porque não foram interpostos no prazo, ou porque do recurso se desistiu ou do interposto se renunciou. E porque os recursos são atos de impugnação da sentença no processo em que ela foi proferida, a coisa julgada formal redunda na imutabilidade da sentença, como ato processual, dentro do processo."

A coisa julgada formal antecede e se soma à coisa julgada material. Enquanto aquele se forma pela fato de não mais caber recursos para impugnar uma decisão meritória — ou porque já utilizou de todos os recursos, ou porque não os utilizou, deixando passar *in albis* o prazo, ou, ainda, por haver desistido depois de interposto, ou dele renunciado, a coisa julgada material se forma, quando não mais houver a possibilidade de recurso contra a sentença. Tem-se aí a sentença definitiva. Todavia, a coisa julgada formal poderá formar-se solitariamente, sempre que houver impossibilidade de o juiz instrutor decidir sobre o mérito. Tem-se então a sentença terminativa. Na primeira hipótese, a parte perdedora não poderá rediscutir o *thema decidendum*; na segunda, poderá o autor renovar a ação, desde que corrigido defeito que determinou o arquivamento, porque não houve decisão sobre a matéria de fundo (mérito).

Nesse caso, configurou-se a coisa julgada formal porque não houve possibilidade de decisão de mérito, tendo como referência o pedido inicial. A coisa julgada formal poderá ser consequência da ausência de um ou de alguns dos pressupostos processuais, de uma ou mais condições da ação, ou mesmo de um impedimento legal, como são os casos de verificação de perempção, de litispendência ou de coisa julgada. Como dissemos acima, coisa julgada formal, em princípio, não impede que a parte ajuíze nova ação, desde que sejam sanados os vícios anteriores que impediram a transposição para a matéria de fundo. O termo mérito tem significado equívoco, em certos momentos, *v. g.*, quando se aprecia uma cautelar pedindo arresto de bens, analisa-se o mérito cautelar para saber se será o caso ou não do deferimento. Esse mérito é diferente daquele proveniente da ação principal que se escora sobre a matéria de fundo ou do pedido. A cautelar, como regra, não transita em julgado materialmente, podendo fazê-lo formalmente. Contudo, haverá trânsito em julgado material em sede cautelar, quando for decidido sobre a decadência ou sobre a prescrição.

DA COISA JULGADA FORMAL COMO PRESSUPOSTO DA COISA JULGADA MATERIAL

Dispõe o art. 467 do Código de Processo Civil em vigor: "Denomina-se coisa julgada material a eficácia, que torna imutável e indiscutível a sentença, não mais sujeita a recurso ordinário ou extraordinário." O art. 502 do Código novo dispões: "Denomina-se coisa julgada material a autoridade que torna imutável e indiscutível a decisão de mérito não mais sujeita a recurso."

Tem-se, pois, que a coisa julgada material impede que se rediscuta o litígio que restou irrecorrivelmente decidido, salvo, evidente, quando o julgado apresentar vícios que desafiam a ação rescisória. Já decidiu a Excelsa Corte que: "A garantia da coisa julgada não impede que a sentença seja desconstituída através de ação rescisória. Se o acórdão recorrido julgou procedente ação rescisória em caso que não a comportava, violado não foi, direta e frontalmente, o art. 153, § 3º, da Constituição da República, mas a lei ordinária que regula aquele tipo de ação" (STF, Ac. un., 1ª T., 18.10.77, AgRg n. 71.825-SP, rel. Min. Pedro Soares Muñoz, RTJ 83/389).

Lembra Frederico Marques (*Manual de Direito Processual Civil*, Saraiva, 1975, v. 3º/234) que: "A coisa julgada material impede novo exame do litígio que ficou irrecorrivelmente decidido, por qualquer juiz ou tribunal. A entrega da prestação jurisdicional fica valendo, assim, para processos futuros, tornado imodificável o julgamento da lide. A coisa julgada material é qualidade tão só dos efeitos de julgamentos que decidem a lide, pois aqueles que declaram inadmissível a tutela jurisdicional, por não resolverem o mérito, não se revestem da imutabilidade fora da relação processual, que promana da *res judicata* material — tudo, aliás, como estatui o art. 468 do Código de Processo Civil."

A coisa julgada material pressupõe a existência da coisa julgada formal, seja por ato comissivo (utilização de alguns ou de todos os recursos possíveis) seja por ato omissivo (quando deixa de recorrer, ou desiste do recurso interposto ou, ainda, renuncia ao direito de recorrer). A coisa julgada formal, diferentemente, se forma pela extinção do processo sem resolução do mérito e, no caso de análise meritória, será sempre um pressuposto que antecede a coisa julgada material. Na primeira hipótese, existe uma impossibilidade de se prosseguir no procedimento processual se o vício não poderá ser sanado. A verificação da presença dos pressupostos de admissibilidade (subjetivos e objetivos) e das condições da ação é obrigação do juiz instrutor antes de prolatar a sentença em que o réu foi considerado revel.

DA COISA JULGADA MATERIAL E O CORTE RESCISÓRIO

Da coisa julgada material, a situação é ainda mais tormentosa. Se a parte não provar que não foi citada, ou que um motivo ponderoso a impediu de estar em juízo no dia aprazado, jamais conseguirá reverter a situação na jurisdição *ad quem*. Nem mesmo o manejo da ação rescisória será possível, pois a ilegalidade está no fato de provar de não haver sido citada. A dificultar que se descubra a verdade verdadeira daquilo que é posto em juízo, deixa-se a critério do juiz do primeiro e do segundo graus de jurisdição a análise da prova. A boa ou a má análise da prova não respalda o corte rescisório, excepcionando, apenas, o erro de fato (quando o juiz afirma o contrário do que aflora da prova). Todavia, a análise distorcida da prova por juízes é mais comum do que se imagina, em dependendo do tema discutido sobre o qual formou convicção e acaba por julgar todos os processos como se fossem iguais. A análise assim levada a efeito é ilegal, mas não admite a ação rescisória. Tem-se, desse modo, de forma objetiva, que tudo contribui e conspira para que a coisa julgada não reflita a verdade, contentando-se o legislador com a verdade formal, a qual se impõe como uma necessidade para que o ofício jurisdicional se desenvolva com maior rapidez. Inventou-se inúmeras frases feitas para dar suporte a ignomínia: "Justiça tarda, não é justiça"; "É preferível julgar rapidamente, ainda que de forma incorreta." Formou-se um arsenal de possibilidades contrárias à busca da verdade real. Aceita-se, plenamente, a coisa julgada material, cuja verdade está apenas na aparência, na verossimilitude.

O tema não passou despercebido à argúcia de Piero Calamandrei. Diz o mestre italiano: "Todo o sistema probatório civil está preordenado, não só a consentir, senão diretamente a impor ao juiz que se contente, ao julgar a respeito dos fatos, com o sub-rogado da verdade que é a verossimilitude. Ao juiz não lhe é permitido, como se lhe permite ao historiador, que permaneça incerto a respeito dos fatos em que decidir; deve de qualquer jeito (essa é sua função) resolver a controvérsia numa certeza jurídica (*Voltaire*). Para obtê-la, se vê constrangido como *extrema ratio* a se contentar com o que alguém continua chamando "verdade formal", conseguida mediante o artifício das provas legais e o mecanismo autônomo da distribuição da carga da prova; mas mesmo quando, no sistema das provas "livres", parece que a liberdade de apreciação fosse o instrumento mais adaptado para a consecução da chamada "verdade substancial", a avaliação mesmo que livre, leva em todo caso a um juízo de probabilidade e de verossimilitude, não de verdade absoluta. Mesmo que todas as testemunhas estejam concordes em testificar um fato, o juiz, quando chega a concluir que aquele fato é verdadeiro, quer dizer em substância, existindo caso, sem que o mesmo o advirta, que ainda que todas as testemunhas estejam de acordo ao relatar daquele modo o fato, é verossímil que o fato tenha ocorrido precisamente assim." Prossegue: "Mesmo para o juiz mais escrupuloso e atento, vale o limite fatal de relatividade próprio da natureza humana: o que enxergamos, só é o que nos parece que enxergamos. Não verdade, senão verossimilitude: é dizer, aparência (que pode ser também ilusão) de verdade." (*Direito Processual Civil*, Ed. Bookseller, Campinas, 1999, p. 283/284, trad. de Luiz Abezia e Sandra Drina Fernandes Barbery).

Já vimos que, enquanto pender recurso, a sentença proferida embora por magistrado, órgão do Estado, constitui mera situação jurídica, dependendo de confirmação pelo juízo *ad quem*. Poderá ser ou não confirmada. O comando dela emergente é relativo (execução provisória). Todavia, em não havendo recurso ou esgotados aqueles colocados à disposição da parte, a sentença torna-se definitiva, transitando em julgado formal e materialmente, constituindo, pois, coisa julgada.

A coisa julgada é a transformação de uma decisão meritória em definitiva, não podendo mais ser retratada ou discutida pelas partes. Prolatada a sentença, a regra é a de que nem o juiz prolator poderá rediscutir o mérito, salvo se lhe for dada a oportunidade pela via dos embargos declaratórios. E assim mesmo, somente para corrigir omissões, obscuridades ou contradições. Não pode o juiz, depois de haver proferido a sentença, chamar o processo à ordem para acertar matéria meritória que, por lapso, decidira erradamente. Se isso ocorrer, competirá à parte prejudicada utilizar-se do recurso próprio. A matéria assim posta não pode ser levada à discussão pela via dos embargos declaratórios. Ressalve-se a existência de erro material, que poderá ser concertado a qualquer momento ou grau de jurisdição, uma vez que não transita em julgado. A coisa julgada poderá trazer em seu cerne erronias, ilegalidades e injustiça, com má apreciação da prova e mesmo por não deter o magistrado esmerado conhecimento sobre o ônus da prova. As decisões injustas, mal avaliadas ou mal interpretadas devem ser corrigidas pela via recursal. No entanto, a ilegalidade posta em julgamento ou mesmo em certas decisões interlocutórias, que viciam o julgado, poderão proporcionar o manejo da ação rescisória. Assim, aquela decisão transitada em julgado em que o magistrado, por ocasião da análise da prova, fez afirmação contrária, *v. g.*, não havia confissão e o magistrado afirma que a parte era confessa, comete a ilegalidade do erro de fato, vale dizer, a sentença está calcada em afirmação errada. Um outro exemplo: o recurso foi interposto dentro do prazo, e o juiz nega o processamento com suporte na intempestividade (decisão interlocutória). A ilegalidade seria flagrante e permitiria o uso da ação rescisória, uma vez que a sentença que transitou em julgado estaria viciada pela ilegalidade. Suponha-se que a parte agrave de instrumento e o Regional confirme a erronia. Embora a Súmula n. 218 do TST, em princípio, seja obstativa do recurso de revista, deve a parte recorrer de revista: primeiro, pelo fato de o comando sumular não ser de acolhimento obrigatório dos tribunais inferiores; segundo pelo fato de que a ilegalidade deve ser corrigida pelo recurso de revista. Possivelmente, o Regional indeferirá o processamento da revista com suporte na Súmula n. 218. Se isso ocorrer, deve a parte agravar de instrumento. O TST é sensível aos casos de ilegalidade e, possivelmente, mandará subir o recurso obstado na jurisdição Regional. Se, porventura, o agravo de instrumento não for conhecido, restará à parte desconstituir a sentença primária com base na ilegalidade contida no erro da intempestividade.

DA COISA JULGADA E A CONSTITUIÇÃO

A proteção à coisa julgada constitui cânone constitucional (art. 5º, XXXVI). A Constituição de 1969 previa a matéria no art. 153, § 2º. Adverte Frederico Marques (ob. cit., p. 235) que: "A coisa julgada material não pode ser atingida por *lex posterius*, ainda mesmo que altere substancialmente os cânones legais que o órgão judiciário aplicou para decidir a lide (...). Existe, portanto, no Direito pátrio, a tutela constitucional da imutabilidade que a coisa julgada confere aos efeitos da decisão da lide, e também, o direito público subjetivo de ser exigido o respeito à coisa julgada."

A coisa julgada não pode ser anulada, neutralizada ou desdita por lei posterior, quer para retirar os seus efeitos, quer para anistiar pessoas ou órgãos. Não obstante, isso vem sendo feito com alguma frequência, quer para anistiar senador que se utilizou indevidamente da gráfica do Congresso para a confecção de milhares de cartilhas que o autopromovia à custa do erário público, quer para anistiar sindicato de multas aplicadas pelo TST, por desrespeito à decisão em dissídio de greve.

DOS LIMITES DA COISA JULGADA

Os limites da coisa julgada subdividem-se em: limites objetivos e limites subjetivos. Quanto ao primeiro, dispõe o Código de Processo Civil (art. 503 do Cód. novo) que: "A sentença, que julgar total ou parcialmente a lide, tem força de lei nos limites da questão expressamente decidida." "O juiz decidirá a lide nos limites em que foi proposta (...)." (art. 141 do Cód. novo) "É defeso ao juiz proferir sentença, a favor do autor, de natureza diversa do pedido, bem como condenar o réu em quantidade superior ou em outro objeto do que lhe foi demandado." (art. 492 do Cód. novo) "O juiz proferirá a sentença, acolhendo ou rejeitando, no todo ou em parte, o pedido formulado pelo autor. (...)." (art. 490 do Cód. novo)

Preleciona Frederico Marques (ob. cit., v. 3º/237) que: "A coisa julgada material tem como limites objetivos a lide e as questões pertinentes a esta, que foram decididas no processo. A situação litigiosa, que foi proposta, constitui a área em que incidem os efeitos imutáveis do julgamento. O que individualiza a lide, objetivamente, são o pedido e a *causa petendi*, isto é, o pedido e o fato constitutivo que fundamenta a pretensão. Portanto, a limitação objetiva da coisa julgada está subordinada aos princípios que regem a identificação dos elementos objetivos da lide."

Lembra Moacyr Amaral Santos (ob. cit., v. 3º/62) que: "O texto reproduz disposição do projeto Mortara (refere-se ao art. 468 do CPC), elaborado por Carnelutti. Efetivamente, a sentença deve cingir-se à lide, contendo-se nos limites desta. Finalidade da jurisdição é compor a lide entre as partes, conforme elas deduziram no pedido e na contestação. A lide importa na existência de questões, que são aqueles pontos, de fato e de direito, em que se controvertem as partes. Exatamente por isso, o juiz decidirá a lide nos limites em que foi proposta, sendo-lhe defeso conhecer de questões, não suscitadas, a cujo respeito a lei exige a iniciativa da parte (CPC, art. 128)." Temos nas lições de Carnelutti (*apud* Amaral Santos, ob. cit., p. 62): "O que se pode dizer do julgado é somente que é a decisão de uma lide; por isso os limites do julgado são os limites do seu objeto, ou seja, os limites que se projetam sobre o julgado da lide; porque é a decisão de uma lide, o julgado não pode ser mais que tal decisão; mas aquilo que é, o é para todos, não somente para as partes."

O juiz no exercício da função jurisdicional, todavia, terá que resolver questões suscitadas pelas partes antes de prolatar a sentença acolhendo ou rejeitando o pedido ou, ainda, acolhendo-o em parte. Pergunta que se faz: essas questões fazem coisa julgada? A matéria é controvertida, em face dos termos do art. 468 do CPC (503 do Cód. novo) pois declara que a sentença tem força de lei nos "limites da lide e das questões decididas".

A análise de tais questões há de ser feita sem perder de vista o que dispõe o art. 469 do CPC (504 do Código novo): "Não fazem coisa julgada: I — os motivos, ainda que importantes para determinar o alcance da parte dispositiva da sentença; II — a verdade dos fatos, estabelecida como fundamento da sentença; III — a apreciação da questão prejudicial decidida incidentemente no processo." E dispõe o art. 470 do CPC (art. 505 do Cód. novo): "Faz, todavia, coisa julgada a resolução da questão prejudicial, se a parte o requerer (arts. 5º e 325 — arts. 18 e 503, § 1º, do Cód. novo), o juiz for competente em razão da matéria e constituir pressuposto necessário para o julgamento da lide." Temos, pois, uma exceção à regra geral e como tal necessária a iniciativa da parte para que a matéria ganhe o selo da coisa julgada.

Realça Aureliano de Gusmão (*Coisa Julgada*, 1922, 2. ed. Saraiva, p. 69 e 70) que: "Os motivos como puros motivos, não têm autoridade de coisa julgada, por isso que esta não pode, indubitavelmente, estar nem onde se acha a decisão do juiz. O juiz, como juiz, decide só as questões ou relações de direito que as partes trouxeram a juízo e aí foram debatidas. Aos motivos, pois, só deve ser atribuída a autoridade da coisa julgada quando eles como que fazem corpo com o dispositivo da sentença, como partes integrantes deste, de maneira que neles esteja a razão mesma de ser do dispositivo, de modo que, abstraindo-se deles, a contenda ou a relação jurídica disputada pelos litigantes não teria ficado dirimida só pelo dispositivo, e poder-se-ia dizer que não existe a sentença, numa palavra, a coisa julgada deve-se procurar em qualquer parte da sentença onde esteja resolvida a relação de direito controvertida na demanda e, conseqüentemente, nos motivos, só quando neste estiver expressa tal relação como causa imediata do dispositivo da sentença."

Temos, pois, que o pedido, acolhido ou rejeitado, estabelece forte liame com os motivos nos quais se respaldou o juiz para deferir ou indeferir, *v. g.*, condena-se em indenização vez que comprovada a autoria do réu no abalroamento do veículo; indeferidas horas extras porque não restou provado que o autor laborasse em jornada prorrogada no período que indica etc. Não poderá a parte vencida rediscutir a matéria (art. 471 do CPC, art. 505, do Cód. novo). Neste caso, motivo e dispositivo se completam e se unem com tal intensidade que um não subsiste sem o outro. O motivo é, pois, causa imediata que vivifica o dispositivo.

Dos limites subjetivos

Dispõe o art. 472 do Código de Processo Civil (art. 506 do Cód. novo): "A sentença faz coisa julgada às partes entre as quais é dada, não beneficiando, nem prejudicando terceiros (...)"; *res inter alios judicata aliis non praeiudicare* — a coisa julgada não prejudica terceiros; o de Paulo (D. 3.2.21): *non opportet ex sententia sive justa sive injusta, pro alio habita lium pregavari* — a sentença produzida entre as partes, seja justa ou injusta não deve atingir terceiros. Em síntese, conforme a doutrina romana, a coisa julgada vincula apenas as partes e não terceiros, aos quais não pode prejudicar.

As Ordenações adotaram o princípio romano: "A sentença não aproveita nem empece mais que às pessoas entre que é dada." (Ord., Liv. 3º, Tít. 81, pr)

Terceiros são todos aqueles que não figuraram no processo; portanto, dele não participaram. O art. 568 do CPC indica, todavia, pessoas que não figuraram no processo e que são atingidas pela coisa julgada.

Lembra Moacyr Amaral Santos (ob. cit., v. 3º/71) que: "O princípio fundamental, entretanto, não afasta a possibilidade da repercussão mais ou menos intensa e extensa dos efeitos da sentença a terceiros, os quais, conquanto não sujeitos à mesma, podem indiretamente sentir as suas conseqüências. Dessa repercussão dos efeitos da sentença a terceiros, não desconhecida dos próprios romanos, se ocuparam os juristas de todos os tempos, procurando dar-lhe solução." "A eficácia natural da sentença — diz Liebman — atua com relação a todos; por outro lado, a coisa julgada só vale entre as partes, pelo que estas suportam a sentença sem remédio, ao passo que os terceiros podem destruí-la, demonstrando a sua injustiça." (ob. cit., p. 161)

Art. 502. Denomina-se coisa julgada material a autoridade que torna imutável e indiscutível a decisão de mérito não mais sujeita a recurso.

✍ *Comentários:* Como vimos na introdução, a coisa julgada material pressupõe, sempre, a existência da coisa julgada formal, que nada mais é do que caminho feito até se chegar ao julgamento ou não do mérito com prolação de sentença terminativa ou definitiva. Poderá a parte usar de todos os recursos previstos em lei e à sua disposição ou poderá se satisfazer com a decisão primária. Decorrido o prazo, teremos a coisa julgada formal e material.

Art. 503. A decisão que julgar total ou parcialmente o mérito tem força de lei nos limites da questão principal expressamente decidida.

✍ *Comentários:* Este artigo recepcionou o art. 468 do Código em vigor. A decisão passa a ter força de lei nos limites objetivos e subjetivos da decisão com a materialização da coisa julgada material. Mas, ainda assim, a coisa julgada se ressentirá de uma certa relatividade, pois enquanto não esgotar o prazo decadencial existe em potencial a possibilidade do ajuizamento de ação rescisória. Esta, todavia, somente poderá se fazer presente quando o julgamento contiver o vício da ilegalidade.

§ 1º O disposto no *caput* aplica-se à resolução de questão prejudicial, decidida expressa e incidentemente no processo, se:

I — dessa resolução depender o julgamento do mérito;

II — a seu respeito tiver havido contraditório prévio e efetivo, não se aplicando no caso de revelia;

III — o juízo tiver competência em razão da matéria e da pessoa para resolvê-la como questão principal.

✍ *Comentários:* O Código em vigor cuida do tema nos arts. 5º e 325. O art. 5º é o 18 do Cód. novo.

Lembra Nelson Nery Júnior que é necessário que a questão prejudicial tenha sido suscitada no processo, quer pelo autor quer pelo réu. Sem a litigiosidade, não é possível falar-se em lide, objeto do alcance da coisa julgada material. Como está a falar-se dos limites objetivos da coisa julgada, é necessário que existam pressupostos para que a coisa julgada possa se formar. Só há coisa julgada sobre a lide (ob. cit. 2015, p. 1.222).

O sistema legal dos limites objetivos da coisa julgada foi consideravelmente alterado pela nova regulamentação trazida pelo texto ora comentado. No regime anterior, era prevista a ação declaratória incidental como mecanismo para fazer com que a questão prejudicial de mérito, decidida como fundamento do pedido do principal, fosse, também, acobertada pela coisa julgada material. (...) O texto ora analisado é expresso em permitir que haja formação da coisa julgada material sobre a questão prejudicial de mérito decidida incidentemente, desde que estejam presentes alguns requisitos: a) que a questão prejudicial tenha sido agitada pelas partes; b) que a decisão de mérito dependa da resolução da questão prejudicial; c) que tenha havido efetivo contraditório sobre a prejudicial (v. CPC 10); d) o juiz seja competente em razão da matéria ou da pessoa (competência absoluta); e) que a questão prejudicial seja de mérito; f) que a prejudicial possa ser objeto de ação autônoma; g) que não tenha havido restrições probatórias para o deslinde da questão prejudicial (CPC 503 § 2º). Não se admite o contraditório ficto, vale dizer, não se forma a coisa julgada material sobre a questão prejudicial se tiver havido revelia, isto é, se o réu não tiver participado efetivamente do processo. Isso significa que, para que haja coisa julgada material sobre a questão prejudicial, é necessário que estejam presentes os requisitos da abolida ação declaratória incidental, salvo pedido expresso da parte em petição inicial apartada. A mudança, portanto, é de efeito, não de forma nem de fundo: não se exige mais a formalidade de a parte ter de deduzir pedido declaratório incidental. A expressão decidida expressa e incidentalmente significa que a questão tem de ter sido agitada e debatida, mas não necessariamente objeto do pedido explícito, como se fosse pretensão. Basta estarem presentes os requisitos legais para que a coisa julgada material estenda seus limites objetivos para a questão prejudicial de mérito (ob. cit, 2015, p. 1.221).

§ 2º A hipótese do § 1º não se aplica se no processo houver restrições probatórias ou limitações à cognição que impeçam o aprofundamento da análise da questão prejudicial.

✍ *Comentários:* O parágrafo prevê a não aplicação se houver previsões probatórias ou limitações à cognição, como o caso da revelia, que impeçam um maior aprofundamento analítico na questão prejudicial. Reportamo-nos aos comentários retro ao § 1º e incisos do art. 503.

Art. 504. Não fazem coisa julgada:

I — os motivos, ainda que importantes para determinar o alcance da parte dispositiva da sentença;

II — a verdade dos fatos, estabelecida como fundamento da sentença.

✍ *Comentários:* O artigo e respectivos incisos I e II recepcionam o art. 469, incisos I e II, do Código em vigor. A coisa julgada material abrange somente o resultado da decisão (dispositivo) e a questão prejudicial, se for o caso. Não se elevam ao *status* da *res judicata* os motivos, ainda que sejam importantes para fixar o alcance do dispositivo, nem a verdade dos fatos a que se chegou na análise do conjunto probatório. Vale dizer, essa verdade firmada tem regência apenas no processo onde foi declarada. Excepcionalmente poderá ser levada para outro processo, na qualidade de "prova emprestada".

DA PROVA EMPRESTADA

A prova emprestada é o aproveitamento de matéria já provada em determinado processo, com economia de tempo e trabalho; encontra respaldo nos princípios de economia e de agilidade processual. Entretanto, é mister não perder de vista que a prova emprestada há de ser reapreciada pelo Juiz da causa em consonância com a realidade dos autos.

Moacyr Amaral Santos (*Prova Judiciária no Cível e Comercial*, 4. ed., Max Limonad, 1971, e *Primeiras Linhas*, Max Limonad, 1967, vol. 2º/319) dispõe que: "A prova de um fato, produzido num processo, seja por documentos, testemunhas, confissão, depoimento pessoal ou exame pericial, pode ser trasladada para outro, por meio de certidão extraída daquele. A essa prova, assim, transferida de um processo para outro, a doutrina e a jurisprudência dão o nome de "prova emprestada"."

Da eficácia da prova emprestada

O sistema adotado pelo Código é o da oralidade, com a concentração das provas (princípio da imediação e da concentração) perante o mesmo juiz (princípio da identidade física do juiz), salvo exceção legal, *v. g.*, arts. 198 e 200 do CPC.

Preleciona Moacyr Amaral Santos (*Primeiras Linhas de Direito Processual Civil*, Saraiva, 1985, vol. 2º/367 e 368): "Conquanto, em princípio, se admita a utilização num processo de prova emprestada de outro, em que foi produzida, controvertida é a sua eficácia em relação ao processo para o qual foi trasladada. (...) Atendendo a que as provas de natureza oral, no sistema do Código de Processo Civil, que é o da oralidade, deverão ser colhidas na audiência de instrução e julgamento (CPC, arts. 336, art. 449 CPC e p. u. do Cód. novo e 452 CPC, art. 361, I, II, III do Cód. novo), respeitados os princípios da imediatidade, da identidade física do juiz, da concentração e da oralidade, uma parte da doutrina considera de nenhuma eficácia aquelas provas no processo para o qual forem transportadas. Essa conclusão mais se reforça quando se pondera que, no sistema do Código, o mesmo juiz que houver procedido à produção das provas em audiência deverá proferir a sentença (princípio da identidade física do juiz) (CPC, art. 131, art. 371 do Cód. novo), tanto que, conforme a parte final do mesmo dispositivo, se transferido, promovido ou aposentado, impossibilitado, assim de julgar a causa, seu sucessor "mandará repetir, se entender necessário, as provas já produzidas". Conquanto, em verdade, seja esse o sistema do Código, não se pode, entretanto, olvidar que este autoriza que as provas, nas hipóteses e condições no mesmo previstas, se produzam mediante precatória e até mesmo antecipadamente (*ver ns. 586, art. 783 do Cód. novo)* perante outro juiz, que não o juiz da causa, e, pois, com inobservância daqueles princípios, sem que, apesar disso, percam a eficácia que lhes for própria. Analogicamente, ter-se-á que admitir eficácia à prova emprestada de outro processo, pois que esta, na sua produção, não difere muito da prova por precatória."

DA PROVA EMPRESTADA EM RELAÇÃO AOS LITIGANTES

Moacyr Amaral Santos (ob. cit., p. 369 e 370) resume com maestria as regras de eficácia: "As regras relativas à eficácia da prova emprestada estão, entretanto, subordinadas às diversas situações em que se encontrarem os litigantes em relação a ela. Consideradas as pessoas dos litigantes do processo para o qual é transportada, será de se distinguir a prova conforme tenha, no processo anterior, sido produzida: a) entre as mesmas partes; b) entre uma das partes daquele e terceiro; c) entre terceiros. A) No primeiro caso, isto é, quando a prova, no processo anterior, haja sido produzida entre as mesmas partes que se controvertem no processo para o qual é transplantada, guarda ela, em princípio, a sua eficácia inicial. Doutrina e jurisprudência, com efeito, concordam em que a prova emprestada deverá ser tida com sua eficácia inicial, desde que preencha os seguintes requisitos: a) que tenha sido colhido em processo entre as mesmas partes; b) que tenha sido, na produção da prova, no processo anterior, observadas as formalidades estabelecidas em lei; c) que o fato probando seja idêntico. B) Quando a prova haja sido produzida em processo em que uma das partes, do processo para o qual é transportada, litigou com terceiro, insta considerar duas hipóteses: 1) a prova é trasladada por quem participou de sua produção no processo anterior; 2) a prova é trasladada por quem não foi parte no processo anterior. Na segunda hipótese, conserva ela eficácia probatória, principalmente quando a prova foi reconhecida na sentença do processo anterior, salvo as restrições peculiares a cada caso; na primeira hipótese, não terá ela eficácia em relação à parte contrária, que não participou de sua produção, podendo valer-se tão-somente como adminículo probatório para a formação da convicção do juiz. C) Quando a prova haja sido produzida entre terceiros, seu valor no processo para o qual é transplantada, é reduzidíssimo, ou mesmo nenhum. Valerá, apenas, como simples adminículo de prova, pelo seu poder informativo, apreciável pelo juiz segundo as circunstâncias."

Sobre a matéria realça Vicente Greco Filho (*Direito Processual Civil Brasileiro*, Saraiva, 1985, vol. 2º/171) que: "Outro meio de prova não previsto, mas admissível,é o da chamada prova emprestada. A prova emprestada é a retirada de outro processo, admitindo-se a sua validade contra quem também participou do processo anterior e pôde contraditá-la. A prova emprestada, todavia, terá o seu valor reapreciado pelo juiz da causa em que foi juntada, tendo em vista as novas circunstâncias na segunda ação e novos argumentos sobre ela apresentados. Não há coisa julgada sobre os fatos, que ficam sempre sujeitos à apreciação original do juiz ao decidir a causa. Para que sejam admitidos, os meios de prova não podem estar contaminados pela imoralidade, que os torna ilegítimos. Tal condição vale não apenas para os meios de prova não previstos no Código, mas também para os meios expressamente disciplinados, os quais devem atender aos princípios da moralidade e lealdade."

Art. 505. Nenhum juiz decidirá novamente as questões já decididas relativas à mesma lide, salvo:

I — se, tratando-se de relação jurídica de trato continuado, sobreveio modificação no estado de fato ou de direito, caso em que poderá a parte pedir a revisão do que foi estatuído na sentença;

II — nos demais casos prescritos em lei.

✍ *Comentários:* O *caput* recepcionou o art. 471 do Código em vigor. Como regra, não existe a possibilidade de o mesmo processo vir a ser julgado novamente pelo mesmo ou por outro juiz. As questões decididas ganham o *status* de coisa julgada formal com preclusão dentro do processo e de coisa julgada material com efeitos *erga omnes*, isto é, cujos efeitos se projetam além do processo, não prejudicando terceiros.

A relação jurídica continuativa é regida pelo princípio da *rebus sic stantibus*, isto é, poderá ser modificada caso haja modificação nas circunstâncias que fundamentaram a decisão naquele momento. São exemplos no direito de vizinhança a parte que constrói e não constrói o muro de arrimo e os efeitos deletérios continuam a causar danos; o caso da pensão alimentícia que é fixada com apoio em determinadas circunstâncias e que podem ser modificadas no futuro, para pior ou para melhor. A doutrina e a jurisprudência se inclinam para a aplicação da *rebus sic stantibus* para as dívidas de valor. Para as construções, a previsão em contrato já é uma realidade. A competência é do juiz da ação. A revisão é feita por meio da liquidação de sentença para aumentar a prestação ou reduzi-la.

Art. 506. A sentença faz coisa julgada às partes entre as quais é dada, não prejudicando terceiros.

✍ *Comentário:* A sentença projeta a condenação nos limites subjetivos e objetivos da coisa julgada material, não prejudicando nem beneficiando terceiros.

Art. 507. É vedado à parte discutir no curso do processo as questões já decididas a cujo respeito se operou a preclusão.

✍ *Comentários:* Este artigo recepcionou o art. 473 do Código em vigor. O processo anda com o procedimento sempre para a frente, salvo exceções legais, como a suspensão de prazos, nulidades de atos para que outros sejam reproduzidos, etc. A preclusão traduz óbice a que o ato seja repetido.

Art. 508. Transitada em julgado a decisão de mérito, considerar-se-ão deduzidas e repelidas todas as alegações e as defesas que a parte poderia opor tanto ao acolhimento quanto à rejeição do pedido.

✍ *Comentários:* Com o trânsito em julgado material, que traduz a apreciação do mérito, tem-se como deduzidas todas as alegações que as partes tinham e delas não fizerem uso. Isso significa que não se pode ajuizar a mesma ação, com outros fundamentos que poderiam ser invocados e não foram. Existe apenas uma exceção legal em que a matéria meritória poderá ser revista: pela ação rescisória. Mas essa ação se sensibiliza apenas com o quesito "ilegalidade". Não a sensibiliza a injustiça do julgado ou a boa ou má apreciação das provas. Este tema seria próprio deduzir em recurso até o segundo grau de jurisdição, já que a jurisdição superior não poderá imiscuir-se em análise de prova.

Capítulo XIV
DA LIQUIDAÇÃO DE SENTENÇA

A execução civil, para efeitos didáticos, deve ser estudada tomando o foco, antes e depois das Leis ns. 11.232/2006 e 11.382/2006.

A) PROCESSO CIVIL

Antes do advento dos diplomas legais *supra*, a liquidação de sentença tinha a dignidade de verdadeira ação, e a decisão proferida tinha o *status* de sentença de mérito a desafiar o recurso de apelação. Confirmada a decisão liquidatória, os autos desciam à Vara de origem e o devedor era citado (art. 611, CPC, ora revogado) para pagar ou garantir o juízo mediante a indicação de bens (art. 655, CPC), dentro de 24 (vinte e quatro) horas da citação. Garantido o juízo mediante a penhora de bens, o devedor poderia apresentar embargos à execução, quando então poderia discutir matéria que houvesse sido prequestionada por ocasião da liquidação de sentença. A exemplo da liquidação de sentença, os embargos também se consubstanciavam em verdadeira ação, cuja decisão era uma sentença que desafiava novamente o recurso de apelação. As decisões proferidas em liquidação de sentença e em embargos eram sentenças de mérito e transitavam em julgado. A desconstituição desafiava ação rescisória. Tinha-se, assim, uma separação muito bem delineada, entre o processo de conhecimento e o processo de execução. Tinha-se uma ação de conhecimento e uma ação executória. A ação de liquidação, embora colocada no Título I — Da Execução em Geral (Livro II), Capítulo VI, do Código de Processo Civil, em realidade era um incidente que antecedia à execução, posto que esta tinha início com a citação (art. 611, hoje revogado). Se assim era, a liquidação não pertencia à execução. O que seria então a liquidação de sentença? Mero incidente de natureza declaratória (existia o *an debeatur* e busca-se o *quantum debeatur)* e integrativa da execução, isto é, uma espécie de ponte que ligava o processo de conhecimento ao de execução. Assim era o processo de execução, numa visão objetiva.

B) PROCESSO DO TRABALHO

No processo do trabalho, menos formal do que o seu símile civil, o processo de conhecimento e o processo de execução são simples fases que se complementam, isto é, o juiz ao proferir a sentença de mérito não termina o processo de conhecimento, que se projeta para o processo executório (sendo a sentença líquida), ou passando pelo incidente de liquidação (sendo a sentença ilíquida). Pode-se dizer que a execução no âmbito trabalhista é um simples epílogo da fase de conhecimento. Ambas se completam. A primeira (*cognitio*) garante às partes a ampla defesa e o manejo do contraditório, provendo o juiz instrutor (*dominus processus)* para que haja tratamento igualitário das partes e a sentença seja proferida imune de nulidades ou ilegalidades. Mas não basta que o Estado dê a prestação jurisdicional, por meio de juízes imparciais. É necessário mais. É preciso que o Estado transforme em realidade o comando sentencial condenatório. Tudo isso, sem maiores formalidades, podendo o juiz agir de ofício sempre que julgar necessária a sua intervenção. Diferentemente do processo civil, a liquidação de sentença e os embargos à execução não têm a dignidade de ação, mas de simples incidente. Do que resulta que as decisões proferidas em liquidação de sentença e em embargos são meramente interlocutórias, isto é, permitem que o juiz a qualquer momento sane irregularidades cometidas, pois é detentor do juízo da reforma, desde a decisão liquidatória até o agravo de petição, ou de instrumento em sendo o caso. Some-se, ainda, a irrecorribilidade das decisões interlocutórias em primeiro grau, podendo o interessado discuti-las em recurso ordinário, se e quando for o caso.

C) PROCESSO CIVIL ATUAL

A partir da Lei n. 11.382/2006, a execução por título judicial e extrajudicial ganhou contornos próprios. Enquanto na execução por título extrajudicial, os embargos do devedor (ou à execução) permanecem com o *status* de verdadeira ação, desafiando o recurso de apelação, na execução de título judicial por quantia certa e por obrigação de fazer, não haverá mais embargos do devedor, ficando em seu lugar a "impugnação". Da decisão proferida em "impugnação", caberá agravo de instrumento. Isso significa que a decisão proferida em "impugnação" será meramente interlocutória, a desafiar agravo de instrumento, não mais apelação, salvo o caso de extinção da execução em que caberá o recurso de apelação. Na execução por título extrajudicial, não mais será necessária a garantia do juízo (art. 736, CPC, recepcionado pelo art. 914 do Cód. novo). No caso de execução judicial por quantia certa, não mais haverá a citação, apenas a intimação nos termos do art. 475-J (recepcionado pelo art. 523, §§ 1º e 3º do Cód. novo). A partir da intimação, o devedor terá 15 (quinze) dias para efetuar o pagamento. Se não o fizer no prazo (*tempus judicati)*, incorrerá na multa de 10% sobre o montante da condenação que será imposta de ofício pelo juiz executor, sem necessidade de que o credor o requeira. O prazo de 15 (quinze) dias não é para pagar ou oferecer bens à penhora. Não. É para pagar, sob pena de incorrer na multa. A penhora será feita, em caso de inadimplência, a requerimento do credor (§ 3º, art. 475-J). O § 3º do art. 523 determina que no requerimento o exequente indique, desde logo, bens a serem penhorados.

Na execução por quantia certa, a lei excepciona em dois casos: a) execução de prestação alimentícia (art. 732, CPC); e b) Fazenda Pública (art. 741, CPC foi modificado pelos arts. 528 e 913 do Cód. novo). Nestes casos, a liquidação de sentença e os embargos do devedor permanecem com a natureza jurídica de ação, mas, sem o benefício do art. 736, CPC (artigo recepcionado pelo art. 914 do Cód. novo) só devido ao devedor por título extrajudicial. A Fazenda será cobrada mediante precatório. No art. 475-N, CPC, a lei excepciona o disposto no art. 475-J, CPC, isto é, embora a regra para executar obrigação por quantia certa e obrigação de fazer seja a não citação (art. 611 foi revogado), será obrigatória a citação nos casos dos incs. II (sentença penal condenatória transitada em julgado); IV (sentença arbitral); VI (sentença estrangeira, homologada pelo Superior Tribunal de Justiça) do art. 475-N (art. 515 do Cód. novo). O fato, entretanto, de exigir-se a citação não desnatura o norte procedimental que continua sendo a do art. 475-J (art. 523).

A exemplo do que ocorre no processo do trabalho, o processo de conhecimento e o processo executório passaram a simples fases que se complementam. Da decisão proferida de natureza meramente interlocutória, caberá agravo de instrumento (art. 475-H). *Ver art. 1.015.* Cabe agravo de instrumento contra as decisões interlocutórias que versarem sobre: (...). Parágrafo único. Também caberá agravo de instrumento contra decisões interlocutórias proferidas na fase de liquidação de sentença ou de cumprimento de sentença, no processo de execução e no processo de inventário.

Tem-se, pois, que, com a nova reforma processual, houve uma aproximação da execução por quantia certa com o processo do trabalho. Houve mudança conceitual na decisão proferida em liquidação e em "impugnação". Antes, eram decisões de mérito; agora, meramente interlocutórias, as quais desafiam o agravo de instrumento. Todavia, o processo trabalhista ainda permanece na vanguarda por dois fatores importantes: a) a irrecorribilidade das decisões interlocutórias; b) o restrito âmbito operacional do agravo de instrumento trabalhista, quando comparado com o seu símile do processo comum. Aos poucos, o processo comum vai se liberando de peias e adotando medidas enérgicas, como é o caso do art. 475-J, perfeitamente aplicável ao processo do trabalho no tocante à multa de dez por cento. A tendência do processo é buscar resultados práticos e não perder-se em filigranas.

Art. 509. Quando a sentença condenar ao pagamento de quantia ilíquida, proceder-se-á à sua liquidação, a requerimento do credor ou do devedor:

Comentários: A liquidação em sede civilista é uma ação de conhecimento com natureza constitutiva e integrativa. No processo do trabalho, é um incidente de natureza constitutiva e integrativa que faz a ligação entre a fase de conhecimento e a fase executória. Na sentença ilíquida, tem-se apenas o *an debeatur;* com a liquidação tem-se o *quantum debeatur*. No processo do trabalho, a decisão liquidanda tem a natureza jurídica de interlocutória mista e poderá ser impugnada por meio de embargos à execução, que poderá confirmá-la ou não; não confirmando, determinará que a parte apresente novos cálculos; se a decisão for confirmada, a parte descontente poderá aviar o agravo de petição. A decisão proferida em embargos também tem a natureza jurídica de interlocutória mista. Disso resulta que, se não for rediscutida pela via do agravo de petição, não transitará em julgado; se for manejado o agravo de petição e a decisão de embargos for confirmada, dando por correta a liquidação de sentença, haverá o trânsito em julgado. Disso resulta que, da decisão proferida em liquidação de sentença que não for embargada, poderá ser anulada por ação anulatória. A decisão de embargos que não for impugnada por agravo de petição poderá ser anulada também por ação anulatória. A decisão proferida pelo Regional em sede de agravo de petição transita em julgado e poderá ser desconstituída por ação rescisória.

A liquidação da sentença terá início com a condenação ao pagamento de uma quantia ilíquida, que poderá ser definitiva ou provisória. O artigo prestigia o princípio dispositivo e impõe ao credor a iniciativa de requerer a liquidação. O formalismo é excessivo e nocivo à celeridade processual em se tratando de sentença definitiva. Em sendo a decisão provisória, a iniciativa deve ser deixada à parte, pois poderá trazer consequências, caso a sentença não seja confirmada no tribunal. No processo do trabalho, o juiz primário pode e deve iniciar desde logo a liquidação, determinando às partes que apresentem cálculos ou, em se tratando de cálculos volumosos e/ou complicados, poderá nomear técnico para fazer o levantamento.

I — por arbitramento, quando determinado pela sentença, convencionado pelas partes ou exigido pela natureza do objeto da liquidação;

II — pelo procedimento comum, quando houver necessidade de alegar e provar fato novo.

Comentários: O inciso I cuida da liquidação por arbitramento em três hipóteses: a) quando foi determinado pela sentença. Isso se dará quando o juiz verificar que a liquidação não poderá ser levada a efeito pelos meios normais por absoluta ausência de parâmetros; b) quando for convencionado pelas partes. Podem as partes convencionar um meio mais eficiente para a liquidação e que atenda aos seus interesses (teoria da vontade); c) quando o arbitramento for exigido pela natureza do objeto. Esta terceira hipótese está contida na primeira e terá efeito caso a sentença nada diga e as partes não hajam convencionado. Diz-se procedimento comum (Código anterior era “Artigos de Liquidação”), quando houver necessidade de alegar e provar fatos novos. O fato novo dito pelo artigo não pode mudar a condenação. Terá influência apenas nos cálculos.

§ 1º Quando na sentença houver uma parte líquida e outra ilíquida, ao credor é lícito promover simultaneamente a execução daquela e, em autos apartados, a liquidação desta.

Comentários: A hipótese pode acontecer. Essa possibilidade de bipartir a execução vem dos Códigos anteriores. A parte poderá executar, desde logo, a parte líquida e proceder à execução da parte ilíquida. Todavia, sem se tratando de condenação provisória, será conveniente que se aguarde o trânsito em julgado para a execução una. Mesmo porque a execução provisória não poderá ir além da penhora de bens, salvo casos especiais previstos na lei e de produto perecível.

§ 2º Quando a apuração do valor depender apenas de cálculo aritmético, o credor poderá promover, desde logo, o cumprimento da sentença.

✍ *Comentários:* O ideal será que o juiz, por ocasião da instrução do processo, consiga todos os elementos necessários para uma liquidação por simples cálculos aritméticos. Uma simples memória dos cálculos possibilitará a execução imediata. Uma instrução bem feita facilitará o cumprimento mais célere da sentença. No processo do trabalho, isso é feito normalmente, tendo em conta que, diferente da realidade civilista, existe um número "n" de pedidos. Não se descarta o levantamento pericial para a obtenção do *quantum debeatur*.

§ 3º O Conselho Nacional de Justiça desenvolverá e colocará à disposição dos interessados programa de atualização financeira.

✍ *Comentário:* Isso certamente ajudará, desde que funcione.

§ 4º Na liquidação é vedado discutir de novo a lide ou modificar a sentença que a julgou.

✍ *Comentário:* Temos aqui os mesmos princípios adotados nos Códigos anteriores. A coisa julgada não poderá rediscutir a lide, nem modificar a sentença exequenda. A mesma regra está prevista no art. 879, § 1º, da CLT.

Art. 510. Na liquidação por arbitramento, o juiz intimará as partes para a apresentação de pareceres ou documentos elucidativos, no prazo que fixar, e, caso não possa decidir de plano, nomeará perito, observando-se, no que couber, o procedimento da prova pericial.

✍ *Comentários:* A liquidação por arbitramento é pouco utilizada. As partes serão intimadas para apresentação de pareceres ou de documentos elucidativos em prazo previamente fixado pelo juiz. Mediante tais documentos, o juiz poderá decidir de plano. Melhor seria que os documentos fossem todos apresentados por ocasião da instrução probatória e os pareceres fossem juntados também na fase instrutória ou com as razões finais. Na prática, a arbitragem é resolvida com nomeação de perito, elemento de confiança do juízo.

Art. 511. Na liquidação pelo procedimento comum, o juiz determinará a intimação do requerido, na pessoa de seu advogado ou da sociedade de advogados a que estiver vinculado, para, querendo, apresentar contestação no prazo de 15 (quinze) dias, observando-se, a seguir, no que couber, o disposto no Livro I da Parte Especial deste Código.

✍ *Comentários:* No procedimento comum (liquidação por artigos), o requerido será intimado na pessoa do seu advogado ou da sociedade de advogados a qual pertencer o causídico. Nesse momento, querendo, poderá impugnar de forma fundamentada, posto que o objetivo é sensibilizar o juiz para a sua tese auxiliando-o na formação da convicção.

Art. 512. A liquidação poderá ser realizada na pendência de recurso, processando-se em autos apartados no juízo de origem, cumprindo ao liquidante instruir o pedido com cópias das peças processuais pertinentes.

✍ *Comentários:* Se a decisão pender de recurso, a liquidação do cumprimento da sentença será provisória e, por isso, deverá ser feita em autos apartados no qual serão juntadas todas as peças processuais necessárias. Embora o artigo fale em autos apartados, temos o que chamamos de "carta de sentença".

TÍTULO II
DO CUMPRIMENTO DA SENTENÇA

Capítulo I
DISPOSIÇÕES GERAIS

Art. 513. O cumprimento da sentença será feito segundo as regras deste Título, observando-se, no que couber e conforme a natureza da obrigação, o disposto no Livro II da Parte Especial deste Código.

✍ *Comentários:* O artigo direciona para a utilização da forma instrumental que aviará o cumprimento da sentença. Será observado, no que couber e conforme a natureza da obrigação, o disposto no Livro II da Parte Especial do novo Código.

§ 1º O cumprimento da sentença que, reconhece o dever de pagar quantia, provisório ou definitivo, far-se-á a requerimento do exequente.

✍ *Comentários:* O cumprimento da sentença terá início mediante requerimento do exequente, independente de o pagamento ser provisório ou definitivo. O parágrafo poderia ter redação que prestigiasse o princípio da celeridade. Poderia ter a seguinte redação:

> "§ 1º O cumprimento da sentença que reconhece o dever provisório de pagar quantia certa, far-se-á a requerimento do exequente; quando o dever for definitivo, poderá o juiz determinar o cumprimento de ofício."

§ 2º O devedor será intimado para cumprir a sentença:

I — pelo Diário da Justiça, na pessoa de seu advogado constituído nos autos;

II — por carta com aviso de recebimento, quando representado pela Defensoria Pública ou quando não tiver procurador constituído nos autos, ressalvada a hipótese do inciso IV;

III — por meio eletrônico, quando, no caso do § 1º do art. 246, não tiver procurador constituído nos autos;

IV — por edital, quando, citado na forma do art. 256, tiver sido revel na fase de conhecimento.

✍ *Comentários:* A intimação do devedor para cumprir a obrigação obedecerá às seguintes hipóteses: I — pelo Diário Oficial, na pessoa do advogado devidamente constituído nos autos. Caso o devedor não tenha advogado constituído, a intimação será feita por meio de carta registrada, com aviso de recebimento (AR), conforme previsto no inciso II; a intimação será sempre feita por carta com aviso de recebimento, quando o representante for a Defensoria Pública ou não houver procurador constituído nos autos, ressalvada a hipótese do inciso IV, que cuida do revel; o inciso III cuida da intimação por meio eletrônico no caso do art. 246, § 1º.

> Art. 246. A citação será feita:
>
> § 1º Com exceção das microempresas e das empresas de pequeno porte, as empresas públicas e privadas são obrigadas a manter cadastro nos sistemas de processo em autos eletrônicos, para efeito de recebimento de citações e intimações, as quais serão efetuadas preferencialmente por esse meio.

§ 3º Na hipótese do § 2º, incisos II e III, considera-se realizada a intimação quando o devedor houver mudado de endereço sem prévia comunicação ao juízo, observado o disposto no parágrafo único do art. 274.

✍ *Comentário:* Em caso de mudança de endereço, incumbe ao devedor indicar o novo endereço. As intimações feitas de conformidade com os incisos II e III, do § 2º serão consideradas válidas.

Art. 274. Não dispondo a lei de outro modo, as intimações serão feitas às partes, aos seus representantes legais, aos advogados e aos demais sujeitos do processo pelo correio ou, se presentes em cartório, diretamente pelo escrivão ou chefe de secretaria.

Parágrafo único. Presumem-se válidas as intimações dirigidas ao endereço constante dos autos, ainda que não recebidas pessoalmente pelo interessado, se a modificação temporária ou definitiva não tiver sido devidamente comunicada ao juízo, fluindo os prazos a partir da juntada aos autos do comprovante de entrega da correspondência no primitivo endereço.

§ 4º Se o requerimento a que alude o § 1º for formulado após 1(um) ano do trânsito em julgado da sentença, a intimação será feita na pessoa do devedor, por meio de carta com aviso de recebimento encaminhada ao endereço constante dos autos, observado o disposto no parágrafo único do art. 274 deste artigo.

✍ *Comentário:* Se o cumprimento da sentença for requerido, decorrido 1 (um) ano do trânsito em julgado, a intimação será feita na pessoa do devedor, por meio de carta com aviso de recebimento (AR), que será enviada no endereço constante dos autos, com observação do parágrafo único, do art. 274.

Art. 274. Não dispondo a lei de outro modo, as intimações serão feitas às partes, aos seus representantes legais, aos advogados e aos demais sujeitos do processo pelo correio ou, se presentes em cartório, diretamente pelo escrivão ou chefe de secretaria.

Parágrafo único. Presumem-se válidas as intimações dirigidas ao endereço constante dos autos, ainda que não recebidas pessoalmente pelo interessado, se a modificação temporária ou definitiva não tiver sido devidamente comunicada ao juízo, fluindo os prazos a partir da juntada aos autos do comprovante de entrega da correspondência no primitivo endereço.

§ 5º O cumprimento da sentença não poderá ser promovido em face do fiador, do coobrigado ou do corresponsável que não tiver participado da fase de conhecimento.

✍ *Comentários:* A execução não poderá ser direcionada contra o fiador, se este não participou da fase de conhecimento e, consequentemente, não faz parte dos limites subjetivos da coisa julgada. Esse é o entendimento defendido pelo Superior Tribunal de Justiça. Aconselhável que a ação seja dirigida também contra o fiador (se casado, marido e mulher), mormente se houve a desistência do benefício de ordem (art. 827 do Código Civil). *Ver título executivo extrajudicial (art. 784, III e VIII). Execução nos termos do art. 783.*

Art. 514. Quando o juiz decidir relação jurídica sujeita a condição ou termo, o cumprimento da sentença dependerá de demonstração de que se realizou a condição ou de que ocorreu o termo.

✍ *Comentários:* Se a relação jurídica estiver sujeita à condição ou termo, o cumprimento da obrigação contida na condenação dependerá da demonstração de que foi realizada a condição ou de que o termo ocorreu. Existe aí uma dependência para o cumprimento da obrigação entre a realização da condição ou da ocorrência do termo. Toda condição pressupõe que o fato seja futuro e incerto. A condição poderá ser no sentido de que um evento se realizará ou de que não se realizará. A primeira é denominada *conditio necessaria* e a segunda *conditio imposibilis.*

Art. 515. São títulos executivos judiciais, cujo cumprimento dar-se-á de acordo com os artigos previstos neste Título:

✍ *Comentários:* Pelo sistema do Código de Processo Civil, o título judicial e o título extrajudicial têm a mesma força e eficácia. O título extrajudicial se materializa pela ação de execução. O título judicial enseja execução direta ou execução aparelhada.

I — as decisões proferidas no processo civil que reconheçam a exigibilidade de obrigação de pagar quantia, de fazer, de não fazer ou de entregar coisa;

II — a decisão homologatória de autocomposição judicial;

III — a decisão homologatória de autocomposição extrajudicial de qualquer natureza;

IV — o formal e a certidão de partilha, exclusivamente em relação ao inventariante, aos herdeiros e aos sucessores a título singular ou universal;

V — o crédito de auxiliar da justiça, quando as custas, emolumentos ou honorários tiverem sido aprovados por decisão judicial;

VI — a sentença penal condenatória transitada em julgado;

VII — a sentença arbitral;

VIII — a sentença estrangeira homologada pelo Superior Tribunal de Justiça;

✍ *Comentários:* Título executivo extrajudicial oriundo de país estrangeiro não depende de homologação para ser executado (art. 784, § 2º, do Cód. novo). Todavia, só terá eficácia executiva, quando satisfizer os requisitos formais exigidos pela lei do lugar de sua celebração e quando o Brasil for indicado como o lugar de cumprimento da obrigação (art. 784, § 3º, do Cód. novo). O *exequatur* e a homologação de competência do STF passaram para a competência do STJ. *Exequatur*, em sentido literal, significa: execute-se. É um termo jurídico que se pode definir como uma autorização para que uma sentença estrangeira ou um pedido formulado por autoridade estrangeira por carta rogatória sejam cumpridos no Brasil.

IX — a decisão interlocutória estrangeira, após a concessão do *exequatur* à carta rogatória pelo Superior Tribunal de Justiça;

✍ *Comentários:* Decisão interlocutória estrangeira — A hipótese segue as pegadas do art. 515 do CPCn e adota o mesmo modo procedimental de toda e qualquer decisão que não possua as características formais de uma sentença. Fato que permite a homologação e a concessão do *exequatur* em caso de decisões interlocutórias, a exemplo do que soe acontecer com as decisões liminares.

Da carta rogatória executória

A carta rogatória executória é instrumento processual que viabiliza a execução de sentença prolatada no Brasil em país estrangeiro. Entretanto, tendo em conta a soberania de cada país, o cumprimento de carta rogatória dependerá do relacionamento que o país deprecante e o deprecado mantêm. O mundo apequenou-se e, hoje, dificilmente existirá país que não mantenha relação de cordialidade com os demais países. Esse relacionamento se faz necessário em todos os campos de atividade, quer na importação ou exportação de tecnologias, de cultura, de relacionamento comercial etc. Com o escopo de facilitar o relacionamento, os países assinam acordos e convenções onde se comprometem a dar reciprocidades mútuas. Havendo intercâmbio político internacional, o cumprimento de cartas rogatórias far-se-á sem maiores entraves (princípio da reciprocidade entre nações independentes).

Segundo Vicente Greco Filho, "a carta rogatória obedece à convenção internacional entre o Brasil e o país do qual se solicita a prática de algum ato; não havendo convenção internacional, a rogatória será remetida à autoridade judiciária estrangeira competente por via diplomática, depois de traduzida para a língua do país em que há de praticar-se o ato. Há países que não cumprem rogatória, o ato deixa de ser praticado, arcando a parte interessada com o ônus decorrente da omissão. Não é por isso que o processo ficará sem decisão; o juiz decidirá como se tal fato ou prova não existisse. Para o cumprimento de rogatória vinda do exterior há necessidade de *exequatur* concedido pelo presidente do STF (RISTF, art. 225 e ss.)" (*Direito processual civil brasileiro*, v. 2, p. 37). *Nota*: De conformidade com a EC n. 45/2004, a competência para o *exequatur*, agora, está afeta ao Superior Tribunal de Justiça (art. 105, I, "i", da CF e Resolução n. 9, de 4.5.2005, do STJ).

Constata Amilcar de Castro que "atualmente, em quase todos os países, com raras exceções, executam-se sentenças estrangeiras por meio de outra ação de conhecimento mediante processo de *exequatur*. Precisamente porque a sentença é ato público, praticado legitimamente em jurisdição estranha, é que no fórum não se lhe pode sistematicamente negar valor. É claro que nenhum Estado distribui justiça fora de sua jurisdição; mas nada impede, e tudo aconselha que no fórum se atribua validade a atos judiciais emanados de países estrangeiros, assim como se atribui valor a atos praticados pelos particulares" (*Direito internacional privado*, Ed. Forense, Rio de Janeiro, 1958, v. 2, p. 236).

Da concessão de exequatur

Com o advento da EC n. 45/2004, a competência do STF para proceder ao juízo delibatório e para a concessão do *exequatur* passou para o STJ (art. 103, I, "i", CF — homologação de sentenças estrangeiras e a concessão de *exequatur* às cartas rogatórias). A Lei de Introdução ao Código Civil, art. 12, modificada pelo Decreto-lei n. 4.557/1942, dispõe no seu § 2º: "A autoridade judiciária brasileira cumprirá, concedido o *exequatur* e segundo a forma estabelecida pela lei brasileira as diligências deprecadas por autoridade estrangeira competente, observando a lei desta, quanto ao objeto das diligências." Dispõe o art. 15 da LICC: "Será executada no Brasil a sentença proferida no estrangeiro, que reúna os seguintes requisitos: a) haver sido proferida por juiz competente: b) terem sido as partes citadas ou haver-se legalmente verificado a revelia; c) ter passado em julgado e estar revestida das formalidades necessárias para a execução no lugar em que foi proferida; d) estar traduzida por intérprete autorizado; e) ter sido homologada pelo Supremo Tribunal Federal (leia-se Superior Tribunal de Justiça — art. 103, I, "i", CF). Parágrafo único. Não dependem de homologação as sentenças meramente declaratórias do estado das pessoas."

O exercício delibatório do tribunal para a concessão do *exequatur* fica reservado à parte formal, não se imiscuindo no mérito, mas verificando se o que fora decidido não contraria as leis locais. Por exemplo: se a decisão que se analisa é proveniente de país onde não existe o contraditório, não será expedido o *exequatur*. O tema delibatório deverá constar do Regimento Interno do Tribunal.

X — (VETADO).

✍ *Comentário:* Temos nos incisos I a IX as hipóteses que ensejam a formação dos títulos judiciais, com o objeto de pagar quantia certa, obrigação de fazer ou de não fazer. Obrigação de entregar coisa certa.

§ 1º Nos casos dos incisos VI a IX, o devedor será citado no juízo cível para o cumprimento da sentença ou para a liquidação no prazo de 15 (quinze) dias.

✍ *Comentários:* Nas hipóteses previstas nos incisos VI e IX, o devedor será citado para o cumprimento da obrigação em 15 dias, se a sentença for líquida; se a sentença não for ilíquida, o devedor será citado para promover a liquidação em 15 (quinze) dias.

§ 2º A autocomposição judicial pode envolver sujeito estranho ao processo e versar sobre relação jurídica que não tenha sido deduzida em juízo.

✍ *Comentários:* A autocomposição não está atrelada aos elementos do processo que digam respeito às partes e ao *thema decidendum*. A lei autoriza que seja levada a efeito sujeito estranho ao processo e poderá versar sobre relação jurídica que extrapolem a *res in judicium deducta*. A autocomposição está ligada à vontade das partes (teoria da autonomia de vontades). O parágrafo é oportuno. A autocomposição é preferível à continuidade da demanda. O conteúdo do § 2º destoa do conjunto e certamente estaria melhor adaptada na Seção V Dos Conciliadores e (dos) Mediadores Judiciais, prevista no art. 165 e ss.

Processo do Trabalho: As regras civilistas de autocomposição podem ser aplicadas em sede trabalhista, exceção ao inciso VII.

Art. 516. O cumprimento da sentença efetuar-se-á perante:

I — os tribunais, nas causas de sua competência originária;

Comentários: Os tribunais têm competência originária, quando a lei ou a Constituição atuam nesse sentido, como é o caso de ação rescisória, e tem competência recursal para rever decisões proferidas pelos juízes e tribunais inferiores.

II — o juízo que decidiu a causa no primeiro grau de jurisdição;

Comentários: Temos nos incisos I e II a aplicação do princípio de que o juiz da ação é também o juiz da execução. Esse princípio é excepcionado por permissão legal, *v. g.*, no cumprimento das cartas precatórias e rogatórias.

III — o juízo cível competente, quando se tratar de sentença penal condenatória, de sentença arbitral, de sentença estrangeira ou de acórdão proferido pelo Tribunal Marítimo.

Comentários: Nas hipóteses previstas no inciso III não existe juiz anterior que detivesse a competência para a execução (juiz da ação é também o juiz da execução, *perpetuatio jurisdictiones*). A competência será determinada pelo lugar do domicílio do executado, pelo lugar da localização dos bens que poderão ser expropriados (*forum rei sitae*); ou no lugar onde deverá ser executada a obrigação de fazer ou de não fazer. São esses os juízos cíveis competentes e concorrentes. *Ver parágrafo único os incisos II e III.*

Tribunais marítimos — Esta parte deveria ocupar inciso separado; por se tratar de decisão administrativa não poderia estar no mesmo rol de sentenças e de acórdãos que transitam em julgado para depois serem executados. A lei ungida há quase 5 (seis) décadas não se ateve com correção à terminologia jurídica.

São órgãos administrativos da Aeronáutica e são dotados de circunscrição, não de jurisdição porque não têm o poder de dizer o direito. As suas conclusões são sempre suscetíveis de serem analisadas e julgadas pelo Poder Judiciário, único que possui a *jurisdictio*. Não importa se a matéria apreciada por esses "tribunais" no âmbito administrativo faça referência a acidentes de navegação. Nada pode ser retirado do crivo do Poder Judiciário (art. 5º, XXXVI, CF). De conformidade com a Lei n. 2.180/1954, art. 1º, o tribunal marítimo é agente auxiliar do Poder Judiciário. A denominação de auxiliar tem aplicação na conclusão técnica a critério do juiz. Todo ato proferido por órgão administrativo poderá vir a ser apreciado e julgado pelo Poder Judiciário, com base nos princípios do contraditório, da ampla defesa e do devido processo legal. Em suma: tribunal marítimo decide administrativamente e, se a decisão não for submetida ao Poder Judiciário, será executada como título extrajudicial.

A execução de que fala o *caput* será no local do domicílio do executado, no local da localização dos bens sujeitos à expropriação ou, ainda, no lugar em a obrigação de fazer ou de não fazer deverá ser executada. As hipóteses delineiam os juízes cíveis concorrentes.

STF — AGRAVO DE INSTRUMENTO AI 62811 RJ (STF)

Data de publicação: 26/09/1975

Ementa: SEGURO **MARÍTIMO**. NAUFRÁGIO DE NAVIO. AÇÃO DE COBRANÇA DA INDENIZAÇÃO CORRESPONDENTE A SUA PERDA TOTAL. LEGITIMIDADE DA UTILIZAÇÃO DA PROVA, DAS CONCLUSÕES

TÉCNICAS E DA **DECISÃO** DO **TRIBUNAL MARÍTIMO** ADMINISTRATIVO NO JULGAMENTO DA AÇÃO PELO **TRIBUNAL** FEDERAL DE RECURSOS. TENDÊNCIA DO ESTADO MODERNO DE ATRIBUIR O EXERCÍCIO DE FUNÇÕES QUASE-JURISDICIONAIS A ÓRGÃOS DA ADMINISTRAÇÃO, ALIVIANDO OS ÓRGÃOS DO PODER JUDICIÁRIO DO EXAME DE MATÉRIAS PURAMENTE TÉCNICAS. INVIABILIDADE DO EXTRAORDINÁRIO PARA O REEXAME DE PROVAS. AGRAVO DE INSTRUMENTO DESPROVIDO.

Encontrado em: -***** — 26/9/1975 SEGURO, TRANSPORTE **MARÍTIMO**, AÇÃO DE INDENIZAÇÃO, NAUFRÁGIO DE NAVIO, **TRIBUNAL MARÍTIMO**

Parágrafo único. Nas hipóteses dos incisos II e III, o exequente poderá optar pelo juízo do atual domicílio do executado, pelo juízo do local onde se encontrem os bens sujeitos à execução ou pelo juízo do local onde deva ser executada a obrigação de fazer ou de não fazer, casos em que a remessa dos autos do processo será solicitada ao juízo de origem.

✍ *Comentários:* Temos aqui caso de exceção ao princípio da *perpetuatio jurisdictionis*. Posterga-se o princípio de que o juiz da ação também é o juiz da execução, remetendo-se o processo executório para outro juízo. O parágrafo único se descuida da terminologia jurídica ao usar o verbo solicitar ao invés de requerer. No lugar de "será solicitado", leia-se "será requerido" ao juízo de origem. Ao juiz não se pede, se requer. O requerimento da remessa dos autos a determinado juízo será feito pelo exequente. Sobre tribunais marítimos ver comentários ao inciso III, retro.

Processo do trabalho: O parágrafo único não tem aplicação em sede trabalhista, eis que ausentes as hipóteses do inciso III e a execução de bens fora da comarca é feita por carta precatória, com bons resultados.

Art. 517. A decisão judicial transitada em julgado poderá ser levada a protesto, nos termos da lei, depois de transcorrido o prazo para pagamento voluntário previsto no art. 523.

✍ *Comentários:* O novo Código inova, posto que o Código em vigor não normatizou a matéria. Todavia, essa possibilidade já está prevista na Lei Federal n. 9.492/1997, que define a competência e regulamenta os serviços concernentes ao protesto de títulos e outros documentos de dívida. O artigo 1º autoriza o protesto de qualquer documento que represente débito. O protesto é ato formal e solene, por meio do qual se prova a inadimplência e o descumprimento de obrigação em qualquer documento que represente uma dívida.

O protesto somente poderá ser levado a efeito depois do trânsito em julgado, decorrido o prazo para o pagamento voluntário. Transcorrido o prazo previsto no art. 523, que é de 15 (quinze) dias, nasce (*actio nata*) para a parte o direito de agir e de levar a sentença a protesto. O protesto traduz um *plus* ao poder de persuasão contra o devedor renitente. A medida dará maior efetividade ao processo executório, forçando o devedor a efetuar o pagamento premido pela publicidade negativa. Entendemos que, embora essa não tenha sido a regra até então, nada impede que seja aplicada mesmo antes da entrada do novo Código em vigor, com forte na Lei Federal n. 9.492/1957. A providência não necessita de autorização legal. A parte é detentora de um título judicial no qual já decorreu prazo razoável para o pagamento sem que o devedor tivesse efetuado ou se manifestasse nesse sentido. Não existe impedimento legal para que a decisão judicial seja protestada, decorrido o prazo de 15 (quinze) dias para o pagamento voluntário.

§ 1º Para efetivar o protesto, incumbe ao exequente apresentar certidão de teor da decisão.

✍ *Comentário:* A sentença judicial levado a protesto será representada por certidão de inteiro teor da decisão, contendo as informações previstas no § 2º.

§ 2º A certidão de teor da decisão deverá ser fornecida no prazo de 3 (três) dias e indicará o nome e a qualificação do exequente e do executado, o número do processo, o valor da dívida e a data de decurso do prazo para pagamento voluntário.

✍ *Comentários:* Este parágrafo poderia ter sido resolvido no § 1º ou em incisos ao mesmo. O prazo para o cartório fornecer a certidão será de 3 (três) dias. Se a decisão expedida for de inteiro teor já conterá as demais exigências do parágrafo, como nome das partes e qualificação, número do processo, valor da dívida e o decurso do prazo para o pagamento voluntário.

§ 3º O executado que tiver proposto ação rescisória para impugnar a decisão exequenda pode requerer, a suas expensas e sob sua responsabilidade, a anotação da propositura da ação à margem do título protestado.

✍ *Comentário:* Se existir ação rescisória com o objetivo de desconstituir a decisão protestada, o executado poderá requerer que seja feita a anotação à margem do título protestado. Temos, assim, uma espécie de contraprotesto.

§ 4º A requerimento do executado, o protesto será cancelado por determinação do juiz, mediante ofício a ser expedido ao cartório, no prazo de 3 (três) dias, contado da data de protocolo do requerimento, desde que comprovada a satisfação integral da obrigação.

✍ *Comentários:* O *caput* do art. 517 não exige a autorização do juízo para o exequente efetuar o protesto. Tudo é feito junto ao tabelião. Sendo assim, não vemos razão para o juiz ter de autorizar o cancelamento. Feito o pagamento junto ao tabelião, este tomará todas as providências e entregará ao devedor os documentos que representam a quitação da dívida e todas as demais despesas cartorárias com o protesto. O devedor, por sua vez, posto que do seu interesse, juntará aos autos os documentos que quitaram a obrigação. A autorização do juiz somente seria devida se ele, juiz, houvesse autorizado o protesto. Todavia, nada impede que o exequente requeira o protesto ao juiz e que este determine as providências iniciais. Teríamos, assim, a aplicação do princípio do paralelismo das formas e caberia ao juiz da ação autorizar o cancelamento.

Processo do trabalho: as regras de protesto da sentença judicial podem ser aplicadas em sede trabalhista e constituirá meio hábil para incentivar o pagamento do crédito alimentar.

Art. 518. Todas as questões relativas à validade do procedimento de cumprimento da sentença e dos atos executivos subsequentes poderão ser arguidas pelo executado nos próprios autos e nestes serão decididas pelo juiz.

✍ *Comentários:* O artigo simplifica a discussão que diga respeito ao cumprimento da sentença e dos atos executivos subsequentes, com decisão do juiz. As decisões interlocutórias poderão ser impugnadas pela via do agravo de instrumento.

Processo do Trabalho: as decisões interlocutórias são irrecorríveis e o agravo de instrumento tem conteúdo operacional restrito ao desatrelamento de recursos não processados (art. 897, "b", da CLT).

Art. 519. Aplicam-se as disposições relativas ao cumprimento da sentença, provisório ou definitivo, e à liquidação, no que couber, às decisões que concederem tutela provisória.

✍ *Comentário:* A tutela provisória é aplicada ao cumprimento provisório ou definitivo da sentença e à liquidação, naquilo que couber.

Capítulo II
DO CUMPRIMENTO PROVISÓRIO DA SENTENÇA QUE RECONHECE A EXIGIBILIDADE DE OBRIGAÇÃO DE PAGAR QUANTIA CERTA

Art. 520. O cumprimento provisório da sentença impugnada por recurso desprovido de efeito suspensivo será realizado da mesma forma que o cumprimento definitivo, sujeitando-se ao seguinte regime:

✍ *Comentários:* A execução provisória percorrerá os mesmos trâmites de uma sentença definitiva, mas não irá além da penhora para garantia do juízo. A partir daí, aguardará o trânsito em julgado para prosseguir. Excepcionam-se os casos de bens perecíveis.

I — corre por iniciativa e responsabilidade do exequente, que se obriga, se a sentença for reformada, a reparar os danos que o executado haja sofrido;

✍ *Comentários:* Na prática, não é incomum a parte aguardar o trânsito em julgado para iniciar a execução definitiva. A parte deve ser juiz de si própria para não correr risco. Se optar em prosseguir, o risco deverá ser calculado, mesmo porque a execução provisória não irá além da penhora, salvo exceção em que poderá haver atos de disposição do bem mediante caução. *Ver Comentários ao* caput *e item II infra.*

II — fica sem efeito, sobrevindo decisão que modifique ou anule a sentença objeto da execução, restituindo-se as partes ao estado anterior e liquidando-se eventuais prejuízos nos mesmos autos;

✍ *Comentários:* O inciso II poderá trazer consequências inesperadas. Suponha-se a penhora de um bem que estava sendo negociada a venda por intermédio da Caixa Econômica Estadual e que o candidato a comprador desistiu do negócio em face do registro da penhora à margem da matrícula do imóvel (art. 167, inciso I, n. 5, da Lei dos Registros Públicos) e depois a sentença exequenda não foi confirmada pelo tribunal. Haverá, decerto, pedido de responsabilidade civil por danos materiais.

III — se a sentença objeto de cumprimento provisório for modificada ou anulada apenas em parte, somente nesta ficará sem efeito a execução;

✍ *Comentário:* Reportamo-nos aos comentários do inciso II, retro.

IV — o levantamento de depósito em dinheiro e a prática de atos que importem transferência de posse ou alienação de propriedade ou de outro direito real, ou dos quais possa resultar grave dano ao executado, dependem de caução suficiente e idônea, arbitrada de plano pelo juiz e prestada nos próprios autos.

✍ *Comentários:* O levantamento de depósito em dinheiro ou a transferência de posse ou alienação de propriedade ou de outro direito real de cujo ato possa resultar danos graves ao executado é requerimento que a lei permite, mas que deve merecer uma análise aprofundada do juiz, sem perder de vista as consequências previstas no § 4º, infra. Poderá indeferir se visualizar situação que desaconselhe o deferimento; se for deferir, deverá fazer levantamento criterioso do valor da caução que será suficiente para respaldar um futuro dano. O ideal seria caução por fiança bancária, com a exigência da cobertura total dos danos que vierem a ser apurados.

§ 1º No cumprimento provisório da sentença, o executado poderá apresentar impugnação, se quiser, nos termos do art. 525.

Art. 525. Transcorrido o prazo previsto no art. 523 sem o pagamento voluntário, inicia-se o prazo de 15 (quinze) dias para que o executado, independentemente de penhora ou nova intimação, apresente, nos próprios autos, sua impugnação.

§ 1º Na impugnação, o executado poderá alegar:

I — falta ou nulidade da citação se, na fase de conhecimento, o processo correu à revelia;

II — ilegitimidade de parte;

III — inexequibilidade do título ou inexigibilidade da obrigação;

IV — penhora incorreta ou avaliação errônea;

V — excesso de execução ou cumulação indevida de execuções;

VI — incompetência absoluta ou relativa do juízo da execução;

VII — qualquer causa modificativa ou extintiva da obrigação, como pagamento, novação, compensação, transação ou prescrição, desde que supervenientes à sentença.

§ 2º A alegação de impedimento ou suspeição observará o disposto nos arts. 146 e 148.

§ 3º Aplica-se à impugnação o disposto no art. 229.

§ 4º Quando o executado alegar que o exequente, em excesso de execução, pleiteia quantia superior à resultante da sentença, cumprir-lhe-á declarar de imediato o valor que entende correto, apresentando demonstrativo discriminado e atualizado de seu cálculo.

§ 5º Na hipótese do § 4º, não apontado o valor correto ou não apresentado o demonstrativo, a impugnação será liminarmente rejeitada, se o excesso de execução for o seu único fundamento, ou, se houver outro, a impugnação será processada, mas o juiz não examinará a alegação de excesso de execução.

§ 6º A apresentação de impugnação não impede a prática dos atos executivos, inclusive os de expropriação, podendo o juiz, a requerimento do executado e desde que garantido o juízo com penhora, caução ou depósito suficientes, atribuir-lhe efeito suspensivo, se seus fundamentos forem relevantes e se o prosseguimento da execução for manifestamente suscetível de causar ao executado grave dano de difícil ou incerta reparação.

§ 7º A concessão de efeito suspensivo a que se refere o § 6º não impedirá a efetivação dos atos de substituição, de reforço ou de redução da penhora e de avaliação dos bens.

§ 8º Quando o efeito suspensivo atribuído à impugnação disser respeito apenas a parte do objeto da execução, esta prosseguirá quanto à parte restante.

§ 9º A concessão de efeito suspensivo à impugnação deduzida por um dos executados não suspenderá a execução contra os que não impugnaram, quando o respectivo fundamento disser respeito exclusivamente ao impugnante.

§ 10. Ainda que atribuído efeito suspensivo à impugnação, é lícito ao exequente requerer o prosseguimento da execução, oferecendo e prestando, nos próprios autos, caução suficiente e idônea a ser arbitrada pelo juiz.

§ 11. As questões relativas a fato superveniente ao término do prazo para apresentação da impugnação, assim como aquelas relativas à validade e à adequação da penhora, da avaliação e dos atos executivos subsequentes, podem ser arguidas por simples petição, tendo o executado, em qualquer dos casos, o prazo de 15 (quinze) dias para formular esta arguição, contado da comprovada ciência do fato ou da intimação do ato.

§ 12. Para efeito do disposto no inciso III do § 1º deste artigo, considera-se também inexigível a obrigação reconhecida em título executivo judicial fundado em lei ou ato normativo considerado inconstitucional pelo Supremo Tribunal Federal, ou fundado em aplicação ou interpretação da lei ou do ato normativo tido pelo Supremo Tribunal Federal como incompatível com a Constituição Federal, em controle de constitucionalidade concentrado ou difuso.

§ 13. No caso do § 12, os efeitos da decisão do Supremo Tribunal Federal poderão ser modulados no tempo, em atenção à segurança jurídica.

§ 14. A decisão do Supremo Tribunal Federal referida no § 12 deve ser anterior ao trânsito em julgado da decisão exequenda.

§ 15. Se a decisão referida no § 12 for proferida após o trânsito em julgado da decisão exequenda, caberá ação rescisória, cujo prazo será contado do trânsito em julgado da decisão proferida pelo Supremo Tribunal Federal.

§ 2º A multa e os honorários a que se refere o § 1º do art. 523 são devidos no cumprimento provisório de sentença condenatória ao pagamento de quantia certa.

✍ *Comentário: Ver parágrafo 1º, infra.* O Superior Tribunal de Justiça tem decidido (Proc. STJ-REsp (Corte Especial) 1291736-PR-Min. Luiz Felipe Salomão, j. 20.11.2013, DJUE 19.12.2013) que não cabe condenação em honorários em execução provisória.

Art. 523. No caso de condenação em quantia certa, ou já fixada em liquidação, e no caso de decisão sobre parcela incontroversa, o cumprimento definitivo da sentença far-se-á a requerimento do exequente, sendo o executado intimado para pagar o débito, no prazo de 15 (quinze) dias, acrescido de custas, se houver.

§ 1º Não ocorrendo pagamento voluntário no prazo do *caput*, o débito será acrescido de multa de dez por cento e, também, de honorários de advogado de dez por cento.

§ 3º Se o executado comparecer tempestivamente e depositar o valor, com a finalidade de isentar-se da multa, o ato não será havido como incompatível com o recurso por ele interposto.

✍ *Comentários:* Na prática, é difícil a parte efetuar o depósito em execução provisória. Mas, se o fizer, liberar-se-á da multa. O parágrafo deixa claro que o ato de efetuar o depósito não é incompatível com o recurso interposto pelo executado. Isto é, o ato não será considerado "preclusão lógica". Por cautela, deve a parte efetuar o depósito e cruzar petição informando que pretende recorrer.

§ 4º A restituição ao estado anterior a que se refere o inciso II não implica o desfazimento da transferência de posse ou da alienação de propriedade ou de outro direito real eventualmente já realizada, ressalvado, sempre, o direito à reparação dos prejuízos causados ao executado.

✍ *Comentários:* Este parágrafo tem no seu conteúdo programático o mesmo conteúdo do art. 182 do Código Civil que trata da anulação de negócio. O parágrafo sob comento é demasiadamente ousado, quando permite, numa execução provisória, a transferência de posse ou alienação de bem, mediante caução. O bem assim retirado do patrimônio do devedor certamente será transferido para outrem ou alienado para terceiro de boa-fé, o que impedirá o retorno ao *statu quo ante.* O valor da caução apurada no momento do ato poderá não ser suficiente posteriormente. A caução poderá ser em dinheiro ou por hipoteca judicial de bens, tantos quantos possam garantir o pagamento da indenização, quando não houver a possibilidade de retorno. A preferência deve ser por fiança bancária com cláusula de que o pagamento deverá ser integral, impossibilitando a possibilidade de restos executórios.

Processo do trabalho: não vemos possibilidade de aplicação no caso do hipossuficiente. Levando em conta, todavia, que o direito do trabalho não é mais a Justiça de empregado e de empregador, mas dos "trabalhadores", onde haverá trabalhador que realmente tenha posses, a aplicação subsidiária poderá ser possível. Mirando-se por outra ótica e levando em conta que o processo do trabalho é mais ágil na resolução da lide do que o processo comum, a utilização do § 4º não seria aconselhável, pois poderá estender a lide para a apuração de indenização com perdas e danos.

§ 5º Ao cumprimento provisório de sentença que reconheça obrigação de fazer, de não fazer ou de dar coisa aplica-se, no que couber, o disposto neste Capítulo.

✍ *Comentário:* Tem-se pelo parágrafo que as hipóteses indicadas estão sujeitas ao que consta deste Capítulo agregadas às particularidades do procedimento peculiar a cada caso.

Art. 521. A caução prevista no inciso IV do art. 520 poderá ser dispensada nos casos em que:

Comentários: O *caput* nos dá as hipóteses em que a caução poderá ser dispensada.

I — o crédito for de natureza alimentar, independentemente de sua origem;

Comentários: O inciso IV, do art. 520, autoriza o juiz retirar bens do patrimônio do devedor em execução provisória, desde que o exequente preste caução idônea. O § 4º reconhece que poderá haver a irreversibilidade, isto é, a possibilidade de a transferência de posse ou a alienação da propriedade não retornar ao *statu quo ante*, mas admite o direito da reparação do prejuízo.

O *caput* excepciona a regra e o inciso I permite que, no caso de crédito de natureza alimentar, seja dispensada a caução. Pergunta que se faz: estaria aberta a porta para o titular de crédito de natureza alimentar não ser responsabilizado, caso o recurso do executado seja provido? A resposta deve ser não. Nenhuma interpretação poderá levar ao impasse ou ao absurdo. Vejamos!

O *caput* do art. 521 não deve se interpretado na sua literalidade. O fato de haver dispensa da caução não significa que as portas estariam escancaradas para a não reparação dos prejuízos causados. Tratando-se de uma medida plasmada em sede de excepcionalidade, a interpretação também há de ser restritiva. Assim, o juiz somente poderá efetuar a dispensa nos casos previstos na lei (*numerus clausus*). Mas não é só isso. O juiz deverá verificar a possibilidade da reversibilidade dos atos que serão praticados na execução provisória e a capacidade econômica e financeira para dar suporte ao retorno ao *status quo* anterior, caso o recurso manejado pelo executado seja provido. Queremos dizer que a exceção somente poderá ser concedida em casos absolutamente justificáveis e possíveis de reversibilidade. Em suma, a concessão independente de caução dependerá da situação fática e da capacidade patrimonial do exequente. Como dissemos antes, de conformidade com os princípios de hermenêutica, a interpretação não poderá levar ao impasse ou ao absurdo. E absurdo haveria se o juiz apenas concedesse a transferência de posse ou permitisse a alienação de propriedade sabendo que no caso de irreversibilidade o executado nada receberia e arcaria com todo o ônus sem ter concorrido para isso. O art. 521 é informado pelo mesmo conteúdo programático do art. 182 do Código Civil. Mas este tem o contraponto dos arts. 186, 187 e 927 do mesmo Código. O que significa que ninguém está livre de responder pelos atos praticados e que tenham provocado dano no patrimônio de terceiro. O *caput* do art. 521 e o inciso I devem ser interpretados sistematicamente com o parágrafo único do mesmo artigo, *in verbis:*

> Parágrafo único. A exigência de caução será mantida quando da dispensa possa resultar manifesto risco de grave dano de difícil ou incerta reparação.

A interpretação literal isolada do *caput* do art. 521 e o inciso I levariam ao impasse, pois significaria que a posse de um bem poderia ser transferida para um credor de crédito de natureza alimentar e este poderia alienar o bem para terceiro, e o terceiro para outro terceiro que seriam adquirentes de boa-fé. E mesmo que a ação fosse julgada improcedente, não haveria caução para garantir o rombo no patrimônio do "pseudodevedor". Do ponto de vista da responsabilidade civil, a parte responderá pelo ato, mesmo não tendo oferecido caução, de acordo com os arts. 186, 187 e 927 do Código Civil, desde que possua bens em seu patrimônio. Todavia, repita-se, a interpretação sistemática deve ser feita sobre o *caput* do art. 521, inciso I, e parágrafo único.

Processo do Trabalho: O crédito trabalhista tem natureza alimentar previsto constitucionalmente, incluídos nessa natureza os honorários dos profissionais autônomos. A aplicação do inciso I é, no mínimo, desaconselhável em sede trabalhista em se tratando de hipossuficiente os quais, como regra, não possuem patrimônio.

II — o credor demonstrar situação de necessidade;

III — pender o agravo fundado nos incisos II e III do art. 1.042;

IV — a sentença a ser provisoriamente cumprida estiver em consonância com súmula da jurisprudência do Supremo Tribunal Federal ou do Superior Tribunal de Justiça ou em conformidade com acórdão proferido no julgamento de casos repetitivos.

Comentário: Para os incisos II, III e IV, remetemos o leitor aos comentários do inciso I.

Parágrafo único. A exigência de caução será mantida quando da dispensa possa resultar manifesto risco de grave dano de difícil ou incerta reparação.

✍ *Comentário:* Valem aqui os mesmos comentários que fizemos para o inciso I, retro.

Art. 522. O cumprimento provisório da sentença será requerido por petição dirigida ao juízo competente.

✍ *Comentários:* Para o cumprimento provisório da sentença, o exequente deverá dirigir requerimento ao juiz com os documentos indicados no parágrafo único. Autenticação poderá ser feita pelo próprio advogado. O art. 425-VI do Código novo recepcionou o inciso IV do art. 365 do Código em vigor e autoriza o advogado a autenticar as cópias dos documentos.

Parágrafo único. Não sendo eletrônicos os autos, a petição será acompanhada de cópias das seguintes peças do processo, cuja autenticidade poderá ser certificada pelo próprio advogado, sob sua responsabilidade pessoal:

I — decisão exequenda;

II — certidão de interposição do recurso não dotado de efeito suspensivo;

III — procurações outorgadas pelas partes;

IV — decisão de habilitação, se for o caso;

V — facultativamente, outras peças processuais consideradas necessárias para demonstrar a existência do crédito.

Capítulo III
DO CUMPRIMENTO DEFINITIVO DA SENTENÇA QUE RECONHECE A EXIGIBILIDADE DE OBRIGAÇÃO DE PAGAR QUANTIA CERTA

Art. 523. No caso de condenação em quantia certa, ou já fixada em liquidação, e no caso de decisão sobre parcela incontroversa, o cumprimento definitivo da sentença far-se-á a requerimento do exequente, sendo o executado intimado para pagar o débito, no prazo de 15 (quinze) dias, acrescido de custas, se houver.

✍ *Comentários:* A execução sobre sentença definitiva far-se-á mediante requerimento da parte exequente. O devedor deverá ser intimado pelos meios previstos no art. 513, § 2º. Fixada a liquidação ou havendo parcela incontroversa, a execução poderá ser iniciada. A lei exige que a iniciativa seja do credor. Mas o devedor poderá fazê-lo para evitar o pagamento de juros e de correção monetária, caso o credor não o faça. O prazo para o pagamento voluntário será de 15 (quinze) dias.

Processo do Trabalho: o art. 523 recepcionou o art. 475-J do Código em vigor. Tanto o artigo atual, quanto o que entrará em vigor tem aplicação no processo do trabalho. O STJ que tem a última palavra sobre lei federal (art. 105, III, "c", da CF) decidiu que:

> "Trata-se, na origem, de ação rescisória em reclamação trabalhista que foi proposta, distribuída e sentenciada antes da CF/1988, quando ainda a Justiça Federal detinha competência para julgar demandas trabalhistas contra empresas públicas federais. No REsp, a CEF, em se tratando de reclamação trabalhista regida pela CLT, insurge-se quanto à aplicação do art. 475-J do CPC. Destaca o Min. Relator que a questão consiste em definir se o citado dispositivo pode ser aplicado na fase de cumprimento de uma sentença condenatória de natureza trabalhista. Explica que o citado artigo é inovação trazida pela reforma processual promovida pela Lei n. 11.232/2005, a qual pôs fim à execução para entrega de quantia certa como processo autônomo, substituindo-o por uma fase de cum-

primento da sentença. Com efeito, é medida de coerção indireta que busca, de um lado, estimular o devedor ao cumprimento voluntário da obrigação constante na sentença condenatória e, do outro lado, puni-lo pelo inadimplemento com multa (sanção legal). Assim, juntamente com outros instrumentos, como a multa cominatória e a possibilidade de parcelamento da dívida, concorrem para uma prestação jurisdicional mais célere em obediência aos princípios constitucionais. Dessa forma, para o Min. Relator, no plano teórico, não haveria incompatibilidade entre a regra do art. 475-J do CPC e o processo do trabalho; ao contrário, o primeiro, pela sua racionalidade, guardaria estreita relação com o processo trabalhista. Quanto ao argumento de não ser possível a aplicação analógica do artigo em comento no processo trabalhista, no qual persiste o processo de execução autônomo, informa que não haveria empecilho, visto que o instituto em questão é instrumento de coerção, não de execução. Nesse sentido, para o Min. Relator, basta dizer que o comportamento omissivo do devedor é que dá ensejo à sanção, a qual antecede o próprio início da fase de cumprimento de sentença. Logo, não se vislumbraria a tese de incompatibilidade sistêmica entre o citado artigo e o modelo de execução trabalhista em processo autônomo. *Quanto a não ser possível aplicação analógica.*

Trata-se, na origem, de ação rescisória em reclamação trabalhista que foi proposta, distribuída e sentenciada antes da CF/1988, quando ainda a Justiça Federal detinha competência para julgar demandas trabalhistas contra empresas públicas federais. No REsp, a CEF, em se tratando de reclamação trabalhista regida pela CLT, insurge-se quanto à aplicação do art. 475-J do CPC. Destaca o Min. Relator que a questão consiste em definir se o citado dispositivo pode ser aplicado na fase de cumprimento de uma sentença condenatória de natureza trabalhista. Explica que o citado artigo é inovação trazida pela reforma processual promovida pela Lei n. 11.232/2005, a qual pôs fim à execução para entrega de quantia certa como processo autônomo, substituindo-o por uma fase de cumprimento da sentença. Com efeito, é medida de coerção indireta que busca, de um lado, estimular o devedor ao cumprimento voluntário da obrigação constante na sentença condenatória e, do outro lado, puni-lo pelo inadimplemento com multa (sanção legal). Assim, juntamente com outros instrumentos, como a multa cominatória e a possibilidade de parcelamento da dívida, concorrem para uma prestação jurisdicional mais célere em obediência aos princípios constitucionais. Dessa forma, para o Min. Relator, no plano teórico, não haveria incompatibilidade entre a regra do art. 475-J do CPC e o processo do trabalho; ao contrário, o primeiro, pela sua racionalidade, guardaria estreita relação com o processo trabalhista. Quanto ao argumento de não ser possível a aplicação analógica do artigo em comento no processo trabalhista, no qual persiste o processo de execução autônomo, informa que não haveria empecilho, visto que o instituto em questão é instrumento de coerção, não de execução. Nesse sentido, para o Min. Relator, basta dizer que o comportamento omissivo do devedor é que dá ensejo à sanção, a qual antecede o próprio início da fase de cumprimento de sentença. Logo, não se vislumbraria a tese de incompatibilidade sistêmica entre o citado artigo e o modelo de execução trabalhista em processo autônomo. *Quanto a não ser possível aplicação analógica porque a CLT já teria regulado suficientemente o processo do trabalho e aí faltaria o pressuposto para aplicação da analogia que é a lacuna da lei, afirma o Min. Relator, entre outros argumentos, que dos arts. 880 a 883 da CLT não se extrai que esteja prevista medida de coerção indireta semelhante à do art. 475-J do CPC ou, tampouco, que esses artigos tenham excluído a possibilidade de aplicação por analogia do previsto no dispositivo em comento. Quanto ao art. 889 da CLT expressamente determinar que, em caso de omissão, dever-se-ia aplicar subsidiariamente a Lei de Execuções Fiscais, segundo o Min. Relator, para enfrentar esse argumento, deve-se levar em conta o art. 769 da CLT — o qual também aponta que, nos casos omissos, aplica-se o direito processual comum. Assim, explica que o art. 889 da CLT deve conviver com o art. 769 da CLT. Sendo assim, embora o processo do trabalho deva socorrer-se na Lei de Execução Fiscal, não pode descuidar-se do processo civil comum, especialmente quanto à aplicação dos institutos mais afeitos ao processo trabalhista. Aponta que, com essa orientação, o TST tem aplicado a multa do art. 538, parágrafo único, do CPC, quando interpostos embargos declaratórios protelatórios. Informa ainda que, embora haja precedentes, não está pacificada, no TST a aplicação analógica do art. 475-J do CPC no processo do trabalho, contudo sua aplicação não encontra nenhum obstáculo de ordem técnica e propicia a realização de uma tutela jurisdicional mais adequada e efetiva (GN). Por último, ressalta caber, na hipótese dos autos, a aplicação do princípio in dubio pro operario, a autorizar o entendimento firmado no acórdão recorrido. Diante do exposto, a Turma negou provimento ao recurso da CEF." Precedentes citados do TST: RR 135800-87.2006.5.13.0006, DEJT 4/12/2009; RR 21400-14.2007.5.01.0021, DEJT 7/5/2010; RR 1539876-76.2005.5.01.0900, DJ 13/6/2008; AIRR 467740-26.2005.5.09.0658, DJ 20/6/2008, e AIRR 34540-85.2004.5.02.0444, DJ 27/6/2008. REsp 1.111.686-RN,* Rel. Min. Sidnei Beneti, julgado em 1º/6/2010.

ARTIGO 475-J-CPC — APLICAÇÃO EM SEDE TRABALHISTA. Duas correntes.

O lapso está na interpretação restritiva do art. 769, da CLT, com fulcro na expressão "nos casos omissos". Esse apego à literalidade, como ensina Carlos Maximiliano (*Hermenêutica e Aplicação do Direito*, 8. ed. Freitas

Bastos, Rio de Janeiro, 1965, p. 42), é fatal: "A ação do tempo é irresistível; não respeita a imobilidade aparente dos Códigos."

A expressão "casos omissos" deve ser interpretada com a perspectiva de um conteúdo programático amplo, isto é, a omissão poderá ser total ou parcial. Será total, quando a CLT não contiver norma idêntica ao do processo comum. Não temos aqui, precisamos buscar lá fora. Será parcial, quando a norma existir nas leis trabalhistas, mas não basta a si mesma, é incompleta, é ineficaz. A aplicação solitária da norma não produzirá o efeito desejado ou não terá condição de produzir qualquer efeito. A legislação trabalhista, aí incluída a maior delas, a CLT, é prenhe em exemplos. Vamos nos limitar em citar apenas dois: primeiro, o art. 818, da CLT: "A prova das alegações incumbe à parte que as fizer". Não é necessário nenhum esforço intelectivo para concluir que a aplicação da norma solitária seria um desastre. Mas, de conformidade com a primeira corrente, não haveria omissão. Se não houver omissão, não haverá busca subsidiária. Todavia, a prática elegeu a interpretação sistemática e o art. 818, da CLT, é complementado pelo art. 333, incisos I e II, do CPC, em especial, e demais artigos referentes à prova, e o ônus probatório elege o fato constitutivo para o autor e os fatos impeditivo, modificativo e extintivo para o réu, ou reclamante e reclamado, para os saudosistas da época em que vigia o procedimento administrativo. Temos um segundo exemplo no art. 836, da CLT, que cuida da ação rescisória e até normatiza de forma diversa o depósito prévio. Todavia, referido artigo 836 e o respectivo parágrafo único são espécie de vela sem luz, de corpo sem alma, de sino sem badalo. Mas, de acordo com a interpretação restritiva da primeira corrente, com base na literalidade do art. 769, da CLT, não existe omissão. O que levaria à conclusão de que não haveria respaldo legal para a incursão subsidiária ao processo comum, Se assim permanecesse, não haveria a possibilidade de ajuizar uma ação rescisória em sede trabalhista. Por isso, aplica-se o princípio da razoabilidade para evitar o impasse, mesmo não havendo a omissão total, busca-se alento subsidiário no art. 485 e respectivos incisos I a IX , do CPC, e demais artigos do Capítulo IV, do Título IX, para a complementação parcial da ação rescisória. O novo Código recepcionou o art. 485 e incisos no art. 966 e incisos.

Tem-se, assim, que os arts. 818 e 836, da CLT, embora ocupem lugar na normatização celetista, necessitam de alento complementar para que possam cumprir os seus objetivos. Nessa mesma esteira, poderíamos indicar dezenas de hipóteses. À hipótese do art. 475-J, do CPC, originário da Lei n. 11.232/2005, deve ser dado idêntico tratamento, qual seja, o subsídio complementar. O executado será citado e, se o pagamento não for efetuado em 48 horas, haverá a penhora, porque assim determina o art. 880, da CLT. Entretanto, decorrido o prazo de 15 (quinze) dias, sem que o executado tenha honrado a obrigação, o juiz, de ofício, aplicará a multa de 10 (dez) por cento sobre o total da execução em favor do exequente. O processo do trabalho leva a vantagem de que, possivelmente, a penhora já tenha sido efetuada.

De conformidade com o princípio teleológico, na possibilidade de duas ou mais interpretações para o mesmo caso, deve o intérprete escolher a que for mais razoável. Nesse caso, a única interpretação é a subsidiária complementar. Ainda que não fosse, *ad argumentandum*, qual seria a interpretação mais razoável? Aplicar como norma complementar, a que incentiva o pagamento do crédito trabalhista, cantado por todos como crédito superprivilegiado e dito pelo art. 186 do Código Tributário Nacional como o primeiro na preferência executória, superior até mesmo ao crédito tributário, ou deixar as coisas como estão por absoluta incoerência interpretativa e sem suporte na razoabilidade! O juiz do trabalho vocacionado terá sempre uma sensibilidade interpretativa epidérmica e saberá sempre o que é e o que não é mais razoável.

§ 1º Não ocorrendo pagamento voluntário no prazo do *caput*, o débito será acrescido de multa de dez por cento e, também, de honorários de advogado de dez por cento.

✍ Comentários. Este parágrafo corresponde ao *caput* do art. 375-J do Código em vigor no que diz respeito ao acréscimo da multa de 10 (dez) por cento sobre o débito; serão fixados honorários também de 10%, caso o executado não efetue o pagamento de forma voluntária no prazo de 15 (quinze) dias.

§ 2º Efetuado o pagamento parcial no prazo previsto no *caput*, a multa e os honorários previstos no § 1º incidirão sobre o restante.

✍ *Comentário:* Caso haja pagamento parcial, o percentual da multa e dos honorários incidirão sobre o débito restante.

§ 3º Não efetuado tempestivamente o pagamento voluntário, será expedido, desde logo, mandado de penhora e avaliação, seguindo-se os atos de expropriação.

Comentário: O § 3º é oportuno quando determina a penhora de bens de ofício para prosseguimento dos atos expropriatórios, reduzindo o apego ao princípio dispositivo.

Art. 524. O requerimento previsto no art. 523 será instruído com demonstrativo discriminado e atualizado do crédito, devendo a petição conter:

Comentários: O requerimento para início da execução deverá ser instruído com memória de cálculos. Os cálculos deverão ser apresentados de forma analítica, de modo a permitir facilmente a conferência das importâncias lançadas, dos cálculos de juros e da correção monetária, com indicações dos índices de correção monetária, tudo de conformidade com os incisos I a VII, do art. 524 retro.

I — o nome completo, o número de inscrição no Cadastro de Pessoas Físicas ou no Cadastro Nacional da Pessoa Jurídica do exequente e do executado, observado o disposto no art. 319, §§ 1º a 3º;

II — o índice de correção monetária adotado;

III — os juros aplicados e as respectivas taxas;

IV — o termo inicial e o termo final dos juros e da correção monetária utilizados;

V — a periodicidade da capitalização dos juros, se for o caso;

VI — especificação dos eventuais descontos obrigatórios realizados;

VII — indicação dos bens passíveis de penhora, sempre que possível.

§ 1º Quando o valor apontado no demonstrativo aparentemente exceder os limites da condenação, a execução será iniciada pelo valor pretendido, mas a penhora terá por base a importância que o juiz entender adequada.

Comentários: Este parágrafo não foi de boa inspiração, pois traz uma espécie de malabarismo para a execução. Apresentados os cálculos pelo exequente, o executado tem o direito de impugnação. Se a impugnação trouxer elementos convincentes de que foram excedidos os limites objetivos da coisa julgada, estaremos diante do excesso de execução. Caso o juiz não tenha condições de aquilatar, deverá enviar os autos ao contador oficial do juízo (se houver) ou determinar o levantamento por perito. Com essa providência, a execução prosseguirá com maior firmeza. Tenha-se em vista que o juiz é o guardião da coisa julgada e, havendo excesso de execução, ainda que o executado não tenha impugnado, o juiz não poderá homologar com base na ausência de impugnação. A matéria estaria preclusa para o executado, que não poderá fazer nova impugnação, mas não para o juiz que é, repita-se, o guardião da coisa julgada. Se não tiver certeza, deverá nomear perito. Prosseguir na execução pelo valor pretendido (que poderá conter excesso de execução) e garantir o juízo com penhora pelo valor que juiz entender adequada será admitir o malabarismo processual. Depois, vai ser difícil para o juiz encontrar o ponto de razoabilidade da importância adequada: juiz, como regra, não entende de matemática, nem de contabilidade. O parágrafo dificilmente será aplicado, simplesmente porque desacelera e encarece a execução, uma vez que poderá necessitar de duas praças ou leilões, com nova penhora e novas impugnações, novos recursos.

§ 2º Para a verificação dos cálculos, o juiz poderá valer-se de contabilista do juízo, que terá o prazo máximo de 30 (trinta) dias para efetuá-la, exceto se outro lhe for determinado.

Comentários: Este parágrafo vai ao encontro dos nossos comentários, retro. As normas do § 1º não serão aplicadas e serão substituídas certamente pelo § 2º, mais razoável. Todavia, a fixação de prazo de 30 dias não foi de boa inspiração. O prazo deveria ser deixado ao douto critério do juiz. Cada caso é um caso; cada perícia é uma perícia. O prazo poderá ser maior ou menor de conformidade com a realidade daquele momento ou daquele processo. O parágrafo deveria ter a seguinte redação:

§ 2º Para a verificação dos cálculos, o juiz poderá valer-se de perito contábil que apresentará laudo circunstanciado.

§ 3º Quando a elaboração do demonstrativo depender de dados em poder de terceiros ou do executado, o juiz poderá requisitá-los, sob cominação do crime de desobediência.

Comentários: Como regra, o laudo pericial será feito com base nas provas dos autos colhidas durante a instrução processual. Dificilmente, haverá a necessidade de louvar-se em provas em mãos de terceiro. Possível em mãos do executado, que não estaria obrigado a fazer aprova contra si mesmo. Se a prova for o exame de livro contábil (Diário), o perito procederá apenas naquela parte que servirá de prova. Não é possível uma devassa contábil.

§ 4º Quando a complementação do demonstrativo depender de dados adicionais em poder do executado, o juiz poderá, a requerimento do exequente, requisitá-los, fixando prazo de até 30 (trinta) dias para o cumprimento da diligência.

Comentários: Este parágrafo poderia fazer parte do § 3º ou de um inciso ao mesmo, pois tem ligação causal. O prazo deverá ser aquele fixado pelo juiz, superior a 30 dias, se necessário.

§ 5º Se os dados adicionais a que se refere o § 4º não forem apresentados pelo executado, sem justificativa, no prazo designado, reputar-se-ão corretos os cálculos apresentados pelo exequente apenas com base nos dados de que dispõe.

Comentários: O parágrafo impõe castigo ao executado que não apresentar os dados adicionais determinado pelo juízo, considerando corretos os cálculos apresentados. O § 3º impôs a cominação de crime de desobediência. A literalidade do parágrafo leva ao entendimento de que a desobediência do executado levaria o juiz a referendar como certo até mesmo um excesso de execução, conclusão que reputamos incorreta, por ser o juiz o guardião da coisa julgada. A interpretação do § 5º deve ser no sentido de que os cálculos serão considerados corretos se estiverem corretos e não afrontarem os limites objetivos da coisa julgada. Mas nada impede que o juiz determine a busca e apreensão dos elementos sonegados.

Art. 525. Transcorrido o prazo previsto no art. 523 sem o pagamento voluntário, inicia-se o prazo de 15 (quinze) dias para que o executado, independentemente de penhora ou nova intimação, apresente, nos próprios autos, sua impugnação.

Comentários: O *caput* recepcionou o art. 475-L e seus incisos, mantendo o recurso de "Impugnação" trazido pela Lei n. 11.232/2005. E o art. 1.015 recepcionou o art. 475-H e da decisão de liquidação cabe agravo de instrumento.

Temos aqui a obrigação de pagar quantia certa. O devedor, pelo art. 523, é intimado a pagar o débito em até 15 (quinze) dias. Transcorrido o prazo *in albis,* o executado terá o prazo de 15 (quinze dias), independente da garantia do juízo ou de nova intimação, para apresentar, querendo, o recurso de "Impugnação", estando esta restrita aos incisos I a VI, do § 1º. A intimação deverá ser feita de conformidade com os incisos do § 2º do art. 513.

O *caput* rompe com o costume até então vigente de que o devedor para discutir o valor fixado na sentença de mérito ou na liquidação de sentença deveria, antes, efetuar a garantia do juízo, mediante depósito em dinheiro ou oferecer bens à penhora. O novo Código permite a "Impugnação" sem a garantia do juízo. Vislumbramos para o devedor três espécies de defesa: exceção de pré-executividade, objeção de executividade e impugnação ao cumprimento da sentença. Pela regra ainda vigente no Código de 1973, as duas primeiras hipóteses estão liberadas de qualquer garantia; a terceira hipótese estaria sujeita à garantia do juízo. Todavia, pelas regras que passarão a viger pelo novo Código, todas as hipóteses de defesa estão liberadas da garantia do juízo.

Essa regra é excepcionada no § 6º, ao dizer que a impugnação não impede a prática e atos executivos, inclusive de expropriação de bens, desde que garantido o juízo, mediante penhora, caução ou depósito suficientes, podendo atribuir o efeito suspensivo se os fundamentos apresentados forem relevantes e o prosseguimento for suscetível de causar dano irreparável ou de difícil reparação.

Segundo Nelson Nery Junior *ex vi* do CPC § 6º, conclui-se que a impugnação dispensa garantia prévia, a menos que haja requerimento de efeito suspensivo. No procedimento do cumprimento da sentença o devedor pode se defender por meio de três instrumentos: a) exceção de executividade; b) objeção de executividade; c) impugnação ao cumprimento da sentença. Nos dois primeiros, a defesa pode ser feita sem que haja necessidade de o devedor segurar o juízo, vale dizer, antes da segurança do juízo pela penhora ou depósito. A exceção e a objeção de executividade são meios de defesa *stricto sensu*. Para opor a impugnação, que são um misto de ação e de defesa (defesa *lato sensu*), o devedor precisaria segurar o juízo pela penhora ou pelo depósito da coisa, no sistema do CPC/1973 (CPC/1973 475-J *caput* e § 1º, o que não ocorre com o atual CPC. Na atual sistemática, todas essas formas de defesa ainda são possíveis (obra cit., p. 1296).

§ 1º Na impugnação, o executado poderá alegar:

I — falta ou nulidade da citação se, na fase de conhecimento, o processo correu à revelia;

II — ilegitimidade de parte;

III — inexequibilidade do título ou inexigibilidade da obrigação;

IV — penhora incorreta ou avaliação errônea;

Nota: Este inciso diz respeito à exceção de que falamos nos comentários ao *caput*, posto que a regra pelo novo Código é a não exigência de garantia do juízo para a impugnação.

V — excesso de execução ou cumulação indevida de execuções;

Nota: Neste caso de excesso de execução, o executado deverá apresentar memória de cálculo (art. 524) indicando qual seria o valor correto. *Ver art. 917, §§ 3º, 4º e inciso II.*

VI — incompetência absoluta ou relativa do juízo da execução;

VII — qualquer causa modificativa ou extintiva da obrigação, como pagamento, novação, compensação, transação ou prescrição, desde que supervenientes à sentença.

✍ *Comentários:* O parágrafo alinha os motivos que poderão ser utilizados na impugnação pelo executado. O rol não é taxativo. Poderá excepcionar matéria de ordem pública, como a incompetência absoluta e o impedimento do juiz da execução. A incompetência absoluta e o impedimento do juiz poderão ser declarados a requerimento da parte ou de ofício pelo juiz (arts. 64 e 144) a qualquer tempo ou grau de jurisdição, posto que não haverá preclusão pela ausência de alegação. Se os temas já foram discutidos por outras jurisdições, ficaram superados pela coisa julgada. Entretanto, a parte discordante poderá manejar a ação rescisória antes de decorrido o interstício decadencial.

STJ. INCOMPETÊNCIA ABSOLUTA DO JUÍZO DE ORIGEM. MATÉRIA DE ORDEM PÚBLICA. POSSIBILIDADE DE CONHECIMENTO A QUALQUER MOMENTO E EM QUALQUER GRAU DE JURISDIÇÃO. 1- SENTENÇA CASSADA DE OFÍCIO EM SEDE DE REEXAME NECESSÁRIO. REMESSA AO JUÍZO COMPETENTE PARA NOVO JULGAMENTO — VARA DA FAZENDA PÚBLICA DE TOLEDO. 2- APELAÇÃO

CÍVEL PREJUDICADA. (TJPR — 5ª CCível — ACR — 1256877-5 — Assis Chateaubriand — Rel.: Nilson Mizuta — Rel. Desig. p/ o Acórdão: Rogério Ribas — Por maioria — J. 09.12.2014.)

§ 2º A alegação de impedimento ou suspeição observará o disposto nos arts. 146 e 148.

Comentários: ***Da exceção de suspeição e de impedimento***

Ensina *Pontes de Miranda* ("Código de Processo Civil", *apud Amaral Santos* em "Primeiras linhas ...", vol. 2º/197, 1985) que: "Quem está sob suspeição está em situação de dúvida quanto ao seu bom procedimento. Quem está impedido está fora de dúvida, pela enorme probabilidade de ter influência maléfica para a sua função." *Amaral Santos* (ob. cit., p. 197) realça que: "O impedimento corresponde à situação do juiz que, por força de lei, o qualifica de parcial; essa situação lhe atribui a presunção absoluta de parcialidade *(Celso Agricola Barbi)*. Por isso mesmo, o juiz impedido está proibido de exercer suas funções no processo, seja este contencioso ou voluntário: (...) (Código cit., art. 134, II, art. 144, I, CPCn). Impedido de exercer suas funções, os atos que praticar são inválidos, ainda que não suscitada o impedimento, sendo a sentença, que proferir, suscetível de ser rescindida por via de ação rescisória (Cód. cit., art. 485, II, art. 966, II, V, CPCn). Na suspeição, há suspeita de parcialidade, que obsta o juiz de exercer suas funções no processo, quando ele próprio se reconhecer suspeito ou quando, por denúncia da parte, através de exceção correspondente, for julgado suspeito."

No prazo de 15 (quinze) dias, contados do fato que ocasionou a incompetência, o impedimento e a suspeição, pode suscitar dúvidas no tocante à preclusão. Sabe-se que a incompetência suscitada por exceção é a relativa e que a suspeição pode ser convalidada se o interessado não alegar *opportune tempore.* Todavia, o impedimento, por ser absoluto, poderá ser invocado a qualquer momento ou declarado de ofício pelo juiz. Se o juiz impedido continuar no processo, com a declaração de impedimento, a qualquer momento, todos os atos praticados sob a direção do juiz serão nulos de *pleno jure.*

Do impedimento e da suspeição: momento de arguição

Preleciona *Amaral Santos* (ob. cit., p. 198) que: "A distinção entre impedimento e suspeição avulta de importância pelos seus efeitos, que justificam as normas reguladoras do momento das respectivas denúncias. A regra, contida no art. 305, § 2º, art. 525 CPCn precisa ser considerada conforme se trate de impedimento ou de suspeição. Nesse dispositivo se diz que cabe "à parte oferecer exceção, no prazo de 15 dias (art. 146 CPCn), contado do fato que ocasionou a incompetência, o impedimento ou suspeição". Todavia, tal regra não se aplica à exceção de impedimento: a) O impedimento fere de nulidade a relação processual, tanto que constitui um dos fundamentos à propositura da ação rescisória do julgado (Cód. Proc. Civil, art. 485, II). Assim, conquanto deve ser arguido sob a forma de exceção (Cód. cit., art. 304, arts. 144 a 148 CPCn), no momento estabelecido para esta (arts. 297, 305), nada obsta possa ser denunciado em qualquer fase do processo, mesmo em superior instância (Cód. cit., art. 305), à semelhança do que ocorre com a arguição de incompetência absoluta (Cód. cit., art. 113, art. 64, § 1º CPCn), "visto que o impedimento e a incompetência absoluta ferem, com igual intensidade, a capacidade do juiz tanto que podem servir de fundamento à propositura da ação rescisória" (art. 485, II e 966, II CPCn).

Ademais, é de considerar-se que, como a incompetência absoluta, o impedimento pode e deve ser declarado de ofício, mesmo porque o juiz impedido é defeso exercer as suas funções no processo (Cód, cit., art. 134, art. 144 CPCn). Entretanto, quando a parte deixar de oferecer a exceção de impedimento no prazo de 15 dias, contado da ciência do fato que o ocasionou (Cód. cit., art. 305), à semelhança do que ocorre com a demora da denúncia da incompetência absoluta, responderá ela "integralmente pelas custas" (Cód. cit., art. 113, § 1º); b) Diversamente, a suspeição é vício sanável, que se desfaz pelo não uso da faculdade de arguí-la no momento oportuno. Precluso o direito de excepcionar, não será mais de falar-se em suspeição, considerando-se tenha havido a aceitação do juiz. A preclusão do direito de excepcionar dá-se: **1.** Em relação ao réu, quando não oferecida a exceção no prazo da contestação (Cód. cit., art. 297), tratando-se de suspeição por motivo conhecido a esse tempo ou grau de jurisdição. **2.** Em relação ao autor, no prazo de 15 dias, a contar da distribuição da causa, tratando-se de suspeição por motivo conhecido a esse tempo. Nas comarcas em que haja um único juiz, a exceção poderá acompanhar a petição inicial. **3.** Em relação a ambas as partes, no prazo de 15 dias, "contado do fato", isto é, da ciência do fato que ocasionou a suspeição, quando esse fato for proveniente à propositura da ação ou da contestação, ou venha a ser conhecimento tão-somente depois desses atos." Nos termos do art. 305 do CPC, o direito de excepcionar pode ser exercido em qualquer tempo, o grau de jurisdição, no prazo de 15 dias, contado do fato que ocasionou a incompetência, o impedimento ou a suspeição.

Na Justiça do Trabalho, em comarca onde funcione JCJ única, o autor poderá arguir concomitantemente com a inicial, de preferência em peça separada, se tiver conhecimento antecipado do fato; o réu poderá fazê-lo

até a audiência em que apresentará defesa, não estando restrito ao prazo de 15 dias do art. 297 do CPC, já que no processo trabalhista a audiência obedece a critério de disponibilidade de data para a sua designação. Todavia, em não tendo conhecimento do fato, aplicável a espécie o art. 305 do CPC a míngua de previsão legal na CLT (art. 769). A parte terá 15 dias do conhecimento do fato para excepcionar, se ocorrer após a defesa.

Da suspeição e do impedimento: competência para apreciação

Antes do advento da EC n. 2/199, a jurisdição primária da Justiça do Trabalho era composta de um colegiado: Juiz Presidente e dois representantes classistas de empregado e de empregador. Nessa época, a suspeição ou o impedimento era julgado pelo próprio colegiado, caso um dos componentes do colegiado não se desse por suspeito. Atualmente, o juízo é monocrático. Poder-se-ia seguir as regras do processo comum, deixando ao tribunal *ad quem* a apreciação e julgamento da suspeição. Todavia, o processo do trabalho prima pela celeridade. Daí ser mais conveniente, naqueles casos em que o juiz não se dá por suspeito, que prossiga na direção do processo. Poderá acontecer de a parte que arguiu o juiz de suspeito se desinteresse da arguição por haver saído vencedor na demanda. Todavia, se vier a ser sucumbente e recorrer, poderá reavivar a matéria em sede Regional. Se for acolhida a suspeição, todos os atos processuais e rescisórios serão considerados nulos e o processo recambiado a jurisdição primária com a determinação de que outro juiz seja designado para instruir e julgar a ação.

Enquanto no processo civil, o juiz não reconhecendo a suspeição ou o impedimento dará as suas razões e ordenará a remessa dos autos ao tribunal a quem estará afeta a apreciação da matéria (arts. 312 e 313 do CPC, arts. 146 e 146, § 1º CPCn), no processo trabalhista (art. 653 da CLT), à própria Vara do Trabalho competia julgar a suspeição arguida contra os seus membros.

Coqueijo Costa ("Direito Judiciário do Trabalho", Forense, 1ª ed., 1978, p. 257) entende que: "O juiz ou vogal inquinado de suspeição na exceção, deve imediatamente se afastar, convocando-se seu substituto já para decidir a exceção." *Data venia*, em que pese o entendimento do festejado processualista, essa posição só poderá ser aceita *de lege ferenda.* O processo trabalhista, eminentemente ágil, sem apego a certos formalismos que atravancariam o seu andamento, reflete-se nos preceitos do art. 653 da Consolidação, letra *c.*

O direcionamento pretendido pelo saudoso juslaboralista tem rigor nem mesmo encontrado no processo comum e, se seguido, poderia constituir incentivo a procrastinações.

Da suspeição: poderes especiais para arguir

A suspeição é questão que refoge à discussão comum da causa e diz respeito ao foro intimo do litigante. Não se presume que a outorga de procuração ao advogado já tenha incluído poderes para tanto. Esse é o entendimento esposado pelo egrégio STF (STF, ap. DJ 30.4.56/628) *apud* Alexandre de Paula, (ob. cit., 1977, vol. I/159, n. 7): "Em nosso direito processual sempre existiu a exigência de que, para propor a exceção de suspeição ao juiz, o procurador judicial precisou da outorga de poderes especiais."

Na doutrina, vamos encontrar nas lições de Alexandre de Paula, ob. cit. 1977, vol. II/129, o seguinte: "Não há necessidade de poderes especiais para arguir suspeição, uma vez que nenhum dispositivo expressamente o exige, como seria de mister, face a regra do parágrafo único do art. 38. O direito da parte de excepcionar o juiz, por suspeito ou impedido, não exclui o dever deste, de declarar-se impedido ou suspeito, quando reconhecer a ocorrência dos motivos (art. 137): A matéria constitui objeto das leis de organização judiciária e dos regimentos dos tribunais."

Da suspeição: outras pessoas

"Aplicam-se os motivos de impedimento e de suspeição aos juízes de todos os tribunais. (...)." (art. 137 do CPC, art, 148, incisos I, II, §§ 1º, 2º e 3º) "Aplicam-se também os motivos de impedimento e de suspeição: I — ao órgão do Ministério Público (...); II, a48, I, CPCn — ao serventuário de justiça; III — ao perito; IV — ao intérprete." (art. 138 do CPC, art. 148, II, CPCn). O assistente técnico não mais está sujeito a suspeição ou impedimento.

1. DA EXCEÇÃO DE SUSPEIÇÃO E DE IMPEDIMENTO

Art. 801 da CLT. O juiz é obrigado a dar-se por suspeito, e pode ser recusado, por algum dos seguintes motivos, em relação à pessoa dos litigantes: a) inimizade pessoal; b) amizade íntima; c) parentesco por consanguinidade ou afinidade até o terceiro grau civil; d) interesse particular na causa.

Parágrafo único. Se o recusante houver praticado algum ato pelo qual haja consentido na pessoa do juiz, não mais poderá alegar exceção de suspeição, salvo sobrevindo novo motivo. A suspeição não será também admitida, se do processo constar que o recusante deixou de alegá-la anteriormente, quando já a conhecia, ou que, depois de conhecida, aceitou o juiz recusado ou, finalmente, se procurou de propósito o motivo de que ela se originou.

Art. 802 da CLT. Apresentada a exceção de suspeição, o juiz ou Tribunal designará audiência, dentro de 48 horas, para instrução e julgamento da exceção.

✍ *Comentários:* De conformidade com a EC n. 24/99, o primeiro grau da Justiça do Trabalho passou a ser monocrática, com a extinção da representação classista.

2. DA EXCEÇÃO DE SUSPEIÇÃO E DE IMPEDIMENTO

Ensina Pontes de Miranda (*Código de Processo Civil, "apud"* Amaral Santos em "*Primeiras linhas* ...", v. 2º/197, 1985) que: "Quem está sob suspeição está em situação de dúvida quanto ao seu bom procedimento. Quem está impedido está fora de dúvida, pela enorme probabilidade de ter influência maléfica para a sua função." Amaral Santos (ob. cit., p. 197) realça que: "O impedimento corresponde à situação do juiz que, por força de lei, o qualifica de parcial; essa situação lhe atribui a presunção absoluta de parcialidade (Celso Agrícola Barbi). Por isso mesmo, o juiz impedido está proibido de exercer suas funções no processo, seja este contencioso ou voluntário: (...) (Código cit., art. 134, II, art. 144-I do Cód. novo). Impedido de exercer suas funções, os atos que praticar são inválidos, ainda que não suscitada a exceção de impedimento, sendo a sentença, que proferir, suscetível de ser rescindida por via de ação rescisória (Cód. cit., art. 485, II). Na suspeição, há suspeita de parcialidade, que obsta o juiz de exercer suas funções no processo, quando ele próprio se reconhecer suspeito ou quando, por denúncia da parte, por meio de exceção correspondente, for julgado suspeito."

A redação do art. 305 do CPC (arts. 312/324 do Cód. novo), ao declarar que exceção será oferecida no prazo de 15 (quinze) dias, contados do fato que ocasionou a incompetência, o impedimento ou a suspeição, pode suscitar dúvida no tocante à preclusão. Sabe-se que a incompetência suscitada por exceção é a relativa e que a suspeição pode ser convalidada se o interessado não alegar *opportune tempore*. Todavia, o impedimento, por ser absoluto, poderá ser invocado a qualquer momento ou declarado de ofício pelo juiz. Se o juiz impedido continuar no processo, com a declaração de impedimento, a qualquer momento, todos os atos praticados sob a direção do juiz serão nulos de *pleno jure*.

3. DO IMPEDIMENTO E DA SUSPEIÇÃO: MOMENTO DE ARGUIÇÃO

Preleciona Amaral Santos que: a distinção entre impedimento e suspeição avulta de importância pelos seus efeitos, que justificam as normas reguladoras do momento das respectivas denúncias. A regra, contida no art. 305 (art. 146, do Cód. novo), precisa ser considerada conforme se trate de exceção de impedimento ou de suspeição. Nesse dispositivo, se diz que cabe "à parte oferecer exceção, no prazo de 15 dias, contado do fato que ocasionou a incompetência, o impedimento ou suspeição". Todavia, tal regra não se aplica à exceção de impedimento: a) o impedimento fere de nulidade a relação processual, tanto que constitui um dos fundamentos à propositura da ação rescisória do julgado (Cód. Proc. Civil, art. 485, II art. 966, II, do Cód. novo). O juiz impedido tem o seu poder jurisdicional suspenso *juris et de jure*. Assim, conquanto deva ser arguido sob a forma de exceção (Cód. cit., art. 304, art. 146 do Cód. novo), no momento estabelecido para esta (arts. 297 do CPC e 335 do Código novo, 305 do CPC e art. 146 do Cód. novo), nada obsta possa ser denunciado em qualquer fase do processo, mesmo em superior instância (Cód. cit., art. 305 art. 146 do Cód. novo), à semelhança do que ocorre com a arguição de incompetência absoluta (Cód. cit., art. 113 do CPC, art. 64 do Cód. novo), visto que o impedimento e a incompetência absoluta ferem, com igual intensidade, a capacidade do juiz tanto que podem servir de fundamento à propositura da ação rescisória. Ao juiz impedido é defeso exercer as suas funções no processo (Cód. cit., art. 134 do CPC, art. 144 do novo Código repete a proibição). Entretanto, quando a parte deixar de oferecer a exceção de impedimento no prazo de 15 dias, contado da ciência do fato que o ocasionou (Cód. cit., art. 305), à semelhança do que ocorre com a demora da denúncia da incompetência absoluta, responderá ela integralmente pelas custas (Cód. cit., art. 113); b) diversamente, a suspeição é vício sanável, que se desfaz pelo não uso da faculdade de argui-la no momento oportuno. Precluso o direito de excepcionar, não será mais de se falar em suspeição, considerando-se tenha havido a aceitação do juiz. A preclusão do direito de excepcionar dá-se:

em relação ao réu, quando não oferecida a exceção no prazo da contestação (Cód. cit., art. 297, art. 335 do Cód. novo), tratando-se de suspeição por motivo conhecido a esse tempo. em qualquer tempo, ou grau de jurisdição (ob. cit., p. 198);

em relação ao autor, no prazo de 15 dias, a contar da distribuição da causa, tratando-se de suspeição por motivo conhecido a esse tempo. Nas comarcas em que haja um único juiz, a exceção poderá acompanhar a petição inicial;

em relação a ambas as partes, no prazo de 15 dias, contado do fato, isto é, da ciência do fato que ocasionou a suspeição, quando esse fato for proveniente da propositura da ação ou da contestação, ou venha a ter conhecimento tão somente depois desses atos. Nos termos do art. 305 do CPC (art. 146 do Cód. novo), o direito de excepcionar pode ser exercido em qualquer tempo, ou grau de jurisdição, no prazo de 15 dias, contado do fato que ocasionou a incompetência, o impedimento ou a suspeição. Todavia, a incompetência absoluta e o impedimento poderão ser alegados a qualquer tempo ou grau de jurisdição.

Na Justiça do Trabalho, na comarca onde funcione Vara única, o autor poderá arguir concomitantemente com a inicial, de preferência em peça separada, se tiver conhecimento antecipado do fato; o réu poderá fazê-lo até a audiência em que apresentará defesa, não estando restrito ao prazo de 15 dias do art. 297 do CPC, já que no processo trabalhista a audiência obedece a critério de disponibilidade de data para a sua designação. Contudo, em não tendo conhecimento do fato poderá fazê-lo do conhecimento do fato. A parte terá 15 dias do conhecimento do fato para excepcionar a suspeição, se ocorrer depois da defesa.

4. DA SUSPEIÇÃO E DO IMPEDIMENTO: COMPETÊNCIA PARA A APRECIAÇÃO

Antes do advento da EC n. 20/1999, a jurisdição primária da Justiça do Trabalho era composta de um colegiado: Juiz Presidente e dois representantes classistas de empregado e de empregador. Nessa época, a suspeição ou o impedimento era julgado pelo próprio colegiado, caso um dos componentes do colegiado não se desse por suspeito. Atualmente, o juízo é monocrático. Poder-se-ia seguir as regras do processo comum, deixando ao tribunal *ad quem* a apreciação e julgamento da suspeição. Porém, o processo do trabalho prima pela celeridade. Daí ser mais conveniente, naqueles casos em que o juiz não se dá por suspeito, que prossiga na direção do processo. Poderá acontecer de a parte que arguiu o juiz de suspeito se desinteresse pela arguição por haver saído vencedor na demanda. No entanto, se vier a ser sucumbente e recorrer, poderá reavivar a matéria em sede Regional. Se for acolhida a suspeição, todos os atos processuais e descisórios serão considerados nulos e o processo recambiado à jurisdição primária com a determinação de que outro juiz seja designado para julgar a ação.

Enquanto, no processo civil, o juiz não reconhecendo a suspeição ou o impedimento dará as suas razões e ordenará a remessa dos autos ao tribunal ao qual estará afeta a apreciação da matéria (arts. 312 e 313 do CPC, art. 146 do Cód. novo), no processo trabalhista (art. 653 da CLT), à própria Vara do Trabalho competia julgar a suspeição arguida contra os seus membros. Coqueijo Costa (*Direito Judiciário do Trabalho*, Forense, 1. ed., 1978, p. 257) entendia que: "O juiz ou vogal inquinado de suspeição na exceção, deve imediatamente se afastar, convocando-se seu substituto já para decidir a exceção." Tema superado pela EC n. 24/99.

5. DA SUSPEIÇÃO: PODERES ESPECIAIS PARA ARGUIÇÃO

A suspeição é questão que refoge à discussão comum da causa e diz respeito ao foro íntimo do litigante. Não se presume que a outorga de procuração ao advogado já tenha incluído poderes para tanto. Esse o entendimento esposado pelo egrégio STF (STF, ap. DJ 30.4.56/628) *apud* Alexandre de Paula, ob. cit., 1977, v. I/159, n. 7): "Em nosso direito processual sempre existiu a exigência de que, para propor a exceção de suspeição ao juiz, o procurador judicial precisou da outorga de poderes especiais."

Na doutrina, vamos encontrar nas lições de Alexandre de Paula (ob. cit., 1977, v. II/129) o seguinte: "Não há necessidade de poderes especiais para argüir suspeição, uma vez que nenhum dispositivo expressamente o exige, como seria de mister, face a regra do parágrafo único do art. 38. O direito da parte de excepcionar o juiz, por suspeito ou impedido, não exclui o dever deste, de declarar-se impedido ou suspeito, quando reconhecer a ocorrência dos motivos (art. 137): A matéria constitui objeto das leis de organização judiciária e dos regimentos dos tribunais."

6. DA SUSPEIÇÃO DE OUTRAS PESSOAS

"Aplicam-se os motivos de impedimento e de suspeição aos juízes de todos os tribunais. (...)." (art. 137 do CPC) "Aplicam-se também os motivos de impedimento e de suspeição: I — ao órgão do Ministério Público (...); II — ao serventuário de justiça; III — ao perito; IV — ao intérprete." (art. 138 do CPC) A Lei n. 8.455, 24.8.1992, deu nova redação aos arts. 138 e 422. O assistente técnico não mais está sujeito à suspeição ou ao impedimento. *Ver arts. 148 e 466 do Código novo.*

Art. 146. No prazo de 15 (quinze) dias, a contar do conhecimento do fato, a parte alegará o impedimento ou a suspeição, em petição específica dirigida ao juiz do processo, na qual indicará o fundamento da recusa, podendo instruí-la com documentos em que se fundar a alegação e com rol de testemunhas.

§ 1º Se reconhecer o impedimento ou a suspeição ao receber a petição, o juiz ordenará imediatamente a remessa dos autos a seu substituto legal, caso contrário, determinará a autuação em apartado da petição e, no prazo de 15 (quinze) dias, apresentará suas razões, acompanhadas de documentos e de rol de testemunhas, se houver, ordenando a remessa do incidente ao tribunal.

§ 2º Distribuído o incidente, o relator deverá declarar os seus efeitos, sendo que, se o incidente for recebido:

I — sem efeito suspensivo, o processo voltará a correr;

II — com efeito suspensivo, o processo permanecerá suspenso até o julgamento do incidente.

§ 3º Enquanto não for declarado o efeito em que é recebido o incidente ou quando este for recebido com efeito suspensivo, a tutela de urgência será requerida ao substituto legal.

§ 4º Verificando que a alegação de impedimento ou de suspeição é improcedente, o tribunal rejeitá-la-á.

§ 5º Acolhida a alegação, tratando-se de impedimento ou de manifesta suspeição, o tribunal condenará o juiz nas custas e remeterá os autos ao seu substituto legal, podendo o juiz recorrer da decisão.

Art. 148. Aplicam-se os motivos de impedimento e de suspeição:

I — ao membro do Ministério Público;

II — aos auxiliares da justiça;

III — aos demais sujeitos imparciais do processo.

§ 1º A parte interessada deverá arguir o impedimento ou a suspeição, em petição fundamentada e devidamente instruída, na primeira oportunidade em que lhe couber falar nos autos.

§ 2º O juiz mandará processar o incidente em separado e sem suspensão do processo, ouvindo o arguido no prazo de 15 (quinze) dias e facultando a produção de prova, quando necessária.

§ 3º Nos tribunais, a arguição a que se refere o § 1º será disciplinada pelo regimento interno.

§ 4º O disposto nos §§ 1º e 2º não se aplica à arguição de impedimento ou de suspeição de testemunha.

§ 6º Reconhecido o impedimento ou a suspeição, o tribunal fixará o momento a partir do qual o juiz não poderia ter atuado.

§ 7º O tribunal decretará a nulidade dos atos do juiz, se praticados quando já presente o motivo de impedimento ou de suspeição.

§ 3º Aplica-se à impugnação o disposto no art. 229.

Art. 229. Os litisconsortes que tiverem diferentes procuradores, de escritórios de advocacia distintos, terão prazos contados em dobro para todas as suas manifestações, em qualquer juízo ou tribunal, independentemente de requerimento.
§ 1º Cessa a contagem do prazo em dobro se, havendo apenas 2 (dois) réus, é oferecida defesa por apenas um deles.
§ 2º Não se aplica o disposto no *caput* aos processos em autos eletrônicos.

§ 4º Quando o executado alegar que o exequente, em excesso de execução, pleiteia quantia superior à resultante da sentença, cumprir-lhe-á declarar de imediato o valor que entende correto, apresentando demonstrativo discriminado e atualizado de seu cálculo.

✍ *Comentários:* Se o executado impugnar os cálculos alegando o excesso de execução, deverá fazê-lo por meio de memória de cálculos, indicando de forma analítica (art. 524 do Cód. novo) os elementos que serviram de suporte aos cálculos que indicam o excesso de execução. Deverá, ainda, dizer qual o valor que admite correto. Feito isso, essa parte deixa de ser controvérsia podendo o executado efetuar o depósito. Se o exequente não concordar com os cálculos, o juiz poderá louvar-se em levantamento pericial para superar a controvérsia, com ônus para a parte que não estiver correta. Se o executado apenas alegar, sem efetuar demonstrativo do excesso de execução e sem indicar o valor que entende correto, será rejeitada a impugnação, se o excesso for o único fundamento. *Ver comentários ao § 5º.*

§ 5º Na hipótese do § 4º, não apontado o valor correto ou não apresentado o demonstrativo, a impugnação será liminarmente rejeitada, se o excesso de execução for o seu único fundamento, ou, se houver outro, a impugnação será processada, mas o juiz não examinará a alegação de excesso de execução.

✍ *Comentários:* Este parágrafo complementa o § 4º, para o qual remetemos os comentários. Todavia, merece comentários separados a parte final do § 5º: "*...mas o juiz não examinará a alegação de excesso de execução.*"

Embora o parágrafo não diga expressamente, o juiz considerará corretos os cálculos do exequente e preclusa a oportunidade de impugnação do executado, o tema, todavia, não poderá ser decidido com essa simplicidade. Vejamos.

Do excesso de execução — O excesso de execução constante dos §§ 4º e 5º significa, no caso, que os cálculos apresentados pelo exequente atentam contra os limites objetivos da coisa julgada. Como se sabe, na liquidação de sentença o credor não poderá modificar, para mais ou para menos, os limites objetivos da coisa julgada. Nesse sentido, normatizam os arts. 475-G do Código em vigor e o art. 509 do Código novo. A CLT registra a mesma proibição no art. 879, § 1º. Essa proibição secular que vem de todos os Códigos anteriores e faz parte hoje do direito universal dos países civilizados tem por objetivo proteger a coisa julgada. Por que? Porque a coisa julgada pertence ao Estado e não pode qualquer das partes atentar contra ela e muito menos o juiz que é o seu guardião. O atentado não poderá ser para maior ou para menor. Some-se a isso que o juiz diretor do processo (*dominus processus*) é também o guardião da coisa julgada. O juiz ao receber o processo mediante a distribuição passou a ser o único titular da competência funcional e o único juiz natural daquele processo. Logo, tem como dever de ofício a proteção da coisa julgada que pertence ao Estado. E o juiz é o representante do Estado (Estado-juiz). Disso resulta, que se o executado não se desincumbir da impugnação no prazo legal, terá contra si a preclusão. Isso significa que o seu tempo precluiu, o que nos parece um contrassenso em se tratando de ato que atenta contra a coisa julgada. Entretanto, contra o juiz não existe preclusão e ele deverá agir como guardião da coisa julgada, não deixando que a execução saia dos limites fixados *pela res judicata.* Não pode o juiz embarcar no facilitário de concluir que os cálculos estão corretos, só porque o executado não fez a impugnação no prazo ou fez de forma incompleta. Não. A preclusão é da parte, não do juiz. Como regra, sabemos, os juízes não detêm conhecimentos matemáticos e contábeis, daí a dificuldade de analisar cálculos matemáticos ou entender lançamentos contábeis. Mas o juiz não está obrigado a tanto. Se tiver dúvida, não poderá adotar o caminho mais fácil e arrostar a coisa julgada. Deverá determinar um levantamento pericial e carrear o ônus à parte. O juiz tem a obrigação de respeitar a lei (*jura novit curia*) e em especial os arts. 476-G do Código em vigor e, de futuro, o art. 509 do Código novo. E, para o juiz do trabalho, os comentários servem como luva em atenção ao art. 879, parágrafo primeiro, da CLT. A prática demonstra que um número preocupante de juízes do primeiro grau e dos tribunais *ad quem* trabalhistas não vêm respeitando as regras dos artigos mencionados e adotam o facilitário da preclusão do executado para considerar corretos os cálculos do exequente, ainda que com fraude à execução, em desprestígio à coisa julgada. Quando o juiz comete esse erro, afronta a coisa julgada, deixa por vontade própria de ser o guardião da coisa julgada, como se isso fosse possível, e permite que a sentença exequenda seja modificada ao sabor do exequente sem passar pelos trâmites rescisórios.

DO RECURSO DE REVISTA NOS REGIONAIS E NO TST

Na jurisprudência abaixo, tem-se a orientação do TST assimilada por todos os regionais de aceitar a preclusão do executado como base para não conhecer da revista por excesso de execução. Para o TST, o excesso de execução não poderá ser revisto porque se trata de matéria de prova e de violação indireta da constituição ou que o excesso de execução sobre os cálculos seria matéria de fato, defeso àquele tribunal apreciar.

Com isso, admite-se abertamente que haja o excesso de execução e o desrespeito à coisa julgada. Embora a coisa julgada pertença ao Estado, o Estado-juiz deixa de ser o guardião da coisa julgada por vontade própria como se isso fosse possível. Em suma: escolhe-se o facilitário, o meio mais fácil de barrar o recurso de revista e, como consequência, barra-se a matéria constitucional impedindo que chegue ao Supremo Tribunal Federal. A matéria é objeto das Súmulas ns. 297 e 298. Em verdade, o erro está na interpretação da Súmula n. 266 que diz respeito à execução deixando que a interpretação afronte a coisa julgada.

Como já disse alhures, é mais fácil modificar a lei do que a interpretação de súmulas dos tribunais superiores.

> TST — AGRAVO DE INSTRUMENTO EM RECURSO DE REVISTA AIRR 15830620105080007 (TST)
>
> Data de publicação: 21/02/2014
>
> Ementa: "AGRAVO DE INSTRUMENTO. **EXECUÇÃO**. RESPONSABILIDADE SUBSIDIÁRIA. BENEFÍCIO DE ORDEM. **EXCESSO** NA **EXECUÇÃO**. **PRECLUSÃO**. CONTRIBUIÇÃO SAT. REFLEXO DO ADICIONAL DE PERICULOSIDADE NO RSR . DESPROVIMENTO. Não demonstrada violação direta e literal de dispositivo da Constituição Federal, nos termos do § 2º do art. 896 da CLT , não há como admitir o recurso de revista. Agravo de instrumento desprovido."
>
> TRT-2 — AGRAVO DE PETIÇÃO AP 01838001220085020053 SP 01838001220085020053 A20 (TRT-2)
>
> Data de publicação: 23/03/2015
>
> Ementa: "**EXCESSO** DE **EXECUÇÃO**. **PRECLUSÃO**. A despeito de ter sido regularmente intimada para contestar os cálculos de liquidação apresentados pelo exequente, a executada não se manifestou no prazo previsto no artigo 879, § 2º, da CLT. Considerando que a conta de liquidação foi homologada pelo juízo de origem, revela-se inviável a discussão acerca dos cálculos de horas extras e sua quantidade, tendo em vista o instituto da **preclusão**."
>
> TST — AGRAVO DE INSTRUMENTO EM RECURSO DE REVISTA AIRR 44724420115070000 4472-44.2011.5.07.0000 (TST)
>
> Data de publicação: 21/10/2011
>
> Ementa: "AGRAVO DE INSTRUMENTO. JUROS DE MORA. **EXCESSO** DE **EXECUÇÃO**. **PRECLUSÃO**. Nega-se provimento ao agravo de instrumento em processo de **execução**, quando não demonstrada violação direta a dispositivos constitucionais. Aplicação do disposto no art. 896 , § 2º , da CLT e da Súmula n. 266 do TST."

§ 6º A apresentação de impugnação não impede a prática dos atos executivos, inclusive os de expropriação, podendo o juiz, a requerimento do executado e desde que garantido o juízo com penhora, caução ou depósito suficientes, atribuir-lhe efeito suspensivo, se seus fundamentos forem relevantes e se o prosseguimento da execução for manifestamente suscetível de causar ao executado grave dano de difícil ou incerta reparação.

✍ *Comentários:* O parágrafo, a exemplo dos arts. 520 e 521, é ousado ao permitir atos executivos em execução provisória, inclusive com atos de expropriação, desde que haja garantia do juízo. Poderá atribuir efeito suspensivo, se o prosseguimento puder causar dano de difícil ou incerta reparação.

Remetemos aos comentários do art. 520, *caput*, incisos, § 4º e art. 521, *caput*, e parágrafo único.

> Art. 520. O cumprimento provisório da sentença impugnada por recurso desprovido de efeito suspensivo será realizado da mesma forma que o cumprimento definitivo, sujeitando-se ao seguinte regime:
>
> § 4º A restituição ao estado anterior a que se refere o inciso II não implica o desfazimento da transferência de posse ou da alienação de propriedade ou de outro direito real eventualmente já realizada, ressalvado, sempre, o direito à reparação dos prejuízos causados ao executado.

Art. 521.

Parágrafo único. A exigência de caução será mantida quando da dispensa possa resultar manifesto risco de grave dano de difícil ou incerta reparação.

§ 7º A concessão de efeito suspensivo a que se refere o § 6º não impedirá a efetivação dos atos de substituição, de reforço ou de redução da penhora e de avaliação dos bens.

✍ *Comentários:* Como vimos, a parte poderá conseguir a concessão de efeito suspensivo, quando apresentar elementos que comprovem que o prosseguimento poderá trazer danos irreversíveis ou de incerta reparação. Isso, todavia, não impedirá que promova atos de substituição ou de reforço de penhora e/ou de avaliação de bens.

§ 8º Quando o efeito suspensivo atribuído à impugnação disser respeito apenas a parte do objeto da execução, esta prosseguirá quanto à parte restante.

✍ *Comentários:* O efeito suspensivo poderá ser parcial, quando a impugnação também for parcial. Nesse caso, a execução provisória prosseguirá quanto ao mais. Ressalvados os casos de garantia do juízo mediante caução, a execução provisória irá somente até a apreensão de bens ou a penhora de bens, não podendo haver atos de expropriação, ressalvados os casos de bens perecíveis.

§ 9º A concessão de efeito suspensivo à impugnação deduzida por um dos executados não suspenderá a execução contra os que não impugnaram, quando o respectivo fundamento disser respeito exclusivamente ao impugnante.

✍ *Comentários:* Havendo mais de um executado, o efeito suspensivo concedido a um impugnante não terá efeito para aqueles que não impugnaram, quando o fundamento for só do impugnante.

§ 10. Ainda que atribuído efeito suspensivo à impugnação, é lícito ao exequente requerer o prosseguimento da execução, oferecendo e prestando, nos próprios autos, caução suficiente e idônea a ser arbitrada pelo juiz.

✍ *Comentários:* O efeito suspensivo não impede o prosseguimento da execução, desde que o exequente o requeira e ofereça, nos próprios autos, caução idônea e suficiente arbitrada pelo juiz. O ideal será o oferecimento de fiança bancária. O depósito em dinheiro sofre redução com a desvalorização da moeda; certos bens sofrem a deterioração do tempo e o desgaste natural pelo uso. A fiança bancária deverá responder pelo valor apurado à época da indenização, mais outras despesas processuais e perdas e danos. Deverá haver liquidação a obrigação sem deixar restos executórios, isto é, deverá haver a remição da execução.

§ 11. As questões relativas a fato superveniente ao término do prazo para apresentação da impugnação, assim como aquelas relativas à validade e à adequação da penhora, da avaliação e dos atos executivos subsequentes, podem ser arguidas por simples petição, tendo o executado, em qualquer dos casos, o prazo de 15 (quinze) dias para formular esta arguição, contado da comprovada ciência do fato ou da intimação do ato.

✍ *Comentários:* O parágrafo permite que a impugnação seja feita por simples petição no prazo de 15 (quinze) dias da ciência do fato ou da intimação do ato. O processo civil ainda é muito formal. O princípio dispositivo deve ser relativizado.

§ 12. Para efeito do disposto no inciso III do § 1º deste artigo, considera-se também inexigível a obrigação reconhecida em título executivo judicial fundado em lei ou ato normativo considerado inconstitucional pelo Supremo Tribunal Federal, ou fundado em aplicação ou interpretação da lei ou do ato normativo tido pelo Supremo Tribunal Federal como incompatível com a Constituição Federal, em controle de constitucionalidade concentrado ou difuso.

✍ *Comentários:* Este parágrafo acrescenta mais um motivo para o rol de impugnação do § 1º do *caput*. Melhor seria que esta nova possibilidade fizesse parte de um dos incisos do § 1º e não deste parágrafo. Por isso, o referido parágrafo deve ser considerado apenas exemplificativo:

> *"Também será inexigível a obrigação reconhecida em título executivo judicial fundado em lei ou ato normativo considerado inconstitucional pelo Supremo Tribunal Federal ou fundado em aplicação ou interpretação da lei ou do ato normativo tido pelo Supremo Tribunal Federal como incompatível com a Constituição Federal, em controle de constitucionalidade concentrado ou difuso."*

§ 13. No caso do § 12, os efeitos da decisão do Supremo Tribunal Federal poderão ser modulados no tempo, em atenção à segurança jurídica.

✍ *Comentários*: O direito é uma ciência dinâmica e que se modifica de conformidade com a realidade. A realidade de ontem poderá não ser a mesma de hoje e, seguramente, não será a mesma de amanhã. Embora as decisões da Excelsa Corte firmem conceito de verdade interpretativa para todas as demais jurisdições em matéria constitucional, a dinâmica da vida poderá levar a Corte a modificar o seu entendimento para prevenir a segurança jurídica ou econômica. Para tanto, devemos ter em mente que o Supremo Tribunal Federal é uma Corte jurídica e política. Já tivemos caso, como o da cobrança de previdência dos aposentados, em que o ato jurídico perfeito e o direito adquirido foram deixados de lado pela maioria dos ministros. Temos para nós que esse tipo de comportamento interpretativo traz mais insegurança jurídica do que segurança. No caso, enfraqueceram-se cânones constitucionais do ato jurídico perfeito e do direito adquirido para engordar o "caixa do governo". Daí a insegurança jurídica que é transmitida aos jurisdicionados. Poderá acontecer de novo...

§ 14. A decisão do Supremo Tribunal Federal referida no § 12 deve ser anterior ao trânsito em julgado da decisão exequenda.

✍ *Comentários:* Neste caso, habilmente, foi preservado o princípio da não retroatividade da lei. Entendimento contrário seria premiar a insegurança jurídica. Todavia, o parágrafo que segue cria um "mostrengo" jurídico que a prática certamente não acolherá.

§ 15. Se a decisão referida no § 12 for proferida após o trânsito em julgado da decisão exequenda, caberá ação rescisória, cujo prazo será contado do trânsito em julgado da decisão proferida pelo Supremo Tribunal Federal.

✍ *Comentários:* Vê-se no § 14, expressamente, que a decisão proferida pela Excelsa Corte da qual fala o Código no § 12 "*deve ser anterior ao trânsito em julgado da decisão exequenda.*"

O parágrafo está em consonância com a regência da *res judicata* e o prestígio do princípio da irretroatividade da lei. Isso porque a *auctoritas rei judicatae* concedida pelo Estado democrático de direito deve ser protegida e garantida pela Excelsa Corte, guardiã da Constituição Federal.

Dispõe o § 15 afronta ao § 14, *in verbis*:

§ 15. *Se a decisão referida no § 12 for proferida após o trânsito em julgado da decisão exequenda, caberá ação rescisória, cujo prazo será contado do trânsito em julgado da decisão proferida pelo Supremo Tribunal Federal.*

Referido § 15 admite a afronta ao princípio da irretroatividade para alcançar a coisa julgada ocorrida no passado. E o faz usando de um inescusável malabarismo processual. Para não afrontar diretamente o princípio da irretroatividade, usa de artifício para desmoralizar a coisa julgada, admitindo que a parte perdedora há 10 ou 20 anos, de posse do julgamento do STF, tenha o manejo da ação rescisória, cujo prazo decadencial será contado do julgamento levado a efeito pela Excelsa Corte. Como a matéria constitucional não tem prazo para ser julgada, o tema poderá ser apreciado algumas décadas depois e, dependendo da matéria pode alcançar milhares de processos, *v. g.*, como a discussão dos planos econômicos em que os bancos lucraram bilhões e bilhões; há quem fale que seria mais de um trilhão, fato que, dizem ao bancos, poderia determinar o desequilíbrio da rede bancária. O ganho indevido dos bancos desequilibrou a vida de milhões de pessoas que têm direito ao ressarcimento. O parágrafo sob comento é um perigo concreto que o Poder Judiciário deve desprezar por meio da interpretação sistemática e de princípios de hermenêutica. O parágrafo nada mais fez do que legalizar a retroatividade de forma indireta, deformando o instituto da decadência que, também de forma indireta, inicia a contagem a partir do julgamento do Supremo, permite que a ação rescisória tenha efeitos retroativos abrangendo décadas.

O arcabouço estrutural do instituto da ação rescisória exige a contagem do prazo decadencial da data em que foi proferida a ação rescindenda. O prazo aventado no § 15 tem objetivos outros, qual seja, o de desconstituir a coisa julgada da ação rescindenda sem prazo determinado, contanto que o interessado o faça dentro do prazo decadencial, contado da decisão do STF. Todavia, a coisa julgada já formada pela extinção do prazo decadencial, não poderá ser substituída por outra coisa julgada com efeitos retroativos. Em suma, a decisão da Excelsa Corte somente terá vez, caso ainda não tenha terminado o prazo decadencial da decisão exequenda. O texto do § 15 vai ao absurdo de ressuscitar a decadência já morta há dezenas de anos. Lei infraconstitucional não pode arrostar norma constitucional do ato jurídico perfeito, do direito adquirido e da coisa julgada (princípio da hierarquia das normas) sem ofensa direta ao art. 5º, XXXVI, da CF.

Tudo indica que o parágrafo teve mãos de terceiros interessados em desmoronar a coisa julgada, único óbice que se apresenta para que não se cumpram as decisões proferidas pelas jurisdições inferiores e plasmadas com o selo da coisa julgada, referentes aos planos econômicos de interesse dos bancos.

Certamente, logo que aprovado o novo Código, o § 15 deverá ser objeto de ação de inconstitucionalidade pelas Associações de Magistrados de todo o Brasil e pela Ordem dos Advogados do Brasil — É o que se espera!

Art. 526. É lícito ao réu, antes de ser intimado para o cumprimento da sentença, comparecer em juízo e oferecer em pagamento o valor que entender devido, apresentando memória discriminada do cálculo.

✍ *Comentários:* O executado poderá a qualquer momento tomar para si o encargo de apresentar os cálculos, quando o exequente não se incumbe dessa obrigação. Nada impede que o faça *ab initio*, mesmo antes de ser intimado. Apresentados os cálculos, o executado fica desobrigado de impugnar. A memória discriminada deverá seguir a orientação do art. 524, incisos I a VII. Ao término dos cálculos, o executado deverá informar o valor que tem como correto para o pagamento da obrigação.

Processo do Trabalho: o *caput* tem aplicação sobre o processo trabalhista, mesmo porque a autorização está posta no art. 8º da CLT.

§ 1º O autor será ouvido no prazo de 5 (cinco) dias, podendo impugnar o valor depositado, sem prejuízo do levantamento do depósito a título de parcela incontroversa.

✍ *Comentários:* O exequente terá 5 (cinco) dias para exercer o seu direito de impugnação, caso não concorde com os cálculos apresentados. Se discordar, deverá apresentar a sua memória discriminada no moldes do art. 524, incisos I a VII. O juízo liberará, desde logo, o valor incontroverso confessado pelo executado (confissão real). A liberação é salutar: primeiro, porque se liquida parte da obrigação; segundo, porque o devedor executado deixará de pagar juros e correção monetária.

Processo do Trabalho: tem prazo próprio (art. 879, § 2º, da CLT).

§ 2º Concluindo o juiz pela insuficiência do depósito, sobre a diferença incidirão multa de dez por cento e honorários advocatícios, também fixados em dez por cento, seguindo-se a execução com penhora e os atos subsequentes.

✍ *Comentários:* Havendo divergência entre os cálculos do executado e os do exequente, o juiz poderá valer-se de laudo pericial (art. 524, § 2º). Não é de bom alvitre que o juiz conclua pela insuficiência de depósito pelo "olhômetro". A conclusão, por ter consequências, deve ser segura. Comprovada a insuficiência de depósito, o juiz aplicará multa de 10% sobre o valor da diferença. Sobre esse mesmo valor serão declarados honorários advocatícios de 10%. A execução prosseguirá com a penhora de bens e ulterior praça ou leilão.

Processo do Trabalho: A multa pode e deve ser aplicada em sede trabalhista por subsídio complementar nos termos do art. 769 da CLT. O processo trabalhista mantém regras próprias para a verba honorária. *Ver Lei n. 5.584/1970.*

§ 3º Se o autor não se opuser, o juiz declarará satisfeita a obrigação e extinguirá o processo.

✍ *Comentário:* Satisfeita a obrigação, o juiz declarará extinto o processo executório.

Art. 527. Aplicam-se as disposições deste Capítulo ao cumprimento provisório da sentença, no que couber.

✍ *Comentário:* Regramento para a execução provisória.

Capítulo IV
DO CUMPRIMENTO DE SENTENÇA QUE RECONHEÇA A EXIGIBILIDADE DE OBRIGAÇÃO DE PRESTAR ALIMENTOS

Art. 528. No cumprimento de sentença que condene ao pagamento de prestação alimentícia ou de decisão interlocutória que fixe alimentos, o juiz, a requerimento do exequente, mandará intimar o executado pessoalmente para, em 3 (três) dias, pagar o débito, provar que o fez ou justificar a impossibilidade de efetuá-lo.

✍ *Comentários:* O cumprimento da sentença condenatória de pagamento de prestação alimentícia ou de decisão interlocutória, a exemplo do que ocorre com sentença condenatória de pagamento de quantia certa, o juiz somente poderá dar início à execução de prestação de alimentos mediante requerimento do credor. O princípio dispositivo ainda está muito enraizado no processo comum. A partir daí, o executado será intimado pessoalmente para quitar a dívida em 3 (três) dias ou provar que já o fez, mediante juntada de comprovante nos autos. A terceira hipótese é a de apresentar justificativa da impossibilidade de fazê-lo. A possibilidade de justificativa da impossibilidade do não pagamento é um espécie de subterfúgio utilizado pelo executado e que dificilmente tem sucesso, salvo quando escudado em argumentos ponderosos. Mas alertamos aqui para uma iniciativa do Código novo que poderá constituir um *plus* a incentivar no pagamento da pensão alimentícia, qual seja, a possibilidade de protesto da decisão condenatória nos moldes previstos no art. 517, como consta do § 1º, infra.

§ 1º Caso o executado, no prazo referido no *caput*, não efetue o pagamento, não prove que o efetuou ou não apresente justificativa da impossibilidade de efetuá-lo, o juiz mandará protestar o pronunciamento judicial, aplicando-se, no que couber, o disposto no art. 517.

✍ *Comentários:* O novo Código traz uma novidade que é o protesto da sentença condenatória em caso de inadimplemento. Neste caso, se o inadimplente da prestação alimentícia não apresentar justificativa da impossibilidade de adimplir, o juiz, de ofício, mandará protestar o pronunciamento judicial nos moldes do que dispõe o art. 517. O protesto, a exemplo de qualquer devedor inadimplente, expõe o devedor renitente à publicidade. Com maior razão, a iniciativa é louvável no caso de prestação alimentícia. Está claro que o comando do parágrafo sob comento é imperativo: "O juiz mandará..." Não há necessidade de requerimento da parte. O procedimento vale para as decisões interlocutórias que fixam alimentos provisórios. Determinado o protesto, a parte interessada deverá providenciar junto ao cartório as peças necessárias indicadas nos §§ 1º e 2º do art. 517.

§ 2º Somente a comprovação de fato que gere a impossibilidade absoluta de pagar justificará o inadimplemento.

✍ *Comentários:* A prova de que o executado estaria absolutamente impossibilitado de adimplir poderá ser buscada por todos os meios admitidos em direito. Na análise da prova produzida, o juiz deverá ter em mente a necessidade de o infante ser alimentado, as dificuldades apresentadas pelo executado e as consequências que advirão no futuro para uma criança não ou mal alimentada e a responsabilidade dos pais quando colocam filhos no mundo. Se o pai perdeu o emprego, poderá trabalhar com outros serviços autônomos, *v. g.*, de limpeza em casas particulares; poderá vender balas, chocolate e bolachas no trânsito. Contou-me um amigo sobre um caso grave de um dentista que perdera o braço esquerdo num acidente e ele não era destro. É uma fatalidade. Mas não seria pior do que uma bailarina que perde a perna ou de um pianista (João Carlos Martins) que perdeu ambas as mãos. O dentista poderá lecionar para pagar alimentos aos seus filhos. O pianista João Carlos Martins fez curso e tornou-se maestro e rege grandes orquestras no mundo e toca piano com apenas alguns dedos. Com esses exemplos, será muito difícil o executado se livrar da obrigação de alimentar.

§ 3º Se o executado não pagar ou se a justificativa apresentada não for aceita, o juiz, além de mandar protestar o pronunciamento judicial na forma do § 1º, decretar-lhe-á a prisão pelo prazo de 1 (um) a 3 (três) meses.

§ 4º A prisão será cumprida em regime fechado, devendo o preso ficar separado dos presos comuns.

§ 5º O cumprimento da pena não exime o executado do pagamento das prestações vencidas e vincendas.

§ 6º Paga a prestação alimentícia, o juiz suspenderá o cumprimento da ordem de prisão.

✍ *Comentários:* Os §§ 3º, 4º e 5º cuidam da prisão do executado, quando não efetuar o pagamento do débito de alimentos e se a justificativa apresentada não for aceita. Nesse caso, além de determinar o protesto do pronunciamento judicial (definitivo ou provisório), decretará a prisão pelo prazo que poderá variar de 1 (um) a 3 (três) meses. Em se tratando de prisão civil, o prazo não poderá exceder de 60 (sessenta) dias (art. 19, da LEI N. 5.478, DE 25 DE JULHO DE 1968). O cumprimento da pena não exime o devedor do pagamento das prestações vincendas. E a prisão poderá ser decretada a cada inadimplência.

Art. 19. O juiz, para instrução da causa ou na execução da sentença ou do acordo, poderá tomar todas as providências necessárias para seu esclarecimento ou para o cumprimento do julgado ou do acordo, inclusive a decretação de prisão do devedor até 60 (sessenta) dias.

O novo Código de Processo Civil, posterior à Lei n. 5.478/1968, fixou o máximo em até 90 dias. De conformidade com a Lei de Introdução ao Código Civil, art. 2º, § 1º, a lei posterior passa a vigorar. O juiz poderá fixar a prisão administrativa no máximo de 90 (noventa) dias a cada inadimplência.

Art. 2º Não se destinando à vigência temporária, a lei terá vigor até que outra a modifique ou revogue. (Vide *Lei n. 3.991, de 1961*) (Vide *Lei n. 5.144, de 1966*) § 1º A lei posterior revoga a anterior quando expressamente o declare, quando seja com ela incompatível ou quando regule inteiramente a matéria de que tratava a lei anterior.

A prisão será cumprida em regime fechado, mas separada de presos comuns. O Superior Tribunal de Justiça já havia firmado entendimento no sentido de que o regime de prisão deveria ser fechado, salvo se o devedor for portador de necessidades especiais, as quais não possam ser atendidas num regime prisional. Apresentando-se a hipótese, a adaptação ficará ao douto critério do juiz. Em suma, o novo Código nada mais fez do que tornar lei o entendimento jurisprudencial do STJ. Tão logo seja comprovada nos autos a adimplência do débito, o juiz suspenderá o cumprimento da ordem de prisão. Como vimos antes, a prisão poderá vir a ser determinada a qualquer momento com base na inadimplência.

§ 7º O débito alimentar que autoriza a prisão civil do alimentante é o que compreende até as 3 (três) prestações anteriores ao ajuizamento da execução e as que se vencerem no curso do processo.

✍ *Comentários:* Segundo a Súmula n. 309 do STJ, para que seja decretada a prisão, deverá existir a inadimplência compreendendo três prestações anteriores à citação e aquelas que se vencerem no curso do processo. O novo Código adotou a jurisprudência sumulada ao STJ.

Súmula n. 309: O débito alimentar que autoriza a prisão civil do alimentante é o que compreende as três prestações anteriores à citação e as que vencerem no curso do processo.

§ 8º O exequente pode optar por promover o cumprimento da sentença ou decisão desde logo, nos termos do disposto neste Livro, Título II, Capítulo III, caso em que não será admissível a prisão do executado, e, recaindo a penhora em dinheiro, a concessão de efeito suspensivo à impugnação não obsta a que o exequente levante mensalmente a importância da prestação.

✍ *Comentários:* De conformidade com este parágrafo o credor poderá optar pela execução (definitiva) imediata da sentença, mediante execução aparelhada, com penhora. Neste caso, não será admissível a prisão do executado. Recaindo a penhora em dinheiro, a concessão de efeito suspensivo à impugnação não impedirá o levantamento mensal da importância da prestação. Como regra, não é exigível caução.

§ 9º Além das opções previstas no art. 516, parágrafo único, o exequente pode promover o cumprimento da sentença ou decisão que condena ao pagamento de prestação alimentícia no juízo de seu domicílio.

✍ *Comentários:* O credor tem à sua disposição a possibilidade de promover o cumprimento da sentença nos termos do art. 516 e respectivo parágrafo único. Pode também promover o cumprimento no juízo do seu domicílio.

Art. 529. Quando o executado for funcionário público, militar, diretor ou gerente de empresa ou empregado sujeito à legislação do trabalho, o exequente poderá requerer o desconto em folha de pagamento da importância da prestação alimentícia.

§ 1º Ao proferir a decisão, o juiz oficiará à autoridade, à empresa ou ao empregador, determinando, sob pena de crime de desobediência, o desconto a partir da primeira remuneração posterior do executado, a contar do protocolo do ofício.

§ 2º O ofício conterá o nome e o número de inscrição no Cadastro de Pessoas Físicas do exequente e do executado, a importância a ser descontada mensalmente, o tempo de sua duração e a conta na qual deve ser feito o depósito.

§ 3º Sem prejuízo do pagamento dos alimentos vincendos, o débito objeto de execução pode ser descontado dos rendimentos ou rendas do executado, de forma parcelada, nos termos do *caput* deste artigo, contanto que, somado à parcela devida, não ultrapasse cinquenta por cento de seus ganhos líquidos.

✍ *Comentários:* O *caput* e demais parágrafos tratam do cumprimento de sentença contra funcionário público ou de empregado sujeito à legislação trabalhista, casos em que o exequente poderá requerer que o desconto seja feito em folha de pagamento. Neste caso, embora omisso o artigo, por se tratar de obrigação de fazer, deve o juiz exigir uma sanção pecuniária (*astreintes*) por dia de atraso, além de poder enquadrar o empregador ou a autoridade em crime de desobediência.

Art. 530. Não cumprida a obrigação, observar-se-á o disposto nos arts. 831 e seguintes.

Art. 831. A penhora deverá recair sobre tantos bens quantos bastem para o pagamento do principal atualizado, dos juros, das custas e dos honorários advocatícios.

✍ *Comentário:* O artigo trata da penhora, do depósito e da avaliação. Prossegue-se com a execução aparelhada.

Art. 531. O disposto neste Capítulo aplica-se aos alimentos definitivos ou provisórios.

✍ *Comentário:* As mesmas regras executórias são aplicadas para a condenação aos alimentos definitivos ou provisórios.

§ 1º A execução dos alimentos provisórios, bem como a dos alimentos fixados em sentença ainda não transitada em julgado, se processa em autos apartados.

✍ *Comentários:* As mesmas regras procedimentais serão aplicadas para a execução de alimentos provisórios bem como para os alimentos fixados em sentença não transitada em julgado. O processamento será feito em autos apartados.

§ 2º O cumprimento definitivo da obrigação de prestar alimentos será processado nos mesmos autos em que tenha sido proferida a sentença.

✍ *Comentário:* A execução da sentença já transitada em julgado será feita nos autos principais, onde fora proferida.

Art. 532. Verificada a conduta procrastinatória do executado, o juiz deverá, se for o caso, dar ciência ao Ministério Público dos indícios da prática do crime de abandono material.

✍ *Comentários:* A redação é ambígua quando usa o verbo "deverá", quando seria "poderá", já que fica sobre o critério do juiz "se for o caso". Ademais, certas providências a lei não precisa dizer. O juiz tomá-las-á sempre que necessário.

O *caput* resolve dando ciência ao Ministério Público dos indícios de crime de abandono material. Abandono material, art. 244 Código Penal: 1. deixar sem justa causa de prover a subsistência do cônjuge ou de filhos menores de 18 (dezoito) anos ou inapto para o trabalho, ou de ascendente inválido ou maior de 60 (sessenta) anos não lhe proporcionando recursos necessários; 2. faltar ao pagamento de pensão alimentícia judicialmente acordada, fixada ou majorada, devida a essas mesmas pessoas; 3. deixar, sem justa causa, de socorrer descendente ou ascendente, gravemente enfermo. De conformidade com o art. 244, parágrafo único, do Código Penal, também incide nas mesmas penas: quem, sendo solvente, frustra ou ilide, de qualquer modo, inclusive por abandono injustificado de emprego ou função, o pagamento de pensão alimentícia judicialmente acordada, fixada ou majorada. A tipificação e o enquadramento também poderão ser caracterizados durante o cumprimento da sentença.

Não obstante, a possibilidade de aplicação estivesse no Código Penal, o artigo sob comento trouxe a possibilidade, de forma didática, para o novo Código, sem correspondente no Código em vigor.

Nada impede que o juiz faça o enquadramento em ato atentatório à dignidade da justiça (arts. 772, 773, 774 do Cód. novo), podendo aplicar multa e impedir de falar nos atos.

> Art. 772. O juiz pode, em qualquer momento do processo: I — ordenar o comparecimento das partes; II — advertir o executado de que seu procedimento constitui ato atentatório à dignidade da justiça; III — determinar que sujeitos indicados pelo exequente forneçam informações em geral relacionadas ao objeto da execução, tais como documentos e dados que tenham em seu poder, assinando-lhes prazo razoável.
>
> Art. 773. O juiz poderá, de ofício ou a requerimento, determinar as medidas necessárias ao cumprimento da ordem de entrega de documentos e dados. Parágrafo único. Quando, em decorrência do disposto neste artigo, o juízo receber dados sigilosos para os fins da execução, o juiz adotará as medidas necessárias para assegurar a confidencialidade.
>
> Art. 774. Considera-se atentatória à dignidade da justiça a conduta comissiva ou omissiva do executado que: I — frauda a execução; II — se opõe maliciosamente à execução, empregando ardis e meios artificiosos; III — dificulta ou embaraça a realização da penhora; IV — resiste injustificadamente às ordens judiciais; V — intimado, não indica ao juiz quais são e onde estão os bens sujeitos à penhora e os respectivos valores, nem exibe prova de sua propriedade e, se for o caso, certidão negativa de ônus.
>
> Parágrafo único. Nos casos previstos neste artigo, o juiz fixará multa em montante não superior a vinte por cento do valor atualizado do débito em execução, a qual será revertida em proveito do exequente, exigível nos próprios autos do processo, sem prejuízo de outras sanções de natureza processual ou material.

Art. 533. Quando a indenização por ato ilícito incluir prestação de alimentos, caberá ao executado, a requerimento do exequente, constituir capital cuja renda assegure o pagamento do valor mensal da pensão.

✍ *Comentários:* A mesma regra está no art. 475-Q do Código em vigor. O comando legal é imperativo. Não pode o executado negar-se a fazê-lo. Poderá, quando muito, discutir o valor que será constituído. Tudo deve ser feito de acordo com as regras do mercado financeiro. Geralmente, além da indenização por danos materiais e morais, se o indivíduo ficou sem condições para o trabalho ou teve reduzida a sua capacidade laborativa, o culpado (réu) será condenado ao pagamento de uma pensão mensal que durará até atingir uma idade que será fixada pelo juiz ao prolatar a sentença, que hoje estaria por volta de 72 (setenta e dois) anos, com tendência de ser majorada.

§ 1º O capital a que se refere o *caput*, representado por imóveis ou por direitos reais sobre imóveis suscetíveis de alienação, títulos da dívida pública ou aplicações financeiras em banco oficial, será inalienável e impenhorável enquanto durar a obrigação do executado, além de constituir-se em patrimônio de afetação.

✍ *Comentários:* Os bens que formarão o capital garantidor do pagamento da pensão mensal serão considerados inalienáveis e impenhoráveis e serão constituídos como patrimônio de afetação. O bem de afetação não se comunica com o patrimônio do devedor, bens e obrigações. O devedor responderá pelos danos que causar ao bem de afetação.

§ 2º O juiz poderá substituir a constituição do capital pela inclusão do exequente em folha de pagamento de pessoa jurídica de notória capacidade econômica ou, a requerimento do executado, por fiança bancária ou garantia real, em valor a ser arbitrado de imediato pelo juiz.

✍ *Comentários:* A norma concede ao juiz a possibilidade de substituir a formação de um capital pela inclusão do valor a ser pago em folha de pagamento de pessoa jurídica considerada de notória capacidade econômica e financeira; o executado poderá optar pela assinatura de fiança bancária ou de garantir a obrigação mediante garantia real, cujo valor será arbitrado pelo juiz.

§ 3º Se sobrevier modificação nas condições econômicas, poderá a parte requerer, conforme as circunstâncias, redução ou aumento da prestação.

✍ *Comentários:* O artigo corresponde ao art. 475-Q do Código em vigor. A prestação paga mensalmente não pode estar na dependência da modificação econômica do devedor. Não poderá ser reduzida ou aumentada. Foi fixada por uma sentença transitada em julgado e só poderá ser desconstituída com base somente na ilegalidade do julgamento, no prazo decadencial de 2 (dois) anos. Se o patrimônio constituído não bastar para gerar o rendimento, o executado terá que providenciar a constituição de tantos bens (patrimônio de afetação) quantos bastem para o rendimento exigido em sentença transitada em julgado. Pontes de Miranda (*Comentários ao CPC*, 1973, Ed. RT, 1975) traduzia a norma como se referindo à rentabilidade que poderá oscilar sobre o patrimônio constituído.

§ 4º A prestação alimentícia poderá ser fixada tomando por base o salário mínimo.

✍ *Comentários:* A prestação alimentícia poderá ser fixada com forte no salário mínimo. Tenha-se em conta que o salário mínimo é aquele valor universalizado em todo país por lei federal. Não é o valor mínimo pago por cada estado da federação, dito salário mínimo de forma equivocada.

§ 5º Finda a obrigação de prestar alimentos, o juiz mandará liberar o capital, cessar o desconto em folha ou cancelar as garantias prestadas.

✍ *Comentários:* Terminada a obrigação de pagar alimentos, não importando o motivo, o juiz fará cessar o pagamento em folha, em sendo o caso, a requerimento do executado; ou, em sendo o caso, mandará liberar as garantias constituídas pelo capital. A partir daí, esses bens deixam de ser patrimônio de afetação.

Capítulo V
DO CUMPRIMENTO DE SENTENÇA QUE RECONHEÇA A EXIGIBILIDADE DE OBRIGAÇÃO DE PAGAR QUANTIA CERTA PELA FAZENDA PÚBLICA

Art. 534. No cumprimento de sentença que impuser à Fazenda Pública o dever de pagar quantia certa, o exequente apresentará demonstrativo discriminado e atualizado do crédito contendo:

✍ *Comentários:* A memória de cálculos deverá obedecer aos incisos I a VI do *caput* sob comento. Havendo pluralidade de exequentes de que fala o § 1º, infra, cada qual deverá apresentar a memória de cálculos separadamente. O juiz poderá aplicar, se for o caso, as regras preceptivas dos §§ 1º e 2º do art. 113:

> Art. 113. Duas ou mais pessoas podem litigar, no mesmo processo, em conjunto, ativa ou passivamente, quando: I — entre elas houver comunhão de direitos ou de obrigações relativamente à lide; II — entre as causas houver conexão pelo pedido ou pela causa de pedir; III — ocorrer afinidade de questões por ponto comum de fato ou de direito. § 1º O juiz poderá limitar o litisconsórcio facultativo quanto ao número de litigantes na fase de conhecimento, na liquidação de sentença ou na execução, quando este comprometer a rápida solução do litígio ou dificultar a defesa ou o cumprimento da sentença. § 2º O requerimento de limitação interrompe o prazo para manifestação ou resposta, que recomeçará da intimação da decisão que o solucionar.

I — o nome completo e o número de inscrição no Cadastro de Pessoas Físicas ou no Cadastro Nacional da Pessoa Jurídica do exequente;

II — o índice de correção monetária adotado;

III — os juros aplicados e as respectivas taxas;

IV — o termo inicial e o termo final dos juros e da correção monetária utilizados;

V — a periodicidade da capitalização dos juros, se for o caso;

VI — a especificação dos eventuais descontos obrigatórios realizados.

§ 1º Havendo pluralidade de exequentes, cada um deverá apresentar o seu próprio demonstrativo, aplicando-se à hipótese, se for o caso, o disposto nos §§ 1º e 2º do art. 113.

✍ *Comentário:* Ver comentários ao *caput.*

§ 2º A multa prevista no § 1º do art. 523 não se aplica à Fazenda Pública.

✍ *Comentários:* Existe um costume enraizado do legislador de aumentar sempre os benefícios em relação à Fazenda Pública. É possível que seja raciocínio em causa própria, já que cada legislador poderá ser o administrador de amanhã. O poder público é que entope o Poder Judiciário com ações em todas as jurisdições; é aquele que não cumpre os precatórios executórios; que tem recurso de ofício do juiz; que tem a AGU e, paga com o nosso dinheiro, para procrastinar o processo, deixando para o próximo administrador a conta. E agora o Poder Público estará liberado da multa. O benesse não se justifica.

> Art. 523. No caso de condenação em quantia certa, ou já fixada em liquidação, e no caso de decisão sobre parcela incontroversa, o cumprimento definitivo da sentença far-se-á a requerimento do exequente, sendo o executado intimado para pagar o débito, no prazo de 15 (quinze) dias, acrescido de custas, se houver. § 1º Não ocorrendo pagamento voluntário no prazo do *caput*, o débito será acrescido de multa de dez por cento e, também, de honorários de advogado de dez por cento.

Art. 535. A Fazenda Pública será intimada na pessoa de seu representante judicial, por carga, remessa ou meio eletrônico, para, querendo, no prazo de 30 (trinta) dias e nos próprios autos, impugnar a execução, podendo arguir:

✍ *Comentários:* De conformidade com o art. 730 do CPC em vigor, o prazo para a Fazenda Pública é de 10 (dez) dias. O prazo de 30 era apenas para o INSS. Posteriormente, o prazo foi estendido a todo Poder Público. O novo Código mantém a mesma regra. O prazo é demasiadamente longo e fere o princípio de igualdade entre as partes, tornando o Poder Público mais igual do que os demais e conta com um enorme aparato que lhe permite a procrastinação para evitar o trânsito em julgado. Quando isso acontece, a parte percorrer na *via crucis* dos precatórios cujos pagamentos não são efetuados, em total desmoralização do próprio Poder Judiciário.

I — falta ou nulidade da citação se, na fase de conhecimento, o processo correu à revelia;

II — ilegitimidade de parte;

III — inexequibilidade do título ou inexigibilidade da obrigação;

IV — excesso de execução ou cumulação indevida de execuções;

V — incompetência absoluta ou relativa do juízo da execução;

VI — qualquer causa modificativa ou extintiva da obrigação, como pagamento, novação, compensação, transação ou prescrição, desde que supervenientes ao trânsito em julgado da sentença.

§ 1º A alegação de impedimento ou suspeição observará o disposto nos arts. 146 e 148.

§ 2º Quando se alegar que o exequente, em excesso de execução, pleiteia quantia superior à resultante do título, cumprirá à executada declarar de imediato o valor que entende correto, sob pena de não conhecimento da arguição.

✍ *Comentários:* Se o executado impugnar os cálculos alegando o excesso de execução, deverá fazê-lo por meio de memória de cálculos (art. 524 do Cód. novo), indicando de forma analítica os elementos que serviram de suporte para os cálculos que indicam o excesso de execução. Deverá, ainda, dizer qual o valor que admite correto. Feito isso, essa parte deixa de haver controvérsia podendo o executado efetuar o depósito. Se o exequente não concordar com os cálculos, o juiz poderá louvar-se em levantamento pericial para superar a controvérsia, com ônus para a parte que não estiver correta. Se o executado apenas alegar, sem efetuar demonstrativo do excesso de execução e sem indicar o valor que entende correto, será rejeitada a impugnação, se o excesso for o único fundamento.

Este parágrafo repete o § 4º do art. 525. Todavia, merece comentários separados a parte final do parágrafo:

"... sob pena de não conhecimento da arguição."

Embora o parágrafo não diga expressamente, o juiz considerará corretos os cálculos do exequente e preclusa a oportunidade de impugnação do executado, o tema, todavia, não poderá ser decidido com essa simplicidade. Vejamos.

Do excesso de execução — O excesso de execução constante do § 2º significa, no caso, que os cálculos apresentados pelo exequente atentam contra os limites objetivos da coisa julgada. Como se sabe, na liquidação de sentença o credor não poderá modificar, para mais ou para menos, os limites objetivos da coisa julgada. Nesse sentido, normatizam os arts. 475-G do Código em vigor e o art. 509 do Código novo. A CLT registra a mesma proibição no art. 879, § 1º.

Essa proibição secular que vem de todos os Códigos anteriores e faz parte hoje do direito universal dos países civilizados tem por objetivo proteger a coisa julgada. Por que? Porque a coisa julgada pertence ao Estado e não podem as partes atentar contra ela. Muito menos o juiz! O atentado não poderá ser para maior ou para menor. Some-se a isso que o juiz diretor do processo (*dominus processus*) é também o guardião da coisa julgada. O juiz ao receber o processo mediante a distribuição passou a ser o único titular da competência funcional e o único juiz natural daquele processo. Logo, tem como dever de ofício a proteção da coisa julgada que pertence ao Estado. E o juiz é o representante do Estado (Estado-juiz). Disso resulta, que, se o executado não se desincumbir da impugnação no prazo legal, terá contra si a preclusão. Isso significa que o seu tempo precluiu, o que nos parece um contrassenso em se tratando de ato que atenta contra a coisa julgada. Entretanto, contra o juiz não existe preclusão e ele deverá agir como guardião da coisa julgada, não deixando que a execução saia dos limites fixados pela *res judicata*. Não pode o juiz embarcar no facilitário de concluir que os cálculos estão corretos, só porque o executado não fez a impugnação no prazo ou fez de forma incompleta. Não. A preclusão é da parte, não do juiz. Como regra, sabemos, os juízes não detêm conhecimentos matemáticos e contábeis, daí a dificuldade de analisar cálculos matemáticos ou entender lançamentos contábeis. Mas o juiz não está obrigado a tanto. Se tiver dúvida, não poderá adotar o caminho mais fácil e arrostar a coisa julgada. Deverá determinar um levantamento pericial e carrear o ônus à parte. O juiz tem a obrigação de respeitar a lei (*jura novit curia*) e em especial o art. 476-G do Código em vigor e, de futuro, o art. 509 do Código novo. E para o juiz do trabalho, os comentários servem como luva em atenção ao art. 879, § 1º, da CLT, na qualidade de guardião da coisa julgada. A sentença exequenda não pode ser modificada ao sabor do exequente com a conivência do juiz. A prática demonstra que um número preocupante de juízes do primeiro grau e dos tribunais *ad quem* não vêm respeitando as regras dos artigos mencionados e adotam o facilitário da preclusão do executado para considerar corretos os cálculos do exequente, ainda que com fraude à execução, em desprestígio à coisa julgada. Quando o juiz comete esse erro, afronta a coisa julgada, deixa por vontade própria de ser o guardião da coisa julgada, como se isso fosse possível. A erronia vem sendo referendada pelo TST com a interpretação incorreta da Súmula n. 266. Sob a alegação de que o excesso é matéria probatória que não poderá ser apreciada na jurisdição superior e de que a inconstitucionalidade alegada não seria de violência direta à constituição (art. 5º, inciso XXXVI): o excesso de execução tem passado batido com desmerecimento da coisa julgada por meio de filigranas processuais. Temos o caso de o Estado-juiz desrespeitando a coisa julgada que pertence ao Estado.

§ 3º Não impugnada a execução ou rejeitadas as arguições da executada:

I — expedir-se-á, por intermédio do presidente do tribunal competente, precatório em favor do exequente, observando-se o disposto na Constituição Federal;

II — por ordem do juiz, dirigida à autoridade na pessoa de quem o ente público foi citado para o processo, o pagamento de obrigação de pequeno valor será realizado no prazo de 2 (dois) meses contado da entrega da requisição, mediante depósito na agência de banco oficial mais próxima da residência do exequente.

§ 4º Tratando-se de impugnação parcial, a parte não questionada pela executada será, desde logo, objeto de cumprimento.

✍ *Comentários:* A parte não questionada pode ser, desde logo, objeto de cumprimento. Tratando-se de cumprimento por precatório, caberá à parte optar ou não pelo cumprimento imediato ou bipartir os precatórios.

§ 5º Para efeito do disposto no inciso III do *caput* deste artigo, considera-se também inexigível a obrigação reconhecida em título executivo judicial fundado em lei ou ato normativo considerado inconstitucional pelo Supremo Tribunal Federal, ou fundado em aplicação ou interpretação da lei ou do ato normativo tido pelo Supremo Tribunal Federal como incompatível com a Constituição Federal, em controle de constitucionalidade concentrado ou difuso.

§ 6º No caso do § 5º, os efeitos da decisão do Supremo Tribunal Federal poderão ser modulados no tempo, de modo a favorecer a segurança jurídica.

§ 7º A decisão do Supremo Tribunal Federal referida no § 5º deve ter sido proferida antes do trânsito em julgado da decisão exequenda.

§ 8º Se a decisão referida no § 5º for proferida após o trânsito em julgado da decisão exequenda, caberá ação rescisória, cujo prazo será contado do trânsito em julgado da decisão proferida pelo Supremo Tribunal Federal.

✍ *Comentários:* Os §§ 7º e 8º serão comentados conjuntamente, dado o nexo de causalidade que os aproximam no tratamento da coisa julgada. No primeiro, preserva-se o princípio da irretroatividade; no segundo, afronta-se a coisa julgada. Os parágrafos sob comento repetem os §§ 14 e 15 do art. 525.

O § 7º diz expressamente que a decisão proferida pela Excelsa Corte: "*deve ser anterior ao trânsito em julgado da decisão exequenda.*" O parágrafo está em consonância com a regência da *res judicata* e prestigia o princípio da irretroatividade da lei. Isso porque a *auctoritas rei judicatae* concedida pelo Estado democrático de direito deve ser protegida e garantida pela Excelsa Corte, guardiã da Constituição Federal.

Todavia o § 8º afronta o § 7º, *in verbis*:

> § 8º Se a decisão referida no § 5º for proferida após o trânsito em julgado da decisão exequenda, caberá ação rescisória, cujo prazo será contado do trânsito em julgado da decisão proferida pelo Supremo Tribunal Federal.

Referido § 8º admite a afronta ao princípio da irretroatividade para alcançar a coisa julgada ocorrida no passado. E o faz usando de um inescusável malabarismo processual. Para não afrontar diretamente o princípio da irretroatividade, usa de artifício para desmoralizar a coisa julgada, admitindo que a parte perdedora há 10 ou 20 anos, de posse do julgamento do STF, tenha o manejo da ação rescisória, cujo prazo decadencial será contado do julgamento levado a efeito pela Excelsa Corte. Como a matéria constitucional não tem prazo para ser julgada, o tema poderá ser apreciado algumas décadas depois e, dependendo da matéria, pode alcançar milhares de processos, *v. g.*, como a discussão dos planos econômicos em que os bancos lucraram bilhões e bilhões; há quem fale que seria mais de um trilhão, fato que, dizem os bancos, poderia determinar o desequilíbrio da rede bancária, se tivessem que devolver o dinheiro que ganharam ilicitamente.

A estrutura do instituto da ação rescisória conta o prazo decadencial da data em que foi proferida a ação rescindenda. O prazo aventado no § 8º, com objetivos outros, qual seja, o de desconstituir a coisa julgada da ação rescindenda sem prazo determinado, contanto que o interessado o faça dentro do prazo decadencial, contado da decisão do STF. Todavia, a coisa julgada, já formada pela extinção do prazo decadencial, não poderá ser substituída por outra coisa julgada com efeitos retroativos. Em suma, a decisão da Excelsa Corte somente terá vez, caso ainda não tenha terminado o prazo decadencial da decisão exequenda. O texto do § 8º vai ao absurdo de ressuscitar a decadência já morta há dezenas de anos. Lei infraconstitucional não pode arrostar a norma constitucional, o ato jurídico perfeito, o direito adquirido e a coisa julgada (princípio da hierarquia das normas). Art. 5º, XXXVI, da CF.

Capítulo VI
DO CUMPRIMENTO DE SENTENÇA QUE RECONHEÇA A EXIGIBILIDADE DE OBRIGAÇÃO DE FAZER, DE NÃO FAZER OU DE ENTREGAR COISA

Seção I
Do Cumprimento de Sentença que Reconheça a Exigibilidade de Obrigação de Fazer ou de Não Fazer

Art. 536. No cumprimento de sentença que reconheça a exigibilidade de obrigação de fazer ou de não fazer, o juiz poderá, de ofício ou a requerimento, para a efetivação da tutela específica ou a obtenção de tutela pelo resultado prático equivalente, determinar as medidas necessárias à satisfação do exequente.

✍ *Comentários:* Não basta que o Poder Judiciário entregue ao autor uma sentença condenatória abstrata. Deve prover para que seja garantida a executividade do comando sentencial. Por isso, o juiz, de ofício, ou a requerimento da parte, na obrigação de fazer ou de não fazer, deverá tomar todas as providências para a efetivação da condenação por meio de tutela específica, visando um resultado prático, podendo para tanto determinar todas as medidas que julgar oportunas ou necessárias para garantir o direito do exequente.

§ 1º Para atender ao disposto no *caput*, o juiz poderá determinar, entre outras medidas, a imposição de multa, a busca e apreensão, a remoção de pessoas e coisas, o desfazimento de obras e o impedimento de atividade nociva, podendo, caso necessário, requisitar o auxílio de força policial.

✍ *Comentários:* Este parágrafo é surpéfluo, posto que as providências nomeadas já estão contidas no comando do *caput*, quando diz que poderá determinar "as medidas necessárias à satisfação do exequente". A nomeação indicada no § 1º deve ser entendida como exemplificativa. Não se trata de *numerus clausus*.

§ 2º O mandado de busca e apreensão de pessoas e coisas será cumprido por 2 (dois) oficiais de justiça, observando-se o disposto no art. 846, §§ 1º a 4º, se houver necessidade de arrombamento.

✍ *Comentários:* Tendo em conta que se trata de providência drástica, que independe da concordância da parte, curial que seja cumprida por 2 (dois) oficiais de justiça. Se for necessário o arrombamento, o ato deverá ser nos moldes do art. 846, §§ 1º a 4º.

> Art. 846. Se o executado fechar as portas da casa a fim de obstar a penhora dos bens, o oficial de justiça comunicará o fato ao juiz, solicitando-lhe ordem de arrombamento. § 1º Deferido o pedido, 2 (dois) oficiais de justiça cumprirão o mandado, arrombando cômodos e móveis em que se presuma estarem os bens, e lavrarão de tudo auto circunstanciado, que será assinado por 2 (duas) testemunhas presentes à diligência. § 2º Sempre que necessário, o juiz requisitará força policial, a fim de auxiliar os oficiais de justiça na penhora dos bens. § 3º Os oficiais de justiça lavrarão em duplicata o auto da ocorrência, entregando uma via ao escrivão ou ao chefe de secretaria, para ser juntada aos autos, e a outra à autoridade policial a quem couber a apuração criminal dos eventuais delitos de desobediência ou de resistência. § 4º Do auto da ocorrência constará o rol de testemunhas, com a respectiva qualificação.

Constata-se que o parágrafo é incompleto, quando não registra a presença de um "profissional chaveiro" para facilitar a abertura de portas e de móveis, evitando a danificação do patrimônio do executado.

§ 3º O executado incidirá nas penas de litigância de má-fé quando injustificadamente descumprir a ordem judicial, sem prejuízo de sua responsabilização por crime de desobediência.

✍ *Comentários:* O parágrafo tem ordem imperativa. O executado será considerado litigante de má-fé, quando descumprir injustificadamente uma ordem judicial. Existindo o fato gerador, o juiz não pode deixar de aplicar a penalidade. É uma forma de moralizar o comportamento da parte no processo em obediência ao princípio de lealdade processual. O comportamento do executado poderá tipificar o crime de obediência.

§ 4º No cumprimento de sentença que reconheça a exigibilidade de obrigação de fazer ou de não fazer, aplica-se o art. 525, no que couber.

§ 5º O disposto neste artigo aplica-se, no que couber, ao cumprimento de sentença que reconheça deveres de fazer e de não fazer de natureza não obrigacional.

✍ *Comentário:* Os §§ 4º e 5º direcionam para as obrigações de fazer ou de não fazer.

Art. 537. A multa independe de requerimento da parte e poderá ser aplicada na fase de conhecimento, em tutela provisória ou na sentença, ou na fase de execução, desde que seja suficiente e compatível com a obrigação e que se determine prazo razoável para cumprimento do preceito.

✍ *Comentários:* A aplicação da multa poderá ser feita em qualquer fase de procedimento, de ofício, pelo juiz. Essa pressão econômica tem por objetivo aumentar o poder de persuasão e de incentivo para que o executado cumpra a obrigação. Nada impede que o juiz aplique as *astreintes* que apresentam gama diferenciada de pressão, podendo ser diária, semanal, mensal, com valores modificados.

§ 1º O juiz poderá, de ofício ou a requerimento, modificar o valor ou a periodicidade da multa vincenda ou excluí-la, caso verifique que:

I — se tornou insuficiente ou excessiva;

II — o obrigado demonstrou cumprimento parcial superveniente da obrigação ou justa causa para o descumprimento.

§ 2º O valor da multa será devido ao exequente.

✍ *Comentários:* O § 1º dá à multa a roupagem das *astreintes*. Justo que o valor seja devido ao credor, já que é ele o recebedor dos malefícios cometidos pelo executado.

§ 3º A decisão que fixa a multa é passível de cumprimento provisório, devendo ser depositada em juízo, permitido o levantamento do valor após o trânsito em julgado da sentença favorável à parte ou na pendência do agravo fundado nos incisos II ou III do art. 1.042.

✍ *Comentários:* O juiz dará prazo razoável ao executado para cumprimento da obrigação de fazer ou de não fazer, antes de a multa ou as *astreintes* ser objetivamente aplicada. A pressão pecuniária deve ser diária, pois terá maior poder de acoroçoamento. A partir daí, cada dia vencido sem o cumprimento, o executado já será devedor. Essa dívida só parará de crescer quando for cumprida a obrigação. O valor deverá ser depositado em juízo e a parte poderá sacar depois do trânsito em julgado da sentença. Na prática, a multa não é depositada. Depois do trânsito em julgado, segue-se a execução com penhora, praça ou leilão, em execução por quantia certa.

§ 4º A multa será devida desde o dia em que se configurar o descumprimento da decisão e incidirá enquanto não for cumprida a decisão que a tiver cominado.

✍ *Comentários:* A configuração do descumprimento dar-se-á a partir do dia seguinte ao vencimento do prazo dado para cumprimento, salvo se cair em sábado, domingo, feriado, dia santo de guarda ou não houver expediente no Fórum. A redação do parágrafo é ambígua. Em se tratando de obrigação de fazer ou de não fazer, o descumprimento tem início no dia seguinte em que o executado foi intimado da decisão com trânsito em julgado. Logo, a multa será devida, a partir daí, se constar da decisão. Se for aplicada depois, será a partir do dia seguinte do término do prazo concedido.

§ 5º O disposto neste artigo aplica-se, no que couber, ao cumprimento de sentença que reconheça deveres de fazer e de não fazer de natureza não obrigacional.

✍ *Comentário:* Remete ao procedimento devido para as obrigações de fazer ou de não fazer.

Seção II
Do Cumprimento de Sentença que Reconheça a Exigibilidade de Obrigação de Entregar Coisa

Art. 538. Não cumprida a obrigação de entregar coisa no prazo estabelecido na sentença, será expedido mandado de busca e apreensão ou de imissão na posse em favor do credor, conforme se tratar de coisa móvel ou imóvel.

✍ *Comentários:* A sentença que determina a entrega de coisa deverá, desde logo, aplicar as *astreintes* em caso de não cumprimento. Certamente será um *plus,* um incentivo para que a parte cumpra a obrigação. É difícil alguém em sã consciência resistir à essa pressão pecuniária, mesmo porque ele não terá limites. Todavia, a lei colocou à disposição do juiz as providências processuais das quais poderá se utilizar, como a busca e apreensão (coisas e pessoas) e a imissão de posse (bem imóvel).

§ 1º A existência de benfeitorias deve ser alegada na fase de conhecimento, em contestação, de forma discriminada e com atribuição, sempre que possível e justificadamente, do respectivo valor.

✍ *Comentários:* São providências indispensáveis, quando existirem benfeitorias, alegá-las na contestação de forma discriminada e atribuir-lhes o respectivo valor, justificando. Se for necessário, o juiz deverá abrir fase probatória.

§ 2º O direito de retenção por benfeitorias deve ser exercido na contestação, na fase de conhecimento.

✍ *Comentários:* O direito de retenção deverá ser feito por ocasião da defesa, na fase de conhecimento. Quem tiver crédito originário delas poderá exercer o direito de retenção.

§ 3º Aplicam-se ao procedimento previsto neste artigo, no que couber, as disposições sobre o cumprimento de obrigação de fazer ou de não fazer.

✍ *Comentários:* Procedimento do *caput,* no que couber, para as obrigações de fazer ou de não fazer.

TÍTULO III
DOS PROCEDIMENTOS ESPECIAIS

Capítulo I
DA AÇÃO DE CONSIGNAÇÃO EM PAGAMENTO

Art. 539. Nos casos previstos em lei, poderá o devedor ou terceiro requerer, com efeito de pagamento, a consignação da quantia ou da coisa devida.

✍ *Comentários:* A consignação em pagamento é um procedimento especial que poderá ser utilizado sempre que o credor se negar a receber o valor da dívida ou quando o devedor não souber exatamente para quem deverá pagar ou entregar a coisa que detém em seu poder. Em se apresentando a hipótese, usará do remédio processual, consignando a quantia ou a coisa devida.

§ 1º Tratando-se de obrigação em dinheiro, poderá o valor ser depositado em estabelecimento bancário, oficial onde houver, situado no lugar do pagamento, cientificando-se o credor por carta com aviso de recebimento, assinado o prazo de 10 (dez) dias para a manifestação de recusa.

✍ *Comentários:* O parágrafo cuida de procedimento extrajudicial para o depósito consignado em estabelecimento bancário. Nesta parte, a norma se aproxima do próprio direito material. Esta via pode ser feita para todos os débitos inclusive os débitos fiscais. A consignação deve ser feita no lugar do efetivo pagamento, com ciência ao credor, mediante carta com aviso de recebimento (AR), concedido o prazo de 10 (dez) dias para resposta.

§ 2º Decorrido o prazo do § 1º, contado do retorno do aviso de recebimento, sem a manifestação de recusa, considerar-se-á o devedor liberado da obrigação, ficando à disposição do credor a quantia depositada.

✍ *Comentários:* Transcorrido o prazo *in albis*, será contado do dia seguinte ao retorno do aviso de recebimento. Se o credor aceitar o depósito, poderá fazê-lo expressamente, mediante resposta, ou tacitamente não impugnando o valor consignado. Se não concordar, deverá manifestar a sua recusa por escrito ao estabelecimento bancário no prazo consignado. Na ausência de recusa formal, tem-se como aceita a quantia consignada e o devedor estará liberado da dívida, ficando o depósito à disposição do credor.

§ 3º Ocorrendo a recusa, manifestada por escrito ao estabelecimento bancário, poderá ser proposta, dentro de 1 (um) mês, a ação de consignação, instruindo-se a inicial com a prova do depósito e da recusa.

✍ *Comentários:* Se houver recusa por parte do credor manifestada por escrito ao estabelecimento bancário, o devedor poderá ajuizar a ação de consignação dentro de 30 dias a partir da recusa. Nesse caso, a inicial será instruída com a prova do depósito e da recusa. O prazo de um mês é de má inspiração, por se tratar de termo indefinido. Temos meses de 28, 29, 30 e 31 dias. Os juízes certamente usarão o prazo de 30 dias, desprezando o termo mês.

§ 4º Não proposta a ação no prazo do § 3º, ficará sem efeito o depósito, podendo levantá-lo o depositante.

✍ *Comentários:* O parágrafo é demasiadamente drástico ao exigir que a ação de consignação seja feita em 30 dias. Como se trata de procedimento extrajudicial deveria deixar a critério do devedor o tempo sem limitar prazo.

Art. 540. Requerer-se-á a consignação no lugar do pagamento, cessando para o devedor, à data do depósito, os juros e os riscos, salvo se a demanda for julgada improcedente.

✍ *Comentários:* O *caput* é repetitivo ao falar em lugar do pagamento, posto que dito no § 1º do art. 539. Desde a data da consignação e o efetivo depósito, cessa para o devedor o pagamento de juros e de correção monetária e de outros riscos que poderão advir. O *caput* sob comento é omisso, quando não diz expressamente que cessa a correção monetária, falando apenas em riscos. O devedor se livra dos riscos futuros sobre a coisa. Poderão estar contidos em caso fortuito ou em força maior. Em verdade, o *caput* não prevê o pagamento de correção monetária, omissão que poderá causar desconforto processual; já "os riscos" referem-se à coisa.

Processo do Trabalho: a consignação extrajudicial não se aplica aos créditos trabalhistas que têm como titular o hipossuficiente, aquele trabalhador com baixa escolaridade, que não teria entendimento suficiente para discernir o que estaria acontecendo, quando recebesse o aviso de depósito e a exigência de aceitar ou não o valor consignado. Certamente, haveria a possibilidade de ser ludibriado na sua boa-fé atraindo a aplicação do art. 9º da CLT.

Art. 541. Tratando-se de prestações sucessivas, consignada uma delas, pode o devedor continuar a depositar, no mesmo processo e sem mais formalidades, as que se forem vencendo, desde que o faça em até 5 (cinco) dias contados da data do respectivo vencimento.

✍ *Comentários:* No caso de ser obrigação pagável em prestações sucessivas, feita a consignação da primeira, as demais com vencimentos consecutivos futuros poderão ser depositadas no mesmo processo, em outras formalidades. O depósito, todavia, deverá ser feito até o 5º dia do vencimento respectivo.

Art. 542. Na petição inicial, o autor requererá:

I — o depósito da quantia ou da coisa devida, a ser efetivado no prazo de 5 (cinco) dias contados do deferimento, ressalvada a hipótese do art. 539, § 3º;

Art. 539. ...

§ 3º Ocorrendo a recusa, manifestada por escrito ao estabelecimento bancário, poderá ser proposta, dentro de 1 (um) mês, a ação de consignação, instruindo-se a inicial com a prova do depósito e da recusa.

II — a citação do réu para levantar o depósito ou oferecer contestação.

Parágrafo único. Não realizado o depósito no prazo do inciso I, o processo será extinto sem resolução do mérito.

✍ *Comentários:* Na consignação judicial, o autor requererá na petição inicial o prazo de 5 (cinco) dias, contados do deferimento, para o depósito da quantia. Ressalva-se a hipótese do § 3º do art. 549, quando o depósito já foi feito. Pelo inciso II, deverá requerer a citação do réu para aceitar o depósito ou oferecer contestação. A aceitação do valor consignado poderá ser expressa ou tácita. Se não oferecer contestação tem-se como aceito o valor consignado.

Art. 543. Se o objeto da prestação for coisa indeterminada e a escolha couber ao credor, será este citado para exercer o direito dentro de 5 (cinco) dias, se outro prazo não constar de lei ou do contrato, ou para aceitar que o devedor a faça, devendo o juiz, ao despachar a petição inicial, fixar lugar, dia e hora em que se fará a entrega, sob pena de depósito.

✍ *Comentários:* O *caput* cuida de prestação com objeto indeterminado. Duas hipóteses se apresentam: a) a escolha cabe ao credor. Neste caso, ele será citado para exercer o seu direito de escolha em 5 (cinco) dias. Excepciona esse prazo se outro houver sido avençado em contrato ou previsto em lei; b) poderá aceitar que o devedor o faça, mas, nesse caso, o juiz ao despachar a petição inicial indicará lugar, mês, dia e hora em que será feita a entrega. Se a parte credora não comparecer, será determinado que o bem permaneça em depósito judicial.

Art. 544. Na contestação, o réu poderá alegar que:

I — não houve recusa ou mora em receber a quantia ou a coisa devida;

II — foi justa a recusa;

III — o depósito não se efetuou no prazo ou no lugar do pagamento;

IV — o depósito não é integral.

Parágrafo único. No caso do inciso IV, a alegação somente será admissível se o réu indicar o montante que entende devido.

✍ *Comentários:* A contestação poderá utilizar-se dos argumentos previstos no incisos I a IV. O inciso I poderá ter alguma consequência se a ação proposta depois da tentativa da consignação extrajudicial. Nesse caso, caberá ao réu efetuar a prova do que alega. Se provar, o autor não se libera dos juros, correção monetária e, em se tratando de coisa, das consequências dos riscos. O inciso II está contido no inciso IV, já que a causa justa da recusa de levantar o depósito seria por valor incorreto; da coisa, por ser indevida. O inciso III — o depósito não se efetuou no prazo ou no lugar do pagamento. Este inciso também está ligado à consignação extrajudicial. Provada a alegação, terão as mesmas consequências dos comentários feitos no inciso I. O inciso IV também está ligado à consignação extrajudicial. O depósito estava incompleto, sendo este o motivo da recusa. Se o depósito feito refere-se à consignação judicial, tem aplicação o *caput* do art. 545. Pelo parágrafo único, pode-se concluir que inciso refere-se a depósito em dinheiro. Se o valor for fixado em título de crédito, com possibilidade de imediato levantamento de juros e de correção monetária, bastará uma simples memória de cálculos. Se se cuidar de levantamento mais elaborado, a memória de cálculos será feita nos moldes do art. 524 e incisos. No final, deverá o réu explicitar o valor (principal, juros e correção monetária) que aceita como correto. Desses cálculos, será dada vista ao autor que poderá fazer a impugnação, querendo, nos moldes também do art. 524 e incisos. Se o juiz tiver dúvida sobre o valor correto, poderá louvar-se em perito para fazer o levantamento do valor. A alegação somente será aceita se a parte indicar corretamente o valor que seria devido.

Art. 545. Alegada a insuficiência do depósito, é lícito ao autor completá-lo, em 10 (dez) dias, salvo se corresponder a prestação cujo inadimplemento acarrete a rescisão do contrato.

✍ *Comentários:* Na consignação em pagamento judicial, o autor poderá completá-lo em 10 (dez) dias. Excepciona-se a hipótese em que a prestação cujo inadimplemento acarrete a rescisão contratual.

§ 1º No caso do *caput*, poderá o réu levantar, desde logo, a quantia ou a coisa depositada, com a consequente liberação parcial do autor, prosseguindo o processo quanto à parcela controvertida.

✍ Comentários. No caso, nada impede o réu de levantar a quantia depositada, ficando o autor liberado parcialmente com prosseguimento sobre o restante controvertido. A aceitação da coisa libera o autor.

§ 2º A sentença que concluir pela insuficiência do depósito determinará, sempre que possível, o montante devido e valerá como título executivo, facultado ao credor promover-lhe o cumprimento nos mesmos autos, após liquidação, se necessária.

✍ *Comentários:* A sentença condenatória que concluir pela insuficiência de depósito envidará esforços para prolatar decisão líquida, valendo esta como título executivo líquido. Se o juiz tiver dúvida deve louvar-se em levantamento pericial. Para a execução provisória ou definitiva, a iniciativa caberá ao autor.

Art. 546. Julgado procedente o pedido, o juiz declarará extinta a obrigação e condenará o réu ao pagamento de custas e honorários advocatícios.

✍ *Comentários:* O *caput* repete o art. 487 do mesmo *Codex*. Ambos confirmam a erronia do art. 269 do Código em vigor ao extinguir a obrigação condenatória pelo julgamento do pedido, mesmos antes de proceder à execução da sentença condenatória. A obrigação só se extingue quando o executado cumpre-a integralmente. Os incisos I e II do art. 487 recepcionaram os incisos I e II do art. 269 do Código em vigor. Referidos incisos não permitem que o processo seja extinto antes que se realize a execução e transformado em realidade o comando sentencial. Nos demais incisos III a V, a extinção será necessária.

Parágrafo único. Proceder-se-á do mesmo modo se o credor receber e der quitação.

✍ *Comentários:* Aqui a hipótese é correta. Se a parte deu quitação daquilo que recebeu, não existe mais lide, nem o que executar, a extinção do processo com resolução do mérito é o único desfecho processual possível.

Art. 547. Se ocorrer dúvida sobre quem deva legitimamente receber o pagamento, o autor requererá o depósito e a citação dos possíveis titulares do crédito para provarem o seu direito.

✍ *Comentários:* O devedor pode não saber ao certo quem seria o credor. Nesse caso, efetuará o depósito e a ação colocará no polo passivo os possíveis titulares, os quais serão citados para, querendo, provar o seu direito (ato constitutivo).

Art. 548. No caso do art. 547:

I — não comparecendo pretendente algum, converter-se-á o depósito em arrecadação de coisas vagas;

✍ *Comentários:* O art. 1.170 e seguintes do Código em vigor e art. 746 e incisos do Código novo dispõem sobre as coisas vagas. O inciso complica as coisas. Se o devedor tem dúvida de quem seria o credor, melhor que se liberasse a ele o valor depositado ou a coisa. Se um dia alguém comparecer e provar que é o credor, como ficará? O ato de converter a quantia depositada em "arrecadação em coisa vaga", não quita o débito para com o consignante. O art. 746 do Código novo ou o art. 1.170 do Código em vigor não diz como se resolverá, se e quando o verdadeiro credor comparecer. Existe entendimento de que, nesse caso, o devedor ficaria excluído do processo, declarando extinta a obrigação.

O Código em vigor nem o Código novo não dizem o que acontecerá com o dinheiro ou com a coisa. Nem dizem expressamente que a obrigação ficará extinta para o devedor. A melhor saída, posto que menos complicada, será a devolução do depósito ou da coisa para o devedor, que aguardará o aparecimento do verdadeiro credor. O poder público não tem nenhum interesse nisso. É uma transação particular. Não há razão para o envolvimento do Poder Judiciário.

Não se pode confundir coisas achadas na rua, cujo proprietário é desconhecido, com dívida da qual não se sabe ao certo quem seria o verdadeiro credor (ar. 1.170 do Código em vigor). Não se pode confundir um crédito com coisas perdidas ou esquecidas em hotéis, oficinas etc.

Em ocorrendo a hipótese, deverá o juiz, interpretando analogicamente o art. 1.174 do Código em vigor, recepcionado pelo art. 1.174 do Código novo, determinar a liberação do depósito para o consignante. Como a lei não dá quitação ao consignante pelo depósito efetuado, o que significa que ele continuará sendo responsável pela dívida se surgir o verdadeiro credor, melhor que ele seja o depositário do dinheiro, sem falar em adjudicação. Não vemos, repita-se, nenhum interesse do poder público em arrecadar o dinheiro.

II — comparecendo apenas um, o juiz decidirá de plano;

✍ *Comentários:* O fato de comparecer apenas um dos pretensos credores indicados pelo consignante não o inibe de fazer prova de que é realmente é o verdadeiro credor. Não nos parece que, só por ser o único seria o credor com direito de levantar a quantia depositada. Entendimento, nesse sentido, incentivaria o estelionato (art. 171, Código Penal).

Existe julgado no sentido de que aquele que compareceu possa levantar o depósito como seu (RT 519/152). Evidente que julgado nessa direção se ressente de razoabilidade.

III — comparecendo mais de um, o juiz declarará efetuado o depósito e extinta a obrigação, continuando o processo a correr unicamente entre os presuntivos credores, observado o procedimento comum.

✍ *Comentários:* Segundo o inciso sob comento, se comparecerem mais de um pretenso credor, o juiz declarará extinta a obrigação quanto ao devedor e o processo continuará entre os presumíveis credores.

O inciso partiu da premissa de que, entre os indivíduos que compareceram, um deles será fatalmente o credor. Tudo isso será correto se realmente ficar provado que um deles é o credor verdadeiro. Todavia, se nenhum conseguir provar que é o verdadeiro credor, mas sim aventureiros que buscam o facilitário para se dar bem, como ficaria? A obrigação somente poderá ser extinta depois de provada a existência do verdadeiro credor. Por isso, a redação do inciso deveria ser:

> "III — se comparecerem mais de um interessado, o processo continuará entre os presuntivos credores, observado o procedimento comum; provado que um deles é o verdadeiro credor, o juiz liberará o valor depositado ou a coisa e extinguirá a obrigação quanto ao devedor. Não provado que um deles é o credor, o depósito será liberado ao consignante."

Remetemos aos comentários do *caput* do art. 548.

Art. 549. Aplica-se o procedimento estabelecido neste Capítulo, no que couber, ao resgate do aforamento.

✍ *Comentários:* Aforamento, enfiteuse ou emprazamento é direito pelo qual o enfiteuta ou foreiro detém o domínio útil do prédio aforado. O Código atual não contém a enfiteuse. Persiste, todavia, para aquelas situações constituídas antes da vigência do Código Civil atual (art. 2.038). A enfiteuse dos terrenos de marinha e acrescidos regula-se por lei especial (§ 2º).

Capítulo VII
DOS EMBARGOS DE TERCEIRO

1. INTRODUÇÃO

A pessoa física ou jurídica pode não constar do título executório, mas pode responder subsidiária ou solidariamente, v. g., o sócio (art. 596, §§ 1º e 2º, CPC, 795 e §§ 1º a 3º do Cód. novo; art. 990 e 1.024, do Código Civil), a empresa participante de grupo econômico (art. 2º, § 2º, CLT), o responsável nos termos do art. 455 da CLT. Faz-se mister, todavia, distinguir o verdadeiro terceiro que poderá ser chamado à responsabilidade.

Pontes de Miranda preleciona que "somente pode embargar como terceiro quem não tomou parte no feito", mas pondera que "mais precisa e cientificamente se há de dizer que não pode usar de embargos de terceiro quem quer que esteja sujeito à eficácia do ato judicial que pretende embargar" (Hamilton de Moraes Barros, *Comentários ao Código de Processo Civil*, Ed. Forense, v. 9, p. 293).

Para Pereira de Souza, citado por Luiz Ambra, "terceiro é pessoa diferente daqueles que têm contenda entre si", e, logo a seguir, o mesmo Luiz Ambra acrescenta: "É o antônimo de parte, haja ou não sentença na lide." Liebman assentou: "Para determinar se uma pessoa é ou não parte em processo, não é suficiente considerar a sua identidade física, devendo-se, ao contrário, tomar em conta também a qualidade jurídica em que compareceu no feito. Uma pessoa física pode ser simultaneamente parte e terceiro com relação a determinado processo, se são diferentes títulos jurídicos que justificam esse duplo papel que ela pretende representar, se são distintas as posições jurídicas que ela visa a defender." (Parecer, RF 1-9/46.)

José Frederico Marques ensina: "Como tal, deve entender-se não a pessoa física ou jurídica que não tenha participado do feito, mas a pessoa titular de um direito outro que não tenha sido atingido pela decisão judicial." (*Instituições de Direito Judiciário Civil*, 2. ed. Forense, Rio, 1971, p. 293-294.)

Ainda, segundo o mesmo autor, "a admissibilidade dos embargos de terceiro, manifestados por quem seja parte no processo principal, está condicionada à distinção entre os títulos que tenha sobre a coisa objeto dos embargos ou da constrição judicial. Assim, o vencido na ação, ou o obrigado, pode manifestar embargos de terceiro quanto aos bens que pelo título, ou qualidade em que os possuir, não devam ser atingidos pela diligência judicial constritiva. A mesma pessoa física ou jurídica pode ser simultaneamente parte e terceiro no mesmo processo, se são diferentes os títulos jurídicos que justificam esse duplo papel. A palavra terceiro significa não só a pessoa física ou jurídica que não tenha participado do feito, como também a pessoa que participou do processo, mas que, aqui, nos embargos, é titular de um direito diferente, outro que não o que foi objeto da decisão judicial" (ob. cit., p. 295).

Tem-se, pois, que o terceiro é todo aquele que não esteja sob a eficácia do ato judicial embargável (regra geral). Todavia, essa regra comporta exceção. Assim, poderá participar do processo, mas não estar sujeito àquela constrição determinada pelo juízo.

Lembra Hamilton de Moraes e Barros, "o condômino que seja também proprietário do prédio contíguo, mesmo participando da ação de divisão, pode embargar, como terceiro, se a linha do perímetro invadir a propriedade que é sua. Do mesmo modo, a viúva meeira e inventariante tem qualidade para oferecer embargos de terceiro à arrematação dos bens deixados pelo marido, se, por exemplo, arguir sua qualidade de comerciante, e quanto aos bens de seu ramo comercial. A mulher casada, do mesmo modo, mesmo intimada da penhora sobre os bens do marido, pode, como terceiro, defender, por meio de embargos, os seus bens próprios, ou da sua reserva, os da sua meação e os dotais" (ob.cit., p. 325).

Decidiu sobre a matéria o TJRS que "a Lei n. 4.121/62 alterou o conceito tradicional de comunhão universal de bens no casamento, aproximando-a do condomínio, tanto que a parte ideal de cada cônjuge deixou de ser quota morta e inseparável, em relação às dívidas de cada cônjuge. Essa alteração fez com que a meação não mais incida em todos e em cada um dos bens do casal, mas sobre o patrimônio considerado em conjunto, de sorte que, se a penhora recaiu em bens cujo valor não excede a metade desse patrimônio, é de julgar-se improcedentes os embargos de terceiro opostos pela mulher do executado". (Adcoas 1971/1014).

O STF já decidiu: "A mulher casada não tem, em linha de princípio, qualidade para apresentar embargos de terceiro em execução, contra o marido. Se, entretanto, não foi citada para o pleito, a situação se modifica, tornando-se possível o exercício daquele *remedium iuris.*" (STF, Ap. DJ 02.09.1949.)

Decidiu o STJ: "Mulher casada. Defesa de meação. Bem indivisível. Não poderá ser levado à praça bem de terceiro que não tem responsabilidade pelo débito. A alienação judicial de bem indivisível integrante da comunhão, será apenas da parte ideal que cabe ao devedor executado." (STJ, 3ª T., REsp 111.179-SP, rel. Min. Eduardo Ribeiro, v. u. DOU 8.3.2000.)

Não nos parece razoável o direcionamento jurisprudencial dada pela 3ª T., REsp. 111.179-SP do Superior Tribunal de Justiça, quando se tratar de bem indivisível. A jurisprudência vigente nos tribunais de justiças se nos afigura mais apta e mais rente à realidade, quando, nesse caso, o bem é levado à praça e se destina 50% do valor arrecadado na hasta pública à mulher. Assim, o devedor paga o que deve e a mulher conserva o seu patrimônio em pecúnia.

A jurisprudência que sempre dominou, inclusive na Excelsa Corte, foi a de que, em caso de execução do bem pertencente ao casal, a defesa da meação estaria diretamente ligada à prova de que a parte ideal que não cabia ao executado dependeria de prova de que a renda do cônjuge executado não revertera em proveito da sociedade conjugal.

O Superior Tribunal de Justiça deu um novo direcionamento ao ônus probatório impondo ao credor ou exequente o ônus de provar que a renda do cônjuge executado revertera em proveito da sociedade conjugal.

> "Processo Civil. Embargos de Terceiro. Meação. Penhora. Impossibilidade. Reversão do patrimônio da sociedade conjugal. Ônus probatório do credor. Precedentes. 1. Na linha da jurisprudência desta Corte, cabe ao credor comprovar que o bem objeto da penhora sobre o qual incide a meação da esposa do executado reverteu em proveito da sociedade conjugal. 2.Precedentes da 1ª e 2ª Turmas do STJ. 3. Recurso especial não provido. (Proc. REsp 1077953/RN. Recurso Especial 2008/0165728-5. Rel. Min. Eliana Calmon (1114). 2ª T. v. u. Julg. 02.09.2008, DJ 13/10/2008.)

Não nos parece que essa seja a melhor interpretação. O ônus da existência de fato impeditivo deve recair sobre a mulher meeira (art. 333, II, CPC e art. 373, II do Cód. novo). O fato constitutivo, que é a dívida, já está provado.

EMBARGOS DE TERCEIRO COMO INCIDENTE

O remédio processual denominado embargos de terceiro tem natureza jurídica incidental, vale dizer, a sua existência depende da existência de um processo principal em função do qual o terceiro poderá agir formulando a defesa dos seus bens posto que não possui qualquer responsabilidade sobre a discussão que ali se trava. É ação incidental de núcleo restrito, pois o seu objeto não vai além dos motivos necessários a fazer prova de que o autor dos embargos é terceiro sem qualquer obrigação ou responsabilidade. Daí por que não poderá, nas vias estreitas dos embargos de terceiro, alegar qualquer questão que envolva o processo principal. A sua posição de terceiro em relação ao autor e ao réu do processo principal é de *res inter alios*.

Os embargos de terceiro não possuem vida autônoma, não têm existência solitária. Para que se possam instrumentalizar, há que existir um processo principal onde alguém, que não faz parte dos limites subjetivos da coisa julgada ou que, fazendo, não tenha responsabilidade subsidiária ou solidária no processo principal, sofra turbação ou esbulho na posse de bens de sua propriedade. Essa turbação ou esbulho pode ocorrer na fase de conhecimento (arresto) ou de executória do processo principal, embora seja mais comum a ocorrência na fase executória, mediante arresto ou penhora. Na fase de conhecimento, poderá ocorrer mediante cautelar incidente de arresto; poderá ocorrer em cautelar preparatória em que for deferido o arresto. O terceiro que sofra constrição indevida ou ilegítima de bem de sua propriedade somente poderá adentrar no processo onde o ato arbitrário ocorreu por meio dos embargos de terceiro. Basta que o terceiro prove que o bem lhe pertence. Caberá ao credor provar que o terceiro tem responsabilidade numa atual (penhora) ou futura (arresto) execução.

O terceiro em sede trabalhista não tem o *jus postulandi*, só deferido ao empregado e ao empregador (art. 791, da CLT). Exemplo: o sócio da empresa que teve seus bens penhorados, quando a empresa tem bens suficientes para respaldar a execução, poderá usar da via dos embargos de terceiro para defender o seu patrimônio e indicar bens da empresa livres e desembaraçados, na mesma comarca, que bastem para pagar o débito (art. 596, § 1º, CPC). Vale dizer que poderá usar do benefício de ordem. Mas deverá vir ao processo representado por advogado.

Ensina Hamilton de Moraes e Barros: "Os embargos de terceiro são, em essência, um incidente. Nascem de um ato judicial praticado dentro, naturalmente, de um processo, o processo de onde vem a constrição ilegítima, contra que se reage. Podem, também, os embargos de terceiro ser usados contra atos judiciais de jurisdição voluntária. Não é um incidente que apenas ocorre no processo de execução, visando a ilidi-la, quando se exerce sobre um bem determinado. É incidente que nasce de ato judicial praticado em qualquer feito, seja no processo de conhecimento, seja no de execução, seja no cautelar. Os embargos de terceiro são o processo conseqüente de outro, o causador, aquele de onde veio o ato judicial embargado. É nesse sentido que se diz serem os embargos não um meio de pedir, mas de impedir, como já consignara Pereira de Souza, nas suas *Primeiras linhas*. Ed. Forense, 1922, p. 292.

No processo do trabalho, é incidente da fase executória por excelência, já que aí os bens de terceiro poderão vir a ser penhorados com maior intensidade. Cabível com menor intensidade na fase de conhecimento, *v. g.*, em caso de arresto, sequestro etc. Suponha-se que, a pedido do exequente, o juízo determine a busca e apreensão em bem (veículo) transferido depois de determinação de arresto e já agora de propriedade de terceiro. O atual proprietário poderá discutir mediante embargos de terceiro sobre a existência ou não de fraude contra credores ou fraude à execução ou mesmo alegar a sua condição de adquirente de boa-fé. Suponha-se, ainda, determinação do juízo para verificação total dos livros de determinada sociedade. Dissemos que "a exibição integral dos livros comerciais constitui verdadeira devassa na vida da empresa, pondo a nu o seu estado patrimonial, tipos de operações, movimento de negócios etc.; adentra no âmago do espírito que a vivifica como empresa e poderá colocar em risco a sua própria existência. Por essa razão, a medida excepcional só poderá ser levada a efeito naqueles casos enumerados ou quando assim a lei o determinar". Inúmeros são os casos impugnáveis por meio dos embargos de terceiro na fase de conhecimento, embora na prática o maior volume se concentre na execução (Francisco Antonio de Oliveira, *Das Medidas Cautelares*, 4. ed. LTr, p. 120).

Sobre o tema, vale o alerta de Antônio Lamarca, que assinala: "Se a Justiça do Trabalho encarar os embargos de terceiro como ação autônoma, especial, mas sempre contenciosa (art. 1.046 e ss. do CPC), não terá competência constitucional para processá-los: não se trata de um dissídio entre empregado e empregador nem a lei ordinária atribui essa competência à Justiça especializada." E conclui: "Todavia, estou de acordo em que os embargos devem ser considerados como mero incidente da execução." (*O livro da competência*, p. 146 e 149.)

Amaro Barreto dispõe: "Os embargos de terceiro constituem incidente da execução, porque se estruturam processualmente como ação dentro da execução, atacando ato executório que vai alcançar o patrimônio de terceiro. O Regulamento 737, de 1850, arts. 597, 600 e 604, regulava o tema como incidente da execução: 'Vindo algum terceiro com embargos à execução, porque a coisa penhorada lhe pertence por título hábil e legítimo, e tendo posse natural ou civil com efeito de natural, ser-lhe-á concedida vista para alegar e provar nos seus embargos. Se os embargos não forem opostos a todos os bens, mas somente a alguns deles, correrão em separado, prosseguindo a execução somente quanto aos bens não embargados. Não são admissíveis na execução embargos de terceiro a quem não seja, ao mesmo tempo, senhor e possuidor, ficando ao terceiro prejudicado direito salvo sobre o preço da arrematação." E mais adiante, no n. 377, arremata: "Não é correta a opinião de autores abalizados no sentido de ser condição da admissibilidade dos embargos de terceiro ser o embargante senhor e possuidor ou só possuidor da coisa penhorada, sendo eles remédio inadequado à exclusão de direitos da apreensão judicial." (*Execução cível e trabalhista*, p. 331 e ss.).

O autor referia-se ao art. 707 do Código de 1939. O art. 1.046, § 1º, do CPC, não deixava dúvida sobre o assunto. O terceiro, embora ainda não possua título de propriedade (matrícula no CRI), sendo possuidor de contrato de compra e venda devidamente registrado no Cartório de Títulos e Documentos tem legitimidade para embargar de terceiro.

O egrégio STF já decidiu, quando relator o Min. Alfredo Buzaid: "É competente a justiça comum para processar e julgar embargos de terceiro opostos na Justiça do Trabalho, porque a defesa da propriedade ou da posse não constitui dissídio trabalhista, nem controvérsia oriunda de relação do trabalho." (STF, 1ª T., RE 97.406-7-RS, rel. Min. Alfredo Buzaid, j. 26.10.1982, deram provimento, v. u. — DJU 26.11.1982, p. 12.125, 1ª col., em., *apud* Theotonio Negrão, CPC..., p. 311.)

Data venia, o pretório excelso, *in casu*, não deu à matéria o melhor entendimento e cuida-se mesmo de decisão isolada. Se o processo do trabalho, nesta parte, fosse depender da justiça comum, as execuções trabalhistas estariam fadadas ao embaraço sem limites e ao descrédito, já que sabidamente demorada. Depois, os embargos de terceiro são incidentes dos processos trabalhistas. O fato de ser um remédio processual de origem civilista não muda a situação sobre a competência. Por outro lado, como explicar que juiz de outro ramo da justiça e da mesma horizontalidade pudesse julgar embargos de terceiro opostos na Justiça do Trabalho? E o recurso seria o de apelação para o Tribunal de Justiça ou o de agravo de petição para o Tribunal Regional do Trabalho? A verdade é que aquele julgamento foi único, não se repetiu e não teve, nem poderia ter, qualquer influência em sede trabalhista.

Art. 674. Quem, não sendo parte no processo, sofrer constrição ou ameaça de constrição sobre bens que possua ou sobre os quais tenha direito incompatível com o ato constritivo, poderá requerer seu desfazimento ou sua inibição por meio de embargos de terceiro.

✍ *Comentários:* Diz-se terceiro aquele que não está posto nos limites subjetivos da coisa julgada ou, ainda que posto, não tenha responsabilidade sobre a dívida da pessoa jurídica ou da empresa executada a qual pertence.

Preleciona Amara Barreto que, "no caso, o embargante age na defesa do seu direito ou turbado ou esbulhado na qualidade de autor, assumindo o exequente a posição processual de réu e, às vezes, também, a par dele, do executado litisconsorcial passivo."

Os embargos são uma ação incidental com o objetivo de excluir o bem da constrição judicial e, nele, não se poderá arguir matéria prejudicial atinente à questão principal, nem exceções, nem nulidades. O conteúdo dos embargos está restrito a dizer e provar os motivos pelos quais o embargante não tem qualquer responsabilidade na execução. Na prática, é comum o sócio da empresa, que tem o seu bem penhorado manejar os embargos de terceiro com o objetivo de liberar o bem constrito, alegar matéria meritória ou impugnar cálculos, laudo pericial, etc. Evidente o erro procedimental em sede restrita dos embargos de terceiro.

§ 1º Os embargos podem ser de terceiro proprietário, inclusive fiduciário, ou possuidor. *Nota: Súmula n. 621.*

✍ *Comentários:* Poderá manejar os embargos de terceiro aquele que é proprietário, que é credor fiduciário e aquele que é apenas possuidor.

A Súmula n. 621 dispõe: "Não enseja embargos de terceiro à penhora a promessa de compra e venda não inscrita no registro de imóveis."

Aconselha-se a quem adquire um bem mediante compromisso de compra e venda que faça o respectivo registro nos termos da lei (art. 167, I, n. 18, da Lei dos Registros Públicos). O registro faz prova quanto à fraude de qualquer transação posterior, já que o adquirente não poderá alegar boa-fé.

§ 2º Considera-se terceiro, para ajuizamento dos embargos:

I — o cônjuge ou companheiro, quando defende a posse de bens próprios ou de sua meação, ressalvado o disposto no art. 843;

> Art. 843. Tratando-se de penhora de bem indivisível, o equivalente à quota-parte do coproprietário ou do cônjuge alheio à execução recairá sobre o produto da alienação do bem. § 1º É reservada ao coproprietário ou ao cônjuge não executado a preferência na arrematação do bem em igualdade de condições. § 2º Não será levada a efeito expropriação por preço inferior ao da avaliação na qual o valor auferido seja incapaz de garantir, ao coproprietário ou ao cônjuge alheio à execução, o correspondente à sua quota-parte calculado sobre o valor da avaliação.

II — o adquirente de bens cuja constrição decorreu de decisão que declara a ineficácia da alienação realizada em fraude à execução;

III — quem sofre constrição judicial de seus bens por força de desconsideração da personalidade jurídica, de cujo incidente não fez parte;

IV — o credor com garantia real para obstar expropriação judicial do objeto de direito real de garantia, caso não tenha sido intimado, nos termos legais dos atos expropriatórios respectivos.

✍ *Comentários:* Estão legitimados a utilizar dos embargos de terceiro o cônjuge ou companheiro para a defesa da posse de sua meação, com as ressalvas postas no art. 843, retro (I); aquele que adquiriu bem com fraude à execução, cuja ineficácia está sendo declarada (II); todo aquele que tem bens penhorados pela aplicação da teoria da superação da personalidade (*Disregard of Legal Entiy*). São os sócios e diretores da empresas. Todavia, a responsabilidade do sócio é subsidiária, embora seja solidária entre os sócios do que resulta que qualquer sócio poderá ter os seus bens penhorados e levados à praça, com possibilidade de ressarcimentos sobre os demais sócios (direito de regresso) (III); o credor com garantia real, caso não haja sido intimado dos atos expropriatórios, isto é, penhora por outro credor (arts. 303 e 333,II, do Código Civil.

Processo do Trabalho — Penhora de bem hipotecado.

Não há qualquer dúvida no que diz respeito à penhora de bem objeto de hipoteca. O embasamento legal é encontrado, em especial, nos arts. 615, II (art. 799 I, do Cód. novo) 619 (art. 804 do Cód. novo) e 698 do CPC (art. 899, V, do Cód. novo).

Dúvida também inexiste sobre a preferência do crédito trabalhista até mesmo sobre o tributário (arts. 449, § 1º, da CLT e 186 do CTN e Lei n. 6.830/80).

É bem de ver que os créditos trabalhistas gozam de proteção especial, chamados por alguns de superprivilegiados, sobrepondo-se até mesmo aos créditos tributários (art. 30, Lei n. 6.830/80, *ex vi* do art. 889, CLT). Estão garantidos, em primeiro lugar, pelo conjunto de bens móveis e imóveis que formam o patrimônio da empresa e/ou do empregador (art. 2º CLT), presentes e futuros (art. 591 do CPC).

Penhorado o bem hipotecado, notificado o credor (arts. 615, II, 619 e 698, do CPC), prossegue-se na execução, inclusive com o praceamento e a materialização em pecúnia, operando-se a sub-rogação do gravame no preço alcançado pelo bem. *Ver arts. 303 e 333-II, do Código Civil.*

Sobre o assunto, preleciona Murilo Rezende Salgado: "O direito fundamental do credor como efeito da hipoteca é o direito de preferência. A seqüela é um simples meio ou condição para se exercitar esse direito, ou seja, a preferência de o credor hipotecário se pagar antes de outros credores que não sejam titulares de privilégios que se sobreponham aos seus, tais como os créditos trabalhistas e fazendários." (Penhora de bens hipotecados em execução de terreiros — Exercício e defesa dos direitos do credor hipotecário, *RBDP* 20/108, *apud* Calmon de Passos, *Comentários ao Código de Processo Civil*, Ed. Forense, V. III, Rio, sem data, 421.)

Em se cuidando de crédito trabalhista, a hipoteca (direito real) cede lugar, pouco importando a época da sua constituição. Não se sub-roga no preço (praceamento), mas detém o seu poder de sequela e o ônus real acompanha o imóvel arrematado ou adjudicado pelo credor trabalhista. Sobre a matéria, vide itens 7.5.2 e 4.25.1 *usque* 4.25.8.

E assim deve ser pelo simples motivo de que ao crédito trabalhista são aplicadas as normas preceptivas do art. 30 da Lei n. 6.830/80, por força do art. 889 da CLT. Se assim não fosse, o credor trabalhista estaria fadado ao não recebimento caso o devedor possuísse somente um bem imóvel e este estivesse hipotecado. Depois, nenhum prejuízo sofrerá o credor garantido pela hipoteca, pois, se houver adjudicação ou arrematação do bem, o gravame o seguirá. Sobre o tema *ver Lei n. 10.101/2005* (Lei de Falências), art. 83, I e VI, *c*.

DA POSSIBILIDADE DE ALIENAÇÃO DE BEM HIPOTECADO

Dispunha o art. 677 do CC de 1916 (sem correspondente) que "os direitos reais passam com o imóvel para o domínio do adquirente". Segundo Caio Mário da Silva Pereira, "não está inibido de alienar o imóvel hipotecado, porque não perde o seu *ius disponendi.* Ao adquirente, porém, transfere-se o ônus que o grava, não lhe valendo de escusa a alegação de ignorância, que não prevalece contra o registro, nem lhe socorre para liberá-lo qualquer cláusula de sua escritura, ou compromisso assumido pelo devedor hipotecário. A alienação transfere o domínio do imóvel; mas este passa ao adquirente com o ônus hipotecário — *transit cum onere suo.*[1] Esse é o entendimento de

(1) *Instituições de direito civil*, v. 1.

Lacerda de Almeida, Azevedo Marques, Lafayette, Planiol, Ripert et Boullanger, *apud* Silva Pereira. *(Instituições de direito civil*, v. 1, Ed. Forense, Rio, 1974, p. 87.)

Lembra Pontes de Miranda: "Quem adquire a propriedade móvel empenhada, adquire-a detracto o penhor. Quem adquire o prédio hipotecado ou sujeito a servidão adquire-o com a hipoteca ou a servidão." Dispõe o art. 1.475 do CC que nula é a cláusula proibitiva de alienação do imóvel hipotecado pelo proprietário. Segundo o parágrafo único, poderá ser convencionado que, em caso de alienação, a dívida hipotecária se vencerá. O art. 1.425 do CC apresenta o rol de casos em que a dívida será considerada vencida. O credor terá o direito de cobrar a dívida imediatamente se o imóvel for penhorado (art. 303 e 333, II, CC) (*Tratado de Direito Privado*, Ed.RT, São Paulo, 1984, t. XXII e XXV, p. 289 e 142).

Dispõe o art. 1.475, CC: "É nula a cláusula que proíbe ao proprietário alienar imóvel hipotecado. Parágrafo único. Pode convencionar-se que vencerá o crédito hipotecário, se o imóvel for alienado." A hipoteca que grava o bem não significa o sacrifício do *jus abutendi*, isto é, despojar-se o proprietário do direito de propriedade. Daí não existir impedimento a que o bem seja alienado ou dado em penhora. Não obstante a cláusula proibitiva padeça de nulidade, é lícito às partes avençar que, em havendo penhora ou alienação, a dívida vencerá, o que autoriza o credor hipotecário a proceder à execução imediata da dívida. É de suma importância que, em ocorrendo a hipótese, o edital de praça e/ou leilão dê disso ciência, com a devida publicação.

Preceitua o art. 1.479, CC: "O adquirente do imóvel hipotecado, desde que não se tenha obrigado pessoalmente a pagar as dívidas aos credores hipotecários, poderá exonerar-se da hipoteca, abandonando-lhes o imóvel." O art. 1.480, parágrafo único, prevê a possibilidade de abandono do imóvel com selo de garantia real, desde que o faça nas 24 (vinte e quatro horas) subsequentes à intimação, isto é, antes de iniciar o processo executivo.

Todavia, dispõe o art. 333, CC: "Ao credor assistirá o direito de cobrar a dívida antes de vencido o prazo estipulado no contrato ou marcado neste Código: (...) II — se os bens, hipotecados ou empenhados, forem penhorados em execução por outro credor." O que significa que o bem hipotecado, adjudicado ou arrematado levará a dívida hipotecária que poderá ser considerada vencida imediatamente pelo credor hipotecário, circunstância essa que deverá constar obrigatoriamente do edital de praça e leilão, pena de nulidade.

Dispõe o art. 303, CC que: "O adquirente de imóvel hipotecado pode tomar a seu cargo o pagamento do crédito garantido; se o credor, notificado, não impugnar em 30 dias a transferência do débito, entender-se-á dado o consentimento." O fato de o credor hipotecário não haver dado o consentimento, não significa que o bem não poderá ser hasteado. Todavia, como veremos a seguir, o art. 333, II, CC considera vencida a dívida hipotecária, quando o imóvel selado com a garantia real for penhorado. *Ver art. 1.481 do CC.*

O arts. 303 do CC refere-se à penhora feita por terceiro do bem com garantia hipotecária e que na almoeda assume a dívida hipotecária (assunção de dívida), isto é, um terceiro credor do devedor hipotecário penhora o bem e o leva à hasta pública. O credor hipotecário não tem qualquer iniciativa executória sobre o seu crédito. Diferente, pois, do que sucede no art. 1.499 do Código Civil em que é o próprio credor hipotecário que inicia a execução. Este artigo tem levado advogados e juízes a erro ao preceituar que: "A hipoteca extingue-se: VI — pela arrematação ou adjudicação." E realmente assim é. Todavia, o artigo sob comento cuida da execução promovida pelo próprio credor hipotecário, diferente, pois, do art. 303, cuja iniciativa é de um terceiro credor do devedor hipotecário. No caso do art. 1.499 do CC, o credor hipotecário é quem teve a iniciativa de levar o bem à hasta pública, em face da inadimplência do devedor, para receber o seu crédito. Se o valor conseguido for inferior ao crédito hipotecário, o restante da dívida será considerado crédito quirografário. Se o valor conseguido for maior , o que sobejar ao débito será entregue ao devedor hipotecário.

DA IMPOSSIBILIDADE DE ADJUDICAÇÃO PELO CREDOR HIPOTECÁRIO

Em se cuidando de crédito trabalhista, não poderá o credor hipotecário usar do favor legal contido nos arts. 1.483, parágrafo único, do CC, e 685-A, § 2º, do CPC (revogado pela Lei n. 11.382/2006), e pedir a adjudicação do bem, posto que a tanto se opõe a preferência do crédito trabalhista (art. 186, CTN). A permissão legal (art. 1.483, parágrafo único) somente terá lugar em se cuidando de execução que não envolva créditos preferenciais (acidentário — art. 83, I, Lei n. 11.101/2005 (LF) —, trabalhista e executivos fiscais), pena de frustrar-se a execução.

Todavia, como não poderia deixar de ser, o direito real (hipoteca) seguirá o imóvel arrematado (direito de sequela). Ao adquirente do bem hipotecado cabe o direito de remi-lo (art. 1.481, CC). O registro de preferência acidentária na Lei n. 11.101/2005 (LF), art. 83, I, deve-se a evidente lapso do legislador, uma vez que a infortunística há muito passou para a responsabilidade da União, hoje prevista na Lei n. 8.213/90, art. 86, não havendo falar em preferência já que não mais é de responsabilidade da empresa porém, haverá a preferência nos créditos trabalhistas provenientes de indenização por dano material e moral com origem em acidente do trabalho. Nesse caso, haverá preferência do crédito indenizatório nos moldes do art. 186 do Código Tributário Nacional.

No processo comum, as arrematações por crédito quirografário, o credor hipotecário pode sub-rogar-se no preço depositado (art. 685-A, § 2º, CPC) ou pode permitir que o novo proprietário do bem (arrematante ou adjudicante) assuma (assunção de dívida) a dívida hipotecária (arts. 303 e 333, CPC). Contudo, em se cuidando de crédito trabalhista, inexiste essa possibilidade, já que o credor trabalhista tem preferência no pagamento. O crédito hipotecário, intimado ou não o credor hipotecário, persistirá sobre o bem arrematado ou adjudicado, e poderá ele fazer valer o seu direito nos termos do arts. 303, 333, II, e 333, do CC, ressalvado o contido no art. 1.477 do mesmo diploma legal que diz respeito à segunda hipoteca.

Em resumo, o bem hipotecado será praceado e o *quantum* apurado será preferentemente entregue ao credor trabalhista; em havendo sobra, poderá o credor hipotecário sub-rogar-se no que restar (*ver item 4.25.5,* in fine). Se o valor porventura não for suficiente para cobrir o seu crédito, o saldo restante continuará a ser garantido pelo bem hipotecado (direito de sequela), pouco importando em mãos de quem esteja (arrematante ou adjudicante).

Segundo Caio Mário da Silva Pereira, o devedor "não está inibido de alienar o imóvel hipotecado, porque não perde o seu *ius disponendi.* Ao adquirente, porém, transfere-se o ônus que o grava, não lhe valendo de escusa a alegação de ignorância, que não prevalece contra o registro, nem lhe socorrendo para liberá-lo qualquer cláusula de sua escritura, ou compromisso assumido pelo devedor hipotecário. A alienação transfere o domínio do imóvel, mas este passa ao adquirente com o ônus hipotecário — *transit cum onere suo*. Esse o entendimento também de Lacerda de Almeida, Azevedo Marques, Lafayete, Planiol, Ripert et Boulanger" (*apud*, ob. cit., vol. I, p. 471).

Embora essa doutrina diga respeito ao Código Civil de 1916, onde se formara duas correntes, uma no sentido de que se o credor hipotecário, intimado, permanecesse inerte, o bem seria arrematado ou adjudicado sem o ônus hipotecário, outra, defendida por Pontes de Miranda, Clóvis Bevilacqua, Caio Mário, Lacerda de Almeida, Azevedo Marques, Lafayete, Planior etc. em que a inércia do credor hipotecária em nada lhe prejudicaria, sendo o bem transferido com o selo de direito real, corrente doutrinária mais assente à realidade e com pé na realidade. Com o novo Código Civil, o conteúdo desta doutrina materializou-se no tecido legal previsto nos arts. 303 e 333.

Em suma: intimado o credor hipotecário, inerte este ou não, o crédito hipotecário segue o bem transferido para o novo proprietário, podendo o credor escolher entre manter a dívida com o novo proprietário ou executar imediatamente a dívida, posto que a escolha lhe pertence nos termos do art. 333, inciso II: "Ao credor hipotecário assistirá o direito de cobrar a dívida antes de vencido o prazo estipulado no contrato ou marcado neste Código: II — se os bens hipotecados ou empenhados, forem penhorados em execução por outro credor."

DO CREDOR GARANTIDO POR SEGUNDA HIPOTECA

Salvo o caso de insolvência do devedor, o credor da segunda hipoteca, embora vencida, não poderá executar o imóvel antes de vencida a primeira. Não se considera insolvente o devedor, por faltar ao pagamento das obrigações garantidas por hipotecas posteriores à primeira (art. 1.477, parágrafo único, CC). A insolvência em geral é constatada com a ausência de outros bens do devedor, afora os hipotecados, por ocasião da penhora, ou notória insuficiência dos encontrados para cobrir os débitos. Preleciona Clóvis Bevilacqua que "o credor da segunda hipoteca, quando se garantiu, já encontrou o imóvel gravado, na sua totalidade, em proveito do primeiro credor. Entende-se que a sua garantia visou, apenas, à parcela de valor do imóvel, que restasse do pagamento da hipoteca inscrita em primeiro lugar. Por conseguinte, não poderá executar o imóvel, senão quando se realizar essa contingência. O seu direito de excussão se retarda, porque a sua garantia é condicional: recai sobre o remanescente" (*Comentários ao Código Civil*. Ed. Francisco Alves, Rio, 1949, v. 1., p. 458).

Todavia, em havendo a penhora do bem hipotecado, o primeiro credor estará desde logo legitimado a promover a execução, nos termos do arts. 303 e 333, II, do CC, fato que permitirá a execução também pelo segundo credor, garantida a preferência da primeira e especial hipoteca.

O credor da segunda hipoteca poderá remir hipoteca anterior, se o devedor não efetuar o pagamento da dívida. Nesse caso, ficará, *ipso facto*, sub-rogado nos direitos desta, sem prejuízo dos direitos que lhe competirem contra o devedor comum. A matéria está normatizada no art. 1.477 do CC.

Art. 675. Os embargos podem ser opostos a qualquer tempo no processo de conhecimento enquanto não transitada em julgado a sentença e, no cumprimento de sentença ou no processo de execução, até 5 (cinco) dias depois da adjudicação, da alienação por iniciativa particular ou da arrematação, mas sempre antes da assinatura da respectiva carta.

Comentários: Do momento de interposição dos embargos

O *caput* recepcionou o art. 1.048 do Código em vigor, não elegendo a remição da execução.

Dispõe o *caput*: "Os embargos podem ser opostos a qualquer tempo no processo de conhecimento enquanto não transitada em julgado a sentença, e, no cumprimento da sentença ou no processo de execução, até 5 (cinco) dias depois da adjudicação, da alienação por iniciativa particular ou da arrematação, mas sempre antes da assinatura da respectiva carta." O artigo deveria ter incluído a "remição da execução". Embora a remição da execução tenha preferência, vindo a adjudicação na ordem de preferência, a remição deverá ser requerida sempre antes da assinatura da carta. Com fulcro na prática jurídica, diríamos que tanto o devedor que quiser remir, quanto o credor que quiser adjudicar deverão efetuar o requerimento logo depois do término da praça ou do leilão, embora possam fazê-lo até antes da assinatura da carta de arrematação, levando em conta que o juízo não terá nenhuma obrigação de comunicar às partes o dia e a hora em que assinará a carta. Não poderá o juiz preferir a remição em prejuízo da do arrematante ou do adjudicante, deferindo a remição mesmo depois de assinada a carta de adjudicação ou de arrematação.

O art. 675 do Cód. novo, seguindo as pegadas do Código em vigor, há de ser interpretado de conformidade com a "teoria do prazo" e, em especial, com o "princípio da utilidade do prazo". Os embargos deverão ser interpostos da intimação da penhora (arts. 224, § 3º, e 231, ambos do Cód. novo). Em não tendo sido o terceiro intimado da penhora, o *dies a quo* terá início no momento em que tomar conhecimento do ato de apreensão judicial (art. 223, §§ 1º e 2º do CPC).

Embora o art. 675 preceitue que os embargos poderão ser interpostos no processo de conhecimento, enquanto não transitada em julgado a sentença, e, no de execução, até cinco dias da arrematação, adjudicação e remição, isso somente será possível, evidentemente, se a parte interessada (o terceiro) não tomou conhecimento da penhora. Se foi intimado regularmente, o seu prazo começa a contar do dia seguinte à intimação (art. 224, § 3º, do CPC).

Entendimento literal do art. 675 do CPC levaria ao absurdo de permitir-se o uso da lei para referendar procrastinações, com ofensa ao princípio da legalidade e ao princípio da igualdade de tratamento, que impõe "sejam as partes tratadas no mesmo pé de igualdade", recomenda que a cada uma delas devem ser concedidos prazos idênticos para a prática de idênticos atos processuais. "A atos idênticos, prazos idênticos para ambas as partes." Registra Hamilton de Moraes e Barros: "O Código abandonou o critério subjetivo do dia do conhecimento do fato como marco inicial do tempo em que se poderia propor essa ação. Se fosse possível precisá-lo, teria sido o ideal, pois que o processo principal, assegurada a situação jurídica do bem objeto dos embargos, poderia caminhar tranquilamente para o seu término e para a execução. Acontece, porém, que é difícil marcar-se o prazo inicial, não se conhecendo, para o caso, expediente tranquilo e válido para determinar o conhecimento do terceiro embora interessado, a respeito do que se passa no feito alheio. Em consequência disso, permanece a ficção de não ter tido conhecimento o embargante do ato turbativo, ficção que somente se desfaria ante prova positiva, limpa de dúvidas, de que teve o oportuno conhecimento." (ob. cit., v. 9, p. 298.)

Na prática, ainda que o terceiro não tenha sido intimado da penhora, poderá ter tomado conhecimento de outra forma, compulsando os autos ou no momento em que interpuser os embargos de terceiro. Basta que se verifique a data em que foi concedida a procuração ao advogado e aquela em que os embargos foram interpostos. O prazo deverá ser contado a partir do dia seguinte em que tomou conhecimento, salvo se cair em sábado, domingo, dia santo, feriado de guarda ou não houver expediente no fórum da cidade.

Parágrafo único. Caso identifique a existência de terceiro titular de interesse em embargar o ato, o juiz mandará intimá-lo pessoalmente.

✍ *Comentários:* Por questão de lealdade processual, se o exequente conhece o terceiro deverá comunicar o juízo oferecendo as informações para que seja intimado. Dificilmente essa informação chegará ao juízo, sem que seja trazida por alguém. Mas, caso identifique, o juiz agirá de ofício.

Art. 676. Os embargos serão distribuídos por dependência ao juízo que ordenou a constrição e autuados em apartado.

✍ *Comentários:* Os embargos de terceiro constituem uma ação acessória à ação principal na qual teve a sua origem. Os embargos de terceiro são filiados à ação principal. Sua origem nasce (*actio nata*) de um arresto (fase de conhecimento) ou de uma penhora (fase executória) de procedimento existente na ação principal. A competência para apreciá-lo e julgá-lo é do mesmo juiz da ação principal (juiz titular ou auxiliar da mesma Vara). Trata-se de competência funcional, que é absoluta e se adquire pela distribuição do processo, onde se forma também o "juízo natural". Evidente, também, que se a ação for originária do tribunal, os embargos serão lá distribuídos. Na maior parte das vezes, a competência funcional dá-se no primeiro grau. Por isso, deverão ser distribuídos obrigatoriamente, por dependência, ao juízo que ordenou a constrição do bem e será autuado em apartado.

Parágrafo único. Nos casos de ato de constrição realizado por carta, os embargos serão oferecidos no juízo deprecado, salvo se indicado pelo juízo deprecante o bem constrito ou se já devolvida a carta.

✍ *Comentários:* Se a execução estiver a cargo de juízo deprecado e lá foi efetuada a penhora de bem de terceiro, os embargos de terceiro serão distribuídos no juízo deprecado. Como já vimos antes, os embargos de terceiro têm conteúdo operacional restrito e o terceiro embargante somente deverá (poderá) alegar e provar que é titular do bem constrito e que não tem nenhuma responsabilidade naquele processo executório. Poderá ocorrer, todavia, que a penhora feita pelo juízo deprecado foi indicação do juiz deprecante, funcionando o juízo deprecado com simples cumpridor de ordem. Nesse caso, os embargos deverão ser distribuídos por dependência no juízo deprecado, único com competência funcional para apreciar e julgar os embargos. Poderá ocorrer que o terceiro não tomou conhecimento da penhora do bem (nem mesmo da praça e leilão levada a efeito no juízo deprecado), tendo a carta precatória executória sido devolvida ao juízo de origem. Nesse caso, a competência para apreciação e julgamento será do juízo deprecante. *Ver Súmula ns. 46, 134, 303 e 621 do STJ.*

Art. 677. Na petição inicial, o embargante fará a prova sumária de sua posse ou de seu domínio e da qualidade de terceiro, oferecendo documentos e rol de testemunhas.

✍ *Comentários:* Com a petição inicial, o embargante deverá comprovar a sua posse ou o seu domínio sobre o bem penhorado, mediante os seguintes documentos, conforme o caso: a) escritura comprovando o domínio e a posse, devidamente registrada no Cartório de Registro de Imóveis, com número de matrícula; contrato de compra e venda devidamente registrado nos moldes do art. 167, I, n. 18, da Lei dos Registros Públicos.

§ 1º É facultada a prova da posse em audiência preliminar designada pelo juiz.

✍ *Comentários:* O juiz designará audiência preliminar com as partes para proceder à análise dos documentos apresentados para comprovar a posse e/ou domínio do embargante. Em não havendo dúvida quanto à propriedade do bem o juiz poderá lavrar termo em que o exequente abre mão da penhora e reconhece que o terceiro não tem qualquer responsabilidade na execução. Todavia, poderá acontecer de que o proprietário do bem tenha responsabilidade subsidiária na execução, por ser sócio da empresa, cujo fundo de comércio desapareceu. Nesse caso, embora provados o domínio e a posse, a instrução prosseguirá para que o embargante faça prova de que não teria qualquer responsabilidade na execução. Ainda que se trate de um sócio da empresa, o encerramento e o julgamento imediato poderão dar causa à alegação de cerceamento de defesa. Se em audiência preliminar não for comprovada a posse ou o domínio, deve-se prosseguir na instrução probatória para evitar o cerceamento de defesa. Na audiência preliminar, o juiz poderá conceder liminar, comprovada a posse.

§ 2º O possuidor direto pode alegar, além da sua posse, o domínio alheio.

✍ *Comentário:* O possuidor direto tem legitimidade para o manejo dos embargos de terceiro, ainda que um terceiro detenha o domínio.

§ 3º A citação será pessoal, se o embargado não tiver procurador constituído nos autos da ação principal.

✍ *Comentários:* Na prática, dificilmente, o terceiro terá advogado constituído nos autos da ação principal. Todavia, se tiver, será intimado na pessoa do advogado. Na falta, será intimado pessoalmente nos moldes do art. 246 do Cód. novo. O mesmo procedimento se for revel.

§ 4º Será legitimado passivo o sujeito a quem o ato de constrição aproveita, assim como o será seu adversário no processo principal quando for sua a indicação do bem para a constrição judicial.

✍ *Comentário:* Será legitimado sujeito passivo a pessoa a quem o ato aproveita; também poderá estar legitimado o executado, quando fez a indicação do bem para a penhora. Poderá configurar-se o estelionato.

Art. 171, § 2º, inciso I: "vender, permutar, dar em pagamento, em locação ou em garantia coisa alheia como própria."

Art. 678. A decisão que reconhecer suficientemente provado o domínio ou a posse determinará a suspensão das medidas constritivas sobre os bens litigiosos objeto dos embargos, bem como a manutenção ou a reintegração provisória da posse, se o embargante a houver requerido.

✍ *Comentários:* Provado o domínio ou a posse, o juiz determinará a suspensão das medidas constritivas sobre os bens objeto dos embargos. O comando é cogente. A redação é mais clara do que aquela prevista no art. 1.052 do Código em vigor que falava em pluralidade de bens impugnados ou não. Ora, o terceiro que tem bens penhorados, que acha que não é responsável, dirigirá os embargos contra todos e não só contra alguns. A manutenção da posse ou a reintegração para aquele que provou a posse ou o domínio deveria ser de forma automática. Não há razão para que isso somente aconteça se o embargante fez o requerimento. O princípio dispositivo não pode e não deve ser elevado ao formalismo excessivo. Isso só atrasa o processo e difere a sua extinção, com perda de tempo e de dinheiro. Também restou superada a exigência do art. 1.051 que ordenava caução para expedir mandado de manutenção ou de restituição em favor do embargante. Embora a possibilidade de caução não tenha sido descartada, não tem mais o comando imperativo, mas ficará ao douto critério do juiz conforme preconiza o parágrafo único, infra, que usa do termo "poderá".

Embora o artigo sob comento não fale em concessão de liminar, como estava previsto no art. 1.051, os efeitos da tutela são adiantados e esta possibilidade é verificada e avaliada *ab initio*, isto é, antes de qualquer outra providência.

Parágrafo único. O juiz poderá condicionar a ordem de manutenção ou de reintegração provisória de posse à prestação de caução pelo requerente, ressalvada a impossibilidade da parte economicamente hipossuficiente.

✍ *Comentário:* Reportamo-nos aos comentários, retro, do *caput.*

Art. 679. Os embargos poderão ser contestados no prazo de 15 (quinze) dias, findo o qual se seguirá o procedimento comum.

✍ *Comentários:* O artigo comentado e o Código como um todo romperam com a linguagem jurídica secular ao dizer que os embargos serão "contestados", a exemplo do que já ocorrera com o art. 1.053 do Código em vigor. O termo até então usado era "contraminuta" para a defesa formulada contra quem houvesse interposto embargos à execução ou agravo de instrumento; ou agravo de petição no processo do trabalho.

Pelos exemplos que temos nos julgamentos havidos, mesmo depois da mudança da redação do art. 1.053 do CPC em vigor, os tribunais continuam usando do termo "contraminuta". E não vemos razão para a mudança, já que não se deve mudar aquilo que sempre foi feito de uma maneira e que deu certo. A mudança terminológica nada acrescentou a não ser a mudança pela mudança.

TJSP — Agravo de Instrumento AI 20975832920158260000 SP 2097583-29.2015.8.26.0000 (TJ-SP)

Data de publicação: 14/08/2015

Ementa: Agravo de instrumento. Documentos obrigatórios e necessários. Ausência de **apresentação** do compromisso de síndico e da procuração por ele outorgada. Consta apenas procuração anterior à quebra, o que inviabiliza o conhecimento dos atuais patronos da agravada. **Não apresentação** de **contraminuta**. Art. 525 , I do CPC. Recurso **não** conhecido.

TRT-4 — Agravo de Petição AP 00573004220095040203 RS 0057300-42.2009.5.04.0203 (TRT-4)

Data de publicação: 27/11/2012

Ementa: AGRAVO DE PETIÇÃO. AUSÊNCIA DE **CONTRAMINUTA** CONTRA OS EMBARGOS À EXECUÇÃO. Embora os embargos à execução se constituam uma ação autônoma, a **não apresentação** de **contraminuta** aos embargos à execução **não** implica a presunção de verdade sobre os fatos articulados pelo embargante, devendo o juízo observar estritamente os parâmetros definidos no título executivo, *v. g.* que é silente sobre o critério de contagem das horas extras previsto no parágrafo 1º do artigo 58 da CLT, motivo pelo qual, tendo determinado aquele cômputo de horas extras, merece reparo o decidido, sob pena de afronta à coisa julgada constituída no presente processo. Agravo de petição do exequente a que se dá provimento no item.

STJ — AGRAVO REGIMENTAL NO AGRAVO DE INSTRUMENTO AgRg no Ag 1284050 SP 2010/0038397-8 (STJ)

Data de publicação: 07/06/2010

Ementa: ADMINISTRATIVO. PROCESSUAL CIVIL. TRASLADO DA ÍNTEGRA DA PETIÇÃO DE EMBARGOS DE DECLARAÇÃO. PEÇA **NÃO** OBRIGATÓRIA. CÓPIA INCOMPLETA COLACIONADA. COMPREENSÃO DA CONTROVÉRSIA. POSSIBILIDADE. COMPLEMENTAÇÃO DE PROVENTOS DA APOSENTADORIA DOS EMPREGADOS DA FEPASA. ACORDOS COLETIVOS OCORRIDOS ENTRE OS ANOS DE 2000 E 2002. ALEGADA AUSÊNCIA DAS PÁGINAS DO RECURSO INTEGRATIVO. INTEIRO TEOR DOS EMBARGOS DE DECLARAÇÃO. **NÃO** OCORRÊNCIA. PRESCRIÇÃO. APLICABILIDADE DO ART. 4º DO DECRETO 20.910/32. PROCESSO ADMINISTRATIVO PENDENTE DE DECISÃO FINAL DA AUTORIDADE COMPETENTE. FATO INCONTROVERSO NOS AUTOS. 1. A **não apresentação** de **contraminuta** ao presente agravo de instrumento, oportunidade adequada para arguir a suposta ausência de peças obrigatórias, prejudica a análise dessa questão. 2. Nos termos do art. 544 , § 1º , do Código de Processo Civil , a petição de interposição dos embargos de declaração **não** compõe o rol de peças obrigatórias à instrução do agravo de instrumento. 3. A leitura das cópias das páginas dos embargos de declaração colacionadas aos autos, conquanto incompleta a petição, é suficiente para concluir que, efetivamente foi aventada a matéria relativa ao art. 4º do Decreto n. 20.910 /32. 4. Restou incontroversa a existência de processo administrativo ainda sem decisão final da Administração Pública Estadual. 5. O curso do prazo prescricional fica suspenso na pendência de processo administrativo, **não** tornando a fluir até a resposta definitiva da autoridade administrativa competente, por força do art. 4º do Decreto n. 20.910 /32. Precedentes. 6. Agravo regimental desprovido.

Art. 680. Contra os embargos do credor com garantia real, o embargado somente poderá alegar que:

I — o devedor comum é insolvente;

II — o título é nulo ou não obriga a terceiro;

III — outra é a coisa dada em garantia.

✍ *Comentários:* Este artigo recepcionou o art. 1.054 do Código em vigor. Em contraminuta, o embargado somente poderá alegar em seu favor aquilo que consta dos incisos I a III. O que significa que a matéria que poderá ser focada é taxativa e não exemplificativa, não podendo o rol ser ampliado. A insolvência de que fala o inciso I, não aquela insolvência declarada judicialmente, mas aquela insolvência em que se encontra o devedor por não ter patrimônio para fazer frente às suas dívidas.

Sobre o tema, preleciona Hamilton de Moraes Barros:

> "Contra os embargos oferecidos pelo credor com garantia real, isto é, o credor pignoratício, anticrético ou hipotecário, somente poderá o embargado alegar ou a insolvência do devedor comum ou a nulidade do título, ou a sua não obrigatoriedade em face de terceiro, ou, ainda, que outra é a coisa dada em garantia.
> Como se sabe, admitem a falência e a insolvência a discussão de fraude contra credores, de sorte que, insolvente ou falido o devedor, é sem sentido negar-se ao embargado um direito que é de qualquer credor do falido ou do insolvente, e de qualquer deles examinar as garantias reais dos créditos e a sua validade.
> A nulidade do ato jurídico é a sua mais grave imperfeição. Não lhe permite a lei reproduzir qualquer dos efeitos que lhe seriam próprios, isto é, que dele deveriam derivar. O negócio jurídico nulo é considerado como não feito. As leis civis sobre nulidade e sobre registro consagram a ineficácia e a não obrigatoriedade de tais negócios jurídicos contra os terceiros.
> A incerteza quanto à coisa dada em garantia, ou a substituição dessa coisa, legitimam e validam a contestação aos embargos, pois que equivalem à incerteza quanto à garantia ou a que ela subsista. A lei exige seja especificado o bem dado em garantia real. Não pode ser nem futuro, nem incerto (Código Civil de 1916, art. 761, IV (art. 1.424, IV, do Código em vigor). Como o inciso II do art. 1.054 (art. 680 do Cód. novo) permite ao embargado arguir de nulo o título que constitui a garantia real, segue-se que não pode o embargado alegar em sua contestação a anulabilidade do título, eis que, de conformidade com a lei civil que disciplina a matéria de ineficácia, estebelece-se a diferença entre ato jurídico nulo e ato jurídico anulável." (*Comentários ao Código de Processo Civil*, Ed. Forense, Rio, sem data, vol. IX, p. 314-315).

Art. 681. Acolhido o pedido inicial, o ato de constrição judicial indevida será cancelado, com o reconhecimento do domínio, da manutenção da posse ou da reintegração definitiva do bem ou do direito ao embargante.

✍ *Comentários:* Com a procedência dos embargos de terceiro, a consequência é o cancelamento da constrição com a manutenção da posse ou da restituição definitiva do bem. Como haverá sempre a possibilidade de a parte vencida recorrer, nesse caso, a apelação será recebida em ambos os efeitos pelo art. 520, *caput*, do Código em vigor, o qual foi recepcionado pelo art. 1.012 do Código novo, já que o efeito devolutivo é comum a todos os recursos.

Capítulo XI
DA AÇÃO MONITÓRIA

INTRODUÇÃO

DA AÇÃO MONITÓRIA

Trata-se de instituto de natureza civilista e que pode ter aplicabilidade em sede trabalhista por alento subsidiário do art. 769 da CLT, uma vez que o processo do trabalho não tem instituto similar.

O art. 700 (art. 1.102A do Cód. em vigor) oportuniza a quem possua documento escrito, sem a eficácia de título executivo, a possibilidade de, com suporte no documento, requerer pagamento de soma em dinheiro ou entrega de coisa fungível ou de determinado bem móvel.

De conformidade com o art. 701 (art. 1.102B do Cód. em vigor), a parte deverá apresentar a petição inicial devidamente instruída com o documento para que o juiz instrutor possa deferir de plano o mandado de pagamento ou de entrega da coisa no prazo de 15 (quinze) dias.

O art. 701, § 1º (art. 1.102C do Cód. em vigor) com a redação alterada pela Lei n. 11.232/2005. Disso resulta que, no prazo de quinze dias, o réu poderá oferecer embargos com o objetivo de suspender a eficácia do mandado expedido pelo juízo. Decorrido o prazo sem que a parte ofereça embargos, constituir-se-á de pleno direito o título executivo judicial, hipótese em que o mandado inicial se transforma em mandado executivo. A execução prosseguirá na forma do Livro I, Título VIII, Capítulo X (Do cumprimento da sentença).

De conformidade com o § 1º, se o réu cumprir a obrigação, ficará isento de custas; no Código atual, fica isento de custas e de honorários advocatícios (§ 1º). Embora o parágrafo incentive o pagamento da dívida, o faz à custa do credor, quando isenta o devedor dos honorários do advogado. Isso significa que o credor arcará com as consequências ao arrepio do princípio da *restitutio in integrum*.

Pelo § 2º, do art. 702, do Código novo, e do § 2º do art. 1.102-C em vigor, os embargos independerão da segurança prévia do juízo e serão processados nos próprios autos pelo rito ordinário, fato que demonstra a propensão do processo civil de retirar dos embargos a qualidade de ação, transformando-os em simples incidente dentro do processo.

O § 3º do art. 1.102-C teve a sua redação também alterada pela Lei n. 11.232/2005. Em sendo rejeitados os embargos, fica constituído o título executivo judicial *de pleno iure*. O devedor será intimado, prosseguindo-se na execução nos termos do Livro I, Título VIII, Capítulo X, do CPC.

Interessante notar que o art. 475-J (art. 523 do Cód. novo) está contido no Capítulo X, de que fala o § 3º. Isso significa que o devedor será intimado, e não citado pagar pagamento ou penhora, já que o art. 611 foi revogado pela Lei n. 11.232/2005. Assim, o devedor deverá efetuar o pagamento da obrigação no prazo de 15 (quinze) dias. Não o fazendo, terá o total da dívida imediatamente acrescido da multa de 10% (dez por cento), de ofício pelo juiz, sem necessidade de iniciativa do credor. No processo civil, o ato executório da penhora terá início com o requerimento do exequente. No processo do trabalho, o ato é desencadeado de ofício pelo juiz executor.

A ação monitória tem por escopo evitar ao autor discussões que se arrastariam pela fase cognitiva, enfrentando todos os percalços e recursos até conseguir um título executivo judicial com o selo da *res judicata*. A monitória permite que ele, desde que cumpridos certos requisitos, com base em prova escrita sem eficácia de título executivo, *v. g.*, pagamento de soma em dinheiro, entrega de coisa fungível ou de determinado bem móvel, dela faça uso.

Em sede trabalhista, é ainda pouco usada, havendo mesmo caso de juízes que não aceitam a ação monitória, transformando-a em dissídio individual, assim como a exceção de pré-executividade, e isso se deve à falta de melhor aprofundamento nos referidos institutos. O processo do trabalho é informado por filosofia cosmopolita e tem a possibilidade de emprego de todos os institutos novos, ainda que muitas vezes se exija a adaptação à realidade trabalhista.

Assim, a ação monitória poderá superar o óbice da ausência de executoriedade dos acordos extrajudiciais, desde que seja de interesse do empregado. Suponha-se a hipótese daquele empregado que, assistido pelo sindicato, fez um acordo com a empresa e não propôs dissídio individual. A empresa não cumpre o acordo e teria ele de ajuizar ação trabalhista para pleitear o que acha que lhe seria devido. Poderá ganhar ou perder a ação. Em preferindo fazer que se cumpra o acordo, poderá servir-se da ação monitória, que iniciará pela execução, sem perda de tempo, com real apoio nos princípios da celeridade e da economia processual. Nesta hipótese, caso o juiz primário venha a entender pelo não cabimento, deverá extinguir o processo sem julgamento do mérito para que a parte possa discutir a matéria no órgão *ad quem*. A transformação em dissídio individual traduz *error in procedendo*, passível de correição parcial.

Uma outra hipótese: em acordo coletivo, ficou avençado que a empresa pagaria uma gratificação anual no valor de meio salário. A empresa não cumpre o avençado. O caminho seria o ajuizamento da ação de cumprimento, "mostrengo" criado pelo legislador onde não se pode discutir o que já fora avençado, mas mesmo assim se deverá passar pela fase de conhecimento, enfrentar todos os recursos possíveis até se receber o prestígio da coisa julgada, para que direito indiscutível possa ser executado.

DO ENFOQUE CONCEITUAL

O procedimento monitório é meio pelo qual o credor por quantia certa ou por coisa determinada, crédito esse representado por prova documental, poderá requerer ao juiz que defira de plano — *inaudita altera pars* — a expedição de mandado de pagamento ou de entrega de coisa fungível ou de determinado móvel em 15 dias, objetivando obter a satisfação de um direito seu. O documento que representa a dívida é da substância do ato e deverá instruir o pedido inicial.

DA PROVA DOCUMENTAL

A prova documental poderá ser pública ou privada e bastará que seja prestigiada com a bilateralidade das partes: credor e devedor.

Se tiver o prestígio de título executivo extrajudicial, não necessitará do socorro da ação monitória (arts. 781 e 576 do CPC em vigor).

Qualquer documento, carta, telegrama etc. em que o devedor manifesta a sua concordância poderá instruir a ação monitória. Documentos outros, *v. g.*, projeto efetuado por engenheiro conjugado com carta em que o devedor lhe solicitara o trabalho técnico, constituirá documento hábil. O mesmo se diga em caso de dentistas, médicos, advogados, hospitais etc.

DO PEDIDO INICIAL

A petição inicial é inarredável como ato movimentador da jurisdição (art. 2º do Cód. novo e art. 262 do CPC em vigor) e será elaborada com os requisitos do art. 329 do Cód. novo e 282 do Cód. em vigor, mediante exposição dos fatos e fundamento jurídico do pedido.

Deverá o autor narrar com clareza os fatos constitutivos do seu crédito, mediante comprovação documental, a resistência do devedor em adimplir, não lhe restando outra via senão a da heterocomposição (interesse processual).

DA DECISÃO *INAUDITA ALTERA PARS*

O juiz tem por dever de ofício, antes de adentrar no mérito, verificar da existência ou não dos pressupostos processuais e das condições da ação. Presentes, o juiz poderá deferir a cautelar sem ouvir a parte contrária, quando verificar que essa providência poderá comprometer a providência cautelar buscada (arts. 797 e 804 do CPC).

DA NATUREZA JURÍDICA DA DECISÃO EM SEDE TRABALHISTA

A decisão proferida no sentido de expedição do mandado de pagamento tem natureza interlocutória mista e à parte o prazo de cinco dias para apresentar embargos (art. 884 da CLT). Em não o fazendo, haverá preclusão, constituindo-se *de pleno jure* o título executivo judicial.

Se a parte aviar embargos, os quais independerão de prévia segurança do juízo, a matéria será ali discutida. Da decisão advinda, a parte interessada poderá buscar alento no agravo de petição.

DA AÇÃO MONITÓRIA EM SEDE TRABALHISTA

O processo do trabalho é cosmopolita por excelência e busca, sempre, trazer para o seu âmbito todo regramento do processo comum que torne mais célere o procedimento.

A ação monitória será de grande valia em muitas hipóteses que a prática diária virá demonstrar. Assim, será de aplicação imediata numa questão tormentosa que reside no âmbito trabalhista e que se traduz na ausência de força executória dos acordos extrajudiciais.

Atualmente, ainda que a empresa faça acordo escrito com o empregado e que esse acordo seja homologado pelo sindicato, o acordo extrajudicial assim levado a efeito não terá nenhuma eficácia executória, devendo o empregado ajuizar ação em que pleiteará os consectários que achar devidos ou mesmo indicará como parâmetro aqueles constantes do acordo extrajudicial.

Temos assim que o emprego da ação monitória eliminará todo o processo de conhecimento, trazendo a cognição para a via dos embargos, com prestígio da economia e da celeridade processual.

Também em âmbito de norma coletiva (acordo, convenção, dissídio, acordo firmado em dissídio coletivo) a ação monitória poderá ser de grande valia. Suponha-se que por meio de norma coletiva, tenha sido avençado que certas empresas, a partir de determinada data, passarão a pagar adicional de periculosidade ou de insalubridade ou se convencione qualquer outro benefício, *v. g.*, uma gratificação semestral, cujo pagamento independa de qualquer motivo ou providência. Comprovada a inadimplência, a parte poderá fazer uso da monitória.

DO RECURSO

No cível, a decisão que indeferir liminarmente a petição inicial da ação monitória poderá ser hostilizada por meio da apelação.

No caso de deferimento, não caberá nenhum recurso, uma vez que a parte poderá discutir a matéria por via de embargos. Todavia, se indeferidos liminarmente os embargos, a decisão poderá ser objeto de recurso.

Nas lições de Dinamarco: "No processo dos embargos ao mandado, que é um processo comum, de procedimento ordinário caracterizado por uma cognição plena, o sistema é o corrente em processo civil, ou seja, apelação contra a sentença, agravo contra interlocutórias e possíveis recursos subsequentes aos tribunais superiores."

No processo do trabalho, do indeferimento da petição inicial terá cabimento o recurso ordinário. Mas do deferimento não caberá recurso.

DO PODER PÚBLICO E DA AÇÃO MONITÓRIA

Existe uma dificuldade na aplicação da ação monitória em âmbito do Poder Público, uma vez que, depois da fase cognitiva, existe o duplo grau de jurisdição. Assim é que desponta entendimento jurisprudencial no sentido de que a Administração Pública não pode figurar no polo passivo de ação monitória: "Ação monitória — Administração Pública — Impropriedade. A Administração Pública não pode figurar no polo passivo das ações monitórias, por ser juridicamente impossível. Assim, é de ser considerada imprópria a via eleita do procedimento monitório para se cobrar crédito de município." (TJMG, 2ª Câm. Cív., Ap. 91.810-2, 21.11.1997, rel. Des. Abreu Leite, v. u.)

Esse entendimento está superado pela doutrina e agora pela própria lei, § 6º, do art. 700.

Sobre o tema, a lição de Humberto Theodoro Júnior: "Admite-se, na Itália, o manejo do procedimento injuntivo contra a Administração Pública, como, por exemplo, na pretensão de repetição de indébito tributário. Pensamos que a orientação em tela não pode ser transplantada para o Direito Brasileiro, em face das características de nosso regime de execução contra a Fazenda Pública, que pressupõe precatório com base em sentença condenatória (CF, art. 100), o que não existiria no caso de ação monitória não embargada. Além do mais, a Fazenda Pública tem a garantia do duplo grau de jurisdição obrigatório, a ser aplicado em qualquer sentença que lhe seja adversa (CPC, art. 475, II), e a revelia não produz contra ela o efeito da confissão aplicável ao comum dos demandados — CPC, art. 320, II.

Com todos estes mecanismos de tutela processual conferidos ao Poder Público, quando demandado em juízo de acertamento, torna-se realmente inviável, entre nós, a aplicação da ação monitória contra a Administração Pública. Seu único efeito, diante da impossibilidade de penhora do patrimônio público, seria o de dispensar o processo de conhecimento para reconhecer-se por preclusão o direito do autor, independentemente de sentença. Acontece que a Fazenda não se sujeita a precatório sem prévia sentença e contra ela não prevalece a confissão ficta deduzida da revelia. Assim, nada se aproveita do procedimento monitório, na espécie. Forçosamente, o processo teria de prosseguir, de forma ordinária, até a sentença de condenação. Além disso, e o que é mais importante, a citação no procedimento monitório é uma ordem de pagamento e não um chamado para se defender, o que é incompatível com o tipo de ação cabível contra o Poder Público, em face de quem a exigência de pagamento só é possível dentro do mecanismo do precatório (*Curso de direito processual civil*. 14. ed. Rio de Janeiro: Forense, 1996. v. 3, p. 379-380)."

A doutrina citada está superada pelo § 6º, do art. 700

✍ *Processo do Trabalho*

A Fazenda Pública, em sendo revel, será também confessa, nos termos do art. 319, não se aplicando os preceitos do art. 320, II, do CPC, e o art. 345 do Cód. novo.

Art. 700. A ação monitória pode ser proposta por aquele que afirmar, com base em prova escrita sem eficácia de título executivo, ter direito de exigir do devedor capaz:

I — o pagamento de quantia em dinheiro;

II — a entrega de coisa fungível ou infungível ou de bem móvel ou imóvel;

III — o adimplemento de obrigação de fazer ou de não fazer.

✍ *Comentários:* Do ponto de vista conceitual, podemos dizer que a ação monitória é um instrumento processual posto à disposição do credor de dívida inadimplida que poderá ser por quantia certa, de coisa fungível, de coisa móvel identificada, ou de obrigação de fazer ou de não fazer, desde que o documento não tenha a dignidade de título executivo. Do ponto de vista jurídico, a ação monitória é uma ação de cognição sumária e de execução atípica, posto que não existe título executivo *ab initio*, mas que se formará logo depois da defesa por meio de embargos. É o procedimento mais rápido de conseguir-se um título executivo judicial.

Todo e qualquer documento escrito poderá servir de base para a comprovação da existência de uma dívida, desde que não tenha a eficácia de "título executivo". Os exemplos são múltiplos: orçamentos firmados por ambos com planilhas da prestação do serviço, contratos de prestação de serviço com planilhas da prestação do serviço, contrato de abertura de crédito em conta corrente com demonstrativo de débito, cheque prescrito, etc. Em suma: nas lições de Cândido Rangel Dinamarco, *Instituições de Direito Processual Civil*, Ed. Malheiros Editora, São Paulo, 2001, vol. I, p. 167: "Para postular a tutela monitória é indispensável a exibição de documento idôneo, do qual se possa razoavelmente inferir a existência do crédito (art. 1.102-A)."

A monitória traduz um atalho com economia de tempo e de gastos.

"Consoante a dicção do art. 1.102-A do Código de Processo Civil, é prova bastante para a instrução da ação monitória o documento escrito, ainda que emitido pelo próprio credor, hábil a formar o convencimento do juízo acerca da existência da dívida, a qual, por sua vez, pressupõe a comprovação da relação jurídica obrigacional. Enuncia a Súmula 247 do STJ que "o contrato de abertura de crédito em conta corrente, acompanhado do demonstrativo de débito, constitui documento hábil para o ajuizamento da ação monitória". Em outros dizeres: comprovado o liame jurídico com o contrato de abertura de conta corrente, é admissível a instrução da ação monitória apenas com demonstrativo do débito, o qual, mesmo não provando diretamente o fato constitutivo do direito, possibilita ao juiz presumir a existência do crédito alegado. No caso concreto, os "demonstrativos de valores gerados no período contratual" não seriam, por si só, prova suficiente do crédito pleiteado, por consubstanciarem simples "começo de prova por escrito", uma vez que não demonstram a relação jurídica existente entre o devedor e o credor. Não obstante, em sede de apelação, o recorrente trouxe aos autos também o contrato de abertura de conta corrente (fls. 69-72); os contratos de abertura de limite de crédito rotativo e os extratos bancários (fls. 73-125), suficientes para ensejarem a ação monitória." (STJ, REsp n. 1.138.090 — MT (20090169305-8, rel. Min. Luis Felipe Saolomão, data da decisão 20.06.2013.)

✎ *Processo do Trabalho*

Apesar da proibição expressa no art. 1.102-A de que a prova escrita não pode ter a eficácia de título executivo, o processo do trabalho apresenta a peculiaridade de que a norma coletiva, aí incluída a sentença normativa e o acordo feito em dissídio coletivo, não obstante tenha a força de título executivo, posto que transitam em julgado, desafiando ação rescisória, por constituírem normas em abstrato, não são executáveis diretamente, exigindo a passagem pela ação de cumprimento que percorrerá todo o *iter* de cognitivo, com prolação de sentença de mérito e com possibilidade da empresa utilizar-se de todos os recursos que a lei permite, até a ação de cumprimento ganhar o *status* de coisa julgada. Esta é que será executada. Tem-se, ainda, a peculiaridade de tudo aquilo que restou dito na norma coletiva do ponto de vista fático não poder ser rediscutido pelo empresa na ação de conhecimento, dita "ação de cumprimento" (art. 872 da CLT).

Existem outras hipóteses, entretanto, que a ação monitória também poderá ser manejada, justamente em função da impossibilidade executória da norma coletiva com *status* de título executivo. Exemplo: a norma coletiva concedeu aos empregados da categoria uma gratificação anual; majorou o adicional de horas extras para 70%. Não podendo a empresa discutir a matéria fática, a execução mediante ação monitória será perfeitamente possível.

SEÇÃO IV DO CUMPRIMENTO DAS DECISÕES

Art. 872. Celebrado o acordo, ou transitada em julgado a decisão, seguir-se-á o seu cumprimento, sob as penas estabelecidas neste Título.

Parágrafo único. Quando os empregadores deixarem de satisfazer o pagamento de salários, na conformidade da decisão proferida, poderão os empregados ou seus sindicatos, independentes de outorga de poderes de seus associados, juntando certidão de tal decisão, apresentar reclamação à Junta ou Juízo competente, observado o processo previsto no Capítulo II deste Título, sendo vedado, porém, questionar sobre a matéria de fato e de direito já apreciada na decisão.

§ 1º A prova escrita pode consistir em prova oral documentada, produzida antecipadamente nos termos do art. 381.

✎ *Comentários:* São documentos produzidos oralmente que transformam em prova antecipada produzida em outro processo. Deve ter, todavia, os requisitos de um documento comprobatório da dívida em que o devedor tenha participado do processo onde a prova fora produzida.

Art. 381. A produção antecipada da prova será admitida nos casos em que: I — haja fundado receio de que venha a tornar-se impossível ou muito difícil a verificação de certos fatos na pendência da ação; II — a prova a ser produzida seja suscetível de viabilizar a autocomposição ou outro meio adequado de solução de conflito; III — o prévio conhecimento dos fatos possa justificar ou evitar o ajuizamento de ação.

§ 2º Na petição inicial, incumbe ao autor explicitar, conforme o caso:

I — a importância devida, instruindo-a com memória de cálculo;

II — o valor atual da coisa reclamada;

III — o conteúdo patrimonial em discussão ou o proveito econômico perseguido.

✎ *Comentários:* O documento que poderá aparelhar a ação monitória deverá ser escrito e não poderá ter força executiva. A petição inicial deve ser sempre muito clara e objetiva, com todos os elementos necessários a definir aquilo que se está pleiteando. Deverá apresentar os requisitos do art. 319 do CPC e do art. 700 sob comento. Se for dinheiro, deverá juntar a memória de cálculos nos termos do art. 524; se for coisa, o valor atual, tendo em conta que o pedido poderá resolver-se em perdas e danos, se a coisa desaparecer por culpa do réu; se ação cuidar do adimplemento de obrigação de fazer ou de não fazer, o autor deverá esclarecer qual o conteúdo do patrimônio em discussão ou o proveito econômico que teria o autor em caso de procedência do pedido.

Art. 524. O requerimento previsto no art. 523 será instruído com demonstrativo discriminado e atualizado do crédito, devendo a petição conter: I — o nome completo, o número de inscrição no Cadastro de Pessoas Físicas ou no Cadastro Nacional da Pessoa Jurídica do exequente e do executado, observado o disposto no art. 319, §§ 1º a 3º; II — o índice de correção monetária adotado; III — os juros aplicados e as respectivas taxas; IV — o termo inicial e o termo final dos juros e da correção monetária utilizados; V — a periodicidade da capitalização dos juros, se for o caso; VI — especificação dos eventuais descontos obrigatórios realizados; VII — indicação dos bens passíveis de penhora, sempre que possível.

§ 3º O valor da causa deverá corresponder à importância prevista no § 2º, incisos I a III.

✍ *Comentário:* O valor da causa deve corresponder àquilo que economicamente se pleiteia.

§ 4º Além das hipóteses do art. 330, a petição inicial será indeferida quando não atendido o disposto no § 2º deste artigo.

✍ *Comentários:* Além das hipóteses previstas no art. 330, o indeferimento poderá ter causa se desobedecido o dever de aviar a inicial com a memória de cálculos, de explicitar o valor do patrimônio que se busca resgatar; deixar de juntar prova escrita. Temos para nós que o indeferimento, quando não atendidos os requisitos do § 2º, somente ocorrerá, quando dada a oportunidade prevista no art. 321, a parte não atender no prazo de 15 (quinze) dias.

Art. 321. O juiz, ao verificar que a petição inicial não preenche os requisitos dos arts. 319 e 320 ou que apresenta defeitos e irregularidades capazes de dificultar o julgamento de mérito, determinará que o autor, no prazo de 15 (quinze) dias, a emende ou a complete, indicando com precisão o que deve ser corrigido ou completado. Parágrafo único. Se o autor não cumprir a diligência, o juiz indeferirá a petição inicial.

§ 5º Havendo dúvida quanto à idoneidade de prova documental apresentada pelo autor, o juiz intimá-lo-á para, querendo, emendar a petição inicial, adaptando-a ao procedimento comum.

✍ *Comentários:* Tem aplicação aqui o art. 321 a que nos referimos no § 4º. Não havendo vício insanável, o juiz deverá, sempre, dar oportunidade para que a irregularidade seja sanada em homenagem ao princípio da celeridade e da economia processual.

§ 6º É admissível ação monitória em face da Fazenda Pública.

✍ *Comentários:* Este parágrafo venceu as barreiras trazidas pela doutrina e pela jurisprudência. As prerrogativas que tem o poder público, prazo diferenciado, precatórios, etc. não serão óbices à ação monitória. O óbice dito que não haveria na ação monitória título executivo contra a Fazenda Pública não era verdadeiro, posto que a decisão que defere a expedição de mandado tem eficácia de título executivo judicial, caso não haja a interposição de embargos ou, se interpostos (art. 702), sejam julgados procedentes. Ademais, havia, sim, uma incoerência doutrinária e jurisprudencial, uma vez que se admite execução contra a Fazenda Pública fundada em título extrajudicial (RSTJ 95/259), tudo conforme o art. 910 do Código novo e 730 do Código em vigor.

§ 7º Na ação monitória, admite-se citação por qualquer dos meios permitidos para o procedimento comum.

Comentário: A citação poderá ser feita por todos os meios em direito admitidos para o procedimento comum.

Art. 701. Sendo evidente o direito do autor, o juiz deferirá a expedição de mandado de pagamento, de entrega de coisa ou para execução de obrigação de fazer ou de não fazer, concedendo ao réu prazo de 15 (quinze) dias para o cumprimento e o pagamento de honorários advocatícios de cinco por cento do valor atribuído à causa.

Comentários: Antes de qualquer decisão, deverá o juiz, por dever de ofício, verificar se estão presentes os pressupostos processuais e as condições da ação. E, no caso da ação monitória, se estão presentes os requisitos do § 2º, incisos I a III, do art. 700. Feito isso e sendo evidente o direito do autor, deferirá a expedição de mandado de pagamento ou de entrega da coisa ou para a execução de obrigação de fazer ou de não fazer. Na mesma decisão, concederá ao réu o prazo de 15 (quinze) dias para o cumprimento e o pagamento de honorários advocatícios de 5 (cinco) por cento sobre o valor arbitrado. Da decisão que determina a expedição de mandado, não caberá recurso de agravo de instrumento, posto que a defesa, nesse caso, será feita por meio dos embargos. Os embargos em sede rescisória têm o mesmo efeito da defesa na ação comum, já que esta é a primeira vez que o réu irá falar nos autos, motivo pelo qual a parte, para embargar, não precisará garantir o juízo. Chama a atenção, aqui, o fato de fixar-se honorários em 5 (cinco) por cento, quando o art. 85, § 2º, autoriza um mínimo de 10 (dez) por cento).

§ 1º O réu será isento do pagamento de custas processuais se cumprir o mandado no prazo.

Comentário: Se o réu cumprir a decisão no prazo, estará isento das custas processuais.

§ 2º Constituir-se-á de pleno direito o título executivo judicial, independentemente de qualquer formalidade, se não realizado o pagamento e não apresentados os embargos previstos no art. 702, observando-se, no que couber, o Título II do Livro I da Parte Especial.

Comentário: Não cumprida a decisão, tem-se como perfeito o título executivo e a possibilidade da execução aparelhada.

§ 3º É cabível ação rescisória da decisão prevista no *caput* quando ocorrer a hipótese do § 2º.

Comentário: Não havendo a apresentação de embargos, que equivale à defesa do processo comum, haverá a formação do título executivo com o trânsito em julgado e a decisão poderá ser desconstituída por meio de ação rescisória, nos casos previstos no art. 966 (*numerus clausus*).

§ 4º Sendo a ré Fazenda Pública, não apresentados os embargos previstos no art. 702, aplicar-se-á o disposto no art. 496, observando-se, a seguir, no que couber, o Título II do Livro I da Parte Especial.

> Art. 496. Está sujeita ao duplo grau de jurisdição, não produzindo efeito senão depois de confirmada pelo tribunal, a sentença:
>
> I — proferida contra a União, os Estados, o Distrito Federal, os Municípios e suas respectivas autarquias e fundações de direito público;
>
> II — que julgar procedentes, no todo ou em parte, os embargos à execução fiscal.

§ 1º Nos casos previstos neste artigo, não interposta a apelação no prazo legal, o juiz ordenará a remessa dos autos ao tribunal, e, se não o fizer, o presidente do respectivo tribunal avocá-los-á.

§ 2º Em qualquer dos casos referidos no § 1º, o tribunal julgará a remessa necessária.

§ 3º Não se aplica o disposto neste artigo quando a condenação ou o proveito econômico obtido na causa for de valor certo e líquido inferior a:

I — 1.000 (mil) salários-mínimos para a União e as respectivas autarquias e fundações de direito público;

II — 500 (quinhentos) salários-mínimos para os Estados, o Distrito Federal, as respectivas autarquias e fundações de direito público e os Municípios que constituam capitais dos Estados;

III — 100 (cem) salários-mínimos para todos os demais Municípios e respectivas autarquias e fundações de direito público.

§ 4º Também não se aplica o disposto neste artigo quando a sentença estiver fundada em:

I — súmula de tribunal superior;

II — acórdão proferido pelo Supremo Tribunal Federal ou pelo Superior Tribunal de Justiça em julgamento de recursos repetitivos;

III — entendimento firmado em incidente de resolução de demandas repetitivas ou de assunção de competência;

IV — entendimento coincidente com orientação vinculante firmada no âmbito administrativo do próprio ente público, consolidada em manifestação, parecer ou súmula administrativa.

✍ *Comentários:* Caso a Fazenda Pública não se utilize dos embargos (defesa), a consequência única será que haverá a necessidade da remessa necessária nos termos do art. 496, antes do cumprimento da sentença em obediência à Súmula n. 423 do Supremo Tribunal Federal: "Não transita em julgado a sentença por haver omitido o recurso *ex officio*, que se considera interposto *ex lege*."

§ 5º Aplica-se à ação monitória, no que couber, o art. 916.

Art. 916. No prazo para embargos, reconhecendo o crédito do exequente e comprovando o depósito de trinta por cento do valor em execução, acrescido de custas e de honorários de advogado, o executado poderá requerer que lhe seja permitido pagar o restante em até 6 (seis) parcelas mensais, acrescidas de correção monetária e de juros de um por cento ao mês.

§ 1º O exequente será intimado para manifestar-se sobre o preenchimento dos pressupostos do *caput*, e o juiz decidirá o requerimento em 5 (cinco) dias.

§ 2º Enquanto não apreciado o requerimento, o executado terá de depositar as parcelas vincendas, facultado ao exequente seu levantamento.

§ 3º Deferida a proposta, o exequente levantará a quantia depositada, e serão suspensos os atos executivos.

§ 4º Indeferida a proposta, seguir-se-ão os atos executivos, mantido o depósito, que será convertido em penhora.

§ 5º O não pagamento de qualquer das prestações acarretará cumulativamente:

I — o vencimento das prestações subsequentes e o prosseguimento do processo, com o imediato reinício dos atos executivos;

II — a imposição ao executado de multa de dez por cento sobre o valor das prestações não pagas.

§ 6º A opção pelo parcelamento de que trata este artigo importa renúncia ao direito de opor embargos.

§ 7º O disposto neste artigo não se aplica ao cumprimento da sentença.

✍ *Comentário:* O executado poderá propor o pagamento na forma do *caput* do art. 916.

Art. 702. Independentemente de prévia segurança do juízo, o réu poderá opor, nos próprios autos, no prazo previsto no art. 701, embargos à ação monitória.

✍ *Comentários:* Como já dissemos, a ação monitória é uma ação atípica que usa uma espécie de atalho para chegar à execução, desde que cumpridos os requisitos de uma ação comum (pressupostos processuais e condições da ação), os requisitos do § 2º do art. 700. O réu terá o prazo de 15 (quinze) dias para, querendo, apresentar embargos. A atipicidade está no fato de os embargos terem a natureza jurídica da defesa de uma ação comum. Razão pela qual não haverá necessidade da garantia do juízo.

§ 1º Os embargos podem se fundar em matéria passível de alegação como defesa no procedimento comum.

Comentário: A defesa feita em embargos poderá ser ampla, como seria ampla a defesa numa ação comum. Qualquer restrição imposta desaguará no cerceamento de defesa, com possibilidade de anulação do julgado.

§ 2º Quando o réu alegar que o autor pleiteia quantia superior à devida, cumprir-lhe-á declarar de imediato o valor que entende correto, apresentando demonstrativo discriminado e atualizado da dívida.

Comentário: Se em sua defesa de embargos o réu alegar que o autor pleiteia importância superior à que seria devida, ele deverá apresentar os cálculos que julgar corretos, por meio de memória de cálculos nos termos do art. 524 e dizer expressamente qual o valor que entende correto.

> Art. 524. O requerimento previsto no art. 523 será instruído com demonstrativo discriminado e atualizado do crédito, devendo a petição conter:
>
> I — o nome completo, o número de inscrição no Cadastro de Pessoas Físicas ou no Cadastro Nacional da Pessoa Jurídica do exequente e do executado, observado o disposto no art. 319, §§ 1º a 3º;
>
> II — o índice de correção monetária adotado;
>
> III — os juros aplicados e as respectivas taxas;
>
> IV — o termo inicial e o termo final dos juros e da correção monetária utilizados;
>
> V — a periodicidade da capitalização dos juros, se for o caso;
>
> VI — especificação dos eventuais descontos obrigatórios realizados;
>
> VII — indicação dos bens passíveis de penhora, sempre que possível.

§ 3º Não apontado o valor correto ou não apresentado o demonstrativo, os embargos serão liminarmente rejeitados, se esse for o seu único fundamento, e, se houver outro fundamento, os embargos serão processados, mas o juiz deixará de examinar a alegação de excesso.

Comentários: Segundo o parágrafo, se o réu não apontar o valor que entende correto ou não apresentar demonstrativo, os embargos serão rejeitados *in limine*, se esse for o único fundamento. A conclusão que se tem de imediato é a de que a omissão do réu dá ao pedido monitório o valor de verdade verdadeira (*juris et de jure*). Seria isso verdade!? A lei ao autorizar a rejeição liminar dos embargos para a agir numa espécie de faz de conta, pois os cálculos apresentados pelo autor poderá estar corretos ou não. A omissão do réu significa apenas que os fatos são verdadeiros (revelia), não os cálculos trazidos em função dos fatos. Por isso, com a omissão do réu foi instalada a dúvida em juízo. Portanto, se o juiz não tiver a possibilidade técnica de verificar se os cálculos estão corretos ou não (não pode ser pelo olhômetro ou pelo acho que) e o juiz, como regra, não entende de cálculos nem de contabilidade, deverá determinar o levantamento por elemento técnico, arcando com as custas aquele que sucumbir nessa parte. A interpretação deve melhorar o conteúdo do parágrafo. Na prática, um grande número de juízes aplicará literalmente o dispositivo contentando-se verdade formal que, nesse caso, poderá afrontar a verdade real.

§ 4º A oposição dos embargos suspende a eficácia da decisão referida no *caput* do art. 701 até o julgamento em primeiro grau.

Art. 701. Sendo evidente o direito do autor, o juiz deferirá a expedição de mandado de pagamento, de entrega de coisa ou para execução de obrigação de fazer ou de não fazer, concedendo ao réu prazo de 15 (quinze) dias para o cumprimento e o pagamento de honorários advocatícios de cinco por cento do valor atribuído à causa.

§ 1º O réu será isento do pagamento de custas processuais se cumprir o mandado no prazo.

§ 2º Constituir-se-á de pleno direito o título executivo judicial, independentemente de qualquer formalidade, se não realizado o pagamento e não apresentados os embargos previstos no art. 702, observando-se, no que couber, o Título II do Livro I da Parte Especial.

§ 3º É cabível ação rescisória da decisão prevista no *caput* quando ocorrer a hipótese do § 2º.

§ 4º Sendo a ré Fazenda Pública, não apresentados os embargos previstos no art. 702, aplicar-se-á o disposto no art. 496, observando-se, a seguir, no que couber, o Título II do Livro I da Parte Especial.

§ 5º Aplica-se à ação monitória, no que couber, o art. 916.

✍ *Comentários:* A oposição dos embargos (defesa) suspende a execução da decisão. Tem-se o efeito suspensivo, com a sua suspensão da eficácia da decisão até o julgamento em primeiro grau.

§ 5º O autor será intimado para responder aos embargos no prazo de 15 (quinze) dias.

✍ *Comentário:* O autor será intimado para responder aos embargos no prazo legal de 15 (quinze) dias, quando poderá apresentar contraminuta.

§ 6º Na ação monitória admite-se a reconvenção, sendo vedado o oferecimento de reconvenção à reconvenção.

✍ *Comentário:* A exemplo do processo comum, a monitória admite a reconvenção, mas proíbe a reconvenção da reconvenção.

§ 7º A critério do juiz, os embargos serão autuados em apartado, se parciais, constituindo-se de pleno direito o título executivo judicial em relação à parcela incontroversa.

✍ *Comentário:* Procedimento a cargo do juiz para prosseguir na execução do que for incontroversos.

§ 8º Rejeitados os embargos, constituir-se-á de pleno direito o título executivo judicial, prosseguindo--se o processo em observância ao disposto no Título II do Livro I da Parte Especial, no que for cabível.

✍ *Comentário:* Constitui de pleno direito o título executivo judicial, desde que rejeitados os embargos, prosseguindo-se na execução.

§ 9º Cabe apelação contra a sentença que acolhe ou rejeita os embargos.

✍ *Comentário:* A parte sucumbente poderá manejar o recurso de apelação.

§ 10. O juiz condenará o autor de ação monitória proposta indevidamente e de má-fé ao pagamento, em favor do réu, de multa de até dez por cento sobre o valor da causa.

✍ *Comentários:* Constatada a má-fé no ajuizamento da ação monitória, o autor será condenado na multa de 10 (dez) por cento sobre o valor da causa. Se o valor da causa não foi feito corretamente, refletindo aquilo que se pretende patrimonialmente, o juiz deverá arbitrar o valor corretamente para pagamento de custas e da multa.

§ 11. O juiz condenará o réu que de má-fé opuser embargos à ação monitória ao pagamento de multa de até dez por cento sobre o valor atribuído à causa, em favor do autor.

✍ *Comentários:* Em princípio, o réu na ação monitória tem o direito de defender-se por meio de embargos, que nada mais é do que a defesa (resposta) no processo comum. O artigo aventa a hipótese em que o réu opõe embargos em ação monitória de má-fé, e, nesse caso, pagaria em favor do autor a multa de 10 (dez) por cento sobre o valor atribuído à causa. A aplicação do parágrafo deve merecer cuidados por parte do juiz. A má-fé deverá ser declarada com base em fatores objetivos que realmente direcionem para a procrastinação e para a má-fé, não devendo as razões hospedar-se somente em sede subjetiva. Em existindo dúvida ou se a prova existente não for cabal, não deverá ser declarada a má-fé.

LIVRO II
DO PROCESSO DE EXECUÇÃO

TÍTULO I
DA EXECUÇÃO EM GERAL

Capítulo I
DISPOSIÇÕES GERAIS

Art. 771. Este Livro regula o procedimento da execução fundada em título extrajudicial, e suas disposições aplicam-se, também, no que couber, aos procedimentos especiais de execução, aos atos executivos realizados no procedimento de cumprimento de sentença, bem como aos efeitos de atos ou fatos processuais a que a lei atribuir força executiva.

Parágrafo único. Aplicam-se subsidiariamente à execução as disposições do Livro I da Parte Especial.

✍ *Comentários:* Cuida do procedimento da execução de título extrajudicial e as disposições procedimentais aplicam-se, no que couber, aos procedimentos especiais de execução, aos executivos postos no procedimento de cumprimento de sentença, bem como aos atos ou fatos processuais que a lei atribuir força executiva.

Art. 772. O juiz pode, em qualquer momento do processo:

I — ordenar o comparecimento das partes;

✍ *Comentários:* Embora os julgados sejam feitos em cima da verdade formal, deve o juiz envidar esforços para se aproximar o mais possível da verdade real. Para isso, pode tomar todas as providências, inclusive poderá ordenar o comparecimento das partes para que possa tirar dúvidas e firmar convicção.

II — advertir o executado de que seu procedimento constitui ato atentatório à dignidade da justiça;

✍ *Comentários:* O art. 772 sob comento repete o art. 599 do Código em vigor. Consideram-se atos atentatórios à dignidade da justiça (art. 774) a conduta omissiva ou comissiva do executado que — frauda a execução (I); se opõe maliciosamente à execução, empregando ardis e meios artificiosos (II); resiste injustificadamente às ordens judiciais (IV); intimado, não indica ao juiz quais são e onde estão os bens sujeitos à penhora e os respectivos valores, nem exibe a prova de sua propriedade e, se for o caso, certidão negativa de ônus (V).

III — determinar que sujeitos indicados pelo exequente forneçam informações em geral relacionadas ao objeto da execução, tais como documentos e dados que tenham em seu poder, assinando-lhes prazo razoável.

✍ *Comentários:* A ninguém é dado deixar de colaborar com a Justiça. Assim, poderá o juiz, diretor do processo, determinar que pessoas indicadas pelo exequente (testemunhas referidas) deponham em juízo ou forneçam informações relacionadas com o objeto da execução, *v. g.*, documentos e dados outros que mantenha em seu poder, mediante prazo razoável.

Art. 773. O juiz poderá, de ofício ou a requerimento, determinar as medidas necessárias ao cumprimento da ordem de entrega de documentos e dados.

Comentários: O juiz deve zelar pela celeridade da prestação jurisdicional e da entrega do bem de vida, mediante execução aparelhada. Assim, poderá agir de ofício ou mediante requerimento da parte interessada. Muitas vezes, a parte resiste à ordem de entrega de documentos. A resistência à ordem judicial poderá ser seguida de busca e apreensão, sem prejuízo da tipificação de crime de desobediência. Quando a contabilidade é eletrônica, pode aprender os computadores e respectivas memórias eletrônicas para que tenha uma real visão da situação da empresa executada, tendo em conta dados sonegados. Poderá resolver o assunto mediante a nomeação de um perito contábil de sua confiança. As informações adquiridas não devem ir além do necessário para a resolução de dúvidas do processo de execução. Não deve e não pode expor os dados contábeis no curso do processo desnecessariamente. Em sendo o caso, poderá manter os dados em sigilo em pasta separada, apenas com o conhecimento dos advogados das partes.

Parágrafo único. Quando, em decorrência do disposto neste artigo, o juízo receber dados sigilosos para os fins da execução, o juiz adotará as medidas necessárias para assegurar a confidencialidade.

Comentário: Em sendo necessário, o juiz deve prover para a confidencialidade dos dados.

Art. 774. Considera-se atentatória à dignidade da justiça a conduta comissiva ou omissiva do executado que:

I — frauda a execução;

II — se opõe maliciosamente à execução, empregando ardis e meios artificiosos;

III — dificulta ou embaraça a realização da penhora;

IV — resiste injustificadamente às ordens judiciais;

V — intimado, não indica ao juiz quais são e onde estão os bens sujeitos à penhora e os respectivos valores, nem exibe prova de sua propriedade e, se for o caso, certidão negativa de ônus.

Comentário: Comportamentos que poderão ser enquadrados em ato atentatório à dignidade da justiça.

Parágrafo único. Nos casos previstos neste artigo, o juiz fixará multa em montante não superior a vinte por cento do valor atualizado do débito em execução, a qual será revertida em proveito do exequente, exigível nos próprios autos do processo, sem prejuízo de outras sanções de natureza processual ou material.

Comentários: Declarado que o executado cometeu ato atentatório à dignidade da justiça, o juiz poderá fixar multa não superior a 20% do valor apurado em execução, que reverterá para o exequente. O artigo fala de outras sanções de natureza processual ou material. Isso significa que, se persistir, poderá ser proibido de falar nos autos, sem prejuízo de novas multas. Lamentavelmente, o legislador não recepcionou o parágrafo único do art. 601 do Código em vigor. A omissão foi de má inspiração. O parágrafo único permitia que o juiz relevasse a falta do executado se ele se comprometesse a não mais praticar os atos tidos como ofensa à dignidade da justiça, mas era obrigado a dar fiador idôneo (ou fiança bancária), que responderia pela dívida, onde haveria a exigência da desistência do benefício de ordem, previsto nos arts. 827, parágrafo único, e 828, I, do Código Civil). Entendemos ser essa uma providência que o juiz poderá usar dentro do seu douto critério para agilizar a execução, ainda que não conste do Código novo.

Art. 775. O exequente tem o direito de desistir de toda a execução ou de apenas alguma medida executiva.

Comentários: A desistência não significa que o exequente está abrindo mão do seu direito de executar aquilo que lhe foi garantido pela coisa julgada. Não se pode confundir, conceitualmente, desistência com renúncia.

Esta sim, se praticada, corrói o próprio direito. A redação do *caput* passa a impressão de que se está confundindo desistência com renúncia, aliás como aconteceu no art. 485, inciso VIII, do Código em vigor, erronia não recepcionada pelo Código novo. O exequente poderá desistir de algumas medidas executivas, não da execução. Poderá, sim, renunciar à execução. O exequente não pode, *verbi gratia,* desistir de executar o devedor para executar o fiador, salvo se este havia desistido do benefício de ordem (arts. 817, parágrafo único, 828, I). Em suma: desistência não é sinônimo de renúncia. Somente por meio da renúncia é possível ao titular dispor de um direito. A simples desistência não impede que o exequente retome o processo executório a qualquer momento.

Parágrafo único. Na desistência da execução, observar-se-á o seguinte:

I — serão extintos a impugnação e os embargos que versarem apenas sobre questões processuais, pagando o exequente as custas processuais e os honorários advocatícios;

II — nos demais casos, a extinção dependerá da concordância do impugnante ou do embargante.

✍ *Comentários:* Reportamo-nos aos comentários do *caput.* A simples desistência não determina a extinção da execução, mas a renúncia sim. Para renunciar ao direito, que faz parte do seu patrimônio, garantido pela coisa julgada, o exequente não precisa pedir autorização para o executado. Na desistência sim, porque o exequente poderá voltar a executar a qualquer momento. E a desistência por determinado tempo acarretaria ônus ao executado.

Art. 776. O exequente ressarcirá ao executado os danos que este sofreu, quando a sentença, transitada em julgado, declarar inexistente, no todo ou em parte, a obrigação que ensejou a execução.

✍ *Comentários:* A sentença condenatória em primeiro grau poderá absolver o réu em grau de recurso. Em ocorrendo a hipótese, o autor será obrigado a ressarcir o réu dos danos causados.

Art. 777. A cobrança de multas ou de indenizações decorrentes de litigância de má-fé ou de prática de ato atentatório à dignidade da justiça será promovida nos próprios autos do processo.

✍ *Comentário:* Quando houver enquadramento em litigância de ma-fé, as multas e/ou indenizações (dano material e moral), ou o ato atentatório à dignidade da justiça serão promovidos nos próprios autos.

Capítulo II
DAS PARTES

Art. 778. Pode promover a execução forçada o credor a quem a lei confere título executivo.

§ 1º Podem promover a execução forçada ou nela prosseguir, em sucessão ao exequente originário:

I — o Ministério Público, nos casos previstos em lei;

II — o espólio, os herdeiros ou os sucessores do credor, sempre que, por morte deste, lhes for transmitido o direito resultante do título executivo;

III — o cessionário, quando o direito resultante do título executivo lhe for transferido por ato entre vivos;

IV — o sub-rogado, nos casos de sub-rogação legal ou convencional.

✍ *Comentário:* Pessoas e entidades legitimadas para promover a execução.

§ 2º A sucessão prevista no § 1º independe de consentimento do executado.

✍ *Comentários:* O devedor que não honra obrigação poderá sujeitar-se à ação promovida pelo credor por meio de execução aparelhada. Embora a regra geral seja a execução pelo autor que titulou o polo ativo da ação, isso poderá ser modificado, dependendo das circunstâncias e de acontecimentos outros, com a morte do titular, a cessão de crédito, por sub-rogação legal ou convencional ou por outras pessoas legitimadas para promover a execução (substituto processual).

Art. 779. A execução pode ser promovida contra:

I — o devedor, reconhecido como tal no título executivo;

II — o espólio, os herdeiros ou os sucessores do devedor;

III — o novo devedor que assumiu, com o consentimento do credor, a obrigação resultante do título executivo;

IV — o fiador do débito constante em título extrajudicial;

V — o responsável titular do bem vinculado por garantia real ao pagamento do débito;

VI — o responsável tributário, assim definido em lei.

✍ *Comentários:* A exemplo da modificação que poderá ocorrer na pessoa legitimada para promover a execução, isso poderá ocorrer também na figura da pessoa que irá responder pela execução. Temos a modificação no caso de falecimento do novo devedor tem o consentimento do credor. Registre-se que a inovação feita sem o consentimento do fiador o exime de responsabilidade a partir daquele ato. Caso de ônus real realizado com fraude contra credores ou fraude à execução

Art. 780. O exequente pode cumular várias execuções, ainda que fundadas em títulos diferentes, quando o executado for o mesmo e desde que para todas elas seja competente o mesmo juízo e idêntico o procedimento.

✍ *Comentário:* Poderá haver a cumulação de execuções, desde que o executado seja o mesmo, seja competente o mesmo juiz e o procedimento seja idêntico para todas as execuções.

Capítulo III
DA COMPETÊNCIA

Art. 781. A execução fundada em título extrajudicial será processada perante o juízo competente, observando-se o seguinte:

I — a execução poderá ser proposta no foro de domicílio do executado, de eleição constante do título ou, ainda, de situação dos bens a ela sujeitos;

II — tendo mais de um domicílio, o executado poderá ser demandado no foro de qualquer deles;

III — sendo incerto ou desconhecido o domicílio do executado, a execução poderá ser proposta no lugar onde for encontrado ou no foro de domicílio do exequente;

IV — havendo mais de um devedor, com diferentes domicílios, a execução será proposta no foro de qualquer deles, à escolha do exequente;

V — a execução poderá ser proposta no foro do lugar em que se praticou o ato ou em que ocorreu o fato que deu origem ao título, mesmo que nele não mais resida o executado.

✍ *Comentários:* A execução de título extrajudicial poderá ser proposta: a) no foro de domicílio; b) no foro de eleição, se houver; e da situação do bem (I). Na hipótese de existir mais de um domicílio, a execução poderá ser feita em qualquer deles, não havendo ordem de preferência (II). Se o executado não tiver domicílio certo ou este for incerto, a execução poderá ser proposta no lugar onde o devedor for encontrado ou no foro de domicílio do exequente (III). Quando existirem mais de um devedor com domicílios diferentes, poderá o credor escolher o foro que melhor lhe aprouver, posto que a escolha será sua (IV). A execução poderá ser proposta no lugar onde o ato foi praticado ou onde ocorreu o fato que deu origem ao título, ainda que nele não mais resida o executado (V).

Art. 782. Não dispondo a lei de modo diverso, o juiz determinará os atos executivos, e o oficial de justiça os cumprirá.

✍ *Comentário:* Salvo dispondo a lei de modo diverso, o juiz determinará, de ofício, os atos executivos a serem cumpridos pelo oficial de justiça.

§ 1º O oficial de justiça poderá cumprir os atos executivos determinados pelo juiz também nas comarcas contíguas, de fácil comunicação, e nas que se situem na mesma região metropolitana.

✍ *Comentários:* O oficial de justiça tem legitimidade para cumprir mandatos executivos nas comarcas contíguas e de fácil comunicação e nas cidades que se situem na mesma região metropolitana. O termo "contígua" pressupõe continuidade ente as duas comarcas. Dessa forma, verifica-se que "comarca contígua" está contida na "região metropolitana", pelo que seria desnecessário a locução " comarca contíguo". Depois, a região metropolitana poderá ser enorme, como é o caso de São Paulo. Se pode nas comarcas contidas no perímetro metropolitano, com maior razão nas comarcas contíguas, praticamente juntas. Por qualquer ângulo que se analise, a locução "comarca contígua" constitui excesso vicioso.

§ 2º Sempre que, para efetivar a execução, for necessário o emprego de força policial, o juiz a requisitará.

✍ *Comentários:* Quando houver resistência à ordem judicial que possa neutralizar o trabalho do oficial de justiça, será requisitada força policial. No mandado judicial, já deve constar essa possibilidade. Com isso, não haverá perda de tempo, podendo o oficial fazê-lo de imediato. Com isso, a execução será agilitada.

§ 3º A requerimento da parte, o juiz pode determinar a inclusão do nome do executado em cadastros de inadimplentes.

✍ *Comentários:* A colocação do nome do devedor no cadastro de inadimplentes e o protesto judicial da sentença transitada em julgado são providências benéficas que incentivam o devedor a cumprir a obrigação, já que o seu nome e a fama de mau pagador serão expostos ao domínio público. O nome no cadastro de inadimplentes pode ser lançado no caso de resistência à execução. O protesto poderá ser feito logo que a sentença transite em julgado e não haja o pagamento no prazo de 15 (quinze) dias.

§ 4º A inscrição será cancelada imediatamente se for efetuado o pagamento, se for garantida a execução ou se a execução for extinta por qualquer outro motivo.

✍ *Comentários:* Haverá o cancelamento da inscrição se o pagamento for efetuado, se for garantida a execução, ou se a execução for extinta, não importando o motivo. O protesto judicial, todavia, somente será cancelado no caso de pagamento da obrigação com juros e correção monetária e demais despesas. Também será cancelado se houver a extinção da execução por qualquer motivo.

§ 5º O disposto nos §§ 3º e 4º aplica-se à execução definitiva de título judicial.

✍ *Comentário:* Este parágrafo deveria constar dos respectivos §§ 3º e 4º.

Capítulo IV
DOS REQUISITOS NECESSÁRIOS PARA REALIZAR QUALQUER EXECUÇÃO

Seção I
Do Título Executivo

Art. 783. A execução para cobrança de crédito fundar-se-á sempre em título de obrigação certa, líquida e exigível.

✍ *Comentários:* Obrigação certa, líquida e exigível é aquela obrigação sobre a qual não mais se discute a sua validade e o valor poderá ser feito por simples cálculo aritmético, isto é, tem todos os elementos para que seja exigido o seu cumprimento imediato. Líquida significa certa quanto à sua existência e determinada quanto ao seu objeto. Essa era a conceituação do Código Civil de 1916, art. 1533, sem correspondente no Código Civil atual.

Art. 784. São títulos executivos extrajudiciais:

I — a letra de câmbio, a nota promissória, a duplicata, a debênture e o cheque;

II — a escritura pública ou outro documento público assinado pelo devedor;

III — o documento particular assinado pelo devedor e por 2 (duas) testemunhas;

IV — o instrumento de transação referendado pelo Ministério Público, pela Defensoria Pública, pela Advocacia Pública, pelos advogados dos transatores ou por conciliador ou mediador credenciado por tribunal;

V — o contrato garantido por hipoteca, penhor, anticrese ou outro direito real de garantia e aquele garantido por caução;

VI — o contrato de seguro de vida em caso de morte;

VII — o crédito decorrente de foro e laudêmio;

VIII — o crédito, documentalmente comprovado, decorrente de aluguel de imóvel, bem como de encargos acessórios, tais como taxas e despesas de condomínio;

IX — a certidão de dívida ativa da Fazenda Pública da União, dos Estados, do Distrito Federal e dos Municípios, correspondente aos créditos inscritos na forma da lei;

X — o crédito referente às contribuições ordinárias ou extraordinárias de condomínio edilício, previstas na respectiva convenção ou aprovadas em assembleia geral, desde que documentalmente comprovadas;

XI — a certidão expedida por serventia notarial ou de registro relativa a valores de emolumentos e demais despesas devidas pelos atos por ela praticados, fixados nas tabelas estabelecidas em lei;

XII — todos os demais títulos aos quais, por disposição expressa, a lei atribuir força executiva.

✍ *Comentário:* Os incisos I a XII alinham os títulos executivos extrajudiciais, de forma exemplificativa, isto é, não se trata de *numerus clausus*.

§ 1º A propositura de qualquer ação relativa a débito constante de título executivo não inibe o credor de promover-lhe a execução.

✍ *Comentários:* O título executivo extrajudicial tem plena eficácia. A execução não se suspende pelo ajuizamento de qualquer ação relativa ao débito constante do título.

§ 2º Os títulos executivos extrajudiciais oriundos de país estrangeiro não dependem de homologação para serem executados.

✍ *Comentários:* Diversamente do que sucede com o título executivo judicial que precisa ser homologado pelo STJ para que tenha plena eficácia no Brasil, o título executivo extrajudicial estrangeiro pode ser executado no

Brasil sem necessidade do ato homologatório. Todavia, há que haver a tradução do título por tradutor juramentado e autenticação por autoridade diplomática, requisitos formais inarredáveis para que possa ter executividade.

§ 3º O título estrangeiro só terá eficácia executiva quando satisfeitos os requisitos de formação exigidos pela lei do lugar de sua celebração e quando o Brasil for indicado como o lugar de cumprimento da obrigação.

✍ *Comentário:* São requisitos para a executividade: a) sejam preenchidos todos os requisitos legais para a formação do título no país onde foi emitido; b) indicado o Brasil como lugar de cumprimento da obrigação. Se um dos requisitos não for cumprido, não se terá como atendida a exigência normativa, não havendo eficácia executiva.

Art. 785. A existência de título executivo extrajudicial não impede a parte de optar pelo processo de conhecimento, a fim de obter título executivo judicial.

✍ *Comentários:* A transformação é uma opção da parte. Se não existir dúvida quanto à executividade (liquidez e certeza) do título extrajudicial, não vemos nenhuma vantagem nisso: todavia, se houver dúvida, o caminho parece ser o mais acertado. Todavia, nesta segunda hipótese, não descartamos o uso da ação monitória, prevista nos arts. 1.102, A, B, C, do Código em vigor que tem correspondente nos arts. 700 a 702 do novo Código, se faltar ao título eficácia executiva.

Seção II
Da Exigibilidade da Obrigação

Art. 786. A execução pode ser instaurada caso o devedor não satisfaça a obrigação certa, líquida e exigível consubstanciada em título executivo.

✍ *Comentários:* Caracterizada a inadimplência, nasce (*actio nata*) o interesse processual (condição da ação) de promover a execução. A descaracterização do título somente poderá ser alegada, discutida e apreciada por meio de embargos do devedor.

Parágrafo único. A necessidade de simples operações aritméticas para apurar o crédito exequendo não retira a liquidez da obrigação constante do título.

✍ *Comentários:* A necessidade de simples cálculos aritméticos não traduz óbice à executividade. Mas deve o exequente juntar, com o pedido, memória simplificada de cálculos com indicação do multiplicador da correção monetária e do cálculo de juros.

Art. 787. Se o devedor não for obrigado a satisfazer sua prestação senão mediante a contraprestação do credor, este deverá provar que a adimpliu ao requerer a execução, sob pena de extinção do processo.

✍ *Comentários:* Temos aqui a exceção de contrato não cumprido (*exceptio non adimpleti contractus*). O juiz poderá obstar a execução se o exequente não cumpriu a sua parte na avença e se o devedor se disponha a cumprir a sua parte, desde que o credor também o faça.

Parágrafo único. O executado poderá eximir-se da obrigação, depositando em juízo a prestação ou a coisa, caso em que o juiz não permitirá que o credor a receba sem cumprir a contraprestação que lhe tocar.

Comentários: Em se apresentando a hipótese, o devedor poderá eximir-se da obrigação efetuando o depósito de numerário ou da coisa à disposição do juízo. Nesse caso, o credor não levantará o depósito enquanto não adimplir a sua parte.

Art. 788. O credor não poderá iniciar a execução ou nela prosseguir se o devedor cumprir a obrigação, mas poderá recusar o recebimento da prestação se ela não corresponder ao direito ou à obrigação estabelecidos no título executivo, caso em que poderá requerer a execução forçada, ressalvado ao devedor o direito de embargá-la.

Comentários: O *caput* diz o óbvio em sua primeira parte. Se o devedor cumprir a obrigação, não haverá a possibilidade jurídica do pedido, nem interesse processual para iniciar a execução. Se a prestação não corresponder àquilo que foi avençado no título executivo, o credor poderá recusar o recebimento e requerer a execução forçada. Nesse caso, o devedor poderá exercer o seu direito de discutir a matéria por meio de embargos. O credor não é obrigado a receber obrigação diversa do avençado ainda que mais valiosa (art. 313 do Código Civil).

DA RESPONSABILIDADE PATRIMONIAL

Da relação jurídica obrigacional

A relação jurídica obrigacional vincula credor e devedor e obriga este ao cumprimento da obrigação previamente avençada. O inadimplemento autoriza a movimentação do aparato judiciário (interesse processual) para que o credor satisfaça o seu crédito, podendo lançar mão, se necessário, do patrimônio do devedor, com oportuno praceamento.

Lembra Ruggiero que "a obrigação exprime a relação jurídica pela qual uma pessoa (devedor) está adstrita a uma determinada prestação para com o outro (credor), que tem o direito de exigir, obrigando o devedor a satisfazê-la. A obrigação redunda, pois, num vínculo jurídico, como tal considerado a partir da conceituação romana de obrigação *vinculum juris quod necessitate adistringimur alicujus solvendae rei*".

Tem-se, pois, que, no Direito Romano, essa vinculação jurídica ensejava ao credor a segurança pessoal de que o débito seria solucionado. Como essa garantia era prestada pela pessoa devedor, tinha o credor o direito de dispor, por meio da *manus injectio*, da pessoa física do obrigado, desde que a obrigação fosse honrada, segundo o previsto no sistema *tempus judicati*. É interessante notar que somente a *solutio* e o *reus debendi* tornava-se *solutus a vinculo*. Como a terra pertencia à família, a pessoa física do devedor era responsabilizada e podia o credor fazê-lo por meio da prestação de trabalho ou podia até mesmo vendê-lo para ressarcir a obrigação. A evolução operada tempos mais tarde no sentido de mudar o alvo da execução da pessoa para os bens do devedor não deslustrou o sentido pessoal da garantia. Ao contrário, dava-se um passo firme no sentido de respeito ao ser humano. Essa nova visão se processou a partir do Direito Romano que retirou da terra toda e qualquer conotação deífica que lhe emprestavam os primitivos. Dessa forma, colocou o patrimônio a serviço da pessoa e, como consequência, substituiu o alvo das execuções.

Constata Antônio Carlos Costa e Silva que essa nova situação jurídica foi sedimentada no sistema *extra ordinem*, com a instituição, pelo imperador Antonino Pio, do vínculo sobre a coisa judicialmente apenhada (*pignus ex causa juidicati captum)*, por meio da *Lex Poetelia*, de modo a imputar ao patrimônio econômico o meio da satisfação e o objeto da execução (*Tratado de Processo de Execução.* Rio de Janeiro: Aide, v. I, p. 465).

DO ELEMENTO RESPONSABILIDADE

O termo responsabilidade significa que a pessoa responsável, quer como devedor, quer como fiador, deverá honrar o compromisso assumido com o seu patrimônio pessoal. No mundo dos negócios, não mais se prescinde de um garante, e a possibilidade de levantamento de dinheiro está diretamente ligada ao patrimônio daquele que toma para si o numerário, como aquele que garante. Não mais se fia na simples palavra. Também não se faz empréstimo sobre o total do patrimônio do futuro devedor e do seu garante. Sobre o total, fixa-se um percentual que varia de 40 a 60 por cento.

O elemento responsabilidade está diretamente ligado ao patrimônio do devedor. No mundo dos negócios, as operações se realizam em maior ou menor volume, sempre diretamente proporcional ao patrimônio do devedor. Essa regra básica do mundo dos negócios elimina o risco desmesurado. Nesse território, não se pode colocar numerário em risco de não ser recambiado com os devidos acessórios. O risco sempre existirá, mas de forma administrável, sem comprometer, nem pôr em risco o negócio. O elemento responsabilidade é que autoriza ao credor, em havendo inadimplência do devedor, a satisfação do crédito lançando mão do patrimônio deste. O credor zeloso deve usar do *remedium juris* que o Estado coloca ao seu dispor. Todavia, existem aqueles créditos que se alavancam acima do credor comum (quirografário), são aqueles protegidos com o selo de direito real. E, acima de todos, estão os créditos trabalhistas, de natureza alimentar (art. 100, *caput*, CF), cuja preferência supera ao próprio crédito tributário (art. 186, do Código Tribunal Nacional).

Art. 789. O devedor responde com todos os seus bens presentes e futuros para o cumprimento de suas obrigações, salvo as restrições estabelecidas em lei.

✍ *Comentários:* Este artigo recepcionou o art. 591 do Código em vigor. A maioria dos negócios é feita com base no comportamento pessoal do devedor, embora os bancos costumem fazer cadastro sobre o patrimônio do devedor. Mas, nesse caso, nenhum bem é vinculado ao empréstimo. Em caso de inadimplência, o devedor responderá com os seus bens da época do empréstimo e aqueles adquiridos posteriormente. Proposta a ação, o devedor não poderá onerar o seu patrimônio ao ponto de se tornar insolvente. Se o fizer, cometerá fraude à execução, e a alienação será tida como ineficaz; se a insolvência se der antes da propositura da ação, *v. g.*, a obrigação ainda não havia vencido e, se depois de vencida, verifica-se que o devedor alienou todos os seus bens e tornou-se insolvente, cometerá fraude contra credores.

Art. 790. São sujeitos à execução os bens:

I — do sucessor a título singular, tratando-se de execução fundada em direito real ou obrigação reipersecutória;

✍ *Comentários:* Poderá ser executado o sucessor a título singular em execução evolvendo direito real (hipoteca) ou obrigação reipersecutória (bens pertencentes ao credor e que estão fora do seu patrimônio).

II — do sócio, nos termos da lei;

✍ *Comentários:* O sócio poderá responder com os seus bens por dívida da pessoa jurídica a qual pertença. Teoria da Desconsideração da Personalidade (*Disregard of legal entity*).

DA RESPONSABILIDADE DO SÓCIO

O direito do trabalho, informado por filosofia de proteção ao hipossuficiente, já se desprendeu de há muito do formalismo exacerbado.

Razões de ordem fática e jurídica inexistem para que o sócio que corre o risco do empreendimento, que participa dos lucros, enriquece o seu patrimônio particular, seja colocado à margem de qualquer responsabilidade, quando a pessoa jurídica não responder por suas obrigações civis e trabalhistas, quando existe quebra ou os sócios ou diretores desaparecem como fundo de comércio.

Como carrear ao empregado os prejuízos da pessoa jurídica, quando não dispõe de meios para evitar a "quebra" e não tem poderes de gerência e de administração?

Ensina o saudoso mestre da responsabilidade civil, José Aguiar Dias, com respaldo em Saleilles, que "a lei deixa a cada um a liberdade de seus atos; ela não proíbe senão aqueles que se conhecem como causas diretas do dano. Não poderia proibir aqueles que apenas trazem em si a virtualidade de atos danosos, uma vez que se possa crer fundamentalmente que tais perigos possam ser evitados, à base de prudência e de habilidade. Mas, se a lei os permite, impõe àqueles que tomam o risco a seu cargo a obrigação de pagar os gastos respectivos, sejam ou não resultados de culpa. Entre eles e as vítimas não há equiparação. Ocorrido o dano, é preciso que alguém o suporte. Não há culpa positiva de nenhum deles. Qual seria então o critério de imputação do risco? A prática exige que aquele que obtém proveito de iniciativa lhe suporte os encargos, pelo menos a título de sua causa material, uma vez que essa iniciativa constitui um fato que, em si e por si, encerra perigos potenciais contra os quais os terceiros não dispõem de defesa eficaz. É um balanceamento a fazer. A justiça quer que se faça inclinar o prato da responsabilidade para o lado do iniciador do risco".

E, com respaldo em Mataja, prossegue o festejado autor: "A distribuição do ônus do prejuízo atende, primordialmente, ao interesse social, distribuição essa que se faz entre os que obtiveram proveitos e correram o risco do negócio. (...) Se não estamos a coberto dos riscos, tenhamos pelo menos a certeza de que não sofreremos impunemente as consequências da atividade alheia. À fórmula viver perigosamente replicamos com esta outra, que é a sua sanção: responder pelos nossos atos." (*A responsabilidade civil*, Rio, Forense, 1960, vol. 1.)

É princípio informador do direito do trabalho pelo qual "o empregado não corre o risco do empreendimento, já que também não participa dos lucros". Em não havendo bens que suportem a execução forçada — insolvência, concordata, falência, liquidação extrajudicial, desaparecimento dos bens de pessoa jurídica etc. —, os sócios responderão pelos débitos trabalhistas da empresa com os seus patrimônios particulares. Nesse sentido, os seguintes diplomas legais: arts. 594 e 596 do CPC (arts. 793, 795 do Cód. novo); arts. 134, 135, 185, 186 e 187 do CTN; art. 10 do Dec. 3.708/19; art. 121 do Dec.-lei. 2.627/40; arts. 117, 121, 154, 155, 156, 158 e 245 da Lei n. 6.404/76; arts. 50, 990, 1.023 a 1.026, do CC; e arts. 4º e 29 da Lei n. 6.830/80, *ex vi* do art. 889 da CLT.

Realça Arion Romita que "a limitação da responsabilidade dos sócios é incompatível com a proteção que o direito do trabalho dispensa aos empregados; deve ser abolida, nas relações da sociedade com seus empregados, de tal forma que os créditos dos trabalhadores encontrem integral satisfação, mediante a execução subsidiária os bens particulares dos sócios. É tempo de afirmar, sem rebuços, que, nas sociedades por cotas de responsabilidade limitada, todos os sócios devem responder com seus bens particulares, embora subsidiariamente, pelas dívidas trabalhistas da sociedade; a responsabilidade deles deve ser solidária, isto é, caberá ao empregado exequente o direito de exigir de cada um dos sócios o pagamento integral da dívida societária. Vale dizer, para fins de satisfação dos direitos trabalhistas, será aberta uma exceção à regra segundo a qual a responsabilidade dos sócios se exaure no limite do valor do capital social; a responsabilidade trabalhista dos sócios há de ser ilimitada, embora subsidiária; verificada a insuficiência do patrimônio societário, os bens dos sócios individualmente considerados, porém, solidariamente, ficarão sujeitos à execução, ilimitadamente, até o pagamento integral dos créditos dos empregados. Não se compadece com a índole do direito obreiro a perspectiva de ficarem os créditos trabalhistas a descoberto, enquanto os sócios, afinal os beneficiários diretos do resultado do labor dos empregados da sociedade, livram os seus bens pessoais da execução, a pretexto de que os patrimônios são separados. Que permaneçam separados para os efeitos comerciais, compreende-se; já para efeitos fiscais, assim não entende a lei; não se deve permitir, outrossim, no direito do trabalho, para completa e adequada proteção dos empregados. (...) Quanto às sociedades anônimas, a questão é mais delicada e exige reflexão. Impraticável será invocar-se a responsabilidade dos acionistas, é evidente. A responsabilidade há de ser dos gestores (diretores, administradores, pouco importa a denominação). Urge, também, proclamar que, se insuficiente o patrimônio da sociedade anônima, os diretores responderão solidariamente, com seus bens particulares, pela satisfação dos direitos trabalhistas dos empregados da sociedade. Semelhante conclusão não aberra da moderna concepção vigente a respeito da responsabilidade dos gestores de sociedade por ações. No campo da execução trabalhista, a responsabilidade dos gestores se traduziria na obrigação de satisfazer subsidiariamente os débitos da sociedade. A perspectiva de ter de responder com seus bens pessoais pelas dívidas sociais (embora somente depois de excutido o patrimônio social) certamente estimulará os gestores no sentido de conduzirem sua administração a bom êxito, evitando arrastar a sociedade à posição de devedor insolvente ante seus empregados" (Aspectos do processo de execução trabalhista à luz da Lei n. 6.830/80. LTr 45/1031 e ss.)

Rubens Requião assinala: "Ora, diante do abuso de direito e da fraude no uso da personalidade jurídica, o juiz tem o direito de indagar em seu convencimento, se há de consagrar a fraude ou o abuso de direito, ou se deva desprezar a personalidade jurídica, para, penetrando em seu âmago, alcançar as pessoas e bens que dentro dela se escondem para fins ilícitos ou abusivos. Se a personalidade jurídica constitui criação da lei, como concessão do Estado, objetivando, como diz Cunha Gonçalves, "a realização de um fim", nada mais transcendente do que se reconhecer ao Estado, através de sua Justiça, a faculdade de verificar se o direito concedido está sendo adequadamente usado. A personalidade jurídica passa a ser considerada doutrinariamente um direito relativo, permitindo ao juiz penetrar o véu da personalidade para coibir os abusos ou condenar a fraude através de seu uso. (...) A relatividade do direito da personalização jurídica nos leva, numa rápida digressão, à teoria do abuso de direito. É do conhecimento elementar que foi ela criação da jurisprudência dos tribunais franceses. Deve-se a Josserand a sistematização de seu uso, contando com a oposição crítica e sistemática de Planiol. Para se compreender a fundo a teoria do abuso de direito, deve-se partir da observação de Josserand de que, se a sociedade garante a determinadas pessoas as suas prerrogativas, não é para ser-lhes agradável, mas para assegurar-lhes a própria conservação. Esse é, na verdade, o mais alto tributo do direito: *a sua finalidade social*. Já se vai tornando um conceito clássico a doutrina de Geny de que nem todo direito está contido na legalidade. A lei, de fato, não abrange todas as peculiaridades da vida cotidiana nos seus vários matizes." (*Curso de Direito Comercial*. São Paulo, Saraiva, 1986, vol. 1.)

Clóvis Ramalhete defende o emprego da doutrina inglesa do *disregard of legal entity*: "III) Ao ser desconsiderada a personalidade da sociedade mercantil, as normas legais que geram esse efeito não a desconstituem, mas negam eficácia a certos atos dela, quando se desvenda por detrás da vontade manifestada pela pessoa jurídica a real presença dominante do querer dos sócios; pois a desconsideração da personalidade é proteção jurídica principalmente dos grupos econômicos, da moderna economia empresarial. IV) O sistema legal vigente neste País, quando rege a eficácia dos atos jurídicos, autoriza, no Brasil, a aplicação da doutrina mercantil inglesa do *disregard of legal entity*, desde que aqui com apoio em norma de lei. V) A desconsideração da personalidade da sociedade mercantil do sistema jurídico brasileiro, de direito escrito, ou funda-se em norma expressa da lei que rege o caso, a qual dispõe não se respeite a personalização legal do ente mercantil, ou, de outro modo, funda-se no sistema legal genérico, o da eficácia dos atos jurídicos e nos princípios gerais do direito, ambos aplicáveis ao caso." (Parecer n. 63, de 10.8.1981, publicado no DOU I, em 11.8.1981.)

O art. 8º das CLT autoriza expressamente o emprego da teoria do *disregard of legal entity*.

O crédito trabalhista não pode ser relegado a plano terciário, quando a empresa não vai bem, quebra ou desaparece com o fundo de comércio. O sócio, ao participar de um fundo de comércio, assume os riscos e os benefícios que o empreendimento poderá refletir. Uma coisa é certa. O empregado não pode participar dos riscos do empreendimento, mesmo porque jamais participa dos lucros. O trabalhador é aquele, num país de desempregados, que consegue um trabalho (com vínculo empregatício ou autônomo) e entrega a sua força de trabalho sem nada perguntar, sem possibilidade de imiscuir-se na administração da empresa. E, dia a dia, vê esfumar-se o seu único patrimônio, que é a higidez física, patrimônio fungível que jamais poderá ser recuperado. Junto com a quebra, com a derrocada, com o desaparecimento do fundo de comércio, descobre-se a ausência de depósitos fundiários, o não recolhimento de cotas previdenciárias, o atraso no salário. Constata que a Carteira assinada nada significou, porque o Poder Público não fiscalizou, e inicia a sua *via crucis* quando passa a correr atrás do prejuízo. Não responsabilizar o sócio seria condenar o trabalhador e sua prole ao castigo da morte lenta, à inanição. Daí por que os sócios devem responder, subsidiariamente, mas solidariamente entre si. Não existindo bens no fundo de comércio, a responsabilidade dos sócios passa a ser solidária entre si. A situação do trabalhador entre a empresa e os sócios e o desaparecimento do fundo de comércio ou a quebra é a de *res inter alios*.

A situação do trabalhador é retratada pelo mestre Russomano de forma candente: "Quando alguém pegar com suas mãos o código trabalhista de um país, saiba que ali estão séculos de sofrimentos calados ou de revoltas e que aquelas páginas, nas entrelinhas da composição em linotipo, foram escritas a sangue e a fogo, porque, até hoje, infelizmente, nenhuma classe dominante abriu mão de seus privilégios apenas por um ideal de fraternidade ou por espírito de amor aos homens." (*A estabilidade do trabalhador na empresa*. Rio, Ed. Konfino, 1970).

A quebra da empresa (Lei n. 11.101/2005) impõe restrição à preferência do crédito trabalhista (art. 83, I) até 150 salários mínimos, transformando em quirografário o crédito que sobejar ao valor indicado (art. 83, VI, *c*). Daí por que a execução sobre os bens dos sócios se torna mais vantajosa, pois a restrição imposta em caso de falência não o beneficia. Dispõe o art. 596, CPC: "Os bens particulares dos sócios não respondem pelas dívidas da sociedade senão nos casos previstos em lei; o sócio, demandado pelo pagamento da dívida, tem direito a exigir que sejam primeiro excutidos os bens da sociedade." Evidentemente, não haverá bens disponíveis em caso de falência, devendo o sócio responder com o seu patrimônio particular.

Em suma, o crédito trabalhista tem todos os benefícios executórios da Lei dos Executivos Fiscais (art. 889, CLT), não rendendo tributo a nenhuma preferência, posto que, se existente, estará colocada em grau inferior. Di-lo o art. 186 do CTN. Antes o crédito trabalhista cedia vez à infortunística (crédito por acidente do trabalho ou doença profissional). Com a modificação da lei, a responsabilidade acidentária passou para a União, cedendo vez ao crédito trabalhista.

O art. 596 do Código Buzaid normatiza a responsabilidade subsidiária do sócio. Nesse caso, em ocorrendo a hipótese, deve o sócio usar o benefício que a lei lhe assegura. *Ver art. 795 do Código novo que recepcionou o artigo.*

A responsabilidade subsidiária do sócio não exige que tenha integrado a lide e faça parte dos limites subjetivos da coisa julgada. Inaplicável *in casu* a orientação antes contida na Súmula n. 205, de discutível legalidade (art. 2º, § 2º da CLT), que cuidava de grupos econômicos, já hoje revogada pela Resolução TST n. 121/2003.

O sócio, nesse caso, poderá defender-se mediante a apresentação de embargos de terceiro, cuja defesa estará restrita ao bem ou aos bens penhorados.

Por alento subsidiário, tínhamos o art. 350 do Código Comercial, que dispunha: "O sócio que se despedir antes de dissolvida a sociedade ficará responsável pelas obrigações contraídas e perdas havidas até o momento da despedida..." (art. 8º, CLT) Referido artigo foi revogado, tendo correspondente no art. 1.024 do CC.

Vale dizer, o sócio retirante poderá vir a responder pelos débitos da sociedade e para com empregado admitido antes da saída do sócio. Em acontecendo a hipótese, este poderá agir regressivamente contra os demais sócios.

O crédito trabalhista é indivisível (art. 891 do CC, correspondendo ao art. 259 do CC de 2002), do que resulta que o trabalhador poderá dirigir a execução contra qualquer sócio.

Em resumo, o crédito trabalhista tem todos os benefícios executórios da Lei dos Executivos Fiscais (art. 889 da CLT), não rendendo tributo a nenhuma preferência, posto que, se existente, estará colocado em grau inferior. Di-lo o art. 186 do CTN. Antes o crédito trabalhista cedia vez à infortunística (crédito por acidente do trabalho ou doença profissional). Com a modificação da lei, a responsabilidade acidentária passou para a União, cedendo vez ao crédito trabalhista.

A responsabilidade do sócio está diretamente ligada à espécie de culpa objetiva. Se a administração empresarial não foi bem-sucedida, deve-se aos sócios que não tiveram competência para levar a bom termo o empreendimento. Fatores outros, como planos econômicos, dificuldades para captação de capital de giro, custo operacional do produto, impossibilidade competitiva etc., são elementos circunstanciais contidos todos no risco do empreendimento.

Em sede trabalhista, o sócio poderá ser responsabilizado, podendo, sempre, usar do benefício de ordem e indicar bens desembargados da pessoa jurídica. Se os bens do fundo de comércio não forem suficientes à liquidação do débito, o sócio responderá com seus bens particulares. O sócio que se retira da sociedade será responsável até esse momento (art. 1.003, parágrafo único, do CC), por inadimplência futura, podendo indicar bens de sócios remanescentes.

Na execução trabalhista, dado o superprivilégio do crédito trabalhista, não rendendo tributo a nenhum outro crédito, dada a sua natureza alimentar (art. 100 da CF), tem aplicação a Lei n. 6.830/80, *ex vi* art. 889 da CLT.

Dispõe o art. 29 da Lei n. 6.830/80: "A cobrança judicial da Dívida Ativa da Fazenda Pública não é sujeita a concurso de credores ou habilitação em falência, concordata, liquidação, inventário ou arrolamento."

Por sua vez, dispõe o art. 30: "Sem prejuízo dos privilégios especiais sobre determinados bens, que sejam previstos em lei, responde pelo pagamento da Dívida Ativa da Fazenda Pública a totalidade dos bens e das rendas, de qualquer origem ou natureza, do sujeito passivo, seu espólio ou sua massa, inclusive os gravados por ônus real ou cláusula de inalienabilidade ou impenhorabilidade, seja qual for a data da constituição do ônus ou da cláusula, excetuados unicamente os bens e rendas que a lei declara absolutamente impenhoráveis." Ainda assim, os frutos e/ou rendimentos desses bens serão penhorados no que sobejar à necessidade de sobrevivência.

O crédito trabalhista tem preferência ao executivo fiscal e até mesmo à infortunística, posto que esta, hoje, está a cargo da União. Este superprivilégio restaria neutralizado caso a empregadora desaparecesse com o fundo de comércio e os sócios não respondessem pela dívida da empresa. Daí por que a responsabilidade do sócio persiste em tais casos.

A responsabilidade é subsidiária, vale dizer, poderá e deverá o sócio, quando penhorados os bens do seu patrimônio, indicar bens da pessoa jurídica que se apresentem suficientes a levar a bom termo a execução. O art. 275 do CC/2002 correspondente *ipsis litteris* ao art. 904 do CC/1916, expressa a solidariedade, sem o benefício de ordem.

O art. 350 do Código Comercial, hoje revogado, deixava expressa a subsidiariedade ao normatizar que os bens do sócio responderiam depois de executados os bens sociais. O CC/2002 deixou expresso o mesmo direcionamento no art. 1.024: "Os bens particulares dos sócios não podem ser executados por dívidas da sociedade, senão depois de executados os bens sociais."

Para o direito do trabalho, não importa o tipo de sociedade para a qual o trabalhador prestou serviço nem se a sociedade é de responsabilidade limitada ou ilimitada.

Também não se perquire se o sócio teria agido com dolo ou culpa, pois a sua responsabilidade está diretamente ligada ao risco do negócio. Grita ao bom-senso que aquele que obtém proveito em sua iniciativa negocial também suporte os encargos. Toda iniciativa negocial encerra perigos potenciais para o dono do negócio. Não obviamente ao trabalhador, cuja única "culpa" seria a de dar a sua força de trabalho, sem qualquer possibilidade de opinar sobre os destinos da empresa.

O crédito trabalhista é indivisível (art. 891 do CC, correspondendo ao art. 259 do CC de 2002), do que resulta que o trabalhador poderá dirigir a execução contra qualquer sócio.

O art. 596 do Código Buzaid normatiza a responsabilidade subsidiária do sócio. Nesse caso, em ocorrendo a hipótese, deve o sócio usar o benefício que a lei lhe assegura.

A responsabilidade subsidiária do sócio não exige que tenha integrado a lide e faça parte dos limites subjetivos da coisa julgada. Inaplicável *in casu* a orientação antes contida na Súmula n. 205, de discutível legalidade (art. 2º, § 2º da CLT), que cuidava de grupos econômicos, já hoje revogada pela Resolução TST n. 121/2003.

O sócio, nesse caso, poderá se defender mediante a apresentação de embargos de terceiro, cuja defesa estará restrita ao bem ou bens penhorados.

III — do devedor, ainda que em poder de terceiros;

✍ *Comentários:* Bens móveis e imóveis. A entrega de bens móveis a terceiro deve ser feita mediante contrato escrito: contrato de empréstimo, de comodato, ou do que for. O domínio de bem móvel se prova pela tradição. Por isso, a entrega deve ser feita mediante contrato registrado no Cartório de Títulos e Documentos para dar publicidade a terceiros. Bem imóvel pode estar arrendado, alugado, etc. O bem poderá ser arrestado, se ainda não houver dívida líquida, ou penhorado, se houver. O domínio de bem imóvel prova-se pela tradição.

IV — do cônjuge ou companheiro, nos casos em que seus bens próprios ou de sua meação respondem pela dívida;

✍ *Comentários:* Os bens do cônjuge respondem pelas dívidas do casal e dos negócios do cônjuge, salvo se este não participar do empreendimento e provar que o dinheiro obtido no negócio não foi empregado em prol da alimentação da família e do acervo familiar.

V — alienados ou gravados com ônus real em fraude à execução;

✍ *Comentários:* Os bens retirados do patrimônio do devedor com fraude à execução é ineficaz, podendo ser arrestado e transformado em penhora onde e com quem estiver. É o caso de bens alienados ou dado em garantia real, quando o patrimônio do devedor era insuficiente para honrar os compromissos assumidos com ação em andamento. A fraude à execução deve ser declarada pelo juiz da execução, pois sem isso o cartório não terá instrumento para anular o registro da hipoteca ou a matrícula do caso de alienação (art. 157, I, n. 2, da Lei dos Registros Públicos).

VI — cuja alienação ou gravação com ônus real tenha sido anulada em razão do reconhecimento, em ação autônoma, de fraude contra credores;

✍ *Comentários:* Nesse caso, o bem já estará livre para ser penhorado. Na fraude contra credores, o bem poderá servir a todos os credores. Na fraude à execução, o bem servirá especialmente àquele credor fraudado, salvo se sobrar numerário o qual poderá ser penhorado por outros credores com preferências na penhora.

VII — do responsável, nos casos de desconsideração da personalidade jurídica.

✍ *Comentário:* Desconsiderada a personalidade jurídica, os sócios e diretores e empresas do grupo passarão a responder pelas dívidas da empresa com os seus patrimônios particulares. *Ver comentários ao art. 790, retro.*

Art. 791. Se a execução tiver por objeto obrigação de que seja sujeito passivo o proprietário de terreno submetido ao regime do direito de superfície, ou o superficiário, responderá pela dívida, exclusivamente, o direito real do qual é titular o executado, recaindo a penhora ou outros atos de constrição exclusivamente sobre o terreno, no primeiro caso, ou sobre a construção ou a plantação, no segundo caso.

✍ *Comentários:* O proprietário pode conceder a outrem o direito de construir ou de plantar em terreno, por tempo determinado, mediante escritura pública devidamente registrada no Cartório de Registro de Imóveis (art. 1.369 do CC). O superficiário responderá pelos encargos e tributos que incidirem sobre o imóvel (art. 1.371 do CC). O direito de superfície pode transferir-se a terceiros e, por morte do superficiário, aos seus herdeiros. Não poderá ser estipulado pelo concedente, a nenhum título, qualquer pagamento pela transferência (parágrafo único). No caso de alienação do imóvel ou direito de superfície, o superficiário ou o proprietário tem direito e preferência, em igualdade de condições (art. 1.373 do CC).

Tem-se o direito real autônomo distinto do direito de propriedade, de construir ou de plantar em terreno de terceiro por prazo indeterminado. Sem o *status* de direito real, a superfície se confunde com arrendamento. Assim, a superfície concede propriedade ao superficiário, dono da propriedade superficiária. Sua natureza é resolúvel, terminando depois do termo indicado no contrato.

Em caso de desapropriação, com extinção do direito de superfície, a indenização caberá ao proprietário e ao superficiário em valor correspondente ao direito de cada um (art. 1.376 do CC).

De conformidade com o *caput*, aquele que for executado responderá pela parte que lhe toca no direito que detém na propriedade: o proprietário do terreno, com o terreno; o detentor do direito superficiário coma plantação e construções.

§ 1º Os atos de constrição a que se refere o *caput* serão averbados separadamente na matrícula do imóvel, com a identificação do executado, do valor do crédito e do objeto sobre o qual recai o gravame, devendo o oficial destacar o bem que responde pela dívida, se o terreno, a construção ou a plantação, de modo a assegurar a publicidade da responsabilidade patrimonial de cada um deles pelas dívidas e pelas obrigações que a eles estão vinculadas.

✍ *Comentários:* Os atos de constrição deverão ser registrados separadamente à margem da matrícula do imóvel (art. 167, I, n. 5, da Lei dos Registros Públicos). Faz-se o registro da penhora, não averbação. A modificação da lei deu-se há já quase quatro décadas. Antes a penhora era averbada e o imóvel era registrado; com a modificação, a penhora passou a ser registrada e o imóvel matriculado. No registro, deverá constar claramente o valor do crédito e o objeto sobre o qual recai o gravame, de modo a assegurar a perfeita publicidade para terceiros.

§ 2º Aplica-se, no que couber, o disposto neste artigo à enfiteuse, à concessão de uso especial para fins de moradia e à concessão de direito real de uso.

✍ *Comentário:* As mesmas regras do direito de superfície são aplicadas à enfiteuse, à concessão de uso especial para fins de moradia e à concessão de direito real de uso, no que couber.

Art. 792. A alienação ou a oneração de bem é considerada fraude à execução:

✍ *Comentário:* A alienação de bem ou a sua entrega em garantia real com fraude à execução é ineficaz. Mas a fraude deverá ser declarada pelo juiz da execução para as providências cartorárias no Registro de Imóveis.

I — quando sobre o bem pender ação fundada em direito real ou com pretensão reipersecutória, desde que a pendência do processo tenha sido averbada no respectivo registro público, se houver;

✍ *Comentários:* A locução final "se houver", referindo-se ao registro, não tem sentido. O registro é obrigatório. Tem que haver o registro, se o lugar for um distrito, o registro será feito na comarca.

O inciso usa de terminologia incorreta. O direito real ou a penhora são registrados, não averbados. A mudança ocorreu há cerca de quatro décadas. Antes, a penhora era averbada e a propriedade era registrada. Depois, a penhora e a hipoteca passaram a ser registradas e a propriedade matriculada. *Ver art. 167, I, ns. 2 e 5 da Lei dos Registros Públicos.*

O registro dá publicidade a terceiro e quem adquirir o bem ou aceitar o bem em garantia hipotecária não poderá alegar boa-fé. Segundo a doutrina atual, se o registro não for feito, o terceiro será de boa-fé e competirá ao exequente provar a má-fé.

Todavia, o § 2º, infra, trata o tema de maneira diferente para os bens não sujeitos a registro, carreando para o adquirente a prova de que teria agido com boa-fé, tendo tomado todas as cautelas necessárias antes da aquisição, mediante exibição de certidões pertinentes obtidas no domicílio do vendedor e no local do bem.

§ 2º No caso de aquisição de bem não sujeito a registro, o terceiro adquirente tem o ônus de provar que adotou as cautelas necessárias para a aquisição, mediante a exibição das certidões pertinentes, obtidas no domicílio do vendedor e no local onde se encontra o bem.

II — quando tiver sido averbada, no registro do bem, a pendência do processo de execução, na forma do art. 828;

✍ *Comentário:* O inciso comete a mesma erronia ao falar em averbação.

Art. 828. O exequente poderá obter certidão de que a execução foi admitida pelo juiz, com identificação das partes e do valor da causa, para fins de averbação no registro de imóveis, de veículos ou de outros bens sujeitos a penhora, arresto ou indisponibilidade. § 1º No prazo de 10 (dez) dias de sua concretização, o exequente deverá comunicar ao juízo as averbações efetivadas. § 2º Formalizada penhora sobre bens suficientes para cobrir o valor da dívida, o exequente providenciará, no prazo de 10 (dez) dias, o cancelamento das averbações relativas àqueles não penhorados. § 3º O juiz determinará o cancelamento das averbações, de ofício ou a requerimento, caso o exequente não o faça no prazo. § 4º Presume-se em fraude à execução a alienação ou a oneração de bens efetuada após a averbação. § 5º O exequente que promover averbação manifestamente indevida ou não cancelar as averbações nos termos do § 2º indenizará a parte contrária, processando-se o incidente em autos apartados.

☑ *Nota:* Erronia de trocar registro por averbação, sem se ater ao que dispõe a Lei dos Registros Públicos, art. 167, inciso I, n. 5, está generalizada no novo Código. O que significa que nem o legislador prestigia o art. 3º da Lei de Introdução do Código Civil. *Ver inciso III, infra.*

III — quando tiver sido averbado, no registro do bem, hipoteca judiciária ou outro ato de constrição judicial originário do processo onde foi arguida a fraude;

✍ *Comentário:* Repete-se a erronia de falar em averbação como se fosse sinônimo de registro. O registro impede a alegação de boa-fé do adquirente ou do beneficiário da hipoteca.

IV — quando, ao tempo da alienação ou da oneração, tramitava contra o devedor ação capaz de reduzi-lo à insolvência;

Comentário: A fraude somente se consubstancia, se o patrimônio do devedor não puder suportar a dívida que deverá ser paga ou está em discussão, com ação devidamente ajuizada.

V — nos demais casos expressos em lei.

Comentário: Deixa claro que os incisos não são em *numerus clausus*.

§ 1º A alienação em fraude à execução é ineficaz em relação ao exequente.

Comentário: A fraude à execução é ineficaz ao relação ao exequente. A fraude contra credores abrange todos os credores.

§ 2º No caso de aquisição de bem não sujeito a registro, o terceiro adquirente tem o ônus de provar que adotou as cautelas necessárias para a aquisição, mediante a exibição das certidões pertinentes, obtidas no domicílio do vendedor e no local onde se encontra o bem.

Comentários: Quando o terceiro adquirente adquire bem que, por sua natureza, não está sujeito a registro, não poderá simplesmente invocar a boa-fé. Deverá, antes, provar haver adotado todas as cautelas, mediante certidões respectivas.

O juízo, entretanto, poderá tomar algumas providências como comunicar ao DETRAN a penhora do veículo; comunicar à Bolsa de Valores a penhora de ações da empresa; de telefone à empresa de telefonia respectiva etc.

§ 3º Nos casos de desconsideração da personalidade jurídica, a fraude à execução verifica-se a partir da citação da parte cuja personalidade se pretende desconsiderar.

Comentário: Teoria da *Disregard of Legal Entiy*. A desconsideração da personalidade tem início com a citação. *Ver comentários sobre o tema no art. 790, retro.*

§ 4º Antes de declarar a fraude à execução, o juiz deverá intimar o terceiro adquirente, que, se quiser, poderá opor embargos de terceiro, no prazo de 15 (quinze) dias.

Comentário: Se a parte intimada não opuser embargos de terceiro, a oportunidade ficará preclusa, não se aplicando as regras do art. 675 do Código novo, cujas regras somente serão aplicadas se o terceiro não foi intimado.

> Art. 675. Os embargos podem ser opostos a qualquer tempo no processo de conhecimento enquanto não transitada em julgado a sentença e, no cumprimento de sentença ou no processo de execução, até 5 (cinco) dias depois da adjudicação, da alienação por iniciativa particular ou da arrematação, mas sempre antes da assinatura da respectiva carta.
>
> Parágrafo único. Caso identifique a existência de terceiro titular de interesse em embargar o ato, o juiz mandará intimá-lo pessoalmente.

A redação do parágrafo é viciosa: "intimar o terceiro adquirente, que, se quiser, poderá opor embargos de terceiro...."

A locução "se quiser" está contida no "poderá", sendo, pois, desnecessária. O "poderá" significa que o terceiro é quem resolverá se embarga ou não.

Os embargos de terceiro deverão ser opostos no prazo de 15 (quinze) dias, sob pena de preclusão. Para o manejo dos embargos de terceiro, não se perquire sobre a boa ou a má-fé do terceiro, posto que isso será discutido, provado e verificado nos autos. O fato de a penhora haver sido registrada não traduz óbice ao uso do remédio processual. Significa apenas que possivelmente o terceiro não terá sucesso. Nesse sentido, a Súmula n. 375 do STJ: DJe 30.3.2009 — O reconhecimento da fraude à execução depende do registro da penhora do bem alienado ou da prova de má-fé do terceiro adquirente. Tenha em mente que o Superior Tribunal de Justiça é quem tem a prerrogativa de dizer a última palavra na interpretação de lei federal (art. 105, III, "c", da Constituição Federal).

Entretanto, "A orientação dominante, na doutrina e na jurisprudência, inclusive do STF, é a de que a venda de bem sujeitos, eventualmente, aos efeitos da sentença a ser proferida em ação real ou reipersecutória, só é presumida, em caráter absoluto, como feita em fraude à execução quando a citação para a demanda tiver sido inscrita no Registro de Imóveis" (STF, Pleno, EAR 732-8-RJ, rel. Min. Soares Muñoz, j. 28.2.1980, Ajuris 20/112.) No mesmo sentido: Moniz de Aragão, Coment. ao CPC, 235, 174/175; Amaral Santos, PLDPC, v. 3, 880, 256, Mendonça Lima, Coment. ao CPC, 1122, 447: Tornaghi, Coment. ao CPC, II, 155, Villar. Proc. Execução, 70; Castro. Coment. ao CPC, 125, 86/87, Fidelis dos Santos, RBDP 25/28 (*apud* Nelson Neri, *Comentários ao Código de Processo Civil — Novo CPC — Lei n. 13.105/2015*).

Do registro da penhora (art. 167, I, n. 5 e art. 240 da Lei dos Registros Públicos)

Em se tratando de bens móveis, não há necessidade de registro da penhora. Todavia, determinados bens móveis exigem certas providências: a penhora de veículo deve ser comunicada ao Detran; a penhora de ações de empresa de capital aberto deve ser comunicada à Bolsa de Valores; de aeronave, deve ser comunicada ao Departamento da Aeronáutica; de cota de sócio, deve ser registrada à margem do contrato social da empresa na Junta Comercial e comunicada aos demais sócios, posto que terão preferência na arrematação. O registro da penhora ou do arresto independerá do pagamento de custas ou outras despesas, observado o disposto no art. 14 (art. 7º, IV, da Lei n. 6.830/80 — Lei dos Executivos fiscais). Se a penhora for para crédito trabalhista, o oficial registrará e margeará as custas e o documento será juntado aos autos e o pagamento das custas serão feitas posteriormente (art. 889 da CLT).

O preceito legal deve ser adaptado para o crédito trabalhista determinando-se que o órgão competente margeie as despesas existentes, as quais serão pagas a final, nos termos da Lei n. 6.899/81, art. 1º, evitando-se o enriquecimento sem causa do devedor que corre a sorte do processo. Sobre o assunto, traçando normas, veio a lume o Provimento CR n. 5/84 (hoje 8/84) da Corregedoria da Justiça do Trabalho da 2ª Região.

Antes do provimento retro, era de certa forma comum o oficial de registro de cartório imobiliário recusar-se a efetuar o registro da penhora e, muitas vezes, apoiado pelo próprio juiz corregedor, sem que o exequente pudesse efetuar o pagamento, numa demonstração eloquente de avidez desenfreada e ao arrepio da própria lei.

No Parecer n. 135/84 da Corregedoria da Justiça Comum de São Paulo, encontrava-se a seguinte afirmação: "Inaplicável, assim, o disposto no inc. IV do art. 7º da Lei n. 6.830/80, seja porque o registro da penhora não tipifica trâmite ou incidente da execução, seja porque não foi intenção do legislador conferir idêntico tratamento aos interesses do Estado e aos de reclamante trabalhista." (*sic*)

A afirmação, sem dúvida, demonstrava desconhecimento da matéria pelo ilustre parecerista, já que não atentara sequer para o disposto no art. 186 do CTN, na sua redação anterior: "O crédito tributário prefere a qualquer outro, seja qual for sua natureza ou o tempo de sua constituição, ressalvados os créditos decorrentes da legislação do trabalho."

Mais adiante, o ilustre parecerista afirmava que "doutrina e jurisprudência não exigem o registro da penhora".

A afirmação contrariava norma contida no art. 240 da Lei n. 6.015, de 31.12.1973 (Lei dos Registros Públicos), que dispõe: "O registro da penhora faz prova quanto à fraude de qualquer transação posterior."

Ademais, tem a parte o direito inalienável de usar todas as providências legais à sua disposição com o objetivo de frustrar qualquer discussão futura. *Alieno facto jus alterius non mutatur* (Não se muda o direito de alguém por fato alheio).

E o fato de parte da doutrina e da jurisprudência então entender desnecessária a providência, isso não constituía motivo bastante para se impor ao interessado risco que não queria, não desejava, nem deveria correr. O argumento usado contrariava o princípio de que ninguém está obrigado a fazer ou de não fazer alguma coisa senão em virtude de lei. E, neste caso, a própria lei (art. 240) já determina o registro.

Felizmente, com a edição do Provimento da CRT da 2ª Região CR n. 5/84 (hoje 8/84) e, mais recentemente, da Lei n. 10.444/2002, que acresceu o § 4º (nova redação dada pela Lei n. 11.382/2006) ao art. 659 do CPC, a matéria restou superada em prestígio da própria justiça. *Nota*: A antiga redação (Lei n. 10.444/2002) usava corretamente o termo "registro" da penhora.

Referido § 4º teve a sua redação alterada pela Lei n. 11.382/2006, a saber: "A penhora de bens imóveis realizar-se-á mediante auto ou termo de penhora, cabendo ao exequente, sem prejuízo da imediata intimação do executado (art. 652, § 4º), providenciar, para presunção absoluta de conhecimento por terceiros, a respectiva "averbação" (g. n.) no ofício imobiliário, mediante a apresentação de certidão de inteiro teor do ato, independentemente de mandado judicial."

Todavia, lamentavelmente, vem se tornando uma tônica o uso de terminologia incorreta pelo legislador, que, no caso, parece entender que "averbação" e "registro" têm os mesmos significados. Entretanto, sem razão, como se verifica do art. 167, I, n. 5, e do art. 240 da Lei dos Registros Públicos. Há cerca de três décadas, a Lei dos Registros Públicos determinava o registro no Cartório de Registro Imobiliário (CRI) para a transferência da posse e domínio do bem imóvel, enquanto a penhora era "averbada". A partir de então, o registro no Cartório passou a se denominar "matrícula" e a "averbação" passou a ser registro.

Com a modificação ora trazida pela Lei n. 10.444/2002 ao art. 659, com a inclusão do § 4º, ora referendado pela Lei n. 11.382/2006, o registro da penhora passou a ser exigência *ad solemnitatem*. Disso resulta que, sem registro, não haverá penhora formalizada. Não havendo penhora formalizada, o terceiro adquirente será sempre de boa-fé. A nova redação veio confirmar aquilo que afirmávamos e pôs fim à discussão jurisprudencial estéril que contrariava, inclusive, o art. 240 da LEF.

Walter Ceneviva registrava entendimento do Conselho Superior da Magistratura de São Paulo:

> "636. Penhora incidente sobre bem alienado — A interpretação deste artigo tem sido objeto de discussão: a contar da exegese adotada pelo Conselho Superior da Magistratura, em São Paulo, de que penhora anterior à alienação do bem pode ser registrada após o registro aquisitivo do adquirente e junto a este. Essa corrente aceita que, feito negócio pertinente a imóvel, o adquirente tem o dever de obter prévias certidões forenses esclarecedoras da situação do alienante. Denunciada por elas a penhora — ainda não levada ao cartório imobiliário — e público que é o processo, aberto ao conhecimento de todos, o adquirente não se pode escusar, alegando boa-fé. Deve ser atingido pelo registro da penhora."
>
> "637. Inconveniente quebra de sistema criada pela jurisprudência — Com este caminho introduz-se uma quebra inaceitável do sistema: afasta-se a predominância do direito real e se dá realce ao pessoal, inerente à penhora não registrada. É interpretação contrária à letra do art. 240. Deste resulta a afirmação positiva de que só o registro da penhora faz prova, quanto à fraude, de transação posterior e de que, a contrário, enquanto inexistente o registro, não se pode alegar, por força da lei. Lançada a penhora nos assentamentos do cartório de imóveis, só então será conhecível pelo outorgado comprador de modo apto a repercutir na esfera de seu direito. A cognoscibilidade que decorre das certidões forenses pedidas ao alienante é relevante, mas com feição secundária. Por meio do registro de imóvel, a realidade se torna oponível ao terceiro, como fim precípuo desse tipo de assentamento público. Em composição mais antiga entendeu o CSMSP que,'se o imóvel objeto de carta de arrematação está transcrito em nome de terceiro e não do executado na execução fiscal, tal fato obsta a transcrição, sob pena de se atentar contra o princípio da continuidade, que rege o sistema registrário brasileiro'.
>
> "638. Adstrição ao princípio da coisa julgada da Justiça do Trabalho — O CSMSP reformou decisão do juiz corregedor de cartório imobiliário cujo oficial recusou o cumprimento a mandado expedido por juiz presidente de Junta de Conciliação e Julgamento [hoje Vara do Trabalho] em processo de execução trabalhista no qual era executada uma empresa. A responsabilidade dos titulares de uma certa transcrição, na condição de sócios ou ex-sócios da executada, restou reconhecida perante a Justiça do Trabalho. Considerou, todavia, o CSMSP: 'O oficial, suscitada a dúvida, e a corregedoria, acolhendo-a, ultrapassaram os lindes da atividade administrativa de que são detentores, pois atingiram e afrontaram a atividade jurisdicional do Poder Judiciário, representada pela decisão do juiz do trabalho que dirimiu controvérsia judicial e ditou o direito a ser aplicado. A matéria está afeta à jurisdição da Justiça do Trabalho, a que não se pode sobrepor a jurisdição administrativa da corregedoria dos ofícios de registro público. Certo ou errado, a Junta de Conciliação e Julgamento [hoje Vara do Trabalho] envolveu os proprietários do imóvel na execução de que se trata; determinou a penhora e a tem por boa e regular para os fins executórios. O registro de imóveis só tem que respeitar o que foi disposto na jurisdição competente, perante a qual as razões dos prejudicados terão de ser deduzidas em processo próprio, para alcançarem o levantamento da penhora'."(2) (*Lei dos Registros Públicos Comentada*, 19. ed. Saraiva, São Paulo, 2009, p. 556.)

---

(2) *Lei dos Registros Públicos comentada*, p. 523.

Art. 793. O exequente que estiver, por direito de retenção, na posse de coisa pertencente ao devedor não poderá promover a execução sobre outros bens senão depois de excutida a coisa que se achar em seu poder.

✍ *Comentário:* Sobre o direito de retenção ver arts. 1.219, 1.423, 1.433, 1.455 e parágrafo único e 1.507, § 2º do Código Civil. Quando o credor promover a retenção de pertences do devedor, tais pertences deverão ser transformados em pecúnia para o ressarcimento, não podendo o credor lançar mão de outros bens, senão depois de levados os bens retidos à hasta pública.

Art. 794. O fiador, quando executado, tem o direito de exigir que primeiro sejam executados os bens do devedor situados na mesma comarca, livres e desembargados, indicando-os pormenorizadamente à penhora.

✍ *Comentário:* Analisaremos o *caput* sob dois enfoques: a primeira é a que consta do artigo, qual seja, o de que o fiador tem o direito de exigir que sejam executados primeiramente os bens do devedor, desde que situados na mesma comarca e livres e desembaraçados de qualquer ônus, os quais serão indicados pelo fiador; o segundo enfoque diz respeito ao fiador que tenha desistido do benefício de ordem, previsto nos arts. 827 e 828 do Código Civil. A desistência do benefício de ordem significa que o fiador se iguala em responsabilidade ao executado perante o exequente, podendo este executar o devedor principal ou o próprio fiador, não tendo mais este o benefício de exigir que sejam excutidos primeiramente os bens do executado. *Ver § 3º, infra.*

§ 1º Os bens do fiador ficarão sujeitos à execução se os do devedor, situados na mesma comarca que os seus, forem insuficientes à satisfação do direito do credor.

✍ *Comentário:* O fiador que possua a prerrogativa do benefício de ordem, tem o direito de exigir que primeiramente sejam penhorados bens do devedor, indicando aqueles localizados no local da execução e que estejam livres e desembaraçados de qualquer ônus: todavia, se os bens do devedor, situados na mesma comarca, forem insuficientes para levar a execução a bom termo, serão também penhorados e levados à praça ou leilão os bens do fiador.

§ 2º O fiador que pagar a dívida poderá executar o afiançado nos autos do mesmo processo.

✍ *Comentário:* O fiador que pagar a dívida tem o direito de regresso e poderá exercê-lo nos autos do mesmo processo. Se o fiador teve de pagar a dívida do executado é porque este já não tem mais bem na comarca. Assim, a execução para ressarcimento somente poderá ocorrer em havendo bens em outras comarcas. Dependendo do valor, poderão ser penhorados bens móveis na residência do devedor.

§ 3º O disposto no *caput* não se aplica se o fiador houver renunciado ao benefício de ordem.

✍ *Comentário:* Benefício de ordem: arts. 827 e 828 do Código Civil.

Art. 795. Os bens particulares dos sócios não respondem pelas dívidas da sociedade, senão nos casos previstos em lei.

✍ *Comentário:* Teoria da Desconsideração da Personalidade aplicada para executar bens dos sócios. *Ver comentários ao* caput *do art. 790* sobre a responsabilidade do sócio e a Teoria da Desconsideração da Personalidade (*Disregard of legal entiy.*)

Processo do Trabalho: aplica-se a teoria da Desconsideração da Personalidades, desde que a empregadora (pessoa jurídica) esteja incapacidade econômica e financeiramente. O empregado não corre o risco do empreendimento, posto que jamais participa dos lucros.

§ 1º O sócio réu, quando responsável pelo pagamento da dívida da sociedade, tem o direito de exigir que primeiro sejam excutidos os bens da sociedade.

Comentário: Aplicam-se aqui as mesmas regras aplicáveis ao fiador. O sócio tem o direito de exigir que sejam excutidos primeiro os bens da empregadora (pessoa jurídica). Todavia, deverá indicar bens livres e desembaraçados e de preferência que estejam localizados no mesmo foro da execução. *Ver § 2º, infra. Reportamo-nos aos comentários do art. 790, retro.*

§ 2º Incumbe ao sócio que alegar o benefício do § 1º nomear quantos bens da sociedade situados na mesma comarca, livres e desembargados, bastem para pagar o débito.

Comentário: Ver comentários ao § 1º.

§ 3º O sócio que pagar a dívida poderá executar a sociedade nos autos do mesmo processo.

Comentário: O sócio que pagar a dívida terá o direito de regresso e poderá ressarcir-se executando a pessoa jurídica nos mesmos auto do processo. Poderá também acionar os demais sócios para que cada qual assuma a sua parte na dívida da sociedade.

§ 4º Para a desconsideração da personalidade jurídica é obrigatória a observância do incidente previsto neste Código.

Comentário: A desconstituição da personalidade será declarada pela via incidental. Reportamo-nos aos comentários do art. 790, retro.

Art. 796. O espólio responde pelas dívidas do falecido, mas, feita a partilha, cada herdeiro responde por elas dentro das forças da herança e na proporção da parte que lhe coube.

Comentário: Enquanto não houver partilha, a responsabilidade pelas dívidas do falecido é do espólio; feita a partilha, cada herdeiro responderá de conformidade com a força da herança e na proporção daquilo que lhe coube na herança.

TÍTULO II
DAS DIVERSAS ESPÉCIES DE EXECUÇÃO

Capítulo I
DISPOSIÇÕES GERAIS

Art. 797. Ressalvado o caso de insolvência do devedor, em que tem lugar o concurso universal, realiza-se a execução no interesse do exequente que adquire, pela penhora, o direito de preferência sobre os bens penhorados.

Comentários: Em situação de normalidade, aquele exequente que efetuar a penhora primeiro garantirá o seu lugar na preferência. Assim, sobre o mesmo bem poderemos ter 1ª, 2ª, 3ª, 4ª, etc. etc. penhoras, cada qual guardando a sua preferência em razão do momento da penhora. Essa prerrogativa deixa de ser aplicada na hipótese de declaração de insolvência do executado, caso em que terá lugar o concurso universal de credores. A partir daí, o valor arrecadado em praça ou leilão será repartido para os credores na proporção dos seus respectivos créditos.

Processo do Trabalho: têm aplicação as mesmas regras de preferência por alento subsidiário. Todavia, o juiz do trabalho não tem competência material para declarar a insolvência. Declara a insolvência pelo juízo cível, abre-se no processo do trabalho o concurso universal de credores.

Parágrafo único. Recaindo mais de uma penhora sobre o mesmo bem, cada exequente conservará o seu título de preferência.

✍ *Comentários:* A preferência adquirida pela penhora persiste em não havendo a declaração de insolvência, hipótese em que se abre o concurso universal de credores. Nesse caso, não haverá mais preferência e cada credor receberá o pagamento do seu crédito, na proporção do dinheiro apurado em hasta pública.

Todavia, aquele credor que levar o bem à praça ou leilão assumirá a preferência. Exemplo. Temos: 1ª, 2ª, 3ª, penhoras sobre o mesmo bem. Se o bem foi alienado em hasta pública pelo titular da 3ª penhora, ele trará para si a preferência. Nesse caso, a 1ª passa para 2ª e a 2ª passa para a 3ª na ordem preferencial. O detentor da 3ª penhora pagar-se-á com produto da hasta pública e a sobra, se houver, será remetida para o titular da 2ª penhora. Este, pagando-se, se houver sobra de numerário, enviará a sobra ao titular da 3ª penhora. Nesse caso, excepciona o princípio *prior tempore potior iure* consagrado pelo art. 512 do Código em vigor, recepcionado pelo parágrafo único sob comento. Essa preferência, todavia, não prevalece sobre aquele credor que tenha um título legal de preferência, como é o caso da Fazenda Pública e da Previdência Social.

Processo do Trabalho: essa preferência da penhora também não prevalece, concorrendo a penhora no processo civil com a penhora efetuada em sede trabalhista. O crédito trabalhista tem a preferência prevista no art. 186 do Código Tributário Nacional e da Lei dos Registros Públicos (*ex vi* do art. 889 da CLT).

Art. 798. Ao propor a execução, incumbe ao exequente:

I — instruir a petição inicial com:

a) o título executivo extrajudicial;

b) o demonstrativo do débito atualizado até a data de propositura da ação, quando se tratar de execução por quantia certa;

c) a prova de que se verificou a condição ou ocorreu o termo, se for o caso;

d) a prova, se for o caso, de que adimpliu a contraprestação que lhe corresponde ou que lhe assegura o cumprimento, se o executado não for obrigado a satisfazer a sua prestação senão mediante a contraprestação do exequente;

✍ *Comentário:* A petição inicial requerendo a execução deverá vir instruída com o título executivo extrajudicial e com a memória de cálculos nos moldes abaixo em se tratando de execução por quantia certa. O inciso II repete o art. 524 retro. Havendo mais de um modo de promover a execução, caberá ao exequente indicar qual prefere. Constitui elementos indispensáveis: o CNPJ da pessoa jurídica e respectiva denominação ou razão social e o nome do exequente e o respectivo CPF.

II — indicar:

a) a espécie de execução de sua preferência, quando por mais de um modo puder ser realizada;

b) os nomes completos do exequente e do executado e seus números de inscrição no Cadastro de Pessoas Físicas ou no Cadastro Nacional da Pessoa Jurídica;

c) os bens suscetíveis de penhora, sempre que possível.

Parágrafo único. O demonstrativo do débito deverá conter:

I — o índice de correção monetária adotado;

II — a taxa de juros aplicada;

III — os termos inicial e final de incidência do índice de correção monetária e da taxa de juros utilizados;

IV — a periodicidade da capitalização dos juros, se for o caso;

V — a especificação de desconto obrigatório realizado.

Art. 799. Incumbe ainda ao exequente:

I — requerer a intimação do credor pignoratício, hipotecário, anticrético ou fiduciário, quando a penhora recair sobre bens gravados por penhor, hipoteca, anticrese ou alienação fiduciária;

✍ *Comentários:* Se o bem penhorado for onerado com garantia real, o devedor deverá providenciar a sua intimação, ofertando todos os elementos necessários. *Ver arts. 303, 333, incisos e parágrafo único.* O bem selado com garantia real pode ser penhorado ou até mesmo transferido para o arrematante. A garantia persiste como um direito de sequela e acompanhará o bem. O credor com garantia real deve ser intimado da existência da execução para eventualmente se sub-rogar nos direitos creditórios do exequente ou para que seja possível a remição da dívida. Na ausência de intimação, neste caso, a alienação será ineficaz. *Ver art. 619 do Código em vigor recepcionado pelo art. 804 do Código novo.* De conformidade com o Código Civil, art. 333, inciso I, o credor hipotecário poderá cobrar a dívida: II — se os bens hipotecados ou empenhados forem penhorados em execução por outro credor. Isso significa que ainda que o credor hipotecário não se sub-rogue no produto da praça ou tenha a dívida remida, poderá considerar a dívida vencida e proceder à execução contra o novo proprietário. Nada impede que a dívida hipotecária permaneça sob a responsabilidade do novo proprietário do bem (arrematante, comprador ou adjudicante). Os arts. 303, 333 e 1.501 cuidam da penhora feita por outro credor, que não o hipotecário. O art. 1.499 cuida da execução iniciada pelo próprio credor hipotecário.

Processo Trabalhista: o credor com garantia real que tenha o bem penhorado também deverá ser intimado, pela aplicação subsidiária do art. 619 do CPC em vigor, recepcionado pelo art. 804 do novo CPC, sob pena de a alienação ser ineficaz. O credor real, todavia, não poderá sub-rogar-se no produto da arrematação, pelo fato de o crédito trabalhista gozar de superprivilégio (art. 186 do Código Tributário Nacional), isto é, o dinheiro arrecadado na hasta pública será direcionado para o pagamento do crédito trabalhista que tem natureza alimentar. O bem arrematado ou adjudicado conserva o ônus hipotecário. Todavia, transferido o bem para o arrematante, comprador ou adjudicante, nada impede que o credor hipotecário, com suporte no inciso II do art. 333 do Código Civil considere vencida a dívida e a execute. Por isso, no edital de praça deverá constar a dívida hipotecária, o seu valor, o nome do credor hipotecário e o vencimento da dívida. Sem esses dados, a praça poderá ser anulada, porque haveria vício de consentimento, sem a devida publicidade. Se decorreu tempo razoável da penhora do bem hipotecado, deverá o juiz determinar que o credor hipotecário informe o valor do débito próximo à data do praceamento, devendo esse valor constar do edital. Com essa publicidade, o arrematante, o comprador ou o adjudicante terão informações suficientes para aquilatar o preço que poderá ser oferecido, levando em conta o débito com garantia hipotecária.

II — requerer a intimação do titular de usufruto, uso ou habitação, quando a penhora recair sobre bem gravado por usufruto, uso ou habitação;

✍ *Comentário:* A penhora não poderá recair sobre o direito de usufruto, mas pode recair sobre o seu produto (frutos e rendimentos) que exceda a necessidade do usufrutuário. A intimação será sempre necessária, pena de ineficácia da alienação do bem ou do produto. Cabe ao exequente requerer a intimação.

III — requerer a intimação do promitente comprador, quando a penhora recair sobre bem em relação ao qual haja promessa de compra e venda registrada;

✍ *Comentário:* O promitente comprador devidamente comprovado com registro do contrato de promessa de compra e venda no Cartório de Títulos e de Documentos deverá ser intimado, sob pena de nulidade do ato. Cabe ao exequente requerer que seja efetuada a intimação do promitente comprador.

IV — requerer a intimação do promitente vendedor, quando a penhora recair sobre direito aquisitivo derivado de promessa de compra e venda registrada;

✍ *Comentário: Ver Comentários do inciso III.*

V — requerer a intimação do superficiário, enfiteuta ou concessionário, em caso de direito de superfície, enfiteuse, concessão de uso especial para fins de moradia ou concessão de direito real de uso, quando a penhora recair sobre imóvel submetido ao regime do direito de superfície, enfiteuse ou concessão;

✍ *Comentário:* Em caso de direito de superfície, enfiteuse, concessão de uso especial com fins de moradia ou concessão de uso especial para fins de moradia ou concessão de direito real de uso, inarredável a intimação do superficiário, do enfiteuta ou do concessionário, quando a penhora recair sobre imóvel submetido ao regime de direito de superfície, enfiteuse ou concessão.

VI — requerer a intimação do proprietário de terreno com regime de direito de superfície, enfiteuse, concessão de uso especial para fins de moradia ou concessão de direito real de uso, quando a penhora recair sobre direitos do superficiário, do enfiteuta ou do concessionário;

✍ *Comentário: Ver comentários retro.*

VII — requerer a intimação da sociedade, no caso de penhora de quota social ou de ação de sociedade anônima fechada, para o fim previsto no art. 876, § 7º;

✍ *Comentário:* A sociedade com cota social e as sociedades anônimas fechada, isto é, sem capital aberto, devem ser intimadas pelo fato de terem preferência na arrematação. Estas, depois da intimação, ficam responsáveis pela comunicação aos sócios, assegurando a estes o direito de preferência. A providência de intimação compete ao exequente.

VIII — pleitear, se for o caso, medidas urgentes;

✍ *Comentário:* No processo de execução têm cabimento inúmeras medidas que podem ser de natureza cautelar ou até mesmo satisfativa. Muitas devem ser tomadas de ofício pelo juiz para garantir o direito, não dependendo da iniciativa do exequente ou do executado. Todavia, existem casos em que se apresenta a situação de perigo e o interessado deve transmitir ao juiz e requerer as providências necessárias.

IX — proceder à averbação em registro público do ato de propositura da execução e dos atos de constrição realizados, para conhecimento de terceiros.

✍ *Comentários:* O ato da propositura da execução poderá ser averbado no Registro Público. Poderá ser feito à margem da matrícula de propriedade do devedor ou no Cartório de Títulos e Documentos. O procedimento ficará a cargo do exequente.

O ato de constrição de bens do executado, *v. g.*, a penhora, a busca e apreensão de coisa devem ser registrados à margem da matrícula do bem constrito no Registro de imóveis. Como regra, a penhora deverá ser registrada (art. 167, I, n. 5 e art. 240 da Lei dos Registros Públicos). Com a publicidade, o terceiro adquirente não poderá alegar a boa-fé. Ainda que não registrada, caberá ao terceiro provar que tomou todas as providências antes de adquirir o bem, mediante certidões do lugar onde reside o vendedor, para provar a sua boa-fé.

Art. 800. Nas obrigações alternativas, quando a escolha couber ao devedor, esse será citado para exercer a opção e realizar a prestação dentro de 10 (dez) dias, se outro prazo não lhe foi determinado em lei ou em contrato.

✍ *Comentário:* O *caput* disciplina a execução de título extrajudicial que celebrou obrigação alternativa em contrato, no qual caberá ao devedor cumprir a obrigação e mais de um modo. Poderá ocorrer também em título judicial, quando o réu foi condenado a cumprir a obrigação de forma alternativa. Sendo o caso, o devedor terá 10 (dez) dias para exercer o seu direito de opção. Excepciona a hipótese em que outro prazo foi convencionado em contrato entre as partes ou haja lei dizendo de outra maneira.

§ 1º Devolver-se-á ao credor a opção, se o devedor não a exercer no prazo determinado.

✍ *Comentário:* Este inciso poderia fazer parte do *caput*.

§ 2º A escolha será indicada na petição inicial da execução quando couber ao credor exercê-la. Se o devedor deixar transcorrer o prazo *in albis*, a opção passa ao credor.

✍ *Comentário:* Se a opção for do credor, deverá fazê-lo já na petição inicial que iniciará a execução; se a opção for do devedor e este nada falar no prazo legal, a opção passa a ser do credor.

Art. 801. Verificando que a petição inicial está incompleta ou que não está acompanhada dos documentos indispensáveis à propositura da execução, o juiz determinará que o exequente a corrija, no prazo de 15 (quinze) dias, sob pena de indeferimento.

✍ *Comentários:* A petição que inaugura a execução deverá vir instruída com todos os documentos necessários e indispensáveis para promover a execução aparelhada. Caso esteja incompleta, o exequente terá o prazo legal de 15 (quinze) dias para promover o acerto, sob pena de indeferimento. O indeferimento, todavia, não impede que o exequente peticione novamente e junte todos os documentos indispensáveis.

Art. 802. Na execução, o despacho que ordena a citação, desde que realizada em observância ao disposto no § 2º do art. 240, interrompe a prescrição, ainda que proferido por juízo incompetente.

✍ *Comentários:* De conformidade com o § 1º, do art. 240, do CPC novo, opera-se a prescrição do despacho que ordena a citação, ainda que proferido por juiz incompetente, e retroagirá à data da propositura, desde de que haja citação. Todavia, a citação deve ser realizada no prazo de 10 (dez), devendo o autor, para tanto, prover todas as providências necessárias que tornem viável a citação. Se o autor assim não fizer, não terão aplicação as normas preceptivas do parágrafo. Tão logo, a citação seja efetuada, ainda que a destempo, haverá a interrupção da prescrição. O *caput* está correto, uma vez que não se pode falar em interrupção da prescrição antes da parte ser citada. Mas, efetuada a citação, a consequência será a interrupção. Esta retroagirá à data da propositura da ação nos termos do parágrafo único, infra.

Parágrafo único. A interrupção da prescrição retroagirá à data de propositura da ação.

Art. 803. É nula a execução se:

I — o título executivo extrajudicial não corresponder a obrigação certa, líquida e exigível;

II — o executado não for regularmente citado;

III — for instaurada antes de se verificar a condição ou de ocorrer o termo.

Parágrafo único. A nulidade de que cuida este artigo será pronunciada pelo juiz, de ofício ou a requerimento da parte, independentemente de embargos à execução.

✍ *Comentários:* Presentes uma das hipóteses, a nulidade poderá ser requerida por simples petição, não precisando o devedor manejar os embargos.

Trata-se de um procedimento de ofício do juiz da execução. Os incisos I a III dizem respeito à inexistência de condições para o início da ação de execução, nos moldes do art. 803, incisos I a III, do CPC novo. São falhas que podem ser reconhecidas pelo juiz de ofício ou a requerimento da parte. A nulidade será decretada de imediato, não havendo necessidade do manejo de embargos.

Art. 804. A alienação de bem gravado por penhor, hipoteca ou anticrese será ineficaz em relação ao credor pignoratício, hipotecário ou anticrético não intimado.

✍ *Comentário:* Ver comentários no inciso I, art. 799, retro.

§ 1º A alienação de bem objeto de promessa de compra e venda ou de cessão registrada será ineficaz em relação ao promitente comprador ou ao cessionário não intimado.

✍ *Comentários:* O promitente comprador ou cessionário deverão ser intimados em caso de alienação o bem, pena de ser declarada a ineficácia. *Ver arts. 889, II, III e V, 799 I, do CPC novo.* A promessa ou a cessão deverá ser registrada.

§ 2º A alienação de bem sobre o qual tenha sido instituído direito de superfície, seja do solo, da plantação ou da construção, será ineficaz em relação ao concedente ou ao concessionário não intimado.

✍ *Comentários:* Direito de superfície *(Ver arts. 1.399/ 1.377 do Código Civil).* A alienação de bem declarado direito de superfície, do solo, da plantação ou da construção será ineficaz se o concedente ou o concessionário não forem objeto de intimação.

§ 3º A alienação de direito aquisitivo de bem objeto de promessa de venda, de promessa de cessão ou de alienação fiduciária será ineficaz em relação ao promitente vendedor, ao promitente cedente ou ao proprietário fiduciário não intimado.

✍ *Comentário:* A alienação sem a intimação do promitente vendedor, ao promitente cedente ou ao proprietário fiduciário será declarado ineficaz.

§ 4º A alienação de imóvel sobre o qual tenha sido instituída enfiteuse, concessão de uso especial para fins de moradia ou concessão de direito real de uso será ineficaz em relação ao enfiteuta ou ao concessionário não intimado.

✍ *Comentário:* A alienação será ineficaz em relação ao enfiteuta ou ao concessionário, que não for intimado.

§ 5º A alienação de direitos do enfiteuta, do concessionário de direito real de uso ou do concessionário de uso especial para fins de moradia será ineficaz em relação ao proprietário do respectivo imóvel não intimado.

✍ *Comentário:* A alienação de direitos do enfiteuta, do concessionário de direito real de uso ou do concessionário de uso especial para fins de moradia será declarado ineficaz se o proprietário do respectivo imóvel não for intimado.

§ 6º A alienação de bem sobre o qual tenha sido instituído usufruto, uso ou habitação será ineficaz em relação ao titular desses direitos reais não intimado.

✍ *Comentário:* Será ineficaz a alienação de bem sobre o qual haja sido instituído usufruto, uso de habitação, se o titular do direito não for intimado.

Art. 805. Quando por vários meios o exequente puder promover a execução, o juiz mandará que se faça pelo modo menos gravoso para o executado.

✍ *Comentários:* A execução deverá ser feita pelo modo menos gravoso para o executado, desde que haja essa possibilidade, isto é, quando existirem mais de um meio para que a obrigação seja cumprida, deve ser escolhida aquela que favoreça o devedor e não cause prejuízo ao credor. Escolhe-se, pois, aquela que for mais razoável e que não cause prejuízo ao credor. Não se pode premiar o devedor em detrimento do credor. Se alguém tiver que levar desvantagem, este será o devedor que não cumpriu a obrigação, inadimpliu, e obrigou o autor movimentar o aparelhamento judicial para fazer valer o seu direito. O art. 805 do CPC novo recepcionou o art. 620 do Código em vigor. Melhorou e acrescentou o parágrafo único.

Parágrafo único. Ao executado que alegar ser a medida executiva mais gravosa incumbe indicar outros meios mais eficazes e menos onerosos, sob pena de manutenção dos atos executivos já determinados.

✍ *Comentários:* O legislador foi lúcido e oportuno ao carrear para o executado, que alegar ser a medida executiva gravosa, a incumbência de indicar outros meios mais eficazes e menos onerosos. Se alegar e não indicar a solução, permanecerão os atos executivos iniciados.

DA EXECUÇÃO PARA A ENTREGA DE COISA

Seção I
Da Entrega de Coisa Certa

Art. 806. O devedor de obrigação de entrega de coisa certa, constante de título executivo extrajudicial, será citado para, em 15 (quinze) dias, satisfazer a obrigação.

✍ *Comentários:* Em obrigação de coisa certa, o devedor será citado para cumprimento em 15 (quinze) dias. Em caso negativo, prosseguirá a execução em seus trâmites normais. A obrigação somente se cumprirá com a efetiva entrega da coisa devidamente individuada. O tema está previsto no art. 35, I, do Código do Consumidor, na qual o consumidor deverá postular em juízo em ação de conhecimento a condenação do fornecedor para a entrega da coisa.

§ 1º Ao despachar a inicial, o juiz poderá fixar multa por dia de atraso no cumprimento da obrigação, ficando o respectivo valor sujeito a alteração, caso se revele insuficiente ou excessivo.

✍ *Comentários:* Em se tratando de obrigação de fazer ou de não fazer é aconselhável que o juiz fixe, desde já, pressão pecuniária diária (*astreintes*) que será devida em caso de inadimplência. O valor diário deverá ser de modo que tenha o poder de persuasão sobre o devedor, sem que seja possível escolher entre inadimplir ou pagar o valor pecuniário, uma espécie de custo benefício. Se o juiz perceber que o valor arbitrado não teve o condão de convencer o devedor renitente, poderá aumentar o valor. Oportuna a pena pecuniária para a obrigação de fazer ou de não fazer. O mandado de citação deverá constar a penalidade em caso de inadimplência, sem prejuízo da tipificação em crime de desobediência. *Ver art. 250, III do Código novo recepcionou o art. 225-II, do Código em vigor.*

§ 2º Do mandado de citação constará ordem para imissão na posse ou busca e apreensão, conforme se tratar de bem imóvel ou móvel, cujo cumprimento se dará de imediato, se o executado não satisfizer a obrigação no prazo que lhe foi designado.

Comentários: O parágrafo foi de boa inspiração, mas deveria fazer parte do § 1º ou a redação deste parágrafo deveria ser a do primeiro, mais as *astreintes*. A providência legal evita a perda de tempo do oficial de justiça, do juiz e da secretaria do cartório. Não cumprida a obrigação, o oficial já estará autorizado a proceder à busca e apreensão ou à imissão de posse. O parágrafo deveria ser mais completo, autorizando a força policial em caso de resistência do devedor.

Art. 807. Se o executado entregar a coisa, será lavrado o termo respectivo e considerada satisfeita a obrigação, prosseguindo-se a execução para o pagamento de frutos ou o ressarcimento de prejuízos, se houver.

Comentário: Se a obrigação for adimplida, será lavrado termo de cumprimento da obrigação; se houver pedido para pagamento de frutos ou para ressarcimento de prejuízos, a execução prosseguirá por quantia certa, devendo o devedor apresentar memória de cálculos nos moldes do art. 524 do Código novo.

Art. 808. Alienada a coisa quando já litigiosa, será expedido mandado contra o terceiro adquirente, que somente será ouvido após depositá-la.

Comentários: Este artigo recepcionou o art. 626 do Código em vigor. O terceiro adquirente de bem litigioso somente terá a oportunidade de dar a sua versão depois de efetuar o depósito do bem em juízo. Isso deve constar do mandado (art. 250, III). Na hipótese de alienação de bem em litígio, caberá ao exequente indicar o nome do terceiro que estiver de posse do bem e respectivo endereço para que o juiz defira o pedido de busca e apreensão (bem móvel) ou de imissão de posse (bem imóvel). A insolvência do executado vendedor configura a fraude à execução, tornando a alienação ineficaz.

Art. 809. O exequente tem direito a receber, além de perdas e danos, o valor da coisa, quando essa se deteriorar, não lhe for entregue, não for encontrada ou não for reclamada do poder de terceiro adquirente.

Comentários: Duas hipóteses possíveis: Culpa do devedor. Será obrigado ao pagamento equivalente às perdas e danos e ao valor do bem, se a coisa se perdeu antes da tradição ou antes do implemento da condição suspensiva. Sem culpa do devedor. Se não existir culpa, a coisa se resolverá entre as partes. A coisa certa, que se deteriorou, sem culpa do devedor, poderá resultar na resolução do negócio. O credor poderá aceitar com abatimento de preço. *Ver arts. 234 e 235 do Código Civil.* O devedor poderá, ainda, aceitar a coisa no estado em que estiver, com direito de reclamar perdas e danos (art. 236 do Código Civil).

§ 1º Não constando do título o valor da coisa e sendo impossível sua avaliação, o exequente apresentará estimativa, sujeitando-a ao arbitramento judicial.

Comentários: Foi excluído o termo "sentença", na vigência do Código em vigor, já que pelo sistema adotado só haverá execução para entrega de coisa fundada em título extrajudicial, criada a ação executiva para a entrega de coisa certa. *Ver art. 498 do CPC novo.* A estimativa do valor feita pelo exequente dificilmente será aceita. O caminho mais curto é, quase sempre, o do arbitramento.

§ 2º Serão apurados em liquidação o valor da coisa e os prejuízos.

✍ *Comentário:* Proceder-se-á nos moldes dos arts. 509 a 512 (Da liquidação da sentença).

Art. 810. Havendo benfeitorias indenizáveis feitas na coisa pelo executado ou por terceiros de cujo poder ela houver sido tirada, a liquidação prévia é obrigatória.

✍ *Comentários:* Haverá obrigatoriedade de prévia liquidação, quando houver necessidade de indenizar benfeitorias que foram acrescidas pelo executado ou por terceiro de cujo poder o bem foi retirado. Se o executado ou o terceiro melhorou a coisa acrescentando benfeitorias ou se a coisa foi melhorada às custas do trabalho do devedor ou de terceiro, será natural que seja efetuado o levantamento do valor devido para ressarcimento. *Ver arts. 1.219 a 1.222 do Código Civil).*

Parágrafo único. Havendo saldo:

I — em favor do executado ou de terceiros, o exequente o depositará ao requerer a entrega da coisa;

II — em favor do exequente, esse poderá cobrá-lo nos autos do mesmo processo.

✍ *Comentário:* Se existir saldo em favor do executado ou de terceiro, o exequente deverá efetuar o depósito no momento em que requerer a entrega da coisa; se houver saldo em favor do exequente, o levantamento e a cobrança serão feitas nos próprios autos.

Seção II
Da Entrega de Coisa Incerta

Art. 811. Quando a execução recair sobre coisa determinada pelo gênero e pela quantidade, o executado será citado para entregá-la individualizada, se lhe couber a escolha.

Parágrafo único. Se a escolha couber ao exequente, esse deverá indicá-la na petição inicial.

✍ *Comentários:* Se a escolha couber ao executado, este entregará a coisa individualizada, se a execução for de coisa determinada pelo gênero e pela quantidade. Não poderá dar coisa pior, nem ser exigido que dê coisa melhor do que o avençado (art. 244 do Código Civil). Se a escolha for do exequente, deverá indicá-la, desde logo, na petição inicial que pede a execução,

Art. 812. Qualquer das partes poderá, no prazo de 15 (quinze) dias, impugnar a escolha feita pela outra, e o juiz decidirá de plano ou, se necessário, ouvindo perito de sua nomeação.

✍ *Comentários:* A parte contrária poderá impugnar em 15 (quinze) dias a escolha feita. Havendo condições, o juiz decidirá de plano. Em caso de dúvida, o juiz poderá louvar-se em perito de sua confiança.

Art. 813. Aplicar-se-ão à execução para entrega de coisa incerta, no que couber, as disposições da Seção I deste Capítulo.

✍ *Comentário:* Seguirá o procedimento da entrega de coisa certa.

DA EXECUÇÃO DAS OBRIGAÇÕES DE FAZER OU DE NÃO FAZER

Seção I
Disposições Comuns

Art. 814. Na execução de obrigação de fazer ou de não fazer fundada em título extrajudicial, ao despachar a inicial, o juiz fixará multa por período de atraso no cumprimento da obrigação e a data a partir da qual será devida.

Parágrafo único. Se o valor da multa estiver previsto no título e for excessivo, o juiz poderá reduzi-lo.

Comentários: Ao despachar a petição inicial para a obrigação de fazer ou de não fazer deverá o juiz, desde logo, fixar sanção pecuniária (de preferência diária, *astreintes)* alertando para o caso de inadimplência. A sanção pecuniária é um incentivo ao cumprimento. O valor fixado deverá ser de modo que a parte não possa escolher entre o custo e o benefício: nem exagerada, nem insignificante. Como regra, o incentivo pecuniário deve pesar no bolso. No decorrer da execução o valor poderá ser reduzido ou majorado. Senão constar do mandado, poderá ser fixada a qualquer momento, a critério do juiz.

Seção II
Da Obrigação de Fazer

Art. 815. Quando o objeto da execução for obrigação de fazer, o executado será citado para satisfazê--la no prazo que o juiz lhe designar, se outro não estiver determinado no título executivo.

Comentários: A obrigação de fazer é uma espécie positiva e se caracteriza pela obrigação do devedor de fazer alguma coisa. A obrigação poderá ser originária de um contrato entre as partes ou poderá ser imposta por uma sentença. Procedente de contrato ou de sentença, deverá sempre haver a indicação de um prazo para o cumprimento da obrigação. A obrigação de fazer ou de não fazer poderá imposta por meio de ação civil pública (interesses difusos). Em caso sentença, deve haver sempre a previsão de uma cominação pecuniária diária (*astreintes*), que passará a vencer, desde que decorrido o prazo concedido pelo juiz para o adimplemento. A previsão de cominação pecuniária incentiva o cumprimento e beneficia a celeridade. Em caso de contrato, valerá o prazo avençado pelas partes.

Art. 816. Se o executado não satisfizer a obrigação no prazo designado, é lícito ao exequente, nos próprios autos do processo, requerer a satisfação da obrigação à custa do executado ou perdas e danos, hipótese em que se converterá em indenização.

Comentários: A obrigação de fazer não pode ser satisfeita *manu militari*. Não satisfeita a obrigação, esta se reverterá em perdas e danos. Se a obrigação de fazer for *intuitu personae*, isto é, que deverá ser feita pela própria pessoa, *v. g.*, a pintura de um quadro de um pintor famoso, o inadimplemento direcionará para as perdas e danos e, quiçá, dano moral. Todavia, se a obrigação puder ser feita por qualquer outra pessoa, *v. g.*, a construção de um muro de arrimo, a parte beneficiária poderá determinar a construção por terceiro, se for urgente, ou pedir autorização do juiz para fazer e depois cobrar do executado nos próprios autos. *Ver arts. 247, 249 e parágrafo único.* Se a prestação tornar-se impossível sem culpa do devedor, resolver-se-á obrigação; se por culpa do devedor, este responderá por perdas e danos (*Ver art. 248 do Código Civil*).

Parágrafo único. O valor das perdas e danos será apurado em liquidação, seguindo-se a execução para cobrança de quantia certa.

Comentário: As perdas e danos sequem o mesmo procedimento da execução por quantia certa.

Art. 817. Se a obrigação puder ser satisfeita por terceiro, é lícito ao juiz autorizar, a requerimento do exequente, que aquele a satisfaça à custa do executado.

Parágrafo único. O exequente adiantará as quantias previstas na proposta que, ouvidas as partes, o juiz houver aprovado.

✍ *Comentários:* O *caput* repete o art. 249 do Código Civil. Podendo a obrigação ser satisfeita por terceiro, o exequente requererá ao juiz e este deferirá. Devem ser colhidas duas ou mais propostas, que serão examinadas pelas partes e uma delas será aprovada pelo juiz. O adiantamento será feito pelo exequente, ressarcindo-se posteriormente em execução por quantia certa nos próprios autos, com juros e correção monetária.

Art. 818. Realizada a prestação, o juiz ouvirá as partes no prazo de 10 (dez) dias e, não havendo impugnação, considerará satisfeita a obrigação.

Parágrafo único. Caso haja impugnação, o juiz a decidirá.

✍ *Comentários:* Realizado o trabalho por terceiro, as partes serão ouvidas em 10 (dez) dias. Se o trabalho não for impugnado, o juiz considerará que o terceiro cumpriu a obrigação de fazer, prosseguindo a execução contra o executado que se negou a adimplir a obrigação. Se houver impugnação, o juiz decidirá em 5 (cinco) dias. A impugnação feita pelo executado deve ter pé na razoabilidade, pena de poder ser enquadrado na litigância de má-fé.

O artigo deveria ter a seguinte redação:

"Art. 818. Realizado o trabalho pelo terceiro, o juiz ouvirá as partes. Se não houver impugnação, o juiz considerará realizado o trabalho; se houver impugnação, o juiz decidirá em 5 (cinco) dias. A execução prosseguirá contra o executado para o ressarcimento do valor pago, mediante execução por quantia certa."

Art. 819. Se o terceiro contratado não realizar a prestação no prazo ou se o fizer de modo incompleto ou defeituoso, poderá o exequente requerer ao juiz, no prazo de 15 (quinze) dias, que o autorize a concluí-la ou a repará-la à custa do contratante.

Parágrafo único. Ouvido o contratante no prazo de 15 (quinze) dias, o juiz mandará avaliar o custo das despesas necessárias e o condenará a pagá-lo.

✍ *Comentários:* Caso o trabalho realizado pelo terceiro seja incompleto ou defeituoso, o exequente poderá requerer ao juiz que o autorize a concluí-lo ou repará-lo às custas do contratante. Para isso, terá o prazo preclusivo de 15 (quinze) dias. O juiz, ouvido o contratante no prazo preclusivo de 15 (quinze) dias, avaliará o custo das despesas que serão necessárias e condenará o contratante a pagar.

Art. 820. Se o exequente quiser executar ou mandar executar, sob sua direção e vigilância, as obras e os trabalhos necessários à realização da prestação, terá preferência, em igualdade de condições de oferta, em relação ao terceiro.

Parágrafo único. O direito de preferência deverá ser exercido no prazo de 5 (cinco) dias, após aprovada a proposta do terceiro.

✍ *Comentário:* O exequente tem o direito de preferência para executar a obra, desde que demonstre esse interesse em 5 (cinco) dias, contados da aprovação da proposta do terceiro.

Art. 821. Na obrigação de fazer, quando se convencionar que o executado a satisfaça pessoalmente, o exequente poderá requerer ao juiz que lhe assine prazo para cumpri-la.

Parágrafo único. Havendo recusa ou mora do executado, sua obrigação pessoal será convertida em perdas e danos, caso em que se observará o procedimento de execução por quantia certa.

✍ *Comentários:* Quando se tratar de prestação contratada *intuitu personae,* o exequente poderá requerer ao juiz que indique prazo para o cumprimento. Mais produtivo seria que o juiz determinasse, desde logo, o prazo para cumprimento do trabalho, independente de requerimento do exequente. Se houver recusa ou mora do executado, a obrigação pessoal será convertida em perdas e danos, com levantamento por execução por quantia certa.

Seção III
Da Obrigação de Não Fazer

Art. 822. Se o executado praticou ato a cuja abstenção estava obrigado por lei ou por contrato, o exequente requererá ao juiz que assine prazo ao executado para desfazê-lo.

✍ *Comentários:* Se o executado praticou ato ao qual tinha o dever de abstenção, o exequente poderá requerer ao juiz o desfazimento, dando prazo para tanto. O artigo tem efeito repressivo, qual seja, determinar que o executado desfaça aquilo que tinha obrigação por lei ou por contrato de não fazer.

Art. 823. Havendo recusa ou mora do executado, o exequente requererá ao juiz que mande desfazer o ato à custa daquele, que responderá por perdas e danos.

✍ *Comentário:* Se o executado recusar o desfazimento ou manter-se em mora, o requerente poderá requerer ao juiz que determine o desfazimento por intermédio de terceiro, correndo para o executado o pagamento do trabalho e de perdas e danos, se houver. *Ver art. 251 do Código Civil.*

Parágrafo único. Não sendo possível desfazer-se o ato, a obrigação resolve-se em perdas e danos, caso em que, após a liquidação, se observará o procedimento de execução por quantia certa.

✍ *Comentários:* Da negativa de desfazimento, este poderá ser feito por terceiro às expensas do executado, a requerimento do exequente. Se o desfazimento tornou-se impossível, a coisa se revolve em perdas e danos e prossegue a execução por quantia certa.

Capítulo IV
DA EXECUÇÃO POR QUANTIA CERTA

Seção I
Disposições Gerais

Art. 824. A execução por quantia certa realiza-se pela expropriação de bens do executado, ressalvadas as execuções especiais.

✍ *Comentário:* Salvo se a execução for levada a efeito de forma especial, ela será realizada pela expropriações de bens do devedor executado por meio de hasta pública.

Art. 825. A expropriação consiste em:

I — adjudicação;

II — alienação;

III — apropriação de frutos e rendimentos de empresa ou de estabelecimentos e de outros bens.

✍ *Comentários:* A expropriação consiste na penhora de bens que serão levados à praça ou ao leilão e que serão objeto de arrematação em hasta pública, venda do bem para particular, adjudicação antes ou depois da almoeda. Os frutos, objeto de penhora, serão alienados ou poderão ser adjudicados.

Art. 826. Antes de adjudicados ou alienados os bens, o executado pode, a todo tempo, remir a execução, pagando ou consignando a importância atualizada da dívida, acrescida de juros, custas e honorários advocatícios.

✍ *Comentários:* Antes de assinada a carta de arrematação, de venda para particular ou de adjudicação, o devedor poderá remir a execução, isto é, pagar a dívida integralmente, aí incluídos juros e correção monetária, honorários de perito e de advogado, custas, emolumentos e outras despesas, se houver. O artigo é incompleto quando omite os honorários periciais. Deveria dizer apenas "honorários". Na remição, não pode haver sobra de dívida. Remir é pagar absolutamente tudo o que o executado deve. A falha do *caput* deve ser superada por interpretação abrangente, em face do evidente lapso do legislador.

Seção II
Da Citação do Devedor e do Arresto

Art. 827. Ao despachar a inicial, o juiz fixará, de plano, os honorários advocatícios de dez por cento, a serem pagos pelo executado.

§ 1º No caso de integral pagamento no prazo de 3 (três) dias, o valor dos honorários advocatícios será reduzido pela metade.

✍ *Comentários:* Segundo o *caput*, ato contínuo ao despachar a inicial, o juiz fixará de plano honorários advocatícios de 10 (dez) por cento a serem pagos pelo executado. Ao arbitrar os honorários advocatícios, estes passam a fazer parte do patrimônio do advogado e seão calculados sobre o valor apurado ma execução. A redução imposta pelo § 1º, caso o executado liquide a obrigação em 3 (três) dias é ilegal. O valor arbitrado passou a fazer parte do patrimônio do advogado e não poderá ser reduzido. Ainda que assim não se entenda, *ad argumentandum tantum*, haveria um outro óbice, ante o que dispõe o art. 85, § 2º, do CPC novo (art. 2º, § 3º, do CPC em vigor) que determina que os honorários sejam arbitrados no mínimo de 10 (dez) e no máximo de 20 (vinte) por cento. O § 1º sob comento está na contramão e tisna a ilegalidade.

O *caput* está incompleto. Deveria ter a seguinte redação, eliminando-se o parágrafo primeiro:

> "*Art. 827. Ao despachar, o juiz fixará, de plano, os honorários advocatícios de 10 (dez) por cento sobre o valor apurado em execução, a serem pagos pelo executado, dando 3 (três) dias para o pagamento.*"

§ 2º O valor dos honorários poderá ser elevado até vinte por cento, quando rejeitados os embargos à execução, podendo a majoração, caso não opostos os embargos, ocorrer ao final do procedimento executivo, levando-se em conta o trabalho realizado pelo advogado do exequente.

✍ *Comentários:* Os honorários advocatícios, rejeitados os embargos à execução, poderão ser majorados até 20 (vinte) por cento sobre o valor apurado em execução, tendo como parâmetro o trabalho realizado pelo advogado do exequente. Este parágrafo confirma os comentários anteriores ao fixar o máximo de 20%. Se assim é, o mínimo terá de ser de 10% não de 5% como quer o § 1º.

Art. 828. O exequente poderá obter certidão de que a execução foi admitida pelo juiz, com identificação das partes e do valor da causa, para fins de averbação no registro de imóveis, de veículos ou de outros bens sujeitos a penhora, arresto ou indisponibilidade.

DA AVERBAÇÃO

✍ *Comentários:* Tem-se aqui que a certidão comprobatória do ajuizamento da execução poderá ser averbada. Cuida-se de uma publicidade que dará garantia ao credor que, com isso, poderá evitar a alienação indevida de bens no curso da execução, com possibilidade de tornar o executado insolvente. Não obstante, nesse estágio processual a alienação determinando a insolvência possa ser declarada ineficaz, posto que consubstanciada a fraude à execução, a providência não deixa de ser mais um meio de desestimular a compra por aquele adquirente cuidadoso que sempre se preocupará em investigar a situação do pretenso vendedor. Essa averbação está prevista no art. 167, inciso II, n. 12, da Lei dos Registros Públicos. A averbação da execução coloca em dúvida todos os bens do executado e impõe presunção *juris et de jure* de fraude à execução na alienação de qualquer bem averbado, nos termos do § 4º.

Todavia, o § 2º, infra, determina que, efetuada a penhora de tantos bens quantos bastem a levar a bom termo a execução, os demais bens não penhorados sejam liberados da averbação.

DA PENHORA

O termo averbação está incorreto. A penhora de qualquer bem, móvel, imóvel, veículo ou semovente será registrada não averbada (art. 157, I, n. 5, da Lei dos Registros Públicos). O art. 240 da LRP diz que o registro da penhora faz prova quanto à fraude ou qualquer transação posterior. O exequente, mediante certidão de inteiro teor expedida pelo cartório, poderá fazer o registro da penhora. Pelo Código em vigor, firmou-se a jurisprudência de que a ausência de registro transfere ao exequente a prova de má-fé do adquirente do bem.

O registro exigido pelo Código em vigor, art. 659, § 4º, foi recepcionado pelo art. 844 do Código novo, mediante certidão de inteiro teor, independente de mandado judicial. O registro, todavia, não é condição para a validade da penhora, mas apenas para que, dando publicidade a terceiro (*iuris et de iure*), não possa o adquirente de bem penhorado alegar boa-fé na aquisição. Com o registro, presume-se que o bem foi transferido com fraude à execução (STJ — Corte Especial, REsp 956943-PR, rel. Min. Namcy Andrighi).

§ 1º No prazo de 10 (dez) dias de sua concretização, o exequente deverá comunicar ao juízo as averbações efetivadas.

✍ *Comentário:* Nos próximos 10 (dias) depois do registro, o exequente comunicará ao juízo o registro, juntando aos autos cópia.

§ 2º Formalizada penhora sobre bens suficientes para cobrir o valor da dívida, o exequente providenciará, no prazo de 10 (dez) dias, o cancelamento das averbações relativas àqueles não penhorados.

✍ *Comentário:* Este parágrafo registra a mesma erronia, trocando registro por averbação como se fossem termos sinônimos.

§ 3º O juiz determinará o cancelamento das averbações, de ofício ou a requerimento, caso o exequente não o faça no prazo.

✍ *Comentário:* Parágrafo ocioso. Poderia fazer parte do anterior. O juiz poderá fazer o cancelamento de ofício ou a requerimento do próprio executado, caso o exequente nada requeira. Louva-se o desapego ao princípio dispositivo.

§ 4º Presume-se em fraude à execução a alienação ou a oneração de bens efetuada após a averbação.

✍ *Comentários:* Este parágrafo registra a mesma erronia, trocando registro por averbação como se fossem termos sinônimos. A presunção de fraude à execução é *juris et de jure*.

§ 5º O exequente que promover averbação manifestamente indevida ou não cancelar as averbações nos termos do § 2º indenizará a parte contrária, processando-se o incidente em autos apartados.

✍ *Comentários:* Este parágrafo registra a mesma erronia, trocando registro por averbação como se fossem termos sinônimos. Todo aquele que age com culpa ou dolo deve indenizar pelos prejuízos causados (arts. 186 e 927 do Código Civil). Embora o juiz possa determinar o cancelamento de ofício (§ 3º) ou a requerimento do executado, depois de penhorados bens, o requerente tem o dever de cancelar a averbação. Se não o fizer, o exequente arcará com a indenização (perdas e danos) que for devida (§ 5º).

Art. 829. O executado será citado para pagar a dívida no prazo de 3 (três) dias, contado da citação.

✍ *Comentário:* O *caput* determina a citação para o executado efetuar o pagamento. O prazo será contado do dia seguinte à intimação, se cair em dia útil.

§ 1º Do mandado de citação constarão, também, a ordem de penhora e a avaliação a serem cumpridas pelo oficial de justiça tão logo verificado o não pagamento no prazo assinalado, de tudo lavrando-se auto, com intimação do executado.

✍ *Comentários:* Distribuído o mandado citatório, competirá ao oficial de justiça o controle do pagamento do tempo aprazado. Inadimplente o executado, o oficial penhorará bens, tantos quantos bastem para levar a execução a bom termo, ao mesmo tempo em que providenciará a avaliação. Se se tratar de bem para o qual o oficial não tenha conhecimentos para proceder à avaliação, *v. g.*, pedras preciosas, cavalo ou boi de raça etc., levará o fato ao conhecimento do juiz e este nomeará perito técnico no assunto para proceder à avaliação. Feita a penhora e feita a avaliação, o executado será intimado.

§ 2º A penhora recairá sobre os bens indicados pelo exequente, salvo se outros forem indicados pelo executado e aceitos pelo juiz, mediante demonstração de que a constrição proposta lhe será menos onerosa e não trará prejuízo ao exequente.

✍ *Comentário:* O bem recairá sobre os bens indicados pelo exequente. Ressalva-se a hipótese em que o executado indicar bens, demonstrando que a constrição proposta será menos onerosa e não imporá prejuízo ao exequente, podendo o juiz aceitar ou não.

Art. 830. Se o oficial de justiça não encontrar o executado, arrestar-lhe-á tantos bens quantos bastem para garantir a execução.

✍ *Comentário:* Sempre que o executado não seja encontrado, o oficial deverá arrestar bens, os quais posteriormente serão convolados em penhora.

§ 1º Nos 10 (dez) dias seguintes à efetivação do arresto, o oficial de justiça procurará o executado 2 (duas) vezes em dias distintos e, havendo suspeita de ocultação, realizará a citação com hora certa, certificando pormenorizadamente o ocorrido.

✍ *Comentário:* O arresto obedecerá à formalidade do parágrafo sob comento, com certificação pormenorizada do ocorrido. Somente depois de providência, o arresto será transformado em penhora.

§ 2º Incumbe ao exequente requerer a citação por edital, uma vez frustradas a pessoal e a com hora certa.

✍ *Comentário:* Frustradas a citação pessoal e a com hora certa, poderá o requerente requerer a citação por edital. *Ver art. 654 do Código em vigor recepcionado pelo art. 830, §§ 2º e 3º do Código novo.*

§ 3º Aperfeiçoada a citação e transcorrido o prazo de pagamento, o arresto converter-se-á em penhora, independentemente de termo.

✍ *Comentário:* O arresto se convalida em penhora automaticamente tão logo a citação se aperfeiçoe.

Seca III
Da Penhora, do Depósito e da Avaliação

Subseção I
Do Objeto da Penhora

Art. 831. A penhora deverá recair sobre tantos bens quantos bastem para o pagamento do principal atualizado, dos juros, das custas e dos honorários advocatícios.

✍ *Comentários:* O artigo está incompleto, pois não fala em honorários periciais, emolumentos e outras despesas. A norma nada mais é do que a remição da execução. Por isso, o devedor deverá pagar absolutamente tudo. Não existe remição pela metade ou que deixa restos para pagar. Por conseguinte, o artigo deveria ter a seguinte redação:

> *"Art. 831. A penhora deverá recair sobre tantos bens quantos bastem para o pagamento do principal com juros, correção monetária, custas, honorários advocatícios e periciais e toda e quaisquer outras despesas processuais."*

Art. 832. Não estão sujeitos à execução os bens que a lei considera impenhoráveis ou inalienáveis.

☑ Nota: *Ver art. 834 do Código novo.*

Art. 834. Podem ser penhorados, à falta de outros bens, os frutos e os rendimentos dos bens inalienáveis.

✍ *Comentários:* Como regra, não podem ser objeto de penhora os bens impenhoráveis ou inalienáveis. O artigo não pode e não deve ser interpretado na sua literalidade, pois levaria ao impasse. Podemos dizer que a inalienabilidade traduz uma condição com maior força restritiva do que o núcleo operacional da impenhorabilidade. A inalienabilidade proíbe o titular a dispor do bem. A impenhorabilidade protege o bem contra a possibilidade de penhora do bem (bem de família — arts. 1.711/1722). O art. 834 recepcionou o art. 650 do Código em vigor, mas o fez de forma incompleta. O que não se pode deixar de lamentar. Referido artigo excepciona admitindo a penhora dos frutos e rendimentos de bens inalienáveis, saldo se destinados à satisfação alimentícia. O art. 834 não recepcionou a exceção. Todavia, mesmo não mencionando a exceção expressamente, ela deve ser aplicada. Estar-se-ia vestindo um santo em detrimento de outro com natureza alimentar. Vamos mais longe. Se os frutos ou o rendimento forem em valor superior à necessidade alimentar, não haverá óbice a que se penhore aquela parte que em nada influirá na alimentação. Embora não o diga o *caput* do art. 834, também os frutos e os rendimentos do bem impenhorável poderão ser objetos de penhora, ressalvada a hipótese citada acima em que o valor foi inteiramente destinado a prover o alimento de alguém.

Art. 833. São impenhoráveis:

I — os bens inalienáveis e os declarados, por ato voluntário, não sujeitos à execução;

✍ *Comentários:* A impenhorabilidade do bem não significa a impenhorabilidade dos frutos ou dos rendimentos provenientes do bem, desde que não tenha finalidade alimentar. Entretanto, mesmo com finalidade alimentar, se o valor dos frutos ou do rendimento superarem à necessidade alimentar, o excesso poderá ser penhorado em execução. Esse mesmo raciocínio pode ser aplicado para os bens impenhoráveis.

II — os móveis, os pertences e as utilidades domésticas que guarnecem a residência do executado, salvo os de elevado valor ou os que ultrapassem as necessidades comuns correspondentes a um médio padrão de vida;

✍ *Comentários:* Os bens de uso diário e que são necessários para o manejo da vida diária são impenhoráveis. Não o são aqueles bens de valor elevado, como joias caras (não bijuteria), casacos de pele, relógio de pulso de ouro, anel de brilhante. Outros bens de menor valor poderão ser penhorados, *v. g.*, existem dois ou três aparelhos de som, três ou quatro televisores, três geladeiras, três máquinas de lavar roupa e louça. Embora de valores menores, haverá a possibilidade de penhora, levando em conta o pequeno valor da execução. Tudo se reduz na questão de razoabilidade. Esse raciocínio deve ser levado com maior razão para a execução de créditos trabalhistas, que têm natureza alimentar, e na execução de pensão alimentícia.

III — os vestuários, bem como os pertences de uso pessoal do executado, salvo se de elevado valor;

✍ *Comentário:* Reportamo-nos aos comentários do inciso anterior.

IV — os vencimentos, os subsídios, os soldos, os salários, as remunerações, os proventos de aposentadoria, as pensões, os pecúlios e os montepios, bem como as quantias recebidas por liberalidade de terceiro e destinadas ao sustento do devedor e de sua família, os ganhos de trabalhador autônomo e os honorários de profissional liberal, ressalvado o § 2º;

✍ *Comentários:* A impenhorabilidade dita pelo inciso deve ser conduzida em termos de razoabilidade e relatividade, sob pena de levar ao impasse.

O inciso deve ser interpretado com pé na razoabilidade. Os vencimentos, os soldos, os salários, os subsídios etc., dependendo do valor recebido mensalmente serão impenhoráveis. Todavia, se o recebimento mensal for, *v. g.*, de um executivo, de um profissional liberal ou mesmo de um simples técnico, cuja valor seja razoavelmente acima dos vencimentos comuns, isto, é excedendo a quantia necessária para a sobrevivência familiar, não haverá como não efetuar a penhora do valor excedente, dentro de uma raciocínio lógico e levando em conta a dignidade da pessoa humana. *Ver § 2º, infra.*

Raciocínio diverso poderá nos levar à seguinte hipótese: a empregada doméstica foi dispensada e não recebeu salários atrasados, férias e 13º salário, tudo no total de 1.500 reais. O patrão recebe 15.000 reais por mês. Obviamente, a penhora do valor igual à dívida não lhe trará nenhuma consequência danosa. Esse mesmo raciocínio pode e deve ser aplicado para toda e qualquer dívida. Suponhamos que a dívida é de 30.000 reais e o devedor recebe 15.000

mensais. O juiz poderá penhorar 20% do valor todo mês até que se complete o valor da dívida, juros e correção monetária e demais despesas processuais. Raciocínio diverso, estar-se-á incentivando o mau pagador. Interpretar a lei é uma questão de razoabilidade.

Processo Trabalhista: o raciocínio retro vale, com maior razão, para o pagamento de créditos trabalhistas, cuja natureza é alimentar. *Ver comentários ao § 2º.*

V — os livros, as máquinas, as ferramentas, os utensílios, os instrumentos ou outros bens móveis necessários ou úteis ao exercício da profissão do executado; *Ver § 3º, infra.*

✍ *Comentários:* Não estão sujeitos à penhora os bens de autônomos, escritórios de contabilidade, oficinas mecânicas que não contam com máquinas ou utensílios sofisticados, podendo-se incluir também as pequenas empresas cujo patrimônio se confunde com o próprio titular, isto é, o patrimônio da empresa é o mesmo do titular. Embora, neste caso, a responsabilidade seja ilimitada, poderá não existir bens além daqueles que são necessários ao funcionamento do comércio. Todavia, havendo máquinas e/ou ferramentas em duplicidade, dependendo do valor da execução, haverá a possibilidade de penhora, ainda que isso imponha algum desconforto ao devedor.

VI — o seguro de vida;

✍ *Comentários:* O *caput* recepciona o art. 649, VI, do Código em vigor. O capital estipulado não se sujeita às dívidas do segurado nem é considerado herança para todos os efeitos de direito. Há uma presunção de que o valor recebido tem natureza alimentar. Todavia, tudo dependerá do valor recebido.

Processo do Trabalho: a preferência não se aplica ao crédito trabalhista que tem o benefício do art. 186 do Código Tributário Nacional. Como dissemos antes, tudo dependerá do valor recebido.

VII — os materiais necessários para obras em andamento, salvo se essas forem penhoradas;

✍ *Comentários:* Não são penhoráveis o material comprado (à vista ou a prazo) e que serão empregados na obra em construção. Excepciona-se o caso em que a própria obra foi penhorada.

VIII — a pequena propriedade rural, assim definida em lei, desde que trabalhada pela família;

✍ *Comentários:* A prerrogativa da impenhorabilidade se estende pequena propriedade rural, desse modo definida em lei, que recebe o trabalho de todos os elementos da família. Interessante notar que o inciso deixa expresso que a propriedade rural deve ser pequena conforme a definição legal

IX — os recursos públicos recebidos por instituições privadas para aplicação compulsória em educação, saúde ou assistência social;

✍ *Comentários:* Os recursos públicos liberados com finalidade própria não poderão ser penhorados para pagamento do devedor. Se assim fosse, a dívida estaria sendo paga com dinheiro público, dinheiro do erário, dinheiro de todos nós.

X — a quantia depositada em caderneta de poupança, até o limite de 40 (quarenta) salários mínimos;

✍ *Comentários:* O dinheiro depositado em poupança representa a sobra da renda mensal do devedor. Isso significa que a renda não tem finalidade alimentar, mas de aumento do patrimônio. Por isso, achamos que o percentual poderia ser maior: de 60 (sessenta) por cento. Quem deve, tem de pagar ainda que seja com sacrifício, pois o credor começou a ser sacrificado, desde a inadimplência.

XI — os recursos públicos do fundo partidário recebidos por partido político, nos termos da lei;

Comentários: Na prática, o dinheiro recebido do fundo partidário, dinheiro público, é desviado ao bel--prazer do partido, posto que a fiscalização é praticamente nenhuma. Citamos abaixo caso concreto:

> "CPI dos Correios têm vários documentos comprovando que o PT usou R$ 400 mil do Fundo Partidário, dinheiro público, para pagar a dívida trabalhista de uma empresa privada, a Editora Brasil Agora Ltda, ligada ao partido e que já pertenceu ao presidente Lula. Outras investigações da CPI dos Correios já mostraram que o PT usou o Fundo Partidário em operações suspeitas e pagamento ilegais. O primeiro é o empréstimo a Lula (de R$ 29 mil e 400) tomado junto ao PT, e que teria sido quitado pelo amigo Paulo Okamotto. Outro alvo são as viagens dos familiares do presidente para a posse em Brasília, no dia 1º de janeiro de 2003. A dívida trabalhista de R$ 400 mil com o ex-funcionário Paulo Soldano foi paga com o cheque n. 851.760. O balancete da contabilidade do PT, detalhando o uso do dinheiro do Fundo Partidário entre 1º de janeiro e 31 de janeiro de 2004, e que está arquivado no TSE (Tribunal Superior Eleitoral), mostra que esse cheque foi emitido contra a conta 140.808-9, no Banco do Brasil — que vem a ser uma das contas de movimentação do Fundo Partidário do Partido dos Trabalhadores. O artigo 44 da Lei dos Partidos Políticos proíbe o uso de dinheiro do fundo partidário para esses fins. Disponível em: <http://www.alertatotal.net/2006/02/o-escndalo-do-fundo-partidrio-cpi.html>.

Como vimos, a lei proíbe, mas o partido não obedece, não existe fiscalização e tudo fica como dantes no quartel de Abrantes. Este é o Brasil que não queremos!!!

XII — os créditos oriundos de alienação de unidades imobiliárias, sob regime de incorporação imobiliária, vinculados à execução da obra.

Comentários: Os créditos são resultantes da alienação de unidades imobiliárias. A aplicação está condicionada à instauração do processo de afetação na incorporação imobiliária.

§ 1º A impenhorabilidade não é oponível à execução de dívida relativa ao próprio bem, inclusive àquela contraída para sua aquisição.

Comentários: O bem, ainda que seja bem de família, não está a salvo da penhora, se a execução referir-se à dívida do próprio bem, inclusive aquela contraída para a sua aquisição. O mesmo raciocínio deve ser feito com relação à taxa de condomínio inadimplida. Neste caso, o bem de família também responde.

§ 2º O disposto nos incisos IV e X do *caput* não se aplica à hipótese de penhora para pagamento de prestação alimentícia, independentemente de sua origem, bem como às importâncias excedentes a 50 (cinquenta) salários mínimos mensais, devendo a constrição observar o disposto no art. 528, § 8º, e no art. 529, § 3º.

Comentários: O parágrafo excepcionará os incisos IV e X, quando se tratar de pagamento de prestação alimentícia. Essa é a regra geral. Todavia, o inciso cria uma outra hipótese, qual seja, a de que o executado não possa pagar sem que isso cause transtornos ao sustento familiar. Nesse caso, a lei permite que sejam penhorados apenas 50 (cinquenta) por cento da renda. A expressão alimentícia deve ter a abrangência sobre todo crédito que tenha finalidade alimentar, como é o caso do crédito trabalhista, dos honorários advocatícios e periciais etc.

§ 3º Incluem-se na impenhorabilidade prevista no inciso V do *caput* os equipamentos, os implementos e as máquinas agrícolas pertencentes a pessoa física ou a empresa individual produtora rural, exceto quando tais bens tenham sido objeto de financiamento e estejam vinculados em garantia a negócio jurídico ou quando respondam por dívida de natureza alimentar, trabalhista ou previdenciária.

✍ *Comentário*: Remetemos aos comentários do inciso V. O inciso V deveria ser constituído em alíneas para conter este parágrafo que cuida do mesmo tema.

Art. 834. Podem ser penhorados, à falta de outros bens, os frutos e os rendimentos dos bens inalienáveis.

✍ *Comentários:* Reportamo-nos aos comentários do art. 832. A impenhorabilidade que afasta o bem da possibilidade ser levado à hasta pública não opera sobre os frutos e sobre os possíveis rendimentos que dele advierem, isto é, o acessório não está coberto pela impenhorabilidade. Embora omisso o artigo, os frutos e os possíveis rendimentos só serão penhorados se não forem objeto de satisfação de prestação alimentícia. Se for, somente o excesso será penhorado. O art. 834 recepcionou o art. 650 do Código em vigor de forma incompleta, pois eliminou da redação a parte final: "salvo se destinada a satisfação de prestação alimentícia." Na prática, ainda que o artigo não tenha premiado a exceção, poderá o juiz fazê-lo.

Art. 835. A penhora observará, preferencialmente, a seguinte ordem:

I — dinheiro, em espécie ou em depósito ou aplicação em instituição financeira;

II — títulos da dívida pública da União, dos Estados e do Distrito Federal com cotação em mercado;

III — títulos e valores mobiliários com cotação em mercado;

IV — veículos de via terrestre;

V — bens imóveis;

VI — bens móveis em geral;

VII — semoventes;

VIII — navios e aeronaves;

IX — ações e quotas de sociedades simples e empresárias;

X — percentual do faturamento de empresa devedora;

XI — pedras e metais preciosos;

XII — direitos aquisitivos derivados de promessa de compra e venda e de alienação fiduciária em garantia;

XIII — outros direitos.

§ 1º É prioritária a penhora em dinheiro, podendo o juiz, nas demais hipóteses, alterar a ordem prevista no *caput* de acordo com as circunstâncias do caso concreto.

✍ *Comentários:* O artigo fala que a penhora deverá observar a preferência posta. Embora o artigo seja taxativo quanto à preferência, não deve o intérprete impressionar-se com a literalidade. A teoria na prática é outra. Caberá ao juiz fazer as adaptações que a prática judicante exigir em face das circunstâncias fáticas que se apresentam no momento.

Todavia, o legislador comete lapso ao dar preferência para o bem imóvel em detrimento do bem móvel. A penhora de bem imóvel somente será levada a efeito, quando a execução contiver valores altos. A regra é a penhora de bens móveis, veículos. Também fala na penhora de ações de sociedade simples e empresarias. Pode-se levar a efeito a penhora de sociedades anônimas de capital aberto ou fechado. Na preferência pela penhora em dinheiro em espécie (depósito em conta corrente) ou dinheiro aplicado em instituição financeira (*ver art. 833, inciso X)*, do Código novo. Quanto à penhora em dinheiro, a jurisprudência praticamente unânime dos tribunais é no sentido de que só cabe quando a execução for definitiva, isto é, quando já existir trânsito em julgado. A penhora em dinheiro, quando a execução é provisória, tem sido revertida por meio de mandado de segurança. Lamenta-se que o legislador tenha perdido a oportunidade de colocar no rol de preferências a fiança bancária, garantia superior ao próprio dinheiro, já que a fiança obriga o fiador a liquidar a obrigação na sua totalidade, evitando praças sucessivas para pagamento de restos executórios. Merece elogio, todavia, o inciso XII, que permite a penhora sobre os direitos aquisitivos derivados de alienação fiduciária. Há três décadas que defendemos, quase de maneira solitária, a penhora de bem como selo fiduciário. O raciocínio é lógico: um bem gravado com alienação fiduciária, pagamento em 60 (sessenta) meses, e o devedor já efetuou o pagamento de 40 prestações. Essa parte do bem objeto de pagamentos mensais já pertence de fato ao patrimônio do devedor. Nada impede e tudo aconselha que essa parte seja penhorada, pois ela não mais pertence ao credor fiduciário. Essa explicação deverá constar do edital de praça ou leilão, e o arrematante ou adjudicante levará o bem como gravame e será obrigado a continuar efetuando o pagamento. Por analogia, poder-se-ia aplicar os preceitos normativos dos arts. 303 e 333 do Código Civil (hipoteca). Referido inciso também poderá ser aplicado de forma analógica para a penhora de bem gravado por *LEASING*, que também opera mediante prestações mensais. Antigamente, exigia-se o pagamento de um resíduo no final. Hoje, nos contratos firmados com *LEASING* consta um percentual nas prestações referente ao resíduo. Isso significa que o resíduo também é pago mensalmente. A exemplo da garantia fiduciária, as prestações pagas no contrato de LEASING incorporam-se no patrimônio de fato do devedor e poderá ser objeto de penhora.

Processo do Trabalho: o inciso XII cabe como uma luva no processo do trabalho, onde ainda existe resistência sem razão, pois o crédito trabalhista goza de superprivilégio nos termos do art. 186 do Código Tributário Nacional e da Lei dos Executivos Fiscais (Lei n. 6.830/80). Remetemos o leitor ao nosso livro "A Execução na Justiça do Trabalho", 8. ed. LTr, São Paulo, 2014, item 4.27 — Da alienação fiduciária, p. 255/260.

§ 2º Para fins de substituição da penhora, equiparam-se a dinheiro a fiança bancária e o seguro garantia judicial, desde que em valor não inferior ao do débito constante da inicial, acrescido de trinta por cento.

✍ *Comentários:* Existe uma certa resistência do STJ pela fiança bancária em substituição ao dinheiro. Sem razão, todavia. A fiança bancária, sabem os juízes, principalmente de primeiro grau, é a melhor garantia para a liquidação (remição das execução) da obrigação. Evita mais de uma praça e leilão e é o meio menos gravoso para o devedor executado. O juiz não deve ter preconceito ou achar que a penhora em dinheiro será sempre a preferível. Como dissemos acima, a penhora em dinheiro só deve ser feita na execução definitiva, na execução provisória, a jurisprudência quase unânime desaconselha a penhora. Depois, a penhora no capital de giro da empresa poderá trazer transtornos que poderão comprometer os trabalhos normais e a folha de pagamento dos funcionários e o pagamento de débitos compulsórios do mês. O parágrafo é oportuno. Mas a fiança bancária deveria figurar no inciso I do rol do *caput.*

§ 3º Na execução de crédito com garantia real, a penhora recairá sobre a coisa dada em garantia, e, se a coisa pertencer a terceiro garantidor, este também será intimado da penhora.

✍ *Comentários:* Em caso de inadimplência, a coisa dada em garantia real poderá ser sequestrada. A penhora será feita sobre o bem gravado com a garantia real. Se o garantidor for terceiro, este será também, obrigatoriamente, intimado da penhora.

Art. 836. Não se levará a efeito a penhora quando ficar evidente que o produto da execução dos bens encontrados será totalmente absorvido pelo pagamento das custas da execução.

✍ *Comentários:* Processo do Trabalho. Esta regra civilista não se aplica ao processo do trabalho, onde o crédito tem natureza alimentar e é dotado de especial preferência, em face do art. 186 do Código Tributário Nacional e da Lei dos Executivos Fiscais (Lei n. 6.830/80). As custas serão pagas ao final, tendo preferência o pagamento do crédito trabalhista. Se o executado não possuir bens que garantam toda a execução, penhoram-se os bens que existirem e faz-se a execução parcial, prosseguindo-se posteriormente, quando surgirem outros bens. Não haverá prescrição da execução, conforme art. 40 da Lei dos Executivos Fiscais, aplicável *ex vi* do art. 889 da CLT.

§ 1º Quando não encontrar bens penhoráveis, independentemente de determinação judicial expressa, o oficial de justiça descreverá na certidão os bens que guarnecem a residência ou o estabelecimento do executado, quando este for pessoa jurídica.

✍ *Comentário:* O oficial de justiça, se não encontrar bens penhoráveis, certificará de forma clara e analítica os bens que guarnecem a residência (devedor pessoa física) ou o estabelecimento comercial (pessoa jurídica). Esse comando deve sempre constar do mandado de penhora para evitar perda de tempo.

§ 2º Elaborada a lista, o executado ou seu representante legal será nomeado depositário provisório de tais bens até ulterior determinação do juiz.

✍ *Comentário:* Este parágrafo deveria fazer parte do parágrafo anterior. Mesmo não havendo penhora formalizada, a nomeação de depositário provisório é importante para que fique responsável pela guarda do bem.

Subseção II

Da Documentação da Penhora, de seu Registro e do Depósito

Art. 837. Obedecidas as normas de segurança instituídas sob critérios uniformes pelo Conselho Nacional de Justiça, a penhora de dinheiro e as averbações de penhoras de bens imóveis e móveis podem ser realizadas por meio eletrônico.

✍ *Comentários:* O Código como um todo comete a erronia de achar que os termos averbação e registro seriam sinônimos. Há cerca de quatro décadas a lei foi modificada. Antes da modificação, a penhora era averbada e o bem imóvel era registrado no Cartório de Registros Imobiliários; com a modificação, a penhora passou a ser registrada e o bem imóvel passou a ser matriculado (art. 167, I, n. 5 — da Lei dos Registros Públicos). O legislador com maior razão haveria de respeitar o art. 3º da Lei de Introdução ao Código Civil.

Art. 838. A penhora será realizada mediante auto ou termo, que conterá:

I — a indicação do dia, do mês, do ano e do lugar em que foi feita;

II — os nomes do exequente e do executado;

III — a descrição dos bens penhorados, com as suas características;

IV — a nomeação do depositário dos bens.

✍ *Comentários:* O *caput* indica os elementos que devem compor o auto de penhora. No inciso III, exige a descrição dos bens com as suas características. Deve ser incluído nas características, o estado de conservação do bem, se bem ou mal conservado. A penhora formaliza-se com a nomeação do depositário. A ausência de cumprimento de um ou mais itens constitui vício sanável. Se o vício não impõe prejuízo, não se decretará a nulidade.

Art. 839. Considerar-se-á feita a penhora mediante a apreensão e o depósito dos bens, lavrando-se um só auto se as diligências forem concluídas no mesmo dia.

Parágrafo único. Havendo mais de uma penhora, serão lavrados autos individuais.

✍ *Comentários:* Considera-se formalizada a penhora com a nomeação do depositário. As diligências efetuadas no mesmo dia poderão ser formalizadas em auto único; se houver mais de uma penhora, serão lavrados autos distintos.

Art. 840. Serão preferencialmente depositados:

I — as quantias em dinheiro, os papéis de crédito e as pedras e os metais preciosos, no Banco do Brasil, na Caixa Econômica Federal ou em banco do qual o Estado ou o Distrito Federal possua mais da metade do capital social integralizado, ou, na falta desses estabelecimentos, em qualquer instituição de crédito designada pelo juiz;

✍ *Comentários:* Se houver na localidade da execução agência do Banco do Brasil, da Caixa Econômica Federal ou, na falta, houver bancos em que o Estado ou o Distrito Federal seja maior acionista (sociedades de economia mista) com capital integralizado, as quantias em dinheiro, os papéis de crédito e as pedras e os metais preciosos serão ali depositados, obedecendo à ordem preferencial de depositário. Na falta de estabelecimentos indicados na ordem preferencial, o depositário poderá ser qualquer instituição de crédito designado pelo juiz.

II — os móveis, os semoventes, os imóveis urbanos e os direitos aquisitivos sobre imóveis urbanos, em poder do depositário judicial; *(ver § 1º, infra).*

III — os imóveis rurais, os direitos aquisitivos sobre imóveis rurais, as máquinas, os utensílios e os instrumentos necessários ou úteis à atividade agrícola, mediante caução idônea, em poder do executado.

✍ *Comentário:* Preferência no depósito.

§ 1º No caso do inciso II do *caput*, se não houver depositário judicial, os bens ficarão em poder do exequente.

✍ *Comentários:* Preferentemente, o depositário deverá ser o proprietário do bem, que é o depositário natural; na impossibilidade deve ser nomeado depositário judicial; na falta, o bem poderá ficar nas mãos do exequente. Dependendo do bem, o juiz deverá exigir de depositário: veículo, seguro, pagamento de multas e conservação do veículo; se animais de raça, serão exigidos o seguro e a comprovação de vacinas, etc.

§ 2º Os bens poderão ser depositados em poder do executado nos casos de difícil remoção ou quando anuir o exequente.

✍ *Comentários:* O parágrafo parte da premissa de que o executado não seria pessoa idônea para permanecer como fiel depositário, só podendo sê-lo em caso excepcional, ainda assim com a anuência do exequente. Com isso, o legislador traz a idiossincrasia para o processo. Deveria deixar ao douto critério do juiz que é o diretor do processo (*dominus processus*). Entretanto, ainda que o exequente discorde, se os motivos não convencerem o juiz, nomeará o executado como fiel depositário.

§ 3º As joias, as pedras e os objetos preciosos deverão ser depositados com registro do valor estimado de resgate.

✍ *Comentários:* Todo bem penhorado, além da descrição de forma analítica, indicando os requisitos que identifiquem facilmente o bem, deve indicar o valor, requisitos inarredável para que se saiba se o juízo estaria garantido. O § 3º é de pouca serventia, quando manda estimar o valor de resgate para as joias e materiais preciosos. O valor poderá variar no tempo. E o de resgate poderá não coincidir com o valor real no futuro. Poderá ser maior ou menor.

Art. 841. Formalizada a penhora por qualquer dos meios legais, dela será imediatamente intimado o executado.

§ 1º A intimação da penhora será feita ao advogado do executado ou à sociedade de advogados a que aquele pertença.

§ 2º Se não houver constituído advogado nos autos, o executado será intimado pessoalmente, de preferência por via postal.

§ 3º O disposto no § 1º não se aplica aos casos de penhora realizada na presença do executado, que se reputa intimado.

§ 4º Considera-se realizada a intimação a que se refere o § 2º quando o executado houver mudado de endereço sem prévia comunicação ao juízo, observado o disposto no parágrafo único do art. 274.

✍ *Comentários:* Segundo o *caput,* o executado será imediatamente intimado, desde que formalizada a penhora. A intimação será feita na pessoa do advogado do executado ou será dirigida à sociedade que o advogado integra, na pessoa de quem a representa. Considera-se feita a intimação se feita em caixa postal indicada pela sociedade. Na ausência de advogado constituído, a intimação será feita pessoalmente ao executado.

O § 3º afirma que se reputa intimado o executado, se a penhora foi lavrada na sua presença. Para que isso acorra, são necessárias uma das hipóteses que indicaremos: a) lavrado o auto de penhora, o executado seja nomeado e aceite ser fiel depositário; b) a penhora é lavrada na presença do executado e no mesmo momento é nomeado um terceiro ou o próprio exequente fiel depositário. Sem que uma dessas duas hipóteses ocorra, o executado não poderá ser intimado, porque a penhora ainda não se formalizou. Somente poderá ser intimado a partir da formalização da penhora. É a partir daí que corre o prazo para embargos *(Ver abaixo o § 2º do art. 840)*, excepcionando a hipótese em que o executado poderá ser depositário.

§ 2º Os bens poderão ser depositados em poder do executado nos casos de difícil remoção ou quando anuir o exequente.

Art. 842. Recaindo a penhora sobre bem imóvel ou direito real sobre imóvel, será intimado também o cônjuge do executado, salvo se forem casados em regime de separação absoluta de bens.

✍ *Comentário:* Afora a hipótese de os cônjuges serem casados no regime de separação absoluta de bens, o cônjuge do executado será intimado, quando a penhora recair sobre bem imóvel ou sobre imóvel com direito real.

Art. 843. Tratando-se de penhora de bem indivisível, o equivalente à quota-parte do coproprietário ou do cônjuge alheio à execução recairá sobre o produto da alienação do bem.

✍ *Comentário:* Se o bem for indivisível, isso significa que será levado à hasta pública por inteiro, ainda que haja quota-parte de outro coproprietário ou o cônjuge não tenha qualquer responsabilidade na execução, não poderá impedir a arrematação, pois terá direito a receber o equivalente da sua parte no produto da alienação do bem.

§ 1º É reservada ao coproprietário ou ao cônjuge não executado a preferência na arrematação do bem em igualdade de condições.

✍ *Comentários:* Temos aqui uma espécie de *favor pietatis*. É justo que se garanta ao coproprietário ou ao cônjuge, que nenhuma responsabilidade tem na execução, a preferência na arrematação em igualdade de condições.

§ 2º Não será levada a efeito expropriação por preço inferior ao da avaliação na qual o valor auferido seja incapaz de garantir, ao coproprietário ou ao cônjuge alheio à execução, o correspondente à sua quota-parte calculado sobre o valor da avaliação.

✍ *Comentários:* Este parágrafo explica o anterior. A arrematação ou a adjudicação deverá ser feita pelo valor da avaliação de forma a permitir ao coproprietário ou ao cônjuge a possibilidade de realizar o seu direito sobre o valor da avaliação. Se o valor conseguido na almoeda for inferior de modo a não permitir o ressarcimento, a expropriação não será levada a efeito.

Processo do Trabalho: o parágrafo sob comento não tem aplicação sobre o crédito trabalhista por força do art. 186 do Código Tributário Nacional. Nada impede e tudo aconselha que a praça e leilão não sejam realizados, quando o valor for considerado preço vil ou irrisório. Essa conceituação, todavia, há de ser com suporte em fatos objetivos. É sabido que todo o bem não alcança o preço real em praça pública. Os licitantes são negociadores que veem na praça ou no leilão a possibilidade de arrematar o bem por valor capaz de render lucro futuro. Remetemos à nossa obra "A Execução na Justiça do Trabalho, 8. ed. LTr, São Paulo, item 8.3, p. 510/511.

Art. 844. Para presunção absoluta de conhecimento por terceiros, cabe ao exequente providenciar a averbação do arresto ou da penhora no registro competente, mediante apresentação de cópia do auto ou do termo, independentemente de mandado judicial.

✍ *Comentários:* Repetimos comentários anteriores. O legislador usa o termo averbação como sinônimo de registro, erroneamente. São termos que na terminologia jurídica têm sentidos diversos. A Lei dos Registros Públicos foi modificada há cerca de quatro décadas. Antes, a penhora era averbada e o bem imóvel era registrado em cartório; com a modificação, a penhora ou o aresto passaram a ser registrados e o bem passou a ser matriculado (art. 167, I, n. 5, da LRP). Se ninguém pode desconhecer a lei, com maior razão o legislador haveria de ser fiel ao art. 3º da Lei de Introdução ao Código Civil.

O registro da penhora no Cartório de Títulos e Documentos ou à margem da matrícula do bem penhorado significa que foi dada publicidade a terceiros. Nesse mesmo sentido, dispõe o art. 240 da Lei dos Registros Públicos: "O registro da penhora faz prova quanto à fraude de qualquer transação posterior."

Se a penhora foi registrada, qualquer transação sobre o bem posteriormente será considerada fraudulenta, não podendo o adquirente alegar a boa-fé na aquisição. Se não houve registro da penhora, caberá ao adquirente provar a sua boa-fé na aquisição, mediante a exibição de certidões da localidade do bem e da residência do vendedor. Com isso, poderá provar que a ausência de registros impediu que, na qualidade de terceiro, tomasse conhecimento do ônus executório. A jurisprudência firmada até então concernente ao Código em vigor é a de que, na falta de registro, a prova de aquisição de má-fé compete ao exequente.

O STF, Pleno, EAR 732-8-RJ, rel. Min. Soares Muñoz, Ajuris 20/112, decidiu que para a configuração da fraude à execução não bastaria só o registro, mas que haveria necessidade de a citação haver sido inscrita no Registro de Imóveis. Nesse sentido, trilha o STJ, 4ª T., REsp 212107-SP, rel. Ruy Rosado de Aguiar, j. 4.11.1999, v. u., DJU 7.2.2000, p. 166.

Subseção III
Do Lugar de Realização da Penhora

Art. 845. Efetuar-se-á a penhora onde se encontrem os bens, ainda que sob a posse, a detenção ou a guarda de terceiros.

✍ *Comentários:* Os bens pertencentes ao executado poderão ser penhorados onde estiverem, ainda que na posse de terceiro. O fato do bem estar arrendado ou de alguma forma em mãos de terceiro, que conserva a posse direta, não constitui óbice à penhora.

§ 1º A penhora de imóveis, independentemente de onde se localizem, quando apresentada certidão da respectiva matrícula, e a penhora de veículos automotores, quando apresentada certidão que ateste a sua existência, serão realizadas por termo nos autos.

Comentários: Este parágrafo recepcionou o § 5º, do art. 659, do Código em vigor. A penhora de imóvel poderá ser feita por termos nos autos mediante a certidão da matrícula. Poderá ser feita a penhora por termos nos autos de veículos automotores, desde que apresentada a certidão que a teste a sua existência.

§ 2º Se o executado não tiver bens no foro do processo, não sendo possível a realização da penhora nos termos do § 1º, a execução será feita por carta, penhorando-se, avaliando-se e alienando-se os bens no foro da situação.

Comentários: Não havendo bens no foro da execução e se impossível a penhora por termos nos autos, a penhora será feita por carta precatória executória. Os bens penhorados serão alienados no *forum rei sitae.*

Art. 846. Se o executado fechar as portas da casa a fim de obstar a penhora dos bens, o oficial de justiça comunicará o fato ao juiz, solicitando-lhe ordem de arrombamento.

Comentários: O *caput* é incompleto. A ordem de arrombamento já deveria constar do mandado de penhora. O oficial de justiça é a *longa manus* do juiz e, por isso, tem fé pública. O fato de não poder proceder ao arrombamento de quem resiste à ordem judicial e usa de artifícios para que a execução se arraste, não tem sentido. O artifício utilizado pelo devedor renitente demandará a perda de tempo com reflexos na celeridade e no encarecimento do processo. Por que escolher o caminho mais complicado se o juiz certamente terá que expedir a ordem de arrombamento, sem a qual estaria criado um impasse com a impossibilidade do processo caminhar? A ordem deve ser adiantada mirando-se numa possível resistência. O mesmo raciocínio deve ser feito com relação ao requerimento de força policial e da presença de um chaveiro. O mandado de penhora deve ser completo para que o oficial tenha nas mãos todas as possibilidades de cumprimento do mandado.

§ 1º Deferido o pedido, 2 (dois) oficiais de justiça cumprirão o mandado, arrombando cômodos e móveis em que se presuma estarem os bens, e lavrarão de tudo auto circunstanciado, que será assinado por 2 (duas) testemunhas presentes à diligência.

Comentários: O arrombamento deferido será cumprido com a presença de 2 (dois) oficiais de justiça sobre móveis ou imóveis onde se encontrarem os bens. Comparando o *caput* com o § 1º, verifica-se a perda de tempo. E se houver resistência? Seguramente, alguns meses poderão mediar da resistência até o cumprimento. E se a parte ameaçar os oficiais de justiça, eles terão de pedir nova ordem para o juiz requisitar força policial. Com isso, meses poderão passar, com perda de tempo, dinheiro e com reflexos negativos na celeridade. De tudo, será lavrado auto circunstanciado, descrevendo minuciosamente todos os acontecimentos. Um juízo precavido certamente determinará que conste tudo no mandado para que o oficial ou os oficiais cumpram o ordem na sua inteireza sem a necessidade de retorno dos autos ao juiz da execução.

§ 2º Sempre que necessário, o juiz requisitará força policial, a fim de auxiliar os oficiais de justiça na penhora dos bens.

Comentários: Reportamo-nos aos comentários do *caput* do art. 846 e ao § 1º. Nas hipóteses reveladas de resistência, será sempre importante a presença de um chaveiro que, no mínimo, evitará estragos desnecessários no patrimônio do executado, em que pesem a resistência e o pouco apreço demonstrado.

§ 3º Os oficiais de justiça lavrarão em duplicata o auto da ocorrência, entregando uma via ao escrivão ou ao chefe de secretaria, para ser juntada aos autos, e a outra à autoridade policial a quem couber a apuração criminal dos eventuais delitos de desobediência ou de resistência.

✍ *Comentários:* O auto de penhora será lavrado em duas vias. Uma via será entregue ao chefe da secretaria ou ao escrivão; a outra será entregue à autoridade policial a quem couber a apuração de eventuais delitos de desobediência ou de resistência. Do ocorrido, constará rol de testemunhas, nos moldes do § 4º.

§ 4º Do auto da ocorrência constará o rol de testemunhas, com a respectiva qualificação.

✍ *Comentário:* Da ocorrência, será tudo lavrado e indicado o rol de testemunhas com as respectivas qualificações que serão ouvidas pela polícia.

Subseção IV
Das Modificações da Penhora

Art. 847. O executado pode, no prazo de 10 (dez) dias contado da intimação da penhora, requerer a substituição do bem penhorado, desde que comprove que lhe será menos onerosa e não trará prejuízo ao exequente.

✍ *Comentários:* A substituição do bem penhorado poderá ser substituído pelo executado, prevendo a lei o prazo de 10 (dez) dias para tanto. Todavia, está condicionada à prova de que a substituição será menos onerosa para o executado e não acarretará nenhum prejuízo para o exequente. Embora o *caput,* os parágrafos e os incisos nada digam a respeito, caberá ao juiz verificar se a substituição é interessante ou não para a celeridade da execução. São exemplos: se a penhora foi feita sobre dinheiro, não deve ser substituída por veículo. A penhora em dinheiro tem um poder de coerção maior sobre o executado. A penhora sobre um apartamento não deve, em princípio, ser substituída por um terreno sem benfeitorias, ainda que do mesmo valor. Além da condição de ser interessante ao executado e não ser prejudicial ao exequente, o juiz deve verificar se o bem terá maior ou menor aceitação no mercado, quando for levado à hasta pública. O juiz tem o dever de ofício de entregar a prestação jurisdicional, com a celeridade possível.

§ 1º O juiz só autorizará a substituição se o executado:

I — comprovar as respectivas matrículas e os registros por certidão do correspondente ofício, quanto aos bens imóveis;

II — descrever os bens móveis, com todas as suas propriedades e características, bem como o estado deles e o lugar onde se encontram;

III — descrever os semoventes, com indicação de espécie, de número, de marca ou sinal e do local onde se encontram;

IV — identificar os créditos, indicando quem seja o devedor, qual a origem da dívida, o título que a representa e a data do vencimento; e

V — atribuir, em qualquer caso, valor aos bens indicados à penhora, além de especificar os ônus e os encargos a que estejam sujeitos.

✍ *Comentários:* Pelos incisos retro, o bem que será oferecido em troca deve vir com todas as informações necessárias, sendo bem móvel, imóvel, veículos ou semoventes, títulos de propriedade, certidões negativas ou positivas de ônus do lugar do bem e da residência do executado; lugar onde o bem se encontra ou está encravado. Em se tratando de título de crédito, indicar o nome e a residência devedor e apresentar as certidões de idoneidade do mesmo. Se o bem for imóvel, deverá apresentar anuência da esposa, salvo se o casamento for em separação absoluta de bens. *Ver §§ 2º e 3º.* O exequente será intimado do pedido de substituição e poderá pronunciar-se. A opinião do exequente poderá não prevalecer se os seus argumentos não forem convincentes. O prazo de 10 (dez) também é ditatorial. Certamente, na prática, será permitida a substituição até 5 (cinco) dias antes da praça ou leilão.

A substituição fará suporte naturalmente numa necessidade surgida. Por isso, o prazo de 10 (dez) não tem sentido prático, nem jurídico. Poderá ser maior ou menor. O comando imperativo não tem sentido prático.

§ 2º Requerida a substituição do bem penhorado, o executado deve indicar onde se encontram os bens sujeitos à execução, exibir a prova de sua propriedade e a certidão negativa ou positiva de ônus, bem como abster-se de qualquer atitude que dificulte ou embarace a realização da penhora.

✍ *Comentários:* Para que a substituição seja apreciada, o executado deverá indicar a localização do bem, exibir a prova de propriedade e certidão negativa de ônus e não tomar nenhuma atitude que dificulte a realização da penhora. De posse desses elementos, o juiz poderá deferir ou indeferir o pedido.

§ 3º O executado somente poderá oferecer bem imóvel em substituição caso o requeira com a expressa anuência do cônjuge, salvo se o regime for o de separação absoluta de bens.

✍ *Comentário:* Se a substituição requerida for por bem imóvel, deverá vir acompanhada da anuência do outro cônjuge, salvo o caso de separação absoluta de bens.

§ 4º O juiz intimará o exequente para manifestar-se sobre o requerimento de substituição do bem penhorado.

✍ *Comentário: Ver comentários ao § 3º.*

Art. 848. As partes poderão requerer a substituição da penhora se:

I — ela não obedecer à ordem legal;

II — ela não incidir sobre os bens designados em lei, contrato ou ato judicial para o pagamento;

III — havendo bens no foro da execução, outros tiverem sido penhorados;

IV — havendo bens livres, ela tiver recaído sobre bens já penhorados ou objeto de gravame;

V — ela incidir sobre bens de baixa liquidez;

VI — fracassar a tentativa de alienação judicial do bem; ou

VII — o executado não indicar o valor dos bens ou omitir qualquer das indicações previstas em lei.

✍ *Comentários:* O inciso I certamente não será aplicado com o rigor drástico que o legislador concebeu. Primeiro, porque o legislador erra ao dar preferência a bem imóvel em detrimento do bem móvel, erra ao não colocar no rol a fiança bancária; segundo, o juiz certamente saberá qual ordem de penhora é interessante para uma execução célere e que satisfaça a ambas as partes. A penhora em dinheiro, conforme jurisprudência iterativa, é aceita para as execuções definitivas. A penhora de numerário em execução provisória tem sido liberada por meio de mandado de segurança. A penhora sobre dinheiro poderá retirar a liquidez da empresa, com influência sobre a folha de pagamento dos empregados, pagamento do 13º salário, depósito mensal do FGTS e pagamento de débitos mensais compulsórios, impostos, taxas, etc. Os incisos II a VI têm forte na razoabilidade. O item VII poderá ser corrigido com facilidade, já que a obrigação de fazer pode ser pressionada pecuniariamente com as *astreintes*, que é uma pressão pecuniária irresistível, conforme a denomina Orlando Gomes (Contratos).

Parágrafo único. A penhora pode ser substituída por fiança bancária ou por seguro garantia judicial, em valor não inferior ao do débito constante da inicial, acrescido de trinta por cento.

✍ *Comentários:* A fiança bancária deverá conter cláusula no sentido de que o fiador só se liberará quando efetuar o pagamento na sua totalidade, sem que haja sobras executórias. Do seguro judicial, deverá constar a mesma cláusula acima da fiança bancária. O acréscimo de 30% será ineficaz, se a inflação for alta. A garantia tem de ser total, não havendo porque correr riscos.

Art. 849. Sempre que ocorrer a substituição dos bens inicialmente penhorados, será lavrado novo termo.

Comentários: A fiança bancária deveria constar do rol para a garantia do juízo. O acréscimo de 30% para a fiança bancária não tem sentido prático. Num país onde a inflação está prestes a atingir dois dígitos, em que a situação econômica é instável, o acréscimo poderá não atender à necessidade da remição da execução. A fiança bancária deve ser preparada de forma que liquidará integralmente a obrigação, sem que haja resíduo. Por isso que dizemos que a fiança bancária é melhor do que penhora em dinheiro. O dinheiro desvaloriza, ainda que aplicado. A fiança bancária prevê e provê para o futuro, pois aconteça ou que acontecer, a obrigação será paga integralmente.

Art. 850. Será admitida a redução ou a ampliação da penhora, bem como sua transferência para outros bens, se, no curso do processo, o valor de mercado dos bens penhorados sofrer alteração significativa.

Comentários: Tem-se aqui a substituição da penhora de ofício, sem que haja prazo determinado para tanto. O bem penhorado poderá desvalorizar com o tempo ou mesmo valorizar. Por isso, poderá haver necessidade de nova penhora em complementação ou mesmo de liberação de bens, ante ao excesso. Se o bem, com o tempo, perdeu a liquidez no mercado, deverá ser substituído por outro bem com aceitação. Na prática, acontece de um bem penhorado há alguns anos, com atraso na hasta pública, desvalorizar-se, *v. g.*, veículo etc. Por conseguinte, é necessário que antes do edital de praça e leilão os bens sejam novamente avaliados para que a venda em hasta pública tenha preço real e desperte o interesse de licitantes.

Art. 851. Não se procede à segunda penhora, salvo se:

I — a primeira for anulada;

Comentário: Anulada a primeira penhora, poder-se-á fazer a segunda penhora.

II — executados os bens, o produto da alienação não bastar para o pagamento do exequente;

Comentário: Se o produto da hasta pública não bastar para solver a obrigação, outra penhora poderá ser levada a efcito.

III — o exequente desistir da primeira penhora, por serem litigiosos os bens ou por estarem submetidos a constrição judicial.

Comentários: A segunda penhora será levada a efeito se o bem penhorado for litigioso ou por já estar submetido a outra constrição judicial. Se o bem for objeto de garantia real.

Em princípio, não se pode efetuar nova penhora com o simples objetivo de prejudicar o executado. O processo é lugar para que o credor receba aquilo que lhe é devido. Nem mais, nem menos. Se possível, de modo menos oneroso para o devedor.

Art. 852. O juiz determinará a alienação antecipada dos bens penhorados quando:

I — se tratar de veículos automotores, de pedras e metais preciosos e de outros bens móveis sujeitos à depreciação ou à deterioração;

Comentários: O inciso I não tem o peso da razoabilidade com relação às pedras e metais preciosos, posto que tais bens não desvalorizam. Ao contrário, valorizam com o passar do tempo. Tem razão com veículos automotores, que já perdem preço ao sair da agência. Animais, cavalos e bois de raça, perdem preço com o envelhecimento, prejudicando a exploração desses animais economicamente. A alienação imediata é aconselhável para os bens perecíveis: carnes, verduras, frutas, frutos do mar, etc. O executado terá sempre a possibilidade de fazer a remição da execução, evitando a venda, em hasta pública, que sempre ocorrerá por preço bem aquém do real.

II — houver manifesta vantagem.

✍ *Comentário:* A venda direta a particular para alguém interessado naquele bem poderá trazer vantagem. Mas tudo dependerá da verificação do momento, de oportunidade que se apresenta.

Art. 853. Quando uma das partes requerer algumas das medidas previstas nesta Subseção, o juiz ouvirá sempre a outra, no prazo de 3 (três) dias, antes de decidir.

Parágrafo único. O juiz decidirá de plano qualquer questão suscitada.

✍ *Comentários:* Nada será deferido a uma das partes, sem que a outra tenha conhecimento. É o princípio do contraditório e do devido processo legal. Excepciona-se quando a lei permitir. O juiz deve decidir de plano toda e qualquer decisão suscitada, sempre de forma fundamentada (art. 93, IX, da CF).

Subseção V
Da Penhora de Dinheiro em Depósito ou em Aplicação Financeira

Art. 854. Para possibilitar a penhora de dinheiro em depósito ou em aplicação financeira, o juiz, a requerimento do exequente, sem dar ciência prévia do ato ao executado, determinará às instituições financeiras, por meio de sistema eletrônico gerido pela autoridade supervisora do sistema financeiro nacional, que torne indisponíveis ativos financeiros existentes em nome do executado, limitando-se a indisponibilidade ao valor indicado na execução.

✍ *Comentários:* O *caput* cuida de bloqueio de ativos financeiros (dinheiro e aplicações) e penhora *on--line*. Referidos institutos tiverem o seu nascedouro na Justiça do Trabalho. Foram adotados na Justiça comum na reforma realizada no Código de Processo Civl em vigor nos anos de 2005/2006. A sistemática tem por escopo viabilizar a busca rápida de numerário do devedor para que a obrigação seja cumprida o mais rápido possível. Esse processo de indisponibilidade do ativo financeiro é realizado de ofício pelo juiz sem que o titular do dinheiro tenha conhecimento. Ele somente é intimado quando o numerário já está bloqueado, oportunidade em que poderá manifestar-se. Permanecendo a indisponibilidade, esta poderá convolar-se em penhora, nos termos do § 5º, do artigo sob comento. Depois dessa conversão, temos a formalização da penhora *on-line*. Como regra, não se faz penhora *on-line* sobre crédito rotativo que está à disposição do correntista, *v. g.*, depósito proveniente de empréstimo, cheque especial. Em suma, a penhora poderá ser feita sobre saldo positivo da conta corrente, não sobre aquilo que está apenas disponível em potencial, para utilizar ou não, como é o caso de empréstimo rotativo de descontos de duplicatas e do cheque especial. Como ativos financeiros temos: contas de depósitos, aplicações em geral (fundo de investimentos, certificado de depósito bancário, depósito em conta com moeda estrangeira).

No entanto, na execução fiscal, é possível a quebra de sigilo bancário pelo sistema BACEN-JU, que pode possibilitar o bloqueio eletrônico dos ativos financeiros e depósitos do executado. A partir da Lei n. 11.382/2006, em vigor desde 21.02.2007 (na prática vigora 21.01.2007), restou desnecessário esgotar-se as diligências extrajudiciais pelo exequente. *Ver art. 833, IV — bens impenhoráveis.*

☑ Nota: Esta lei foi republicada em 10.01.2007 e tendo em vista a LICC é correto afirmar que somente entrou em vigor em 26.02.2007. Seria 21.01.2007 se não tivesse sido republicada para corrigir erro material.

A Justiça do Trabalho foi mais longe e a Corregedoria relacionou aquelas empresas que queriam participar do sistema e, para não terem o produto do seu capital de giro diário penhorado, indicavam uma outra conta onde manteria saldo credor para um possível bloqueio. A condição era a de que a empresa não poderia conservar saldo negativo na conta indicada para a penhora, sob pena de perder a regalia. Com isso, a empresa ficava com o seu capital de giro preservado, pois o bloqueio e a penhora *on-line* só seriam efetuados na conta indicada. É verdade que nem todas as empresas se interessaram. Mas, nesse caso, o juiz que tinha senha concedida pelo Banco Central poderia entrar diretamente na sua conta corrente e disponibilizar numerário para penhora *on-line*.

Processo do Trabalho: o Sistema Bacen Jud tem por objetivo eliminar o uso de ofícios e tornar mais simples o acesso às informações bancárias para efeito de penhora, mediante credenciamento.

O credenciamento é feito por indicação de Máster, pessoa devidamente cadastrada pelo Bacen para ingressar no Sistema Bacen Jud por meio de senha. O Máster Geral recebe a senha do Bacen Jud e pode indicar os Submásteres. Os Submásteres serão os credenciados setoriais e atuarão nas comarcas e nas seções judiciárias.

Em sede trabalhista, foi assinado Convênio entre o Bacen e o Tribunal Superior do Trabalho. Cada Vara tem um Submáster, que recebe senha do Master Geral.

Em caso de morte, comunicar-se-á imediatamente o Bacen para o cancelamento da senha.

A penhora *on-line* tem por objetivo agilizar a execução. A Corregedoria-Geral da Justiça do Trabalho (Proc. TST.P. 762.513/2001) decidiu que a penhora *on-line* não pode ser levada a efeito fora da base territorial da Vara do Trabalho.

A decisão retro restara enfraquecida pela Lei n. 10.444, de 07.05.2002, que autoriza a penhora independentemente de mandado judicial, mediante certidão e matrícula do bem, e independentemente de onde se localize (art. 659, §§ 4º e 5º, CPC). Na republicação do Provimento n. 3, em 23.12.2003, o óbice foi retirado.

O Convênio Bacen Jud, convênio firmado entre o Banco Central e o TST — é um sistema de solicitação de informações via internet, que objetiva agilizar a execução, eliminando o uso de ofícios e tornando mais simples o acesso às informações bancárias para efeito de penhora.

Por meio da penhora *on-line* ficou mais rápido, seguro e econômico enviar ordens judiciais ao Sistema Financeiro Nacional, reduzindo-se os custos com recursos humanos e materiais.

O juiz de 1º grau preenche um formulário na internet, solicitando as informações necessárias ao processo. O Banco Central, então, repassa automaticamente as ordens judiciais para os bancos, diminuindo o tempo de tramitação.

O convênio assinado entre o Banco Central e o Tribunal Superior do Trabalho e subscrito pelos Tribunais Regionais facilitou a tramitação das ordens de bloqueio e desbloqueio de contas correntes de clientes do Sistema Financeiro Nacional.

Por meio do Bacen Jud, são encaminhadas, também, solicitações de informações sobre a existência de contas correntes e de aplicações financeiras.

Este Convênio não impacta a quebra de sigilo bancário das pessoas físicas e jurídicas porque já é permitido aos juízes, por força de lei, determinar o bloqueio de ativos financeiros e obter de entidades públicas ou privadas as informações necessárias para a instrução de processos, respeitadas as regras constitucionais e processuais vigentes. Em verdade, os juízes poderiam enviar suas determinações diretamente às instituições financeiras; todavia, pela facilidade de comunicação com o Sistema Financeiro de que dispõe o Banco Central, e no contexto de uma política de aproximação e cooperação com o Judiciário, este órgão, desde os anos 80, vem auxiliando na intermediação desse processo. As solicitações antes eram encaminhadas em papel, suscitavam enorme trabalho de triagem, classificação, digitação e reenvio das solicitações a toda a rede bancária. No novo sistema Bacen Jud, não há a necessidade do envio do documento em papel nem do envolvimento do Banco Central no processo. O próprio juiz preenche um documento eletrônico na internet, que contém todas as informações hoje inscritas no ofício comum. Como vem ocorrendo nos últimos 20 anos, esses dados são transmitidos, com segurança, diretamente aos bancos, que cumprem as ordens e retornam as informações diretamente aos juízes, ou seja, o sistema apenas permite que o ofício, que era encaminhado em papel, seja agora encaminhado via internet, racionalizando os serviços no âmbito do Banco Central e possibilitando ao Poder Judiciário mais agilidade no cumprimento de suas ordens no âmbito do Sistema Financeiro Nacional.

O Provimento n. 1/2003, da Corregedoria-Geral da Justiça do Trabalho, republicado no *DJU* de 23.12.2003, indicava regras para utilização do Convênio Bacen Jud, estabelecendo que empresas de grande porte e que mantivessem inúmeras contas bancárias e aplicações financeiras em várias instituições do país solicitassem ao TST o cadastramento de determinada conta, que seria disponibilizada para o fim de acolher bloqueios *on-line*, realizados por meio do sistema Bacen Jud (art. 1º). O pré-cadastramento podia ser feito pela própria empresa, a partir de 1º de fevereiro de 2004, no *site* www.tst.gov.br, opção extranet-Bacen Jud. O descumprimento das regras *supra* implicava na expedição de imediato bloqueio em qualquer conta bancária da devedora indiscriminadamente, ficando proibida de utilizar-se da faculdade daí por diante. O Provimento citado hoje faz parte da Consolidação dos Provimentos da Corregedora-Geral da Justiça do Trabalho, em especial nos arts. 53-64 do Capítulo III.

A Anamatra — Associação Nacional dos Magistrados Trabalhistas editou O Manual de Instruções do Usuário, em 2002, formulado pelo Juiz do Trabalho Cláudio Mascarenhas Brandão da 5ª Região, o qual indica de forma didática todo o processamento de inscrição e de acesso à penhora *on-line* e as várias nuanças que poderão ocorrer. Referido Manual foi distribuído a todos os juízes do trabalho à época.

A penhora *on-line* passará a ter seguro. A Seguradora Americana Ace lançou o seguro de responsabilidade civil com cobertura inédita na América Latina. A apólice sobre a penhora *on-line* é de contas bancárias de empresas devedoras na Justiça. Referido seguro deverá chegar brevemente ao mercado. (Francisco Antonio de Oliveira. *A Execução na Justiça do Trabalho*. 8. ed. LTr, São Paulo, 2014, p. 282/284, item 4.42 — Da penhor *on-line*).

§ 1º No prazo de 24 (vinte e quatro) horas a contar da resposta, de ofício, o juiz determinará o cancelamento de eventual indisponibilidade excessiva, o que deverá ser cumprido pela instituição financeira em igual prazo.

✍ *Comentário:* Constatado o excesso de numerário colocado em indisponibilidade, o juiz autorizará a liberação em 24 (vinte e quatro) horas e a instituição financeira disponibilizará o valor em igual prazo.

§ 2º Tornados indisponíveis os ativos financeiros do executado, este será intimado na pessoa de seu advogado ou, não o tendo, pessoalmente.

✍ *Comentário:* O advogado será intimado sobre a indisponibilidade dos ativos financeiros do executado.

§ 3º Incumbe ao executado, no prazo de 5 (cinco) dias, comprovar que:

I — as quantias tornadas indisponíveis são impenhoráveis;

II — ainda remanesce indisponibilidade excessiva de ativos financeiros.

✍ *Comentário:* O executado poderá, no prazo de 5 (cinco) dias, alegar e comprovar que os valores indisponibilizados são impenhoráveis ou que há excesso. No tocante ao inciso I, os valores serão liberados; no II, em caso positivo, o excesso será liberado nos termos do § 1º. *Ver § 4º, infra.*

§ 4º Acolhida qualquer das arguições dos incisos I e II do § 3º, o juiz determinará o cancelamento de eventual indisponibilidade irregular ou excessiva, a ser cumprido pela instituição financeira em 24 (vinte e quatro) horas.

☑ Nota: Este parágrafo deveria fazer parte do § 3º, posto que matéria correlata.

§ 5º Rejeitada ou não apresentada a manifestação do executado, converter-se-á a indisponibilidade em penhora, sem necessidade de lavratura de termo, devendo o juiz da execução determinar à instituição financeira depositária que, no prazo de 24 (vinte e quatro) horas, transfira o montante indisponível para conta vinculada ao juízo da execução.

✍ *Comentários:* Este parágrafo deveria fazer parte do § 3º. Se o executado não usar da prerrogativa do § 3º ou se, aproveitando, suas alegações forem rejeitadas, o numerário tornado indisponível será convolado em penhora sem lavratura de qualquer termo. Em seguida, o juiz determinará à instituição financeira depositária que transfira o valor indisponível para a conta vinculada em nome do juízo da execução. O termo "montante" deve ser substituído por "total". Montante significa principal + juros em linguagem contábil. E esse não é caso tratado pelo parágrafo.

§ 6º Realizado o pagamento da dívida por outro meio, o juiz determinará, imediatamente, por sistema eletrônico gerido pela autoridade supervisora do sistema financeiro nacional, a notificação da instituição financeira para que, em até 24 (vinte e quatro) horas, cancele a indisponibilidade.

✍ *Comentário:* Se o executado efetuar a remição da execução ou se a dívida for integralmente paga por outra forma ou se houver novação entre as partes, o juiz determinará que a instituição financeira levante a indisponibilidade em 24 (vinte e quatro) horas.

§ 7º As transmissões das ordens de indisponibilidade, de seu cancelamento e de determinação de penhora previstas neste artigo far-se-ão por meio de sistema eletrônico gerido pela autoridade supervisora do sistema financeiro nacional.

✍ *Comentário:* Este parágrafo poderia perfeitamente fazer parte do parágrafo anterior num inciso: I — o cancelamento será transmitido por meio eletrônico.

§ 8º A instituição financeira será responsável pelos prejuízos causados ao executado em decorrência da indisponibilidade de ativos financeiros em valor superior ao indicado na execução ou pelo juiz, bem como na hipótese de não cancelamento da indisponibilidade no prazo de 24 (vinte e quatro) horas, quando assim determinar o juiz.

✍ *Comentários:* A instituição financeira poderá ser responsabilizada por haver indisponibilizado valor superior à execução ou àquele indicado pelo juiz; também poderá incorrer em responsabilidade no caso de não fazer o cancelamento no prazo de 24 (vinte e quatro) horas, se assim determinar o juiz. O executado deverá alegar e provar a existência de prejuízo causado pelo excesso ou pela demora no cancelamento. Por questão de praticidade, o executado deverá apresentar memória de cálculos dos prejuízos de forma analítica (art. 524 do Código novo) e a exceção do prejuízo será processada nos próprios autos da execução principal.

§ 9º Quando se tratar de execução contra partido político, o juiz, a requerimento do exequente, determinará às instituições financeiras, por meio de sistema eletrônico gerido por autoridade supervisora do sistema bancário, que tornem indisponíveis ativos financeiros somente em nome do órgão partidário que tenha contraído a dívida executada ou que tenha dado causa à violação de direito ou ao dano, ao qual cabe exclusivamente a responsabilidade pelos atos praticados, na forma da lei.

✍ *Comentários:* O parágrafo não dirige a indisponibilidade a todos os ativos do partido político. Restringe apenas ao órgão partidário que contraiu a dívida ou é responsável pelo dano. Temos aqui uma meia responsabilidade que poderá trazer dificuldade na realização da execução. Dever-se-ia aplicar a mesma regra de responsabilidade do grupo econômico.

Subseção VI
Da Penhora de Créditos

Art. 855. Quando recair em crédito do executado, enquanto não ocorrer a hipótese prevista no art. 856, considerar-se-á feita a penhora pela intimação:

I — ao terceiro devedor para que não pague ao executado, seu credor;

II — ao executado, credor do terceiro, para que não pratique ato de disposição do crédito.

Comentários: Excepcionadas as hipóteses previstas no art. 856, a penhora do crédito será formalizada com intimação ao terceiro para que não pague ao executado; ao executado, credor do terceiro, para que não pratique ato de disponibilidade do crédito. Se o terceiro, intimado, efetuar o pagamento incorrerá no princípio: "quem paga mal, paga duas vezes", pois não se liberará da dívida. Se o executado praticar ato de disposição, haverá fraude à execução, e o adquirente não poderá alegar boa-fé.

Art. 856. A penhora de crédito representado por letra de câmbio, nota promissória, duplicata, cheque ou outros títulos far-se-á pela apreensão do documento, esteja ou não este em poder do executado.

§ 1º Se o título não for apreendido, mas o terceiro confessar a dívida, será este tido como depositário da importância.

§ 2º O terceiro só se exonerará da obrigação depositando em juízo a importância da dívida.

§ 3º Se o terceiro negar o débito em conluio com o executado, a quitação que este lhe der caracterizará fraude à execução.

Comentários: Será feita a apreensão se o crédito for representado por título que representa o crédito, esteja ou não em poder do executado. Se o terceiro (devedor) confessar a dívida, ainda que não se consiga a apreensão do título, o terceiro devedor será considerado depositário da importância. Neste caso, o terceiro somente se desonera da dívida se depositar a importância à disposição do juízo da execução. Se o terceiro negar a dívida em conluio com o executado, a quitação que porventura for dada caracterizará fraude à execução e o terceiro será responsabilizado pelo valor.

§ 4º A requerimento do exequente, o juiz determinará o comparecimento, em audiência especialmente designada, do executado e do terceiro, a fim de lhes tomar os depoimentos.

Comentário: Se houver necessidade, o exequente poderá requerer ao juízo a designação de audiência para tomar depoimentos do terceiro e do executado.

Art. 857. Feita a penhora em direito e ação do executado, e não tendo ele oferecido embargos ou sendo estes rejeitados, o exequente ficará sub-rogado nos direitos do executado até a concorrência de seu crédito.

Comentários: Formalizada a penhora no direito de ação do executado, e caso não tenha havido o manejo de embargos ou, tendo, tenham sido rejeitados, o exequente ficará sub-rogado nos direitos do executado até o valor do seu crédito. Se o crédito for menor, o excesso será devolvido ao executado; se for maior, prosseguir-se-á com execução aparelhada. O exequente, entretanto, poderá preferir a alienação judicial do direito penhorado. Nesse caso, deverá declarar a sua vontade ao juízo no prazo de 10 (dez) dias, contados da realização da penhora. *Ver § 1º, infra.*

§ 1º O exequente pode preferir, em vez da sub-rogação, a alienação judicial do direito penhorado, caso em que declarará sua vontade no prazo de 10 (dez) dias contado da realização da penhora.

Comentário: Ver comentários ao caput.

§ 2º A sub-rogação não impede o sub-rogado, se não receber o crédito do executado, de prosseguir na execução, nos mesmos autos, penhorando outros bens.

Comentário: Remetemos aos comentários feitos ao *caput.*

Art. 858. Quando a penhora recair sobre dívidas de dinheiro a juros, de direito a rendas ou de prestações periódicas, o exequente poderá levantar os juros, os rendimentos ou as prestações à medida que forem sendo depositados, abatendo-se do crédito as importâncias recebidas, conforme as regras de imputação do pagamento.

✍ *Comentários:* Poderá proceder-se à execução de forma parcelada, quando o pagamento for feito em prestações periódicas. Poderá levantar somente os juros, os rendimentos ou as prestações, à medida que forem depositados. A importância recebida será abatida do crédito.

Art. 859. Recaindo a penhora sobre direito a prestação ou a restituição de coisa determinada, o executado será intimado para, no vencimento, depositá-la, correndo sobre ela a execução.

✍ *Comentários:* A penhora poderá ser feita sobre as prestações periódicas, com abatimento sobre o crédito do exequente ou sobre a coisa determinada. Na segunda hipótese, o executado será intimado para depositar a coisa no vencimento à disposição do juízo, prosseguindo a execução sobre ela.

Art. 860. Quando o direito estiver sendo pleiteado em juízo, a penhora que recair sobre ele será averbada, com destaque, nos autos pertinentes ao direito e na ação correspondente à penhora, a fim de que esta seja efetivada nos bens que forem adjudicados ou que vierem a caber ao executado.

✍ *Comentários:* Registramos aqui a erronia que o novo Código generalizou, empregando averbação da penhora como sinônimo de registro da penhora em desabono ao que dispõe o art. 167, inciso I, n. 5 da Lei dos Registros Públicos, e ao art. 3º da Lei de Introdução ao Código Civil.

Temos o caso de penhora sobre direitos disputados em juízo. Sendo a penhora feita sobre o direito disputado em juízo, far-se-á a averbação no ROSTO DOS AUTOS, isto é, escriturada na capa dos autos da autuação. O legislador fez a substituição de penhora no rosto dos autos por “averbação com destaque nos autos”. A modificação foi de má inspiração e seguramente não terá adeptos. A penhora no rosto dos autos é denominação secular e não havia nenhum motivo prático ou jurídico para que fosse substituída a não ser por mera vaidade pessoal de burocratas. Na prática, o tema certamente continuará a ser tratado como PENHORA NO ROSTO DOS AUTOS. Se o executado (autor na ação em que foi feita a penhora no rosto dos autos) tiver sucesso, o exequente da ação principal (que titula a penhora no rosto dos autos) poderá ressarcir-se no numerário lá apurado ou na venda do bem que for adjudicado pelo executado.

Subseção VII
Da Penhora das Quotas ou das Ações de Sociedades Personificadas

Art. 861. Penhoradas as quotas ou as ações de sócio em sociedade simples ou empresária, o juiz assinará prazo razoável, não superior a 3 (três) meses, para que a sociedade:

I — apresente balanço especial, na forma da lei;

☑ Nota: O balanço especial (geralmente, previsto no Contrato Constitutivo), que deve ser levantado por ocasião da saída de um dos sócios ou quotista ou na dissolução da sociedade, é um Balanço Patrimonial com demonstração de resultados idêntico aos levantados nos dias 31 de dezembro de cada ano (Balanço Geral).

II — ofereça as quotas ou as ações aos demais sócios, observado o direito de preferência legal ou contratual;

III — não havendo interesse dos sócios na aquisição das ações, proceda à liquidação das quotas ou das ações, depositando em juízo o valor apurado, em dinheiro.

✍ *Comentários:* Penhoradas quotas ou ações, será determinado que a sociedade apresente balanço especial; ofereça as quotas ou ações aos demais sócios, observando o direito de preferência legal ou contratual. Se não houver interesse por parte dos sócios na aquisição das quotas ou das ações sob constrição, proceder-se-á à liquidação e o valor apurado será depositado em juízo.

§ 1º Para evitar a liquidação das quotas ou das ações, a sociedade poderá adquiri-las sem redução do capital social e com utilização de reservas, para manutenção em tesouraria.

✍ *Comentários:* A sociedade poderá evitar a liquidação das quotas ou das ações e estas poderão ser adquiridas pela sociedade evitando a redução do capital social, utilizando o fundo de reserva. Lembra Nelson Nery (*CPC Comentado*, p. 1747) que "em razão da impossibilidade de se falar em apropriação de quotas em sociedade formada com base nos laços da *affectio societatis*, o legislador optou por seguir a regra da liquidação de quotas em favor do credor. A exceção fica por conta da sociedade anônima aberta: uma vez que os valores mobiliários emitidos por essa espécie de sociedade são negociados no mercado de valores mobiliários (LSA4º)". *Ver § 2º, infra.*

§ 2º O disposto no *caput* e no § 1º não se aplica à sociedade anônima de capital aberto, cujas ações serão adjudicadas ao exequente ou alienadas em bolsa de valores, conforme o caso.

✍ *Comentário:* *Ver comentários do § 1º, retro.*

§ 3º Para os fins da liquidação de que trata o inciso III do *caput*, o juiz poderá, a requerimento do exequente ou da sociedade, nomear administrador, que deverá submeter à aprovação judicial a forma de liquidação.

✍ *Comentários:* A nomeação do administrador poderá dar maior transparência, mas certamente encarecerá o processo. O administrador judicial estará voltado para a liquidação de quotas ou de ações. Embora com menor incumbência, podem-se aplicar-lhe as regras do administrador judicial na falência ou na recuperação judicial.

§ 4º O prazo previsto no *caput* poderá ser ampliado pelo juiz, se o pagamento das quotas ou das ações liquidadas:

I — superar o valor do saldo de lucros ou reservas, exceto a legal, e sem diminuição do capital social, ou por doação; ou

II — colocar em risco a estabilidade financeira da sociedade simples ou empresária.

✍ *Comentários:* Dependendo do resultado do balanço especial, o prazo de 90 dias poderá ser majorado nos casos dos incisos I e II. Existe uma preocupação do legislador com a preservação da empresa. A função social não deve ser relegada a plano secundário para beneficiar o credor do sócio. Se o juiz da execução detectar a possibilidade de risco à estabilidade da sociedade, o prazo mencionado no *caput* deverá ser aumentado de forma que possibilite o pagamento. O juiz deverá encontrar o ponto de equilíbrio para que a execução seja favorável ao executado e boa para o exequente. Se ausentes as hipóteses dos incisos I e II, do § 4º, será realizado o leilão judicial, conforme determina o § 5º, infra.

§ 5º Caso não haja interesse dos demais sócios no exercício de direito de preferência, não ocorra a aquisição das quotas ou das ações pela sociedade e a liquidação do inciso III do *caput* seja excessivamente onerosa para a sociedade, o juiz poderá determinar o leilão judicial das quotas ou das ações.

✍ *Comentário:* *Ver comentários ao § 4º, retro.*

Subseção VIII
Da Penhora de Empresa, de Outros Estabelecimentos e de Semoventes

Art. 862. Quando a penhora recair em estabelecimento comercial, industrial ou agrícola, bem como em semoventes, plantações ou edifícios em construção, o juiz nomeará administrador-depositário, determinando-lhe que apresente em 10 (dez) dias o plano de administração.

§ 1º Ouvidas as partes, o juiz decidirá.

§ 2º É lícito às partes ajustar a forma de administração e escolher o depositário, hipótese em que o juiz homologará por despacho a indicação.

✍ *Comentários:* A nomeação de um administrador judicial facilita os trabalhos, quando a penhora constituir forma atípica, como é o caso de penhora sobre os frutos ou rendimentos de estabelecimento comercial, industrial ou agrícola; penhora em centenas de semoventes localizados em determinada fazenda; penhora sobre determinada lavoura (café, arroz, milho etc.); sobre edifícios em construção, com vários andares e inúmeros apartamentos. Antes da nomeação, o juiz ouvirá as partes. Mas o juiz terá sempre a última palavra. Nesse tipo de penhora, não existe a possibilidade de não ser nomear um administrador, técnico no assunto. Ele deverá apresentar, por escrito, o plano de administração em 10 (dez) de como funcionará o seu *modus operandi*. Apresentará relatório semanal ou mensal sobre o andamento. O prazo poderá ser majorado pelo juiz, dependendo da complexidade envolvida. A fixação de prazo deveria ser deixada ao douto critério do juiz. Com isso, busca-se preservar o bem principal e efetuar o pagamento com o lucro. Todavia, será apenas um percentual dos frutos ou rendimentos, para que a empresa comercial ou industrial ou o estabelecimento agrícola continue a operar normalmente. A penhora sobre um rebanho de bovinos, muares ou semoventes poderá ser muito trabalhoso. O administrador não poderá descuidar-se da saúde dos animais, fiscalizando a alimentação e a aplicação de vacinas nas épocas próprias. Poderá ser um rebanho de 500 ou de 1000 suínos, caprinos ou muares e o administrador deverá ter conhecimentos técnicos compatíveis. O juiz deverá acompanhar tudo de perto, por meio dos relatórios.

§ 3º Em relação aos edifícios em construção sob regime de incorporação imobiliária, a penhora somente poderá recair sobre as unidades imobiliárias ainda não comercializadas pelo incorporador.

✍ *Comentários:* Na prática, é comum a entrega de unidades já comercializadas em hipoteca a bancos, sem que o comprador saiba. Por isso, deve o comprador exigir logo a escritura definitiva tão logo complete o pagamento. Naquelas unidades, ainda não registradas, somente tomará conhecimento, quando procurar a empresa para receber a escritura definitiva.

§ 4º Sendo necessário afastar o incorporador da administração da incorporação, será ela exercida pela comissão de representantes dos adquirentes ou, se se tratar de construção financiada, por empresa ou profissional indicado pela instituição fornecedora dos recursos para a obra, devendo ser ouvida, neste último caso, a comissão de representantes dos adquirentes.

✍ *Comentários:* Há caso em que o afastamento do incorporador da administração da incorporação será inarredável. Nessa hipótese, não poderá ser nomeado um simples administrador, ainda que tenha conhecimentos sobre o assunto. A fiscalização será exercida por uma comissão de representantes dos adquirentes que poderá contratar um elemento conhecedor do assunto para ajudar na administração. Se for o caso de construção financiada, a financiadora dos recursos naturalmente assumirá a administração por meio de empresa ou profissional. Neste caso, a comissão dos adquirentes deverá ser ouvida.

Art. 863. A penhora de empresa que funcione mediante concessão ou autorização far-se-á, conforme o valor do crédito, sobre a renda, sobre determinados bens ou sobre todo o patrimônio, e o juiz nomeará como depositário, de preferência, um de seus diretores.

✍ *Comentários:* Se for empresa que funcione sob concessão ou autorização, far-se-á a penhora sobre a renda, sobre determinados bens ou sobre todo o patrimônio. O depositário será, de preferência, um de seus diretores. Lembra Nelson Nery (*CPC Comentado*, p. 1749) que "os bens e instalações utilizadas na prestação de serviços de energia elétrica e na prestação de energia elétrica propriamente dita, os bens imóveis só deixam de fazer parte do patrimônio das concessionárias, mesmo que se trate de constrição judicial, se o poder concedente se manifestar a respeito, mediante expedição de ato administrativo específico. Sendo assim, a oitiva do poder público é necessária (Luiz Fernando Gama Pelegrini. *Empresa Concessionária de Serviços Públicos. Penhora de bens móveis e imóveis. Penhora de empresa. Usufruto de empresa pelo credor* (RT 688/261)".

§ 1º Quando a penhora recair sobre a renda ou sobre determinados bens, o administrador depositário apresentará a forma de administração e o esquema de pagamento, observando-se, quanto ao mais, o disposto em relação ao regime de penhora de frutos e rendimentos de coisa móvel e imóvel.

✍ *Comentário:* Reportamo-nos aos comentários feitos no § 2º, do art. 862, retro.

§ 2º Recaindo a penhora sobre todo o patrimônio, prosseguirá a execução em seus ulteriores termos, ouvindo-se, antes da arrematação ou da adjudicação, o ente público que houver outorgado a concessão.

✍ *Comentários:* Reportamo-nos aos comentários do *caput*. Tenha-se em mente que, terminada a concessão, retornam ao poder concedente todos os bens reversíveis, direitos e prerrogativas concedidos ao concessionário. Dizem-se reversíveis aqueles bens que devem passar ao domínio do poder concedente ao final da concessão. Daí a necessidade da oitiva do ente público que outorgou a concessão..

Art. 864. A penhora de navio ou de aeronave não obsta que continuem navegando ou operando até a alienação, mas o juiz, ao conceder a autorização para tanto, não permitirá que saiam do porto ou do aeroporto antes que o executado faça o seguro usual contra riscos.

✍ *Comentários:* A penhora, por si mesma, não pode evitar a alienação do bem, pois este continua no patrimônio do devedor ou do executado. Todavia, depois de registrada a penhora (art. 240 do CTN), o adquirente não poderá alegar boa-fé, a alienação é ineficaz por constituir fraude à execução. O navio e a aeronave são veículos valiosos a custo de milhões. A sua permanência inativa imporia um custo extraordinário, com perda de muito dinheiro. Entretanto, tudo dependerá da autorização do juiz sob a condição de que só saiam do porto ou do aeroporto depois de comprovar a existência de seguro em valor compatível, tudo sob a supervisão do juiz que poderá, se for o caso, valer-se de perito especializado no assunto. Embora não o diga o *caput*, a apólice de seguro deverá ter uma cláusula dizendo que, em caso de sinistro, o valor que vier a ser pago pela seguradora será depositado à disposição do juízo da execução. O registro da penhora de aeronave será feito no Registro Aeronáutico Brasileiro (*Ver arts. 74, II e 155 do Código Brasileiro de Aeronáutica*). O artigo sob comento reforça didaticamente as normas preceptivas do art. 155. O navio deverá atender às exigências da Capitania dos Portos. O regime de preferências e privilégios creditórios que resulte da arrematação do navio em hasta pública tem regência pelos arts. 477 *usque* 483 do Código Comercial. *Ver art. 261, §§ 1º e 2º do Código Penal.*

O juiz deve determinar que seja feito seguro sobre veículos penhorados e permaneça na posse do executado, bem como exigir que seja apresentada mensalmente certidão negativa de multas e comprove anualmente o licenciamento.

O *caput* deveria ter o seguinte parágrafo único:

Parágrafo único. Deverá constar da apólice cláusula no sentido de que, em caso de sinistro, o valor a ser pago pela seguradora será depositado em conta vinculada ao juízo da execução.

Art. 865. A penhora de que trata esta Subseção somente será determinada se não houver outro meio eficaz para a efetivação do crédito.

✍ *Comentários:* A penhora de aeronave ou de navio deve ser levada a efeito somente quando não existirem outros bens e a execução se elevar a valores astronômicos. Todavia, não haverá alternativa se for objeto de hipoteca (art. 1.473, incisos VI e VII, do Código Civil), pois o credor não poderá penhorar outro bem para o pagamento do crédito com garantia real, salvo se, levado o bem à praça pelo credor hipotecário, o valor arrecadado não for suficiente ao pagamento da obrigação. O valor restante será cobrado como quirografário em execução de quantia certa.

Subseção IX
Da Penhora de Percentual de Faturamento de Empresa

Art. 866. Se o executado não tiver outros bens penhoráveis ou se, tendo-os, esses forem de difícil alienação ou insuficientes para saldar o crédito executado, o juiz poderá ordenar a penhora de percentual de faturamento de empresa.

✍ *Comentários:* A execução deve ser levada a efeito o mais breve possível. Ao Poder Judiciário, não basta a entrega de uma decisão condenatória abstrata. Tem de transformar em realidade e fazer a entrega do bem de vida. Como uma das alternativas, o *caput* admite a penhora de um percentual no faturamento da empresa.

§ 1º O juiz fixará percentual que propicie a satisfação do crédito exequendo em tempo razoável, mas que não torne inviável o exercício da atividade empresarial.

✍ *Comentários:* O percentual deverá ser fixado conformando uma situação de razoabilidade, isto é, que proporcione o pagamento num prazo não muito longo, mas que também não traga dificuldades para a continuidade do negócio. A empresa tem uma finalidade social proporcionando a entrega de bens de consumo e criando empregos. Na prática, esse percentual costuma variar entre 30 e 40 por cento do faturamento. Mas tudo dependerá da verdadeira situação da empresa; o percentual poderá ser menor.

§ 2º O juiz nomeará administrador-depositário, o qual submeterá à aprovação judicial a forma de sua atuação e prestará contas mensalmente, entregando em juízo as quantias recebidas, com os respectivos balancetes mensais, a fim de serem imputadas no pagamento da dívida.

✍ *Comentários:* A nomeação de um administrador judicial assegurará que tudo caminhe dentro da normalidade. O administrador deverá apresentar um plano do seu *modus operandi* o qual deverá ser aprovado pelo juiz. No plano administrativo, constará a obrigação de prestar contas ao juízo mensalmente com entrega do numerário e o respectivo balancete. Embora não o diga o parágrafo sob comento, a nomeação deverá recair sobre um técnico em contabilidade.

§ 3º Na penhora de percentual de faturamento de empresa, observar-se-á, no que couber, o disposto quanto ao regime de penhora de frutos e rendimentos de coisa móvel e imóvel.

✍ *Comentários:* Tem-se pelo § 2º que a penhora recairá sobre o numerário realizado diariamente, isto é, sobre as vendas a dinheiro. A penhora é sobre o faturamento em dinheiro. Todavia, haverá caso em que a empresa somente vende no atacado e, por isso, não terá ou terá pouca venda à vista. Nesse caso, a penhora poderá recair sobre o faturamento de vendas a prazo com emissão de duplicatas. Mas essa espécie de penhora é desaconselhável, pois é comum os títulos não serem pagos no vencimento, haver novação, ou mesmo recebimento direito pela empresa no estabelecimento do cliente. A empresa pode possuir contrato rotativo com banco que fará a cobrança liberando posteriormente o numerário com o depósito de novas duplicatas. O rendimento do faturamento diário em dinheiro pode ser comparado aos frutos colhidos de um estabelecimento agrícola ou do rendimento obtido com o aluguel de um imóvel.

Subseção X
Da Penhora de Frutos e Rendimentos de Coisa Móvel ou Imóvel

Art. 867. O juiz pode ordenar a penhora de frutos e rendimentos de coisa móvel ou imóvel quando a considerar mais eficiente para o recebimento do crédito e menos gravosa ao executado.

✍ Comentários: O praceamento da coisa deve ser evitada sempre que a obrigação puder ser paga com a venda dos frutos ou com os rendimentos da coisa. Todavia, há que haver tratamento de razoabilidade para ambas às partes: o credor deverá receber o seu crédito no menor tempo possível; o devedor cumprirá a obrigação de forma menos traumática. Se for necessário alguns incômodos para que o executado cumpra a obrigação, esses incômodos deverão ser suportado pelo devedor. Jamais se poderá beneficiar o devedor em detrimento do credor. Havendo duas possibilidades de cumprimento, adotar-se-á a mais razoável para o devedor, desde que não acarrete prejuízo para o credor.

Art. 868. Ordenada a penhora de frutos e rendimentos, o juiz nomeará administrador-depositário, que será investido de todos os poderes que concernem à administração do bem e à fruição de seus frutos e utilidades, perdendo o executado o direito de gozo do bem, até que o exequente seja pago do principal, dos juros, das custas e dos honorários advocatícios.

✍ *Comentários:* O artigo foi de má inspiração quando afirma que "o executado perderá o direito de gozo do bem ...". A penhora levada a efeito sobre os frutos de um estabelecimento agrícola ou sobre o rendimento de um fundo de comércio nunca poderá ser feita sobre a totalidade dos frutos ou dos rendimentos. Se assim se proceder, poder-se-á contribuir para o fechamento do estabelecimento ou pela falência do fundo de comércio, por ausência de capital de giro para efetuar o pagamento de necessidades compulsórias do dia a dia ou do mês, caso de recolhimentos de impostos e de taxas e do pagamento dos empregados. Isso significa que o proprietário não perde o poder de administração nem perde o direito ao gozo de uma parte considerável dos frutos. O administrador nomeado fará valer a penhora sobre o percentual indicado pelo juiz, resumindo-se nisso a sua administração. As providências para que a safra de frutos seja maior, com aplicação de defensivos agrícolas, mata-mato e o *modus operandi* de operar a colheita dos frutos é do proprietário e executado. O artigo deveria ter a seguinte redação:

> *"Art. 868. Penhorados os frutos ou os rendimentos, o juiz nomeará administrador-depositário, que tenha conhecimento do mister, o qual será investido com os poderes de administração sobre a parte da produção a que se refere a penhora. O direito parcial de gozo do executado será mantido até que se complete a remição da execução."*

A locução "remição da execução" tem conteúdo próprio em terminologia jurídica, qual seja, o de que a obrigação será integralmente paga, não podendo haver restos executórios. Em suma: paga-se absolutamente tudo. A redação feita na parte *in fine* do artigo é incompleta, não obstante procure precaver-se indicando objetivamente as verbas que serão pagas. Assim é que fala: "seja pago do principal, dos juros, das custas e dos honorários advocatícios." Foram esquecidos: a correção monetária, os honorários do administrador, os honorários do perito (quando houver), os emolumentos e todas as demais despesas que houver. A erronia poderá ser sanada com a frase: "até que se complete a remição da execução ou o cumprimento integral da obrigação."

§ 1º A medida terá eficácia em relação a terceiros a partir da publicação da decisão que a conceda ou de sua averbação no ofício imobiliário, em caso de imóveis.

✍ *Comentários:* Considera-se que houve publicidade para terceiros, a partir da publicação da decisão ou do registro da penhora à margem da matrícula, se for propriedade agrícola e na Junta Comercial se se tratar de fundo de comércio. Se o fundo de comércio funcionar em prédio próprio, o registro da penhora deverá ser feito também à margem da matrícula no Cartório de Registro de Imóveis. Segundo a Lei dos Registros Públicos, a penhora deverá ser registrada (não averbada como diz o artigo) nos termos do art. 167, I, n. 5, e art. 240. O registro firma a presunção *juris et de jure* de que a alienação, caso ocorra, será ineficaz por ser o ato viciado pela fraude à execução.

§ 2º O exequente providenciará a averbação no ofício imobiliário mediante a apresentação de certidão de inteiro teor do ato, independentemente de mandado judicial.

✍ *Comentários:* O registro (não a averbação) será efetuado no Cartório de Registro Imobiliário, à margem da matrícula do bem (título de domínio). Para o registro, a parte, independente de mandado judicial, deverá exibir em cartório certidão de inteiro teor ao cartório, tudo nos termos da Lei dos Registros Públicos, art. 167, I, n. 5, e art. 240.

Art. 869. O juiz poderá nomear administrador-depositário o exequente ou o executado, ouvida a parte contrária, e, não havendo acordo, nomeará profissional qualificado para o desempenho da função.

✍ *Comentários:* Embora a lei permita que o administrador-depositário seja o próprio exequente ou até mesmo o executado, essa hipótese é muito difícil de ocorrer, posto que sempre haverá um clima de desconfiança. A exceção não está descartada: poderá ocorrer. A presença de um profissional capacitado e isento certamente conduzirá a melhores resultados.

§ 1º O administrador submeterá à aprovação judicial a forma de administração e a de prestar contas periodicamente.

✍ *Comentário:* Este parágrafo é ocioso, posto que repetido em outras oportunidades, *v. g.*, § 2º do art. 866).

§ 2º Havendo discordância entre as partes ou entre essas e o administrador, o juiz decidirá a melhor forma de administração do bem.

✍ *Comentários:* O parágrafo é ocioso, repetitivo e óbvio, quando diz que o juiz é quem decidirá a melhor forma de administração. Deve-se partir da premissa de que o administrador escolhido será sempre pessoa entendida no mister que irá administrar; e que exequente e executado são pessoas curiosas. Por isso, a discordância de um ou outro deverá ser feita por escrito com argumentos técnicos convincentes. A prática indica que a indicação de administrador competente dificilmente encontra resistência. Todavia, ainda que haja, se os argumentos não forem convincentes, o juiz manterá a nomeação.

§ 3º Se o imóvel estiver arrendado, o inquilino pagará o aluguel diretamente ao exequente, salvo se houver administrador.

✍ *Comentários:* O parágrafo não tem sentido jurídico. Havendo execução aparelhada, nenhum pagamento poderá ser pago diretamente ao exequente. Nenhum ato judicial poderá ser produzido fora do processo. No caso do parágrafo, o inquilino ou arrendatário será intimado para efetuar o pagamento, a partir da penhora, à disposição do juízo. Deverá mensalmente comparecer à secretaria do cartório. O depósito diretamente do arrendatário ao exequente retira do juízo a possibilidade de verificação e correção do pagamento. O dinheiro deverá ser depositado em juízo e, posteriormente, será liberado ao exequente. O parágrafo não deve nem pode ser aplicado, sob pena de retirar a segurança do procedimento processual. Imaginem se o inquilino falar que pagou ao exequente sem exigir recibo e este afirmar que nada recebeu!? E se ele realmente pagou e na simplicidade não exigiu recibo!? O parágrafo somente poderá criar confusão.

O § 3º deveria ter a seguinte redação:

"3º Se o imóvel estiver arrendado, o arrendatário será intimado para depositar o valor do arrendamento mensal à disposição do juízo o qual será imputado ao pagamento da dívida, com liberação posterior."

A partir da intimação, se o arrendatário efetuar o pagamento ao arrendador, terá pago mal e responderá perante o juízo pelo valor desviado. Se o arrendatário entrar em conluio com o arrendador, para reduzir o valor pago, responderá civil e criminalmente juntamente com o arrendador.

§ 4º O exequente ou o administrador poderá celebrar locação do móvel ou do imóvel, ouvido o executado.

✍ *Comentários:* Para evitar a venda de imóvel comercial ou residencial, o exequente ou o administrador poderá optar pela celebração de um contrato de locação do imóvel, hipótese em que o valor do aluguel será depositado em juízo até que obrigação seja paga e haja a remição da execução. O executado deverá sempre ser ouvido. Todavia, se não concordar, as suas ponderações serão aceitas se houver fundamentos convincentes. Afora a locação do imóvel, a outra hipótese seria a venda em hasta pública. A locação seria ato menos oneroso para o executado.

§ 5º As quantias recebidas pelo administrador serão entregues ao exequente, a fim de serem imputadas ao pagamento da dívida.

✍ *Comentários:* Este parágrafo repete a erronia do § 3º. Só que aqui substitui o arrendatário pelo administrador. O dinheiro produto de penhora não poderá ser entregue diretamente ao exequente. O administrador deverá prestar contas ao juízo e depositar o dinheiro em conta vinculada ao juízo. Este, sim, poderá liberar o numerário. Nenhum ato judicial poderá ser feito produzido fora do processo.

O § 5º deveria ter a seguinte redação:

"§ 5º As quantias recebidas pelo administrador serão entregues em juízo juntamente com a prestação de conta do período e serão imputadas ao pagamento da dívida, com liberação posterior."

§ 6º O exequente dará ao executado, por termo nos autos, quitação das quantias recebidas.

✍ *Comentários:* A quitação do exequente ao executado será feita por termos nos autos. Antes de qualquer quitação, a secretaria do cartório deverá verificar se realmente houve a remição da execução, isto é, se a dívida foi integralmente paga. Esse é trabalho da secretaria do cartório com a supervisão do juiz, não do exequente. Haverá a extinção do processo de execução com julgamento do mérito.

Subseção XI
Da Avaliação

Art. 870. A avaliação será feita pelo oficial de justiça.

Parágrafo único. Se forem necessários conhecimentos especializados e o valor da execução o comportar, o juiz nomeará avaliador, fixando-lhe prazo não superior a 10 (dez) dias para entrega do laudo.

✍ *Comentários:* A redação do parágrafo único não atentou para o princípio do paralelismo: "se forem necessários..." e "se o valor da execução...".

A avaliação normalmente poderá ser feita pelo oficial de justiça no momento de fazer a penhora e de elaborar o auto de penhora. A penhora se formaliza, quando presentes todos os requisitos, entre eles, a avaliação do bem, e o depósito efetivo. Se a avaliação do bem exigir conhecimentos especializados, o oficial comunicará o fato ao juiz, que nomeará *expert* com conhecimentos no mister. Diz o *caput* que o juiz fixará o prazo de 10 (dez) dias. Essa preocupação do legislador de fixar prazo não tem nenhum sentido prático e é produto da ausência de intimidade com os atos processuais. O juiz do processo que está presente a todos os atos judiciais e a realidade do dia a dia saberá mais do que ninguém qual será o prazo necessário. Se o perito necessitar de prazo maior, o juiz concederá, pois todo perito nomeado é de absoluta confiança do juiz.

"Se o valor da execução comportar": uma execução de pequeno valor seguramente não exigirá a penhora de um bem sofisticado e que necessite de um perito especializado. Existe aí uma *praesumptio hominis*.

Art. 871. Não se procederá à avaliação quando:

I — uma das partes aceitar a estimativa feita pela outra;

✍ *Comentários:* Existe sempre a possibilidade de a outra parte aceitar o valor indicado, desde que com forte na razoabilidade. Entretanto, a discordância não pode ser com base em argumento meramente subjetivo. Há de ter suporte em elemento objetivo, *verbi gratia*, o bem não está em boas condições de uso ou não tem aceitação no mercado.

II — se tratar de títulos ou de mercadorias que tenham cotação em bolsa, comprovada por certidão ou publicação no órgão oficial;

✍ *Comentário:* Os títulos e mercadorias com cotação na bolsa de valores não apresentam maior dificuldade num primeiro momento, posto que no decorrer do tempo poderá oscilar para mais ou para menos, devendo o juiz ficar atento a tais oscilações.

III — se tratar de títulos da dívida pública, de ações de sociedades e de títulos de crédito negociáveis em bolsa, cujo valor será o da cotação oficial do dia, comprovada por certidão ou publicação no órgão oficial;

✍ *Comentários:* Também aqui não haverá óbice num primeiro momento. Tudo que é negociado na bolsa de valores ou de mercadorias tem cotação oficial, mas essa cotação sofre a influência dos humores do mercado do mundo todo. Temos exemplo atual da China. Por ser uma das maiores populações do mundo e por ter um "PIB" desconcertante para os demais países, qualquer movimento na sua economia rende reflexos positivos ou negativos para o resto do mundo.

IV — se tratar de veículos automotores ou de outros bens cujo preço médio de mercado possa ser conhecido por meio de pesquisas realizadas por órgãos oficiais ou de anúncios de venda divulgados em meios de comunicação, caso em que caberá a quem fizer a nomeação o encargo de comprovar a cotação de mercado.

✍ *Comentários:* O inciso apresenta uma meia verdade ao falar que a cotação do veículo poderá ser encontrado por meio de pesquisas em órgãos oficiais ou em anúncios de venda divulgados. Evidentemente que não é só isso. Basta uma análise no mercado de vendas para verificar que a cotação da Revista Quatro Rodas não é seguido por nenhum vendedor. Sabe por que? Porque ela não vende carros! E a cotação que faz é pela média. Na prática, dois veículos de uma mesma marca, de um mesmo ano, da mesma cor, seguramente, terão cotações diferentes, porque um estará mais rodado que o outro; o proprietário de um deles não era tão cuidadoso, era fumante inveterado e o veículo cheira mal; isso sem falar se o carro já fora abalroado. O inciso IV em verdade é desnecessário. É como querer ensinar o "Padre-nosso" ao vigário. Qualquer homem do povo sabe disso. Diríamos que é uma *praesunptio hominis*. Presunção natural das coisas.

Em suma: as exigências do artigo, isso não basta só por si. O mercado oferece o preço médio de forma abstrata, como se todos os veículos ou outros bens da mesma espécie fossem iguais, considerando o desgaste normal pelo tempo de uso. Há que se verificar, cada bem de per si, o seu estado de conservação e se o veículo está em perfeito funcionamento. Temos veículos com mais de 20 (vinte) anos de uso em excelente estado; em contraponto temos veículo com pouco mais de ano de uso em péssimas condições. Quem fizer a avaliação poderá levar em conta o preço médio de mercado, mas deduzirá o valor pelo mal estado de conservação e aumentará quando houver um excelente estado de conservação.

Parágrafo único. Ocorrendo a hipótese do inciso I deste artigo, a avaliação poderá ser realizada quando houver fundada dúvida do juiz quanto ao real valor do bem.

✍ *Comentários:* Se uma das partes não aceitar a avaliação pela outra, deverá trazer elementos convincentes que desmereçam a avaliação feita. São elementos para o convencimento do juiz. Se a impugnação não for convincente, o valor deverá permanecer.

Art. 872. A avaliação realizada pelo oficial de justiça constará de vistoria e de laudo anexados ao auto de penhora ou, em caso de perícia realizada por avaliador, de laudo apresentado no prazo fixado pelo juiz, devendo-se, em qualquer hipótese, especificar:

✍ *Comentários:* A redação do artigo é ambígua quando diz: "...de laudo apresentado no prazo fixado pelo juiz..." Pergunta: "Se o laudo foi apresentado fora do prazo, não será apresentado?" Ficaria sem avaliação? Ou mandaria fazer novo para ser entregue no prazo? O art. 870, *caput*, já fixa o prazo de 10 (dez) dias, sendo desnecessário falar em prazo também no artigo sob comento. A redação deveria ser a que segue:

Art. 872. A avaliação realizada pelo oficial de justiça constará de vistoria e de laudo anexados ao auto de penhora ou, em caso de perícia realizada por avaliador, de laudo apresentado, devendo-se, em qualquer hipótese, especificar:

✍ *Comentários:* Na prática, tratando-se de avaliação simples, o valor é colocado no próprio auto de penhora, como um dos requisitos para que a penhora se formalize. O artigo exige que a avaliação conste de vistoria e de laudo anexado ao ato de penhora. É formalismo exacerbado! Em caso de nomeação de perito avaliador, constará do laudo apresentado no prazo fixado pelo juiz, onde especificará os requisitos exigidos pelos incisos I e II. Dizer que o laudo do perito foi feito no prazo é exigência ociosa sem qualquer serventia prática.

Na prática, o oficial de justiça deve continuar a fazer a avaliação como sempre fez, pois que se cuida de avaliações simples e de conhecimento corriqueiro de todos. Causa surpresa o inciso II, que diz respeito ao laudo do perito contratado para na avaliação constar o valor do bem. Ora, se o perito avaliador foi contratado com essa finalidade, qual seja, de forma técnica avaliar o bem penhorado, obviamente que o laudo constará o valor desse mesmo bem. Sem essa informação não haverá avaliação! Dizer que o avaliador contratado para avaliar deverá constar o valor é dizer o óbvio. Como dizia um famoso jornalista do passado cognominado Nicolau Ponte Preta: o óbvio ululante!!!

I — os bens, com as suas características, e o estado em que se encontram;

II — o valor dos bens.

§ 1º Quando o imóvel for suscetível de cômoda divisão, a avaliação, tendo em conta o crédito reclamado, será realizada em partes, sugerindo-se, com a apresentação de memorial descritivo, os possíveis desmembramentos para alienação.

✍ *Comentários:* No caso de o imóvel penhorado ser suscetível de divisão, a avaliação será feita por partes com possibilidade de serem separadas sem que o bem perca a possibilidade de uso. A penhora da parte será feita em consonância com o valor executado.

§ 2º Realizada a avaliação e, sendo o caso, apresentada a proposta de desmembramento, as partes serão ouvidas no prazo de 5 (cinco) dias.

✍ *Comentários:* Apresentada a proposta de desmembramento, depois de realizada a avaliação, as partes serão ouvidas no prazo de 5 (cinco) dias. Poderá haver impugnação sobre a avaliação e/ou desmembramento. Se for o caso, o juiz poderá nomear um técnico (engenheiro) para solucionar o impasse.

Art. 873. É admitida nova avaliação quando:

I — qualquer das partes arguir, fundamentadamente, a ocorrência de erro na avaliação ou dolo do avaliador;

✍ *Comentários:* A parte insatisfeita poderá requerer nova avaliação indicando erro ou dolo do avaliador. O prazo será aquele fixado pelo juiz, na falta, será de 5 (cinco) dias. A impugnação deverá ser fundamentada, não bastando ilações subjetivas.

II — se verificar, posteriormente à avaliação, que houve majoração ou diminuição no valor do bem;

✍ *Comentários:* O inciso II deve ser aplicado por ocasião da praça e leilão, quando decorrido tempo razoável que possa ter influenciado na oscilação do valor para mais ou para menos. Essa providência é importante para que os licitantes tenham conhecimento e possam decidir.

III — o juiz tiver fundada dúvida sobre o valor atribuído ao bem na primeira avaliação.

✍ *Comentários:* A desconfiança do juiz também não poderá ser de foro subjetivo. O receio deverá ter um mínimo de aporte objetivo, mormente se as partes, que são as verdadeiras interessadas, não apresentaram impugnação.

Parágrafo único. Aplica-se o art. 480 à nova avaliação prevista no inciso III do *caput* deste artigo.

Art. 480. O juiz determinará, de ofício ou a requerimento da parte, a realização de nova perícia quando a matéria não estiver suficientemente esclarecida.

§ 1º A segunda perícia tem por objeto os mesmos fatos sobre os quais recaiu a primeira e destina-se a corrigir eventual omissão ou inexatidão dos resultados a que esta conduziu.

§ 2º A segunda perícia rege-se pelas disposições estabelecidas para a primeira.

§ 3º A segunda perícia não substitui a primeira, cabendo ao juiz apreciar o valor de uma e de outra.

✍ *Comentários:* O *caput* autoriza nova perícia, caso a matéria não esteja suficientemente esclarecida. Ora, nesse caso, bastará que o juiz da execução elabore quesitos com objetivo esclarecedor. Não existe preclusão para o juiz, podendo tomar essa providência a qualquer momento. A elaboração de novo laudo, além de encarecer o processo, poderá não resolver e o segundo perito cometer os mesmos erros do primeiro e o segundo laudo carecer de esclarecimentos. Melhor que o juiz resolva de vez elaborando quesitos. Direcionando o foco de luz para outro ângulo, se as partes não fizeram qualquer impugnação e se o laudo não serve aos objetivos daquele que deveria provar o fato constitutivo ou o fato impeditivo, modificativo ou impeditivo, deverá o juiz julgar levando em contra o ônus da prova. A busca de novos elementos para firmar a convicção poderá resvalar na perda da imparcialidade.

Art. 874. Após a avaliação, o juiz poderá, a requerimento do interessado e ouvida a parte contrária, mandar:

I — reduzir a penhora aos bens suficientes ou transferi-la para outros, se o valor dos bens penhorados for consideravelmente superior ao crédito do exequente e dos acessórios;

II — ampliar a penhora ou transferi-la para outros bens mais valiosos, se o valor dos bens penhorados for inferior ao crédito do exequente.

✍ *Comentários:* As partes serão ouvidas depois da avaliação e poderá convencer-se de que existe excesso de penhora e determinar a redução; poderá ainda transferir a penhora para outro bem mais valioso, se o valor penhorado for insuficiente para levar a execução a bom termo. É importante que o juiz tenha em mente que o bem levado à hasta pública jamais alcançará o valor real, variando os lances entre 60 e 70 por cento do valor de avaliação. Por isso, existe a necessidade de penhorar bens em quantidade e valor que supere o valor da execução mais ou menos no patamar da licitação. Com isso, serão evitadas novas praças e novos editais, com o encarecimento do processo. Devem ser preferidos aqueles bens com maior aceitação entre os licitantes e que estejam em bom ou excelente estado de uso e de conservação.

Art. 875. Realizadas a penhora e a avaliação, o juiz dará início aos atos de expropriação do bem.

✍ *Comentários:* Terminados os acertos, a execução terá início com a publicação de edital com designação de praça ou leilão, onde o bem poderá ser arrematado por um dos licitantes, adjudicado pelo credor, ou o executado poderá fazer a remição da execução, hipótese em que o bem será liberado da penhora. Não se descarta a possibilidade de alienação para terceiro (que deverá apresentar forma de pagamento) ou da adjudicação, antes mesmo da realização da almoeda, pelo valor de avaliação (art. 876).

Seção IV
Da Expropriação de Bens

Subseção I
Da Adjudicação

Art. 876. É lícito ao exequente, oferecendo preço não inferior ao da avaliação, requerer que lhe sejam adjudicados os bens penhorados.

✍ *Comentários:* O artigo recepciona o art. 685-A do Código em vigor, por isso mesmo traz a mesma idiossincrasia ao dar tratamento rigoroso ao adjudicante. Não há razão para que um terceiro licitante consiga arrematar o bem por preço inferior ao da avaliação e se exija do adjudicante que pague o preço de avaliação. Como ele, não está proibido de oferecer lance, usará a via transversa. A adjudicação poderá ser tanto de bem imóvel, quanto de bem móvel.

Processo do Trabalho: a adjudicação será feita pelo maior valor licitado.

§ 1º Requerida a adjudicação, o executado será intimado do pedido:

I — pelo Diário da Justiça, na pessoa de seu advogado constituído nos autos;

II — por carta com aviso de recebimento, quando representado pela Defensoria Pública ou quando não tiver procurador constituído nos autos;

III — por meio eletrônico, quando, sendo o caso do § 1º do art. 246, não tiver procurador constituído nos autos.

✍ *Comentários:* O executado será intimado do pedido de adjudicação na pessoa do seu advogado, via DJ (I); por carta com AR, quando não tiver advogado constituído ou quando for representado pela defensoria pública; por meio eletrônico, se não tiver advogado constituído e for o caso do § 1º do art. 246. O executado poderá requerer a remição da execução, ato que tem preferência à adjudicação e à arrematação.

Art. 246. A citação será feita:

§ 1º Com exceção das microempresas e das empresas de pequeno porte, as empresas públicas e privadas são obrigadas a manter cadastro nos sistemas de processo em autos eletrônicos, para efeito de recebimento de citações e intimações, as quais serão efetuadas preferencialmente por esse meio.

§ 2º Considera-se realizada a intimação quando o executado houver mudado de endereço sem prévia comunicação ao juízo, observado o disposto no art. 274, parágrafo único.

✍ *Comentários:* O advogado deve ser cauteloso ao exagero, sob pena de impor prejuízos ao seu cliente, podendo responder civilmente. A mudança de endereço sem a devida comunicação tem como consequência a validade da intimação.

Art. 274. Não dispondo a lei de outro modo, as intimações serão feitas às partes, aos seus representantes legais, aos advogados e aos demais sujeitos do processo pelo correio ou, se presentes em cartório, diretamente pelo escrivão ou chefe de secretaria.

Parágrafo único. Presumem-se válidas as intimações dirigidas ao endereço constante dos autos, ainda que não recebidas pessoalmente pelo interessado, se a modificação temporária ou definitiva não tiver sido devidamente comunicada ao juízo, fluindo os prazos a partir da juntada aos autos do comprovante de entrega da correspondência no primitivo endereço.

§ 3º Se o executado, citado por edital, não tiver procurador constituído nos autos, é dispensável a intimação prevista no § 1º.

✍ *Comentários:* O executado citado por edital, se não tiver advogado constituído, dispensa a intimação prevista no § 1º, retro. O fato de o executado ainda não ter procurador nos autos não parece motivo justo para que não lhe seja dado conhecimento. Deverá o juiz fixar prazo para que o executado constitua advogado, em face do que dispõe o art. 36 do Código em vigor, recepcionado pelo art. 103 e respectivo parágrafo único do Código novo.

§ 4º Se o valor do crédito for:

I — inferior ao dos bens, o requerente da adjudicação depositará de imediato a diferença, que ficará à disposição do executado;

II — superior ao dos bens, a execução prosseguirá pelo saldo remanescente.

✍ *Comentários:* Vimos pelo *caput* que o valor deverá ser o de avaliação para a adjudicação. Três hipótese: o valor do crédito do exequente é igual ao valor de avaliação do bem; o crédito é menor; ou o crédito poderá ser maior. Se for inferior, o adjudicante terá de efetuar o depósito da diferença de imediato; se superior, a execução prosseguirá aparelhada para cobrança do saldo que remanesce com nova penhora de bens e novo edital de praça e leilão.

§ 5º Idêntico direito pode ser exercido por aqueles indicados no art. 889, incisos II a VIII, pelos credores concorrentes que hajam penhorado o mesmo bem, pelo cônjuge, pelo companheiro, pelos descendentes ou pelos ascendentes do executado.

Art. 889. Serão cientificados da alienação judicial, com pelo menos 5 (cinco) dias de antecedência:

I — o executado, por meio de seu advogado ou, se não tiver procurador constituído nos autos, por carta registrada, mandado, edital ou outro meio idôneo;

II — o coproprietário de bem indivisível do qual tenha sido penhorada fração ideal;

III — o titular de usufruto, uso, habitação, enfiteuse, direito de superfície, concessão de uso especial para fins de moradia ou concessão de direito real de uso, quando a penhora recair sobre bem gravado com tais direitos reais;

IV — o proprietário do terreno submetido ao regime de direito de superfície, enfiteuse, concessão de uso especial para fins de moradia ou concessão de direito real de uso, quando a penhora recair sobre tais direitos reais;

V — o credor pignoratício, hipotecário, anticrético, fiduciário ou com penhora anteriormente averbada, quando a penhora recair sobre bens com tais gravames, caso não seja o credor, de qualquer modo, parte na execução;

VI — o promitente comprador, quando a penhora recair sobre bem em relação ao qual haja promessa de compra e venda registrada;

VII — o promitente vendedor, quando a penhora recair sobre direito aquisitivo derivado de promessa de compra e venda registrada;

VIII — a União, o Estado e o Município, no caso de alienação de bem tombado.

✍ *Comentários:* A adjudicação pelo cônjuge, companheiro, descendente ou ascendente é o mesmo direito que existia no instituto da remição de bens, que somente era devida no caso de insolvência do executado. A adjudicação prevista no Código em vigor (art. 685-A) e recepcionado pelo novo Código (art. 876) traz um elemento atípico, qual seja, o de que a adjudicação poderá ser feita por quem não é credor do executado. Esse *favor pietatis* dado aos familiares tem preferência entre os demais e obedece, entre si, a seguinte preferência: cônjuge, companheiro, descendente e ascendente. A seguir, tem-se a preferência do exequente.

Processo do trabalho: o credor trabalhista é dotado de crédito privilegiado nos termos do art. 186 do Código Tributário Nacional (status de lei complementar) e da Lei dos Executivos Fiscais (Lei n. 6.830/80), *ex vi* do art. 889 da CLT. Em vista disso, nenhum credor poderá requerer a adjudicação do bem, excetuado o próprio exequente. A explicação é simples. O credor, *v. g.*, com garantia real poderá adjudicar oferecendo o seu crédito, com possibilidade de neutralizar a única garantia que está sendo executado para pagar crédito de natureza alimentar. Todavia, obedecidas as normas preceptivas dos arts. 303 e 333, II, do Código Civil, o exequente adjudicante ou o arrematante receberá o bem com o selo da dívida real. O credor hipotecário poderá considerar a dívida vencida e cobrá-la do atual proprietário ou poderá entrar em acordo e prosseguir com a dívida sobre o bem, pagando as prestações, se assim for.

§ 6º Se houver mais de um pretendente, proceder-se-á a licitação entre eles, tendo preferência, em caso de igualdade de oferta, o cônjuge, o companheiro, o descendente ou o ascendente, nessa ordem.

✍ *Comentários:* Remetemos aos comentários do § 5º, retro. Havendo mais de um pretendente para a adjudicação, far-se-á a licitação entre eles.

§ 7º No caso de penhora de quota social ou de ação de sociedade anônima fechada realizada em favor de exequente alheio à sociedade, esta será intimada, ficando responsável por informar aos sócios a ocorrência da penhora, assegurando-se a estes a preferência.

✍ *Comentários:* Penhoradas quotas ou ações de sociedade fechada, a pessoa jurídica será intimada para que seja dado conhecimento aos sócios ou acionistas do requerimento de adjudicação pelo exequente. O parágrafo sob comento deveria indicar o prazo para resposta. *Ver art. 877, infra.*

Art. 877. Transcorrido o prazo de 5 (cinco) dias, contado da última intimação, e decididas eventuais questões, o juiz ordenará a lavratura do auto de adjudicação.

§ 1º Considera-se perfeita e acabada a adjudicação com a lavratura e a assinatura do auto pelo juiz, pelo adjudicatário, pelo escrivão ou chefe de secretaria, e, se estiver presente, pelo executado, expedindo-se:

I — a carta de adjudicação e o mandado de imissão na posse, quando se tratar de bem imóvel;

II — a ordem de entrega ao adjudicatário, quando se tratar de bem móvel.

✎ *Comentários:* Transcorridos 5 (cinco) dias será lavrado o auto de adjudicação. Em seguida, serão expedidos a carta de adjudicação e o mandado de imissão de posse (se for bem imóvel) e a ordem de entrega adjudicatória (se for bem móvel).

§ 2º A carta de adjudicação conterá a descrição do imóvel, com remissão à sua matrícula e aos seus registros, a cópia do auto de adjudicação e a prova de quitação do imposto de transmissão.

✎ *Comentário:* Este parágrafo deveria ser o inciso I, do *caput.* Dispõe sobre os requisitos formais da carta de adjudicação.

§ 3º No caso de penhora de bem hipotecado, o executado poderá remi-lo até a assinatura do auto de adjudicação, oferecendo preço igual ao da avaliação, se não tiver havido licitantes, ou ao do maior lance oferecido.

✎ *Comentários:* Temos aqui a hipótese em que o próprio credor hipotecário requer a execução aparelhada para execução da dívida hipotecária (arts. 1.499, 1.500 e 1.501 do Código Civil). Temos uma outra hipótese em que o bem hipotecado é penhorado por terceiro (*v. g.*, credor trabalhista), conforme consta dos arts. 303 e 333 do Código Civil.

Em se tratando de execução de dívida com garantia real (hipoteca), a penhora deverá ser feita sobre o bem imóvel dado em garantia. Remir a dívida significa remição da execução, isto é, o pagamento de absolutamente tudo que envolve o processo executório pelo devedor hipotecário. Isso somente poderá ser feito antes da assinatura do auto de arrematação ou do auto de adjudicação. Por isso, tão logo terminada a praça, deve o executado requerer a remição da execução. O § 3º repete o art. 1.482 do Código Civil e transmite a ideia de que se o executado depositar em juízo o valor da avaliação do bem penhorado, quando não houver licitante ou, havendo, o maior valor licitado, estaria tudo terminado. Mas não é assim. Para que haja remição da execução, o credor hipotecário deverá receber o valor da dívida, com juros e correção monetária, custas processuais, honorários advocatícios e periciais (se for o caso). Se o valor da dívida for menor do que o valor de avaliação do bem penhorado, depositará apenas o valor da dívida e o executado terá o bem liberado; se o valor for maior do que a dívida hipotecária, a hipoteca permanecerá garantindo o saldo devedor. Repita-se: remição é o pagamento de toda a dívida hipotecária e dos acessórios (art. 1.499, inciso V, do Código Civil). A hipoteca se extingue pela arrematação ou pela adjudicação (art. 1.499, inciso VI, do Código Civil). Há extinção da hipoteca com estribo na arrematação ou na adjudicação, ainda que o crédito hipotecário não haja sido acobertado integralmente pelo procedimento executivo. O valor que restar descoberto dá ao credor (agora não mais hipotecário) legitimidade de buscar o pagamento, mas já agora como credor quirografário, sem garantia real. O arrematante leva o bem sem nenhuma dívida. Extingue-se também a hipoteca com a averbação no Registro de imóveis, com o cancelamento do registro, à vista da respectiva prova (art. 167, II, n. 2, da Lei dos Registros Públicos).

§ 4º Na hipótese de falência ou de insolvência do devedor hipotecário, o direito de remição previsto no § 3º será deferido à massa ou aos credores em concurso, não podendo o exequente recusar o preço da avaliação do imóvel.

✎ *Comentários:* O parágrafo sob comento repete o art. 1.430 do Código Civil. Na hipótese de falência ou de decreto de insolvência do devedor hipotecário, o direito de remição da execução é deferido à massa falida ou aos credores em concurso. Como o credor hipotecário não poderá recusar o preço de avaliação do imóvel, caso esse valor não seja suficiente à cobertura da dívida hipotecária, o exequente hipotecário continua com legitimidade para prosseguir na execução do restante do seu crédito, já agora na qualidade de credor quirografário.

Art. 878. Frustradas as tentativas de alienação do bem, será reaberta oportunidade para requerimento de adjudicação, caso em que também se poderá pleitear a realização de nova avaliação.

Comentários: Se a praça for negativa, o juiz dará oportunidade para o requerimento de adjudicação. Se for o caso, o juiz poderá determinar uma nova avaliação e a volta do bem à hasta pública.

Subseção II
Da Alienação

Art. 879. A alienação far-se-á:

I — por iniciativa particular;

II — em leilão judicial eletrônico ou presencial.

Comentários: Espécies de alienações: a compra do bem por particular ou arrematado em leilão judicial, eletrônico ou presencial são espécies de alienações. A alienação por leilão tem em vista a arrecadação de dinheiro para o juízo e em contrapartida a entrega do bem para o arrematante. A alienação por iniciativa particular em sede judicial também deverá envolver dinheiro, justamente porque esse fruto resultante da praça será necessário para o pagamento do crédito executado. Embora o artigo nada diga, a adjudicação é uma alienação atípica. É alienação porque o bem penhorado sairá do patrimônio do executado e passará para o patrimônio do exequente que terá a posse pagando com o crédito objeto da execução. A transferência do patrimônio do executado acontece da mesma forma da venda particular ou da arrematação em leilão. Se o crédito for menor do que o valor da arrematação, o adjudicante deverá depositar a diferença em dinheiro à disposição do juízo. Se o crédito executado for maior, o exequente prosseguirá com a execução aparelhada sobre outros bens do executado.

Art. 880. Não efetivada a adjudicação, o exequente poderá requerer a alienação por sua própria iniciativa ou por intermédio de corretor ou leiloeiro público credenciado perante o órgão judiciário.

Comentários: Frustradas a praça e a adjudicação, o exequente poderá alienar o bem por iniciativa própria, depois de ouvido o executado e autorizado pelo juiz. Essa possibilidade trazida pelo novo Código fazia parte do Código de 1939, art. 973, §§1º a 4º. Salvo a hipótese em que um particular tenha real interesse naquele bem e o preço seja compensador, a venda na praça sempre será a preferida porque haverá um número maior de interessados. O bem poderá ser vendido por corretor ou por leiloeiro público. A entrega do bem para corretor ou de leiloeiro público certamente encarecerá o processo executório.

§ 1º O juiz fixará o prazo em que a alienação deve ser efetivada, a forma de publicidade, o preço mínimo, as condições de pagamento, as garantias e, se for o caso, a comissão de corretagem.

Comentários: No caso de o juiz autorizar alienação pelo exequente, deverá fixar certos parâmetros, quais sejam, forma de publicidade, preço mínimo, condições de pagamento, garantias exigidas, comissão do corretor ou do leiloeiro público. A prática ensina que essa modalidade de alienação dificilmente será adotada pelos percalços que poderá ocasionar, caso o comprador particular do bem se torne inadimplente. Se o pagamento for à vista, livrar-se-á de toda a burocracia prevista no parágrafo sob comento.

§ 2º A alienação será formalizada por termo nos autos, com a assinatura do juiz, do exequente, do adquirente e, se estiver presente, do executado, expedindo-se:

I — a carta de alienação e o mandado de imissão na posse, quando se tratar de bem imóvel;

II — a ordem de entrega ao adquirente, quando se tratar de bem móvel.

✎ *Comentários:* Este parágrafo completa o anterior. A carta de alienação e o mandado de imissão de posse (imóvel) somente dar-se-ão depois do total pagamento. O mesmo critério deverá ser adotado para a entrega de bem móvel.

§ 3º Os tribunais poderão editar disposições complementares sobre o procedimento da alienação prevista neste artigo, admitindo, quando for o caso, o concurso de meios eletrônicos, e dispor sobre o credenciamento dos corretores e leiloeiros públicos, os quais deverão estar em exercício profissional por não menos que 3 (três) anos.

✎ *Comentários:* Cuida de providência complementar para a venda do bem pelo exequente. Autoriza os tribunais a adotarem providências outras, como manter cadastro para credenciamento de corretores e de leiloeiros públicos com exigência de 3 (anos) de experiência profissional. Embora não o diga o parágrafo, deverão estar registrados nos respectivos órgãos que autorizam a atividade. O prazo deve ser contado, a partir dor registro. Poderão ser utilizados meios eletrônicos.

§ 4º Nas localidades em que não houver corretor ou leiloeiro público credenciado nos termos do § 3º, a indicação será de livre escolha do exequente.

✎ *Comentário:* Nada impede que se utilize da praça ou do leilão, certamente meio menos oneroso.

Art. 881. A alienação far-se-á em leilão judicial se não efetivada a adjudicação ou a alienação por iniciativa particular.

✎ *Comentários:* A redação posta torna preferenciais a adjudicação e a alienação por iniciativa particular, colocando em último lugar a venda cm praça ou em leilão. De qualquer forma, se o exequente quiser adjudicar ou quiser vender a particular por iniciativa própria, deverá requerer. Não competirá ao juiz perder tempo mandando que o exequente fale. Na falta de requerimento, o caminho indicado é a publicação de edital de praça ou de leilão e a instauração da alienação forçada.

§ 1º O leilão do bem penhorado será realizado por leiloeiro público.

✎ *Comentários:* Preferência pelo leiloeiro público.

Processo do Trabalho: praça e leilão no átrio da Vara. Leiloeiro público em último caso pelo ônus que impõe.

§ 2º Ressalvados os casos de alienação a cargo de corretores de bolsa de valores, todos os demais bens serão alienados em leilão público.

✎ *Comentários:* A regra é a alienação de bens em leilão púbico. Ressalva-se a hipótese de alienação a cargo de corretores de bolsa de valores.

Art. 882. Não sendo possível a sua realização por meio eletrônico, o leilão será presencial.

✎ *Comentário:* Se houver impossibilidade de utilizar-se o meio eletrônico, far-se-á o leilão presencial.

§ 1º A alienação judicial por meio eletrônico será realizada, observando-se as garantias processuais das partes, de acordo com regulamentação específica do Conselho Nacional de Justiça.

✍ *Comentário:* A alienação deverá ser provida de todas as garantias processuais das partes de conformidade com o CNJ.

§ 2º A alienação judicial por meio eletrônico deverá atender aos requisitos de ampla publicidade, autenticidade e segurança, com observância das regras estabelecidas na legislação sobre certificação digital.

✍ *Comentário:* A alienação judicial, utilizando os meios eletrônicos, será provida dos requisitos de ampla publicidade, autenticidade e segurança, obediente às regras legais.

§ 3º O leilão presencial será realizado no local designado pelo juiz.

✍ *Comentários:* O juiz designará o lugar para o leilão. Diferente do Código em vigor, o juiz terá a liberdade de designar o local para o leilão. Não vemos nada de importante. O juiz continuará a realizar o leilão presencial onde sempre fez, mormente se na comarca existirem inúmeras Varas.

Art. 883. Caberá ao juiz a designação do leiloeiro público, que poderá ser indicado pelo exequente.

✍ *Comentários:* O juiz designará o leiloeiro público. Poderá atender a requerimento e a indicação do exequente se achar razoável.

Art. 884. Incumbe ao leiloeiro público:

I — publicar o edital, anunciando a alienação;

II — realizar o leilão onde se encontrem os bens ou no lugar designado pelo juiz;

III — expor aos pretendentes os bens ou as amostras das mercadorias;

IV — receber e depositar, dentro de 1 (um) dia, à ordem do juiz, o produto da alienação;

V — prestar contas nos 2 (dois) dias subsequentes ao depósito.

Parágrafo único. O leiloeiro tem o direito de receber do arrematante a comissão estabelecida em lei ou arbitrada pelo juiz.

✍ *Comentários:* Os incisos alinham as providências a cargo do leiloeiro público. A função do leiloeiro é a venda de mercadorias que lhes são confiadas por oferta pública. O exercício da função é pessoal. A função não pode ser delegada nem exercida por meio de pessoa jurídica. Em caso de força maior, ou de impedimento pessoal poderá delegar, devendo fazer comunicação à Junta Comercial onde mantém a sua matrícula profissional de acordo com o Decreto Federal n. 21.981, de 19.10.1932, e da Instrução Normativa n. 113, de 28.04.2010, do DNRC — Departamento Nacional de Registro do Comércio. O exercício da função está circunscrita à unidade federativa onde está matriculado. O leiloeiro receberá diretamente do arrematante o valor da comissão prevista em lei ou arbitrada pelo juiz.

Art. 885. O juiz da execução estabelecerá o preço mínimo, as condições de pagamento e as garantias que poderão ser prestadas pelo arrematante.

✍ *Comentários:* O valor mínimo, condições de pagamento e garantias que deverão ser prestadas pelo arrematante são requisitos que o juiz estabelecerá dentro do seu douto critério. O *caput* parte da premissa de que o juiz é detentor de conhecimentos para tanto, como a avaliação do bem. Certamente, haverá bem que o juiz não terá noção do valor mínimo que poderá exigir. Em se apresentando a hipótese, se o leiloeiro não puder ajudar, terá que nomear perito avaliador. O *caput* deveria ter um parágrafo único, a saber:

"Parágrafo único. Caso falte ao juiz conhecimentos para arbitrar o valor mínimo ao bem objeto de excussão, poderá louvar-se em perito avaliador."

Art. 886. O leilão será precedido de publicação de edital, que conterá:

I — a descrição do bem penhorado, com suas características, e, tratando-se de imóvel, sua situação e suas divisas, com remissão à matrícula e aos registros;

II — o valor pelo qual o bem foi avaliado, o preço mínimo pelo qual poderá ser alienado, as condições de pagamento e, se for o caso, a comissão do leiloeiro designado;

III — o lugar onde estiverem os móveis, os veículos e os semoventes e, tratando-se de créditos ou direitos, a identificação dos autos do processo em que foram penhorados;

IV — o sítio, na rede mundial de computadores, e o período em que se realizará o leilão, salvo se este se der de modo presencial, hipótese em que serão indicados o local, o dia e a hora de sua realização;

V — a indicação de local, dia e hora de segundo leilão presencial, para a hipótese de não haver interessado no primeiro;

VI — menção da existência de ônus, recurso ou processo pendente sobre os bens a serem leiloados.

✍ *Comentários:* A publicação de edital de praça e leilão é o primeiro passo para dar publicidade da realização da hasta pública. O inciso I exige a descrição do bem penhorado com as características mínimas para o seu reconhecimento; se se tratar de bem imóvel, onde está encravado, respectivas divisas, e matrícula no respectivo Cartório de Registros de Imóveis, ônus que porventura pese sobre o mesmo; o inciso II exige a especificação do valor de avaliação, o valor mínimo para a venda, as condições para pagamento à vista ou a prazo, e, sendo o caso, a comissão do leiloeiro. Embora não o diga o inciso, na venda a prazo, o juiz deverá indicar as garantias exigíveis; o inciso III traz descrição do lugar onde estiverem localizados o bem imóvel, veículo ou semoventes. Se for veículo, deverá especificar, marca, tipo, ano de fabricação, estado de conservação e de uso, depositário, com ou sem multas. Se for semovente, o lugar onde está confinado, com nome do sítio ou da fazenda e a marca a ferro que o identifique cada animal. Se for rebanho, se é feita a vacinação periódica, identificação dos autos do processo onde foram penhorados; o inciso IV determina que a publicidade seja efetuada na rede mundial de computadores, época do leilão. Se for presencial, bastará indicação do local, dia e hora da realização; o inciso V estabelece que seja indicado o local, dia e hora que poderá ser realizado o segundo leilão, em caso de ausência de interessados; o inciso VI determina a menção da existência de recursos, processos pendentes sobre os bens objeto do leilão e se existe ônus sobre o bem. A informação da existência, *v. g.*, de hipoteca deverá indicar o valor do saldo devedor, o vencimento da dívida, o nome do credor hipotecário e registro. Sem essas informações, o leilão poderá ser anulado. O arrematante deve ter conhecimento do ônus que o bem irá carregar (arts. 303 e 333 do Código Civil), para que possa licitar em valor que compense o ônus que estará agregado ao bem arrematado.

Parágrafo único. No caso de títulos da dívida pública e de títulos negociados em bolsa, constará do edital o valor da última cotação.

✍ Comentários. Títulos Públicos ou Títulos da Renda Pública: é uma aplicação rentável e segura. Se for negociado em bolsa, no edital deverá, constar o valor da sua cotação no dia do edital. Obviamente, essa cotação poderá variar com o decorrer do tempo e da sua maior ou menor aceitação. Será interessante que no dia do leilão o leiloeiro tenha em mãos a última cotação para informar aos licitantes.

Art. 887. O leiloeiro público designado adotará providências para a ampla divulgação da alienação.

§ 1º A publicação do edital deverá ocorrer pelo menos 5 (cinco) dias antes da data marcada para o leilão.

✍ *Comentários:* É de responsabilidade do leiloeiro tomar as providências para a ampla divulgação do bem que será alienado. O edital deverá anteceder pelo menos 5 (cinco) dias da data do leilão. A ausência de informações básicas poderá ocasionar a nulidade do leilão e a responsabilidade do leiloeiro pelas despesas processuais, *v. g.*, publicação de edital.

§ 2º O edital será publicado na rede mundial de computadores, em sítio designado pelo juízo da execução, e conterá descrição detalhada e, sempre que possível, ilustrada dos bens, informando expressamente se o leilão se realizará de forma eletrônica ou presencial.

✍ *Comentários:* O edital deverá ser publicado na rede mundial de computadores no sítio indicado pelo juiz da execução e conterá a descrição pormenorizada do bem e, sendo possível, a ilustração com fotos em vários ângulos. Dependendo do bem móvel, *v. g.*, máquinas industriais, o leiloeiro deverá propiciar a possibilidade de visita do interessado *in loco* para análise e verificação. Isso se faz necessário, pois a prática registra inúmeros casos em que a máquina (teares e outros instrumentos) está incompleta, faltando peças-chaves que tornam o bem arrematado imprestável. A arrematação pública tem o dever de garantir a seriedade da arrematação e a regularidade do bem arrematado. O edital deverá informar se o bem será realizado de forma presencial ou eletrônica.

§ 3º Não sendo possível a publicação na rede mundial de computadores ou considerando o juiz, em atenção às condições da sede do juízo, que esse modo de divulgação é insuficiente ou inadequado, o edital será afixado em local de costume e publicado, em resumo, pelo menos uma vez em jornal de ampla circulação local.

✍ *Comentários:* Não sendo possível ou conveniente a publicação da rede mundial de computadores, o edital será afixado em local de costume e público; em resumo, pelo menos uma vez em jornal de ampla circulação local, se houver. O juiz poderá louvar-se nos meios de comunicação que a comarca tiver, como rádio local, rádio propaganda, afixação nos vários pontos da Vara. Existem no norte e nordeste pequenas comarcas onde não há rádio ou até mesmo jornal. Mas o comércio de venda de sítios, de fazendas, de veículos, etc. se desenvolve no centro da cidade em determinado restaurante ou cafeteria. Nada impede que coloque aviso da praça e do leilão nesses lugares.

§ 4º Atendendo ao valor dos bens e às condições da sede do juízo, o juiz poderá alterar a forma e a frequência da publicidade na imprensa, mandar publicar o edital em local de ampla circulação de pessoas e divulgar avisos em emissora de rádio ou televisão local, bem como em sítios distintos do indicado no § 2º.

✍ *Comentário:* Reportamo-nos aos comentários ao § 3º, retro.

§ 5º Os editais de leilão de imóveis e de veículos automotores serão publicados pela imprensa ou por outros meios de divulgação, preferencialmente na seção ou no local reservados à publicidade dos respectivos negócios.

✍ *Comentário:* O parágrafo parte da premissa de que o leilão é realizado em cidades médias ou grandes, onde há jornal de grande circulação, imprensa falada e escrita. Reportamo-nos aos comentários do § 3º, retro.

§ 6º O juiz poderá determinar a reunião de publicações em listas referentes a mais de uma execução.

✍ *Comentário:* Havendo mais de leilão para um mesmo dia, as publicações deverão ser reunidas. Isso certamente facilitará a consulta dos interessados.

Art. 888. Não se realizando o leilão por qualquer motivo, o juiz mandará publicar a transferência, observando-se o disposto no art. 887.

✍ *Comentário:* Havendo impedimento para a realização do leilão, o juiz da execução determinará a designação de leilão para outro dia, nos termos do art. 887, retro.

Parágrafo único. O escrivão, o chefe de secretaria ou o leiloeiro que culposamente der causa à transferência responde pelas despesas da nova publicação, podendo o juiz aplicar-lhe a pena de suspensão por 5 (cinco) dias a 3 (três) em procedimento administrativo regular.

✍ *Comentários:* O parágrafo carreia a responsabilidade culposa do escrivão, chefe da secretaria ou do leiloeiro pelas despesas com edital. Poderá haver ambém a pena de suspensão. Ter-se-ia aqui a penalidade em *bis in idem*. O juiz deverá aplicar uma ou outra. Certamente, o ônus material será mais significativo.

Art. 889. Serão cientificados da alienação judicial, com pelo menos 5 (cinco) dias de antecedência:

✍ *Comentário:* Prazo mínimo para que o interessado tome ciência da alienação judicial.

I — o executado, por meio de seu advogado ou, se não tiver procurador constituído nos autos, por carta registrada, mandado, edital ou outro meio idôneo;

✍ *Comentários:* Será dada ciência ao advogado do executado. Na falta de advogado, a ciência será feita por carta registrada, de preferência com aviso de recebimento, por edital ou por intermédio de oficial de justiça. Em lugar de difícil acesso, por meio do rádio, do correio, de interposta pessoa (qualquer meio idôneo)

II — o coproprietário de bem indivisível do qual tenha sido penhorada fração ideal;

✍ *Comentário:* Todos os proprietários, se o bem for indivisível e foi integralmente penhorado.

III — o titular de usufruto, uso, habitação, enfiteuse, direito de superfície, concessão de uso especial para fins de moradia ou concessão de direito real de uso, quando a penhora recair sobre bem gravado com tais direitos reais;

✍ *Comentário:* Penhora sobre bens gravados. A ciência será dada nos moldes do inciso I.

IV — o proprietário do terreno submetido ao regime de direito de superfície, enfiteuse, concessão de uso especial para fins de moradia ou concessão de direito real de uso, quando a penhora recair sobre tais direitos reais;

✍ *Comentário:* Penhora integral sobre o bem. Reportamo-nos aos comentários do inciso III.

V — o credor pignoratício, hipotecário, anticrético, fiduciário ou com penhora anteriormente averbada, quando a penhora recair sobre bens com tais gravames, caso não seja o credor, de qualquer modo, parte na execução;

✍ *Comentário:* Garantia real — arts. 303 e 333 do Código Civil.

VI — o promitente comprador, quando a penhora recair sobre bem em relação ao qual haja promessa de compra e venda registrada;

✍ *Comentários:* Será dada ciência do promitente comprador se a penhora recair sobre a parte do bem na qual haja promessa de compra e venda registrada (art. 167, I, n. 9, da Lei dos Registros Públicos). A ciência será dada mesmo que o promitente comprador não tenha efetuado o registro. Não existe razão legal ou jurídica para a negativa. O registro não é obrigatório, se o fizer terá a seu favor os preceitos do art. 240 do Código Tributário Nacional; se não fizer o registro, competirá à parte que adquiriu o imóvel a prova de que teria agido com boa-fé. Não se relegue ao oblívio que o Poder Judiciário tem o dever de garantir que o bem arrematado esteja isento de qualquer ônus ou de discussão futura. O fato de bem não estar registrado, não quer dizer que não tenha o direito de proprietário. A ausência de registro somente poderá discutir a boa-fé ou a má-fé em caso de alienação. O simples fato de o bem ser alienado pelo Poder Judiciário não significa que o adquirente está totalmente protegido. A hasta pública não tem a auréola deífica.

VII — o promitente vendedor, quando a penhora recair sobre direito aquisitivo derivado de promessa de compra e venda registrada;

✍ *Comentário:* Este inciso deveria fazer parte do inciso VI, retro. Reportamo-nos àqueles comentários.

VIII — a União, o Estado e o Município, no caso de alienação de bem tombado.

✍ *Comentários:* O Decreto-lei n. 25/1937 impõe uma série de restrições à propriedade particular selada com o tombamento. Indicamos algumas: se for bem móvel, não poderá sair do país; se for bem imóvel, não poderá sofrer destruição, mutilação ou demolição. A reforma e pintura não poderão ocorrer sem autorização do SPHAN. Antes da possível alienação onerosa do bem objeto de tombamento, devem ser notificados a União, o Estado e o município. A notificação deverá ser feita antes da expedição de edital.

Decreto-lei n. 25/1937

Art. 22. Em face da alienação onerosa de bens tombados, pertencentes a pessôas naturais ou a pessôas jurídicas de direito privado, a União, os Estados e os municípios terão, nesta ordem, o direito de preferência. (*Vide* Lei n. 13.105, de 2015) (Vigência)

§ 1º Tal alienação não será permitida, sem que previamente sejam os bens oferecidos, pelo mesmo preço, à União, bem como ao Estado e ao município em que se encontrarem. O proprietário deverá notificar os titulares do direito de preferência a usá-lo, dentro de trinta dias, sob pena de perdê-lo.

§ 2º É nula alienação realizada com violação do disposto no parágrafo anterior, ficando qualquer dos titulares do direito de preferência habilitado a sequestrar a coisa e a impôr a multa de vinte por cento do seu valor ao transmitente e ao adquirente, que serão por ela solidariamente responsáveis. A nulidade será pronunciada, na forma da lei, pelo juiz que conceder o sequestro, o qual só será levantado depois de paga a multa e se qualquer dos titulares do direito de preferência não tiver adquirido a coisa no prazo de trinta dias.

§ 3º O direito de preferência não inibe o proprietário de gravar livremente a coisa tombada, de penhor, anticrese ou hipoteca.

§ 4º Nenhuma venda judicial de bens tombados se poderá realizar sem que, prèviamente, os titulares do direito de preferência sejam disso notificados judicialmente, não podendo os editais

§ 5º Aos titulares do direito de preferência assistirá o direito de remissão, se dela não lançarem mão, até a assinatura do auto de arrematação de praça ser expedidos, sob pena de nulidade, antes de feita a notificação. ou até a sentença de adjudicação, as pessôas que, na forma da lei, tiverem a faculdade de remir.

§ 6º O direito de remissão por parte da União, bem como do Estado e do município em que os bens se encontrarem, poderá ser exercido, dentro de cinco dias a partir da assinatura do auto do arrematação ou da sentença de adjudicação, não se podendo extraír a carta, enquanto não se esgotar êste prazo, salvo se o arrematante ou o adjudicante for qualquer dos titulares do direito de preferência.

Parágrafo único. Se o executado for revel e não tiver advogado constituído, não constando dos autos seu endereço atual ou, ainda, não sendo ele encontrado no endereço constante do processo, a intimação considerar-se-á feita por meio do próprio edital de leilão.

✍ *Comentários:* O emprego do parágrafo na sua literalidade poderá trazer impasse interpretativo. O melhor é fazer a interpretação sistemática, reportando-se ao art. 72, *caput*, e inciso II. Juiz deverá nomear curador especial.

> Art. 72. O juiz nomeará curador especial ao: I —........ II — réu preso revel, bem como ao réu revel citado por edital ou com hora certa, enquanto não for constituído advogado.

Art. 890. Pode oferecer lance quem estiver na livre administração de seus bens, com exceção:

✍ *Comentário:* Como regra, poderá oferecer lance, todo aquele que estiver na livre administração de seus bens.

I — dos tutores, dos curadores, dos testamenteiros, dos administradores ou dos liquidantes, quanto aos bens confiados à sua guarda e à sua responsabilidade;

II — dos mandatários, quanto aos bens de cuja administração ou alienação estejam encarregados;

III — do juiz, do membro do Ministério Público e da Defensoria Pública, do escrivão, do chefe de secretaria e dos demais servidores e auxiliares da justiça, em relação aos bens e direitos objeto de alienação na localidade onde servirem ou a que se estender a sua autoridade;

IV — dos servidores públicos em geral, quanto aos bens ou aos direitos da pessoa jurídica a que servirem ou que estejam sob sua administração direta ou indireta;

V — dos leiloeiros e seus prepostos, quanto aos bens de cuja venda estejam encarregados;

VI — dos advogados de qualquer das partes.

✍ *Comentários:* As pessoas indicadas nos incisos I a VI estão legalmente proibidas de oferecer lance. Em verdade, essas pessoas teriam informações privilegiadas. As indicadas nos incisos I e II são pessoas que se sacrificam de alguma forma. E a posição entraria em conflito com a posição de licitante, cujo interesse é arrecadar o bem pelo menor preço, enquanto na qualidade de representante seria o contrário. No inciso III, as pessoas indicadas têm informações privilegiadas e poderiam manejar o leilão ao seu favor. O conteúdo do inciso IV aproxima-se da restrição do inciso III. O inciso V impõe restrição ao leiloeiro, pessoa que com maior razão poderia manipular o leilão. O inciso VI cuida da restrição ao advogado. Embora o atual Código de Ética da OAB não tenha disposições expressas, a proibição é oportuna. O advogado poderá ter informações privilegiadas que os demais licitantes certamente não teriam acerca do bem. A retomada do assunto reforça a independência no exercício da profissão, a qual poderia ser prejudicada, se o causídico pudesse licitar, posto que o interesse em lucrar poderia distorcer a retidão necessária para o exercício da profissão.

Art. 891. Não será aceito lance que ofereça preço vil.

Parágrafo único. Considera-se vil o preço inferior ao mínimo estipulado pelo juiz e constante do edital, e, não tendo sido fixado preço mínimo, considera-se vil o preço inferior a cinquenta por cento do valor da avaliação.

✍ *Comentários:* O parágrafo sob comento atua em âmbito de romantismo. O valor da arrematação em praça ou leilão está diretamente ligado ao grau de aceitabilidade do bem. Se bem imóvel, a localização, benfeitorias existentes ou não, propriedade nua; bem móvel, veículos ou semoventes, dependerão da aceitabilidade, do uso, do grau de conservação; semoventes, idade avançada ou não, local onde está confinado, vacinação, animal de cela, de carroça, de arado, etc. O preço mínimo fixado pelo juiz poderá não ser o correto, por falta de razoabilidade, o que levará à hasta pública negativa, com oneração da execução. Se não for fixado o valor do preço vil, considerar-se-á como tal o valor inferior a 50% do preço de avaliação. Dependerá de outros fatores: se o preço de avaliação foi correto ou foi excessivo; situação de conservação do bem; e outros requisitos dependendo da espécie de bem. O preço vil será descoberto pelo juiz no momento em que aconteceu o leilão, de posse de todos os elementos que contribuíram para que o preço fosse aquele, aquém da expectativa. Esse valor aquém poderá ser o único possível nas circunstâncias apresentadas. E o não deferimento da arrematação poderá causas maiores prejuízos.

Art. 892. Salvo pronunciamento judicial em sentido diverso, o pagamento deverá ser realizado de imediato pelo arrematante, por depósito judicial ou por meio eletrônico.

✍ *Comentários:* Pagamento deve ser imediato por meio eletrônico ou por depósito judicial. O juiz poderá conceder prazo maior. O emprego do termo "deverá" para o pagamento nem sempre terá o apoio da razoabilidade, mesmo porque o auto de arrematação será assinado posteriormente.

§ 1º Se o exequente arrematar os bens e for o único credor, não estará obrigado a exibir o preço, mas, se o valor dos bens exceder os registro: ao seu crédito, depositará, dentro de 3 (três) dias, a diferença, sob pena de tornar-se sem efeito a arrematação, e, nesse caso, realizar-se-á novo leilão, à custa do exequente.

✍ *Comentários:* O exequente poderá arrematar o bem exibindo o seu crédito, se o valor da arrematação for igual ou inferior ao seu crédito. Se inferior, ele prosseguirá com a execução aparelhada para receber o restante; se o valor da arrematação exceder o seu crédito, o exequente terá de depositar a diferença em 3 (três) dias, salvo se outro prazo for concedido pelo juiz. A ausência de depósito tornará sem efeito a arrematação, com realização de novo leilão à custa do exequente.

§ 2º Se houver mais de um pretendente, proceder-se-á entre eles à licitação, e, no caso de igualdade de oferta, terá preferência o cônjuge, o companheiro, o descendente ou o ascendente do executado, nessa ordem.

✍ *Comentários:* Em havendo vários pretendentes, todos poderão licitar. E arrematará aquele que ofertar maior lance; se entre os licitantes houver cônjuge, descendente ou ascendente, a preferência será destes, na ordem indicada com prerferência daquele que ofertar valor maior. Trata-se de um *favor pietatis* concedido pela lei para o bem permaneça no âmbito familiar.

§ 3º No caso de leilão de bem tombado, a União, os Estados e os Municípios terão, nessa ordem, o direito de preferência na arrematação, em igualdade de oferta.

✍ *Comentários:* O Decreto-lei n. 25/1937 impõe uma série de restrições à propriedade particular selada com o tombamento. Indicamos algumas: se for bem móvel, não poderá sair do país; se for bem imóvel não poderá sofrer destruição, mutilação ou demolição. A reforma e a pintura não poderão ocorrer sem autorização do SPHAN. Antes da possível alienação onerosa do bem objeto de tombamento devem ser notificados a União, o Estado e o município. A notificação deverá ser feita antes da expedição de edital. A União, os Estados e os Municípios terão preferência na arrematação de bem tombado. A redação do § 3º é ambígua, quando fala em Estados e Municípios, dando a impressão de que qualquer Estado ou qualquer Município poderá arrematar o bem. Deveria usar Estado e Município no singular, posto que além da União, só o Estado e o município onde se encontra o bem terão a preferência a na arrematação. Arrematará aquele que der maior lance. Em lances iguais, prevalece a ordem indicada no parágrafo. Se a União não se interessar e se o Estado e o Município derem lance igual, a preferência será do Estado. O mesmo se diga entre União e o Estado.

Decreto-Lei n. 25/1937 — Art. 22:

§ 4º Nenhuma venda judicial de bens tombados se poderá realizar sem que, previamente, os titulares do direito de preferência sejam disso notificados judicialmente, não podendo os editais de praça ser expedidos, sob pena de nulidade, antes de feita a notificação.

§ 6º O direito de remissão por parte da União, bem como do Estado e do município em que os bens se encontrarem, poderá ser exercido, dentro de cinco dias a partir da assinatura do auto do arrematação ou da sentença de adjudicação, não se podendo extraír a carta, enquanto não se esgotar êste prazo, salvo se o arrematante ou o adjudicante for qualquer dos titulares do direito de preferência.

✍ *Comentários:* O § 6º do Decreto-lei n. 25/1937 não foi de boa inspiração, com redação que complica ao falar em 5(cinco) dias da assinatura do auto de arrematação ou de adjudicação, isto é, deixa assinar o auto para depois requerer a preferência!?

Todavia, o § 4º do referido Decreto-lei diz que "nenhuma venda judicial de bem tombado se poderá realizar sem que, previamente, os titulares do direito de preferência sejam disso notificados judicialmente, não podendo os editais de praça ser expedidos, sob pena de nulidade, antes de feita a notificação."

Comparando-se ambos os §§ 4º e 6º, pode-se concluir que o § 6º não tem sentido, pois, se o poder público não foi previamente notificada expedição de editais de praça, todo o procedimento é nulo.

Ora, se a União, o Estado e o Município onde se situa o bem foram notificados da penhora do bem tombado, a partir dessa notificação, passa a correr o prazo para cada qual, se for o caso, requerer a preferência na arrematação. Finalmente, o inciso do art. 889 fixa o prazo de 5 (cinco dais) para que o Poder Público se manifeste sobre a preferência. Não existe razão para tanto. Se notificado previamente, aguardar que a arrematação se realize, que se assine o auto para, depois em cinco dias, manifestar o direito de preferência que foge à lógica das coisas. Os 5 (cinco) dias serão contados do dia seguinte à notificação, salvo se cair em sábado, domingo, feriado, dia santo de guarda ou se o *forum* não funcionar.

Art. 889. Serão cientificados da alienação judicial, com pelo menos 5 (cinco) dias de antecedência.

Art. 893. Se o leilão for de diversos bens e houver mais de um lançador, terá preferência aquele que se propuser a arrematá-los todos, em conjunto, oferecendo, para os bens que não tiverem lance, preço igual ao da avaliação e, para os demais, preço igual ao do maior lance que, na tentativa de arrematação individualizada, tenha sido oferecido para eles.

✍ *Comentários:* A oferta de vários bens de uma só vez não será o melhor procedimento. Dificulta a análise pelo licitante e tudo ocorre num momento em que existe a preocupação com os demais licitantes. No caso de dúvida, o interessado não oferece lance.

Pelo *caput,* deve-se dar preferência para aquele interessado que resolver arrematar todos os bens, desde que o preço oferecido seja o do maior lance; e para aqueles bens que não ofertaram lance, o interessado pagaria o preço de avaliação. O artigo recepciona o art. 691 do Código em vigor. O desejo de unificar a arrematação com o objetivo de arrecadar maior quantidade de dinheiro se nos afigura romântico. Quem participa de leilão pessoal ou eletrônico, de praça ou leilão pessoal, são pessoas que fizerem disso profissão para ganhar dinheiro. Sabem que a frustração de praça ou de leilão não interessa a ninguém porque encarece o processo. Por isso, aguarda a frustração da praça para comprar mais barato no leilão. O valor conseguido é sempre bem menor do que o valor real, salvo se o bem for de grande interesse de todos ou uma espécie de "joia da coroa".

Art. 894. Quando o imóvel admitir cômoda divisão, o juiz, a requerimento do executado, ordenará a alienação judicial de parte dele, desde que suficiente para o pagamento do exequente e para a satisfação das despesas da execução.

✍ *Comentários:* Se o bem tiver possibilidade de divisão cômoda, será levada à hasta pública a parte dada em penhora pelo executada ou, na falta, aquela parte penhorada pelo oficial de justiça, desde que satisfaça integralmente o pagamento da obrigação. Embora não o diga o artigo, este artigo deverá ser interpretado em consonância com o art. 876, § 5º, do Código novo, que dá a preferência para o cônjuge ou companheiro, para o descendente ou para o ascendente, nesta ordem, para adjudicar. É um *favor pietatis* concedido pelo legislador para que o bem possa permanecer no âmbito familiar. Se não houver licitante, a adjudicação será feita pelo valor de avaliação.

§ 1º Não havendo lançador, far-se-á a alienação do imóvel em sua integridade.

✍ *Comentários:* Não havendo interessado pela arrematação parcial, far-se-á a alienação integral do imóvel. Embora não diga o artigo, para que isso ocorra, a penhora deverá abranger todo o imóvel e novo edital de praça deverá ser publicado.

§ 2º A alienação por partes deverá ser requerida a tempo de permitir a avaliação das glebas destacadas e sua inclusão no edital, e, nesse caso, caberá ao executado instruir o requerimento com planta e memorial descritivo subscritos por profissional habilitado.

✍ *Comentário:* Deverá haver uma clara descrição com croqui e memorial descritivo do bem como um todo e das partes possíveis de serem desmembradas e respectivos valores. Reportamo-nos aos comentários do parágrafo retro.

Art. 895. O interessado em adquirir o bem penhorado em prestações poderá apresentar, por escrito:

I — até o início do primeiro leilão, proposta de aquisição do bem por valor não inferior ao da avaliação;

II — até o início do segundo leilão, proposta de aquisição do bem por valor que não seja considerado vil.

✍ *Comentários:* Terceiro interessado em adquirir o bem penhorado, mediante pagamento em prestações, deve apresentar proposta, antes do início do primeiro leilão (não até o início) pelo preço de avaliação; antes do início do segundo leilão, deve apresentar proposta por preço que não possa ser considerado vil.

§ 1º A proposta conterá, em qualquer hipótese, oferta de pagamento de pelo menos vinte e cinco por cento do valor do lance à vista e o restante parcelado em até 30 (trinta) meses, garantido por caução idônea, quando se tratar de móveis, e por hipoteca do próprio bem, quando se tratar de imóveis.

☑ Nota: Deveria incluir no final do artigo: "a qual será registrada à margem da matrícula no Cartório de Registro de Imóveis, respectivo."

✍ *Comentários:* Da proposta permitida, constará um pagamento de 25 (vinte e cinco) por cento do valor do bem à vista. O restante poderá ser pago em até 30 parcelas mensais. O comprador deverá apresentar garantia idônea, que poderá ser caução ou fiador idôneo, quando se cuidar de bem móvel; em se cuidando de bem imóvel, o próprio bem será entregue em garantia hipotecária judicial. A hipoteca judicial deverá ser registrada à margem da matrícula do imóvel alienado (art. 167, I, n. 2, da Lei dos Registros Públicos).

§ 2º As propostas para aquisição em prestações indicarão o prazo, a modalidade, o indexador de correção monetária e as condições de pagamento do saldo.

✍ *Comentários:* A proposta de aquisição de bem penhorado de que fala o *caput* deverá obedecer à minuta formalizada pelo tribunal da base territorial ou pelo próprio juízo da execução, onde constará o número de prestações, respectivos valores mensais (ou que for), com indicação de indexador de correção monetária e outras condições de pagamento se for o caso.

§ 3º (VETADO).

§ 4º No caso de atraso no pagamento de qualquer das prestações, incidirá multa de dez por cento sobre a soma da parcela inadimplida com as parcelas vincendas.

✍ *Comentários:* Havendo atraso no pagamento de qualquer prestação, ocorrerá a multa de 10% sobre o total da parcela inadimplida com juros e correção monetária. Esta hipótese deverá constar da minuta da proposta prevista no *caput* do art. 895. Se não constar, não poderá haver cobrança. A proposta (minuta) é um contrato entre o comprador e o Poder Judiciário, representado pelo juízo da execução e constitui lei entre as partes.

§ 5º O inadimplemento autoriza o exequente a pedir a resolução da arrematação ou promover, em face do arrematante, a execução do valor devido, devendo ambos os pedidos ser formulados nos autos da execução em que se deu a arrematação.

✍ *Comentários:* O art. 895 e respectivos parágrafos trazem uma certa confusão quando comparados com o documento que será feito pelo comprador. Do instrumento, deverá constar que o não pagamento de "x" prestação ou prestações considerará vencidas todas as demais prestações e redundará no rescisão da proposta apresentada e na nulidade da arrematação, podendo o exequente optar pelo prosseguimento da execução das prestações restantes nos próprios autos da execução principal, tudo com juros e correção monetária e a multa de dez por cento sobre o valor inadimplido. O artigo e seus parágrafos não falam sobre o que será feito com as prestações já pagas; deverá constar da proposta que, no caso de inadimplência de uma (ou x prestações), considerar-se-ão vencidas todas as demais, perdendo o arrematante para o monte (execução) as parcelas pagas. Haverá a hipótese de promover-se a execução aparelhada contra o adquirente para o pagamento do restante

MINUTA –PROPOSTA PARA AQUISIÇÃO DE BEM EM LEILÃO

Juízo da ...... Vara da Capital de São Paulo

Proponente............................

Exequente.............................

Primeira — O proponente manifesta o interesse em adquirir o bem que será leiloado no dia.............às ....horas. (segue descrição do bem no edital).

Segunda — Oferece, para tanto, o preço de avaliação do bem (primeiro leilão).

— Oferece o valor de "x" (segundo leilão)

Terceira — O proponente pagará 25 (vinte e cinco) por cento do valor de avaliação, correspondente a ....reais, que será pago à vista. O restante será parcelado nos termos da cláusula quarta.

Quarta — O pagamento será pago em ....parcelas mensais, as quais serão corrigidas na forma da indexação posta a seguir, pagamento até o dia 5 (cinco) de cada mês ou, no dia seguinte, se o vencimento cair em dia de domingo, feriado, ou dia santo de guarda ou em dia em que o *forum* não funciona.

Quinta — Ofertará como garantia a hipoteca judicial do imóvel que será registrada nos termos do art. 167, I, n. 2, da Lei dos Registros Públicos.

Quinta — Ofertará em garantia fiança (nome do fiador e sua esposa, se for casado, ou não se for casado em regime de separação absoluta) e caução a ser arbitrada pelo juízo.

Sexta — No caso de atraso de pagamentos de qualquer prestação, o proponente terá que quitá-la, antes da prestação do mês subsequente com juros e correção monetária e multa de 10 (dez por cento) sobre o valor da prestação corrigida e com juros.

Sétima (bem imóvel) — No atraso de 2 (duas) prestações consecutivas considerar-se-ão vencidas todas as demais e o exequente fica autorizado a requerer a resolução da arrematação com a perda das prestações pagas pelo arrematante em favor do exequente; ou poderá o exequente promover a execução contra o arrematante nos mesmos autos da execução principal, com juros e correção monetária, nos termos da cláusula quarta, e multa de 10 (dez) por cento sobre o valor inadimplido corrigido.

Sétima (Bem imóvel) — No caso de atraso de 2 (duas) prestações consecutivas considerar-se-ão vencidas todas as demais e o exequente fica autorizado a requerer a resolução da arrematação com a perda do valor da caução em favor do exequente; ou poderá o exequente promover a execução contra o arrematante nos mesmos autos da execução principal, com juros e correção monetária, nos termos da cláusula quarta, e multa de 10 (dez) por cento sobre o valor inadimplido corrigido.

Oitava — Cumprida a transação, pagas todas as prestações, o arrematante poderá requerer ao juízo a baixa no registro em cartório, conforme cláusula quinta.

§ 6º A apresentação da proposta prevista neste artigo não suspende o leilão.

Comentário: A proposta apresentada não suspende o início do leilão.

§ 7º A proposta de pagamento do lance à vista sempre prevalecerá sobre as propostas de pagamento parcelado.

Comentário: Se houver mais de uma proposta, terá preferência a de pagamento à vista.

§ 8º Havendo mais de uma proposta de pagamento parcelado:

I — em diferentes condições, o juiz decidirá pela mais vantajosa, assim compreendida, sempre, a de maior valor;

II — em iguais condições, o juiz decidirá pela formulada em primeiro lugar.

Comentários: Se houver mais de uma proposta, a preferência será pela de maior valor; em igualdade de condições, a preferência será por aquela que protocolizou a proposta primeiro.

§ 9º No caso de arrematação a prazo, os pagamentos feitos pelo arrematante pertencerão ao exequente até o limite de seu crédito, e os subsequentes, ao executado.

Comentários: Prevalecendo a arrematação a prazo, as prestações serão devidas ao exequente; o que sobejar será entregue ao executado.

Art. 896. Quando o imóvel de incapaz não alcançar em leilão pelo menos oitenta por cento do valor da avaliação, o juiz o confiará à guarda e à administração de depositário idôneo, adiando a alienação por prazo não superior a 1 (um) ano.

§ 1º Se, durante o adiamento, algum pretendente assegurar, mediante caução idônea, o preço da avaliação, o juiz ordenará a alienação em leilão.

§ 2º Se o pretendente à arrematação se arrepender, o juiz impor-lhe-á multa de vinte por cento sobre o valor da avaliação, em benefício do incapaz, valendo a decisão como título executivo.

§ 3º Sem prejuízo do disposto nos §§ 1º e 2º, o juiz poderá autorizar a locação do imóvel no prazo do adiamento.

§ 4º Findo o prazo do adiamento, o imóvel será submetido a novo leilão.

✍ *Comentários:* O imóvel de incapaz terá de alcançar lance de 80% do valor de avaliação. Em caso negativo, não será alienado em leilão e será entregue a um depositário idôneo pelo prazo não superior a 1 (um) ano. Prevê o § 1º que, se no prazo de adiamento aparecer pretendente ofertando o valor da avaliação, o imóvel será vendido em leilão. O parágrafo está fora da realidade. Se não houve interesse em arrematar por valor menor (*caput*), seguramente a hipótese aventada será quase impossível. Havendo arrependimento do pretendente, arcará com a multa de 20%, calculada sobre o valor de avaliação que reverterá em favor do incapaz (§ 2º). A decisão terá força de título executivo. Em sendo o caso, o imóvel poderá ser locado (§ 3º), sem prejuízo dos §§ 1º e 2º. A locação não poderá ser por prazo superior ao adiamento, sob pena de dificultar a alienação do imóvel. Decorrido o prazo de adiamento, o bem será submetido a novo leilão. Tenha o imóvel sido locado ou não, terminado o prazo de adiamento, o imóvel retornará ao leilão, já agora em termos de livre licitação, isto é, "a quem mais ofertar" (§ 4º).

Art. 897. Se o arrematante ou seu fiador não pagar o preço no prazo estabelecido, o juiz impor-lhe-á, em favor do exequente, a perda da caução, voltando os bens a novo leilão, do qual não serão admitidos a participar o arrematante e o fiador remissos.

✍ *Comentários:* Se o arrematante, depois de formalizada a caução, não pagar o preço no prazo estabelecido, perderá a caução em favor do exequente. Será designado novo leilão no qual o arrematante não poderá licitar.

Art. 898. O fiador do arrematante que pagar o valor do lance e a multa poderá requerer que a arrematação lhe seja transferida.

✍ *Comentário:* O fiador que pagar o lance e a multa poderá requerer a transferência da arrematação.

Art. 899. Será suspensa a arrematação logo que o produto da alienação dos bens for suficiente para o pagamento do credor e para a satisfação das despesas da execução.

✍ *Comentários:* Normalmente, são penhorados bens que bastem para garantir a execução. Todavia, poderá haver excesso de penhora sem que o executado tenha reclamado. Se for o caso, suspende-se a arrematação se o produto de bens arrematados já se mostra suficiente à liquidação da obrigação e despesas processuais.

Art. 900. O leilão prosseguirá no dia útil imediato, à mesma hora em que teve início, independentemente de novo edital, se for ultrapassado o horário de expediente forense.

✍ *Comentários:* É uma questão de economia para que a execução não se torne mais gravosa. O leilão poderá prosseguir no dia seguinte, sem que seja necessário outro edital, quando ultrapassado o prazo de expediente forense.

Art. 901. A arrematação constará de auto que será lavrado de imediato e poderá abranger bens penhorados em mais de uma execução, nele mencionadas as condições nas quais foi alienado o bem.

✍ *Comentários:* O auto de arrematação poderá abranger mais bens penhorados em mais de uma execução. O "de imediato" usado pelo *caput* deve-se à força do hábito. Antes da lavratura do auto, o juiz deverá verificar se não foi formulado pedido de remição da execução e/ou de adjudicação, se não existe pedido de adjudicação de cônjuge, de companheiro, descendente ou ascendente.

§ 1º A ordem de entrega do bem móvel ou a carta de arrematação do bem imóvel, com o respectivo mandado de imissão na posse, será expedida depois de efetuado o depósito ou prestadas as garantias pelo arrematante, bem como realizado o pagamento da comissão do leiloeiro e das demais despesas da execução.

✍ *Comentários:* A entrega do bem móvel ou o auto de arrematação com mandado de imissão de posse será expedido depois de conferidos todos os itens que antecedem essas providências finais, *v. g.*, depósito, formalização de garantias, pagamento da comissão do leiloeiro e demais despesas da execução. Antes de tudo isso, deve o juiz verificar se existe requerimento para remição da execução ou pedido de adjudicação ou, ainda, pedido de adjudicação de cônjuge ou companheiro, descendente ou ascendente.

§ 2º A carta de arrematação conterá a descrição do imóvel, com remissão à sua matrícula ou individuação e aos seus registros, a cópia do auto de arrematação e a prova de pagamento do imposto de transmissão, além da indicação da existência de eventual ônus real ou gravame.

✍ *Comentários:* A carta de arrematação de imóvel deve obedecer a certas formalidades, como a indicação da matrícula e os respectivos registros que dela constam, prova do pagamento do imposto de transmissão *inter vivos*, indicação da existência de algum gravame e cópia do auto de arrematação.

Art. 902. No caso de leilão de bem hipotecado, o executado poderá remi-lo até a assinatura do auto de arrematação, oferecendo preço igual ao do maior lance oferecido.

✍ *Comentários:* Jurisprudência sobre o tema: "Remição de bem hipotecado e penhorados em outras execuções — Aquele que promove a execução do imóvel não fica em situação interior ao arrematante. Em princípio, desfazem-se outras penhoras, sub-rogando-se os credores no produto da arrematação ou da remição. Desaparecerá, também, o ônus hipotecário, se houver regular intimação do credor. Necessidade, entretanto, para isso reconhecer, seja observado o procedimento próprio, ensejando manifestação dos interessados." (STJ-3ª T. REsp. 57093/GO, rel. Eduardo Ribeiro, j.15.12.1995, DJU 15.04.1996.)

Parágrafo único. No caso de falência ou insolvência do devedor hipotecário, o direito de remição previsto no *caput* defere-se à massa ou aos credores em concurso, não podendo o exequente recusar o preço da avaliação do imóvel.

✍ *Comentários:* O parágrafo repete o art. 1.483 do Código Civil. *Ver art. 1.481 do mesmo Codex.* Na primeira hipótese, a massa conserva a coisa no seu patrimônio que assegura as dívidas dos credores, privilegiados ou não, na ordem prescrita em lei; na segunda, qualquer dos credores em concurso poderá remir e tomar para si o bem pelo preço de avaliação. A remição produzida pelos credores em concurso nada mais é do que a substituição do patrimônio da massa de uma coisa imóvel por pecúnia. Essa transformação é favorável ao conjunto de credores que não tomaram a iniciativa de remir, pois o caminho natural do concurso na falência ou na insolvência, acaba por ser abreviado pela transformação antecipada de parte do acervo em pecúnia, o qual servirá para o pagamento das dívidas da massa.

Art. 903. Qualquer que seja a modalidade de leilão, assinado o auto pelo juiz, pelo arrematante e pelo leiloeiro, a arrematação será considerada perfeita, acabada e irretratável, ainda que venham a ser julgados procedentes os embargos do executado ou a ação autônoma de que trata o § 4º deste artigo, assegurada a possibilidade de reparação pelos prejuízos sofridos.

✍ *Comentários:* O art. 903 recepciona o art. 694 do Código em vigor. Garante-se a arrematação, ainda que oferecidos embargos estes sejam julgados procedentes ou ainda que em ação autônoma haja sentença de procedência. A execução, todavia, deverá ser definitiva. E tudo se resolverá em perdas e danos entre as partes da execução. A diferença entre a execução definitiva e a provisória é a de que na primeira a arrematação é levada a efeito sem exigência de caução; na provisória, o oferecimento de caução é indispensável. Em suma: com caução (provisória) ou sem caução (definitiva), havendo arrematação na provisória, o ato será perfeito, acabado e irretratável, desde que praticado sem qualquer vício.

§ 1º Ressalvadas outras situações previstas neste Código, a arrematação poderá, no entanto, ser:

I — invalidada, quando realizada por preço vil ou com outro vício;

✍ *Comentários:* Dificilmente, ocorrerá a assinatura do auto de arrematação, uma vez que o juiz antes da assinatura receberá informações da secretaria do cartório do cumprimento de todos os requisitos que antecedem à formalização do auto de arrematação. Todavia, ocorrendo a erronia, o inciso terá aplicação.

II — considerada ineficaz, se não observado o disposto no art. 804;

III — resolvida, se não for pago o preço ou se não for prestada a caução.

✍ *Comentários:* A regra geral posta no *caput* comporta exceção, quando o bem for arrematado por preço vil ou com algum vício; quando considerada ineficaz pela inobservância do art. 804 (bem gravado por penhor, por hipoteca, por anticrese será ineficaz em relação ao credor pignoratício, hipotecário ou anticrético não intimado).

> Art. 804. A alienação de bem gravado por penhor, hipoteca ou anticrese será ineficaz em relação ao credor pignoratício, hipotecário ou anticrético não intimado. § 1º A alienação de bem objeto de promessa de compra e venda ou de cessão registrada será ineficaz em relação ao promitente comprador ou ao cessionário não intimado. § 2º A alienação de bem sobre o qual tenha sido instituído direito de superfície, seja do solo, da plantação ou da construção, será ineficaz em relação ao concedente ou ao concessionário não intimado. § 3º A alienação de direito aquisitivo de bem objeto de promessa de venda, de promessa de cessão ou de alienação fiduciária será ineficaz em relação ao promitente vendedor, ao promitente cedente ou ao proprietário fiduciário não intimado. § 4º A alienação de imóvel sobre o qual tenha sido instituída enfiteuse, concessão de uso especial para fins de moradia ou concessão de direito real de uso será ineficaz em relação ao enfiteuta ou ao concessionário não intimado. § 5º A alienação de direitos do enfiteuta, do concessionário de direito real de uso ou do concessionário de uso especial para fins de moradia será ineficaz em relação ao proprietário do respectivo imóvel não intimado. § 6º A alienação de bem sobre o qual tenha sido instituído usufruto, uso ou habitação será ineficaz em relação ao titular desses direitos reais não intimado.

Com a hipótese do inciso III não haverá nexo de causalidade, posto que o auto não deve nem pode ser assinado antes que a secretaria verifique o cumprimento de todos os requisitos, *v. g.*, pagamento do que for devido, prestação de caução ou mesmo existência de preço vil. Verificará também se existe requerimento para remição da execução ou pedido de adjudicação pelo exequente ou pelo cônjuge ou pelo companheiro, pelo descendente ou pelo ascendente.

§ 2º O juiz decidirá acerca das situações referidas no § 1º, se for provocado em até 10 (dez) dias após o aperfeiçoamento da arrematação.

✍ *Comentário:* Havendo a provocação do § 1º, o juiz decidirá.

§ 3º Passado o prazo previsto no § 2º sem que tenha havido alegação de qualquer das situações previstas no § 1º, será expedida a carta de arrematação e, conforme o caso, a ordem de entrega ou mandado de imissão na posse.

✍ *Comentário:* Não havendo provocação, será expedida carta de arrematação com imissão de posse (imóvel, ou a ordem de entrega (móvel).

§ 4º Após a expedição da carta de arrematação ou da ordem de entrega, a invalidação da arrematação poderá ser pleiteada por ação autônoma, em cujo processo o arrematante figurará como litisconsorte necessário.

✍ *Comentário:* Na ação autônoma, o arrematante funcionará como litisconsorte necessário.

§ 5º O arrematante poderá desistir da arrematação, sendo-lhe imediatamente devolvido o depósito que tiver feito:

I — se provar, nos 10 (dez) dias seguintes, a existência de ônus real ou gravame não mencionado no edital;

II — se, antes de expedida a carta de arrematação ou a ordem de entrega, o executado alegar alguma das situações previstas no § 1º;

III — uma vez citado para responder a ação autônoma de que trata o § 4º deste artigo, desde que apresente a desistência no prazo de que dispõe para responder a essa ação.

✍ *Comentários:* Poderá haver desistência da arrematação: se o edital não mencionou a existência de ônus real ou outro gravame; se alegar e provar uma das hipóteses dos inciso do § 1º; quando citado para responder à ação autônoma, desde que o faça no prazo da defesa.

§ 6º Considera-se ato atentatório à dignidade da justiça a suscitação infundada de vício com o objetivo de ensejar a desistência do arrematante, devendo o suscitante ser condenado, sem prejuízo da responsabilidade por perdas e danos, ao pagamento de multa, a ser fixada pelo juiz e devida ao exequente, em montante não superior a vinte por cento do valor atualizado do bem.

✍ *Comentários:* Ato atentatório à dignidade da justiça: tipifica o fato de alguém inventar a existência de determinado vício com o objeto doloso de fazer alguém desistir da arrematação. O suscitante será enquadrado processualmente e responsabilizado por perdas e danos, além do pagamento de multa, que não será superior a 20 (vinte) por cento do valor do bem devidamente atualizado. O juiz deverá oficiar ao Ministério Público para fins criminais.

Seção V
Da Satisfação do Crédito

Art. 904. A satisfação do crédito exequendo far-se-á:

I — pela entrega do dinheiro;

II — pela adjudicação dos bens penhorados.

✍ *Comentários:* A satisfação do crédito pela adjudicação do bem tem três facetas: a) a adjudicação é feita pelo valor do crédito, isto é, o valor da licitação coincide com o valor do crédito do exequente. A adjudicação poderá ser feita pelo cônjuge ou pelo companheiro ou, ainda, pelo descendente ou pelo ascendente, nessa ordem; b) se o valor do crédito do exequente for menor do que o valor licitado, o adjudicando terá que depositar a diferença em prazo determinado pelo juiz; c) se o valor licitado for menor do que o crédito do exequente, ele prosseguirá com a execução forçada para receber a diferença.

Art. 905. O juiz autorizará que o exequente levante, até a satisfação integral de seu crédito, o dinheiro depositado para segurar o juízo ou o produto dos bens alienados, bem como do faturamento de empresa ou de outros frutos e rendimentos de coisas ou empresas penhoradas, quando:

I — a execução for movida só a benefício do exequente singular, a quem, por força da penhora, cabe o direito de preferência sobre os bens penhorados e alienados;

II — não houver sobre os bens alienados outros privilégios ou preferências instituídos anteriormente à penhora.

Parágrafo único. Durante o plantão judiciário, veda-se a concessão de pedidos de levantamento de importância em dinheiro ou valores ou de liberação de bens apreendidos.

Comentários: O juiz autorizará a liberação do numerário proveniente de dinheiro depositado para garantia do juízo ou produto de bens alienados, ou, ainda, de faturamento de frutos ou de rendimentos de empresa até a satisfação do crédito do exequente. Se o exequente tiver o direito de preferência na penhora do bem, será beneficiado em primeiro lugar, se houver sobra de numerário, outro credor com preferência poderá fazer a penhora do numerário; determinará o levantamento quando não houver privilégios ou preferência sobre os bens apreendidos. Fica suspensa qualquer liberação durante os plantões judiciários.

Art. 906. Ao receber o mandado de levantamento, o exequente dará ao executado, por termo nos autos, quitação da quantia paga.

Comentário: O exequente quitará, por termos nos autos, o valor que receber.

Parágrafo único. A expedição de mandado de levantamento poderá ser substituída pela transferência eletrônica do valor depositado em conta vinculada ao juízo para outra indicada pelo exequente.

Comentários: O mandado de levantamento poderá ser substituído por transferência eletrônica do numerário depositado em conta vinculada do juízo a outra conta por ele determinada.

Art. 907. Pago ao exequente o principal, os juros, as custas e os honorários, a importância que sobrar será restituída ao executado.

Comentários: Havendo a remição da execução, que nada mais é do que o pagamento integral do crédito executado, com juros e correção monetária, multa (se houver), honorários advocatícios e periciais, honorários do leiloeiro pelo arrematante, custas e emolumentos e toda e qualquer despesa processual. Numa leitura perfunctória, verifica-se que a redação do artigo é incompleta, falha também encontrada em vários outros artigos. A redação deveria ser:

"Art. 907. Remida a execução, a importância que sobrar será restituída ao executado."

Para que a erronia do artigo seja sanada, a interpretação deve ser no sentido de que os exemplos citados não são *numerus clausus, i*sto é, os exemplos não são taxativos, mas exemplificativos, e comportam a inclusão de inúmeros outros débitos.

Art. 908. Havendo pluralidade de credores ou exequentes, o dinheiro lhes será distribuído e entregue consoante a ordem das respectivas preferências.

Comentários: O numerário apurado, existindo mais de um exequente, será distribuído de conformidade com a preferência de cada um na penhora, sendo que aquele que levar o bem à hasta pública tomará o primeiro lugar, passando os demais para as preferências subsequentes: a primeira passará para a segunda. Salvo se se tratar de concurso de credores, quando então a preferência desaparece e o dinheiro é distribuído proporcionalmente ao volume de crédito de cada credor.

§ 1º No caso de adjudicação ou alienação, os créditos que recaem sobre o bem, inclusive os de natureza *propter rem (com eficácia real — hipoteca)*, sub-rogam-se sobre o respectivo preço, observada a ordem de preferência.

✍ *Comentários: Propter rem* é uma obrigação real com nexo causal de relação entre o devedor e a coisa. É diferente das obrigações comuns pelos modos de transmissão. *Propter rem* significa "por causa da coisa ou em razão da coisa". Assim, se o direito de que se origina é transmitido a outrem, a obrigação o segue, seja qual for o título translativo, numa espécie de direito de sequela. A transmissão é automática e independe da intenção do transmitente. O adquirente do direito real não pode se recusar a assumi-la. A obrigação poderá ser identificada em inúmeros dispositivos esparsos do Código Civil, já que não a disciplinou isoladamente, *v. g.*, a obrigação imposta ao condômino de concorrer para as despesas de conservação da coisa comum (artigo 1.315); a do condômino, no condomínio em edificações, de não alterar a fachada do prédio (artigo 1.336, III); a obrigação que tem o dono da coisa perdida de recompensar e indenizar o descobridor (artigo 1.234); a dos donos de imóveis confinantes, de concorrerem para as despesas de construção e conservação de tapumes divisórios (artigo 1.297, § 1º) ou de demarcação entre os prédios (artigo 1.297); a obrigação de dar caução pelo dano iminente (dano infecto) quando o prédio vizinho estiver ameaçado de ruína (artigo 1.280); e a obrigação de indenizar benfeitorias (artigo 1.219). No caso de adjudicação ou da arrematação, o ônus irá com o arrematante (direito real). O mesmo acontece no caso de adjudicação.

§ 2º Não havendo título legal à preferência, o dinheiro será distribuído entre os concorrentes, observando-se a anterioridade de cada penhora.

✍ *Comentário:* Reportamo-nos aos comentários do *caput.* O tema já está contido no *caput.*

Art. 909. Os exequentes formularão as suas pretensões, que versarão unicamente sobre o direito de preferência e a anterioridade da penhora, e, apresentadas as razões, o juiz decidirá.

✍ *Comentário:* Juiz deverá resolver sobre requerimentos dos exequentes com forte na preferência da penhora.

Capítulo V
DA EXECUÇÃO CONTRA A FAZENDA PÚBLICA

Art. 910. Na execução fundada em título extrajudicial, a Fazenda Pública será citada para opor embargos em 30 (trinta) dias.

✍ *Comentário:* Prazo de embargos da Fazenda Pública será de 30 (trinta) dias.

§ 1º Não opostos embargos ou transitada em julgado a decisão que os rejeitar, expedir-se-á precatório ou requisição de pequeno valor em favor do exequente, observando-se o disposto no art. 100 da Constituição Federal.

✍ *Comentário:* Na ausência de embargos, será expedido precatório ou, sendo o caso, requisição de pequeno valor em nome do exequente, observado as normas do art. 100 da CF.

§ 2º Nos embargos, a Fazenda Pública poderá alegar qualquer matéria que lhe seria lícito deduzir como defesa no processo de conhecimento.

Comentários: Na execução de título extrajudicial, sendo a primeira vez que o devedor irá falar nos autos, os embargos assumem o papel de defesa, razão pela qual o pretenso devedor poderá alegar em sua defesa toda a matéria que poderia alegar numa ação de conhecimento. Motivo pelo qual nesses embargos não existe, ainda, a garantia de juízo. Para o poder público, não existe a garantia de juízo, posto que o cumprimento é feito pela via de precatórios.

§ 3º Aplica-se a este Capítulo, no que couber, o disposto nos arts. 534 e 535.

Art. 534. No cumprimento de sentença que impuser à Fazenda Pública o dever de pagar quantia certa, o exequente apresentará demonstrativo discriminado e atualizado do crédito contendo: I — o nome completo e o número de inscrição no Cadastro de Pessoas Físicas ou no Cadastro Nacional da Pessoa Jurídica do exequente; II — o índice de correção monetária adotado; III — os juros aplicados e as respectivas taxas; IV — o termo inicial e o termo final dos juros e da correção monetária utilizados; V — a periodicidade da capitalização dos juros, se for o caso; VI — a especificação dos eventuais descontos obrigatórios realizados. § 1º Havendo pluralidade de exequentes, cada um deverá apresentar o seu próprio demonstrativo, aplicando-se à hipótese, se for o caso, o disposto nos §§ 1º e 2º do art. 113. § 2º A multa prevista no § 1º do art. 523 não se aplica à Fazenda Pública.

Art. 535. A Fazenda Pública será intimada na pessoa de seu representante judicial, por carga, remessa ou meio eletrônico, para, querendo, no prazo de 30 (trinta) dias e nos próprios autos, impugnar a execução, podendo arguir: I — falta ou nulidade da citação se, na fase de conhecimento, o processo correu à revelia; II — ilegitimidade de parte; III — inexequibilidade do título ou inexigibilidade da obrigação; V — excesso de execução ou cumulação indevida de execuções; V — incompetência absoluta ou relativa do juízo da execução; VI — qualquer causa modificativa ou extintiva da obrigação, como pagamento, novação, compensação, transação ou prescrição, desde que supervenientes ao trânsito em julgado da sentença. § 1º A alegação de impedimento ou suspeição observará o disposto nos arts. 146 e 148. § 2º Quando se alegar que o exequente, em excesso de execução, pleiteia quantia superior à resultante do título, cumprirá à executada declarar de imediato o valor que entende correto, sob pena de não conhecimento da arguição. § 3º Não impugnada a execução ou rejeitadas as arguições da executada: I — expedir-se-á, por intermédio do presidente do tribunal competente, precatório em favor do exequente, observando-se o disposto na Constituição Federal; II — por ordem do juiz, dirigida à autoridade na pessoa de quem o ente público foi citado para o processo, o pagamento de obrigação de pequeno valor será realizado no prazo de 2 (dois) meses contado da entrega da requisição, mediante depósito na agência de banco oficial mais próxima da residência do exequente. § 4º Tratando-se de impugnação parcial, a parte não questionada pela executada será, desde logo, objeto de cumprimento. § 5º Para efeito do disposto no inciso III do *caput* deste artigo, considera-se também inexigível a obrigação reconhecida em título executivo judicial fundado em lei ou ato normativo considerado inconstitucional pelo Supremo Tribunal Federal, ou fundado em aplicação ou interpretação da lei ou do ato normativo tido pelo Supremo Tribunal Federal como incompatível com a Constituição Federal, em controle de constitucionalidade concentrado ou difuso. § 6º No caso do § 5º, os efeitos da decisão do Supremo Tribunal Federal poderão ser modulados no tempo, de modo a favorecer a segurança jurídica. § 7º A decisão do Supremo Tribunal Federal referida no § 5º deve ter sido proferida antes do trânsito em julgado da decisão exequenda. § 8º Se a decisão referida no § 5º for proferida após o trânsito em julgado da decisão exequenda, caberá ação rescisória, cujo prazo será contado do trânsito em julgado da decisão proferida pelo Supremo Tribunal Federal.

Capítulo VI
DA EXECUÇÃO DE ALIMENTOS

Art. 911. Na execução fundada em título executivo extrajudicial que contenha obrigação alimentar, o juiz mandará citar o executado para, em 3 (três) dias, efetuar o pagamento das parcelas anteriores ao início da execução e das que se vencerem no seu curso, provar que o fez ou justificar a impossibilidade de fazê-lo.

Comentários: Proveniente de acordo firmado entre as partes ou perante o Ministério Público. Execução alimentar com suporte em título executivo extrajudicial com forte em acordo perante o Ministério

Público (art. 784, II e IV, CPC novo). Trata-se de documento hábil a dar embasamento à ordem de prisão civil do devedor inadimplente, com supedâneo em interpretação sistemática no art. 19 da Lei de Alimentos e arts. 528 *caput* e § 3º e 911. O termo acordo de que fala o art. 19 da Lei de Alimentos contém os acordos firmados perante autoridade judicial e alcança também aqueles alinhados no art. 784, inciso II, do novo Código, conforme dispõe o art. 911 do mesmo Código.

Parágrafo único. Aplicam-se, no que couber, os §§ 2º a 7º do art. 528.

Art. 528. No cumprimento de sentença que condene ao pagamento de prestação alimentícia ou de decisão interlocutória que fixe alimentos, o juiz, a requerimento do exequente, mandará intimar o executado pessoalmente para, em 3 (três) dias, pagar o débito, provar que o fez ou justificar a impossibilidade de efetuá-lo. § 2º Somente a comprovação de fato que gere a impossibilidade absoluta de pagar justificará o inadimplemento. § 3º Se o executado não pagar ou se a justificativa apresentada não for aceita, o juiz, além de mandar protestar o pronunciamento judicial na forma do § 1º, decretar-lhe-á a prisão pelo prazo de 1 (um) a 3 (três) meses. § 4º A prisão será cumprida em regime fechado, devendo o preso ficar separado dos presos comuns. § 5º O cumprimento da pena não exime o executado do pagamento das prestações vencidas e vincendas. § 6º Paga a prestação alimentícia, o juiz suspenderá o cumprimento da ordem de prisão. § 7º O débito alimentar que autoriza a prisão civil do alimentante é o que compreende até as 3 (três) prestações anteriores ao ajuizamento da execução e as que se vencerem no curso do processo.

✍ Comentário: Reportamo-nos aos comentários do *caput*, retro.

Art. 912. Quando o executado for funcionário público, militar, diretor ou gerente de empresa, bem como empregado sujeito à legislação do trabalho, o exequente poderá requerer o desconto em folha de pagamento de pessoal da importância da prestação alimentícia.

✍ *Comentários:* Nos casos alinhados no artigo, o beneficiário poderá requerer que o pagamento da pensão alimentícia seja posto na folha de pagamento de pessoal. Em se tratando de obrigação de fazer, deve o juiz impor cominação pecuniária em valor razoável que aconselhe o cumprimento da determinação de imediato.

§ 1º Ao despachar a inicial, o juiz oficiará à autoridade, à empresa ou ao empregador, determinando, sob pena de crime de desobediência, o desconto a partir da primeira remuneração posterior do executado, a contar do protocolo do ofício.

✍ *Comentários:* Depois do deferimento, o juiz oficiará à empresa, ao empregador ou à autoridade fixando prazo para cumprimento. Deve impor a cominação pecuniária por dia de atraso (obrigação de fazer). O prazo será na primeira folha de pagamento efetuada depois do recebimento do ofício.

§ 2º O ofício conterá os nomes e o número de inscrição no Cadastro de Pessoas Físicas do exequente e do executado, a importância a ser descontada mensalmente, a conta na qual deve ser feito o depósito e, se for o caso, o tempo de sua duração.

✍ *Comentários:* No ofício, deverão constar todos os dados necessários para o reconhecimento imediato do beneficiário, do executado, com respectivos CPF, a importância a ser descontada mensalmente e a conta corrente à qual será feito o depósito. Se for o caso, o tempo de duração. Havendo tempo de duração, melhor será que se aguarde a comunicação do juízo para evitar possíveis transtornos com retirada do nome da folha antes do tempo.

Art. 913. Não requerida a execução nos termos deste Capítulo, observar-se-á o disposto no art. 824 e seguintes, com a ressalva de que, recaindo a penhora em dinheiro, a concessão de efeito suspensivo aos embargos à execução não obsta a que o exequente levante mensalmente a importância da prestação.

Art. 824. A execução por quantia certa realiza-se pela expropriação de bens do executado, ressalvadas as execuções especiais.

✍ *Comentários:* Não requerida a execução concernente ao capítulo, a execução será feita por quantia certa. Se for penhorado dinheiro, ainda que haja efeito suspensivo aos embargos à execução, isso não impedirá que o exequente efetue o levantamento mensal da importância depositada.

Art. 914. O executado, independentemente de penhora, depósito ou caução, poderá se opor à execução por meio de embargos.

✍ *Comentários:* Em se tratando de execução de título extrajudicial, os embargos à execução têm a natureza jurídica de defesa, pois é a primeira vez que o devedor falará nos autos, podendo alegar tudo aquilo que poderia fazê-lo numa ação de conhecimento. Nada impede e tudo aconselha que o devedor se defenda por meio de objeção de executividade, se quem promove a execução for parte ilegítima. Depois, cuida-se de matéria que o juiz pode e deve conhecer de ofício. Se não o fizer poderá o pretenso devedor fazê-lo. Aos que não participam do entendimento, fazemos a seguinte pergunta: Se o juiz pode e deve conhecer de ofício, pois se trata de uma das condições da ação (art. 485,VI e § 3º), por que a parte não poderia?

Do indeferimento *in limine* dos embargos cabe apelação, posto que se trata de sentença (art. 203, § 1º, CPCn). Os embargos têm a natureza jurídica de ação. Preleciona Nelson Nery Junior que: "Quando já tiverem sido julgados improcedentes os embargos, ainda assim caberá, em tese, ação autônoma pelo devedor visando atacar o título ou a execução, tudo dependendo da causa de pedir dos embargos, pois a sentença de improcedência nada mais faz do que declarar que o direito pleiteado nos embargos não existe, mas não afirma a existência de razão em favor do credor. Assim, é admissível o ajuizamento de ação autônoma pelo devedor, na qual se discuta coisa diversa do que fora objeto dos embargos julgados improcedentes. Neste sentido: Cruz e Tucci, Ajuris 61/117 (*CPC comentado.* Ed. RT, São Paulo, 2015, p. 1801, n. 22).

§ 1º Os embargos à execução serão distribuídos por dependência, autuados em apartado e instruídos com cópias das peças processuais relevantes, que poderão ser declaradas autênticas pelo próprio advogado, sob sua responsabilidade pessoal.

✍ *Comentário:* Distribuição por dependência dos embargos à execução instruído com peças consideradas relevantes, as quais poderão ser declaradas autênticas pelo advogado, com responsabilidade pessoal pela afirmação.

§ 2º Na execução por carta, os embargos serão oferecidos no juízo deprecante ou no juízo deprecado, mas a competência para julgá-los é do juízo deprecante, salvo se versarem unicamente sobre vícios ou defeitos da penhora, da avaliação ou da alienação dos bens efetuadas no juízo deprecado.

✍ *Comentários:* Se a execução for promovida por meio de carta precatória, os embargos poderão ser oferecidos no juízo deprecante ou no deprecado; todavia, se o tema dos embargos versarem somente sobre vícios ou defeitos da penhora, de avaliação, a competência será do juízo deprecado. Excepciona-se o caso em que o bem penhorado foi indicação do juízo deprecante. Nesse caso, o juízo deprecado funcionará como simples cumpridor da ordem do juízo deprecante. A competência também será do juízo deprecante, se os embargos, além de versarem sobre defeitos ou vícios da penhora, incluir impugnação ao mérito da execução.

Art. 915. Os embargos serão oferecidos no prazo de 15 (quinze) dias, contado, conforme o caso, na forma do art. 231.

Art. 231. Salvo disposição em sentido diverso, considera-se dia do começo do prazo: I — a data de juntada aos autos do aviso de recebimento, quando a citação ou a intimação for pelo correio; II — a data de juntada aos autos do mandado cumprido, quando a citação ou a intimação for por oficial de justiça; III — a data de ocorrência da citação ou da intimação, quando ela se der por ato do escrivão ou do chefe de secretaria; IV — o dia útil seguinte ao fim da dilação assinada pelo juiz, quando a citação ou a intimação for por edital; V — o dia útil seguinte à consulta ao teor da citação ou da intimação ou ao término do prazo para que a consulta se dê, quando a citação ou a intimação for eletrônica; VI — a data de juntada do comunicado de que trata o art. 232 ou, não havendo esse, a data de juntada da carta aos autos de origem devidamente cumprida, quando a citação ou a intimação se realizar em cumprimento de carta; VII — a data de publicação, quando a intimação se der pelo Diário da Justiça impresso ou eletrônico; VIII — o dia da carga, quando a intimação se der por meio da retirada dos autos, em carga, do cartório ou da secretaria. § 1º Quando houver mais de um réu, o dia do começo do prazo para contestar corresponderá à última das datas a que se referem os incisos I a VI do *caput*. § 2º Havendo mais de um intimado, o prazo para cada um é contado individualmente. § 3º Quando o ato tiver de ser praticado diretamente pela parte ou por quem, de qualquer forma, participe do processo, sem a intermediação de representante judicial, o dia do começo do prazo para cumprimento da determinação judicial corresponderá à data em que se der a comunicação. § 4º Aplica-se o disposto no inciso II do *caput* à citação com hora certa.

§ 1º Quando houver mais de um executado, o prazo para cada um deles embargar conta-se a partir da juntada do respectivo comprovante da citação, salvo no caso de cônjuges ou de companheiros, quando será contado a partir da juntada do último.

✍ *Comentário:* Contagem de prazo, vários executados, prazo tem início a partir da juntada do comprovante de citação; no caso de cônjuges ou de companheiros, o prazo tem início da última juntada.

§ 2º Nas execuções por carta, o prazo para embargos será contado:

I — da juntada, na carta, da certificação da citação, quando versarem unicamente sobre vícios ou defeitos da penhora, da avaliação ou da alienação dos bens;

II — da juntada, nos autos de origem, do comunicado de que trata o § 4º deste artigo ou, não havendo este, da juntada da carta devidamente cumprida, quando versarem sobre questões diversas da prevista no inciso I deste parágrafo.

✍ *Comentários:* Na execução por carta precatória, o prazo terá início: I — da juntada do comprovante de citação, se a impugnação for apenas de vícios ou defeitos da penhora; II — não havendo comunicação eletrônica, dá-se o início da contagem da carta devidamente cumprida, se as questões forem diversas do inciso I; ou da comunicação da juntada nos autos de origem nos termos do § 4º.

§ 3º Em relação ao prazo para oferecimento dos embargos à execução, não se aplica o disposto no art. 229.

Art. 229. Os litisconsortes que tiverem diferentes procuradores, de escritórios de advocacia distintos, terão prazos contados em dobro para todas as suas manifestações, em qualquer juízo ou tribunal, independentemente de requerimento. § 1º Cessa a contagem do prazo em dobro se, havendo apenas 2 (dois) réus, é oferecida defesa por apenas um deles. § 2º Não se aplica o disposto no *caput* aos processos em autos eletrônicos.

§ 4º Nos atos de comunicação por carta precatória, rogatória ou de ordem, a realização da citação será imediatamente informada, por meio eletrônico, pelo juiz deprecado ao juiz deprecante.

✍ *Comentário:* Reportamo-nos aos comentários do § 2º.

Art. 916. No prazo para embargos, reconhecendo o crédito do exequente e comprovando o depósito de trinta por cento do valor em execução, acrescido de custas e de honorários de advogado, o executado poderá requerer que lhe seja permitido pagar o restante em até 6 (seis) parcelas mensais, acrescidas de correção monetária e de juros de um por cento ao mês.

✍ *Comentários:* No prazo para embargos, o devedor poderá reconhecer a dívida e efetuar e comprovar o depósito do mínimo de trinta por cento do valor da execução, acrescido de custas e de honorários advocatícios; feito isso, o executado poderá requerer que o restante da dívida seja paga em até 6 (seis) parcelas mensais, com correção monetária e juros de um por cento ao mês.

Na prática, o devedor poderá até reconhecer o débito, mas somente efetuará o depósito, quando o juiz da execução deferir a sua pretensão, em face do que determina o § 2º (infra), que não dá nenhuma segurança ao executado.

> § 2º Enquanto não apreciado o requerimento, o executado terá de depositar as parcelas vincendas, facultado ao exequente seu levantamento.

§ 1º O exequente será intimado para manifestar-se sobre o preenchimento dos pressupostos do *caput*, e o juiz decidirá o requerimento em 5 (cinco) dias.

✍ *Comentários:* Sobre o pedido do *caput,* o exequente poderá pronunciar-se e o juiz decidirá sobre o requerimento em 5 (cinco) dias. O exequente poderá não aquiescer ao pedido do devedor, desde que indique argumentos convincentes. O juiz apreciará o pedido em consonância com os argumentos trazidos pelo credor e decidirá da forma que seja melhor para a execução. Embora o *caput* nada diga a respeito de garantia, para o pagamento do restante em prestações mensais, o executado deverá vincular bens que garantam o cumprimento em caso de inadimplência.

§ 2º Enquanto não apreciado o requerimento, o executado terá de depositar as parcelas vincendas, facultado ao exequente seu levantamento.

☑ Nota: Este parágrafo contraria o § 3º.

✍ *Comentários:* Normalmente, o requerimento do executado é apreciado rapidamente, mesmo porque o juízo também tem interesses em que se resolva a execução. Mas poderá acontecer de o juiz não resolver em meio a circunstâncias alheias à sua vontade. Enquanto isso não acontece, o executado deverá depositar as parcelas que se vencerem, as quais poderão ser levantadas pelo exequente. O parágrafo sob comento é dotado de um certo romantismo. Como dissemos antes, na prática, o devedor poderá até reconhecer o débito, mas somente efetuará o depósito, quando o juiz da execução deferir a sua pretensão. A pretensão poderá não ser deferida e a cobrança poderá prosseguir por quantia certa, com penhora de bens.

§ 3º Deferida a proposta, o exequente levantará a quantia depositada, e serão suspensos os atos executivos.

✍ *Comentários:* Este parágrafo não está em sintonia com o § 2º. Lá diz que o exequente levantará a quantia depositada, enquanto o juiz não apreciar o requerimento; já aqui afirma que o exequente somente levantará a quantia depositada depois de deferida a proposta. A confusão entre os parágrafos mais confirma o que dissemos nos comentários ao § 2º, retro, isto é, o proponente somente efetuará o depósito de 30% e as parcelas mensais depois que o juiz deferir a proposta. O executado não pode correr o risco de efetuar o depósito inicial de 30% e continuar efetuando depósitos mensais e ver a sua proposta indeferida.

O § 4º, infra, confirma tudo o que foi dito até aqui. O executado entra numa espécie de armadilha que dificultará até mesmo um futuro acordo, por já haver pago na pior das hipótese 30% da dívida, talvez mais com depósitos mensais, se o juiz demorar mais de 5 (cinco) dias para apreciar a proposta. Pior. Se for indeferida.

§ 4º Indeferida a proposta, seguir-se-ão os atos executivos, mantido o depósito, que será convertido em penhora.

☑ Nota: Este parágrafo contraria os §§ 2º e 3º. E estes chocam-se entre II.

✍ *Comentários:* O § 2º autoriza o exequente a levantar as parcelas depositadas, mesmo antes de ser apreciada a proposta. O § 3º autoriza, diferentemente, o levantamento da quantia depositada (depósito de 30% e parcelas mensais depositadas) depois de deferida a proposta. Já o § 4º afirma que indeferida a proposta, o depósito será convertido em penhora ao mesmo tempo que seguirão os atos executivos.

Se a proposta do executado não for acolhida, a execução prosseguirá. Se o executado efetuou o depósito de 30 (trinta) por cento do valor da dívida, este será convolado em penhora e seguir-se-ão os demais atos executivos da execução aparelhada; se não efetuou o depósito, prosseguirá com a penhora de bens, tantos quantos bastem para garantir que a execução chegue a bom termo com o pagamento integral da obrigação, respectivos acessórios, honorários advocatícios, periciais, custas, despesas, emolumentos, de forma que nada reste a ser pago.

§ 5º O não pagamento de qualquer das prestações acarretará cumulativamente:

I — o vencimento das prestações subsequentes e o prosseguimento do processo, com o imediato reinício dos atos executivos;

II — a imposição ao executado de multa de dez por cento sobre o valor das prestações não pagas.

✍ *Comentário:* Depois de aprovada a pretensão do executado, a inadimplência de qualquer das prestações acarretará o vencimento de todas, com prosseguimento dos atos executivos e a imposição de multa de 10 (dez) por cento sobre o saldo devedor.

§ 6º A opção pelo parcelamento de que trata este artigo importa renúncia ao direito de opor embargos

---

✍ *Comentário:* a opção pelo parcelamento e o deferimento importa na renúncia do manejo de embargos à execução, pois haverá a preclusão lógica.

§ 7º O disposto neste artigo não se aplica ao cumprimento da sentença.

✍ *Comentário:* Em se cuidando de sentença judicial, não tem aplicação o pagamento nos moldes dispostos neste artigo 916 e respectivos parágrafos.

Art. 917. Nos embargos à execução, o executado poderá alegar:

I — inexequibilidade do título ou inexigibilidade da obrigação;

II — penhora incorreta ou avaliação errônea;

III — excesso de execução ou cumulação indevida de execuções;

IV — retenção por benfeitorias necessárias ou úteis, nos casos de execução para entrega de coisa certa;

V — incompetência absoluta ou relativa do juízo da execução;

VI — qualquer matéria que lhe seria lícito deduzir como defesa em processo de conhecimento.

✍ *Comentários:* O manejo dos embargos à execução, em sede de execução de título extrajudicial, tem a mesma natureza jurídica da defesa em ação de conhecimento, por ser essa a primeira oportunidade que o devedor terá para falar sobre o pedido executivo. O inciso VI é pródigo ao dizer que poderá deduzir em defesa qualquer matéria que seria lícito invocar em defesa em processo de conhecimento. Assim é que poderá impugnar a execução por ausência dos pressupostos processuais objetivos e subjetivos, das partes e do juiz; ausência de uma das condições da ação, incompetência absoluta ou relativa do juízo etc. Este inciso em boa técnica jurídica deveria figurar como inciso I. Os demais incisos que completam o artigo não devem ser considerados *numerus clausus*, pois cada caso é um caso e outras possibilidades impugnativas poderão surgir.

§ 1º A incorreção da penhora ou da avaliação poderá ser impugnada por simples petição, no prazo de 15 (quinze) dias, contado da ciência do ato.

✍ *Comentário:* O parágrafo sob comento segue as pegadas da doutrina e da jurisprudência secular que aceita a impugnação por *simplex petitum.*

§ 2º Há excesso de execução quando:

I — o exequente pleiteia quantia superior à do título;

II — ela recai sobre coisa diversa daquela declarada no título;

III — ela se processa de modo diferente do que foi determinado no título;

IV — o exequente, sem cumprir a prestação que lhe corresponde, exige o adimplemento da prestação do executado;

V — o exequente não prova que a condição se realizou.

✍ *Comentários:* O parágrafo delineia as causas que levam ao excesso de execução. O inciso I quando na liquidação de sentença elaborou cálculos diferente errados, isto é, pleiteia quantia superior à que seria devida se o título (*an debeatur*) fosse corretamente apurado; o inciso II é a hipótese em que a parte incluiu título que não faz parte da coisa julgada, isto é, extrapola os limites objetivos da *res judicata*; o inciso III é a hipótese em que o *modus operandi* utilizado é diferente daquele determinado no título judicial ou extrajudicial; o inciso IV trata da hipótese em que o exequente requer a execução aparelhada antes de adimplir a parte que lhe toca; o exequente não prova que a condição já se realizou. A condição poderá ser suspensiva ou resolutiva.

§ 3º Quando alegar que o exequente, em excesso de execução, pleiteia quantia superior à do título, o embargante declarará na petição inicial o valor que entende correto, apresentando demonstrativo discriminado e atualizado de seu cálculo.

✍ *Comentário:* Neste caso, o executado deverá apresentar memória de cálculo atualizados de forma analítica (art. 524), indicando o valor que julga correto.

§ 4º Não apontado o valor correto ou não apresentado o demonstrativo, os embargos à execução:

I — serão liminarmente rejeitados, sem resolução de mérito, se o excesso de execução for o seu único fundamento;

II — serão processados, se houver outro fundamento, mas o juiz não examinará a alegação de excesso de execução.

✍ *Comentários:* O executado poderá não ter condições de apresentar a memória de cálculos, dada a complexidade. Neste caso, poderá pedir em sede de embargos o levantamento pericial e o juiz não poderá indeferir liminarmente os embargos, nem desconsiderar esse fundamento.

Diz o inciso I que, se o executado não apresentar a memória de cálculos de forma analítica indicando o valor que julga correto, os embargos serão rejeitados, sem resolução do mérito, se o excesso de execução for o o seu único fundamento. Se houver outra alegação, os embargos serão analisados naquela parte. O inciso I é radical e certamente levará à erronia. Vejamos nos comentários que seguem.

Excesso de execução — O executado tem o prazo de 15 (quinze) dias para deduzir em sua defesa a existência de excesso de execução. Decorrido o prazo sem que tenha apresentado memória de cálculo de forma analítica e indicado o valor que achar correto, haverá preclusão. Peguemos como exemplo o inciso I: "o exequente pleiteia quantia superior à do título."

A preclusão é aplicada ao executado, não ao juiz. O juiz tem por dever de ofício fazer com que a execução seja processada com correção: nem mais, nem menos. Considerar que não existe excesso só porque o devedor não cumpriu as regras do inciso I, do § 3º, considerando corretos *juris et de jure* cálculos errados, não tem sentido lógico, legal ou jurídico. O juiz não pode trazer para si a preclusão do devedor para deixar de cumprir o seu dever de ofício de assegurar às partes tratamento igual. Se o juiz tiver dúvida quanto à correção dos cálculos apresentados pelo exequente, poderá (ou deverá) determinar o levantamento por meio de técnico contábil. Também deverá agir assim quando ambos apresentaram cálculos em desencontros. Não pode o juiz da execução adotar o facilitário para declarar corretos cálculos incorretos, com excesso de execução, tomando como base a preclusão do devedor. A seriedade do processo judicial não admite tais deslizes.

É importante dizer que a obediência absoluta à coisa julgada deve ser exigida pelo juiz da execução. Advém daí duas hipóteses: na primeira, poderá acontecer que o exequente execute menos do que lhe seria devido e isso passe despercebido pelo juiz, já que o executado, na maioria dos casos, concordará, ao arrepio do princípio de lealdade e de boa-fé. Esse lapso, todavia, não deságua na preclusão, e o valor deixado para trás poderá ser executado a qualquer momento. Não se pode falar em preclusão, em razão de não poder ela desdizer a coisa julgada, que, de resto, era obrigação do juiz verificar, por absoluto dever de ofício. A segunda hipótese diz respeito ao excesso de execução. Como dissemos, o juiz da execução deverá estar atento para não permitir o excesso, pois tem ele a função de guardião da coisa julgada. Em havendo o excesso, este poderá ser eliminado a qualquer momento ou grau de jurisdição, a requerimento da parte ou de ofício pelo juiz ou relator. A exemplo do que sucede com a execução feita a menor, o excesso também não preclui. Verifica-se, na prática, uma certa erronia, normalmente quando o juiz assina, sem conferir, despacho feito na secretaria, com o seguinte teor: "Diga a parte sobre os cálculos apresentados, sob pena de serem homologados." O primeiro erro verifica-se ao transferir para a parte a responsabilidade pela obediência à coisa julgada, quando essa responsabilidade é do juiz; a segunda é penalizar a parte, como se a sua negativa pudesse desdizer a coisa julgada que, de resto, somente poderá ser contestada por meio de ação rescisória e, mesmo assim, dentro do prazo decadencial de dois anos. Em algumas Varas, a erronia se repete no julgamento de embargos à execução, quando a parte não impugnou os cálculos apresentados e estes excedem a execução. Ao julgar os embargos o juiz diz apenas: "Preclusa a oportunidade, já que a parte não impugnou os cálculos. Rejeitam-se os embargos". Em suma: reconhece-se a preclusão, onde ela não existe, e usa a preclusão para afrontar e desdizer a coisa julgada, como se isso fosse possível. Tudo isso, em prejuízo do exequente ou do executado, quando cabia ao juiz fiscalizar o exato cumprimento da coisa julgada. Finalmente, a coisa julgada pertence ao Estado e cabe ao Estado-juiz prover para que ela não seja desrespeitada. Lamentavelmente, o grau de erronia que sói acontecer nessa área da execução é preocupante. Aviltam a coisa julgada, que pertence ao Estado, desdizendo-a por uma simples preclusão da parte. Alertam os princípios de hermenêutica de que a interpretação jamais poderá levar ao impasse ou ao absurdo. É o que vem acontecendo com o beneplácido de muitos Regionais.

§ 5º Nos embargos de retenção por benfeitorias, o exequente poderá requerer a compensação de seu valor com o dos frutos ou dos danos considerados devidos pelo executado, cumprindo ao juiz, para a apuração dos respectivos valores, nomear perito, observando-se, então, o art. 464.

Art. 464. A prova pericial consiste em exame, vistoria ou avaliação. § 1º O juiz indeferirá a perícia quando: I — a prova do fato não depender de conhecimento especial de técnico; II — for desnecessária em vista de outras provas produzidas; III — a verificação for impraticável. § 2º De ofício ou a requerimento das partes, o juiz poderá, em substituição à perícia, determinar a produção de prova técnica simplificada, quando o ponto controvertido for de menor complexidade. § 3º A prova técnica simplificada consistirá apenas na inquirição de especialista, pelo juiz, sobre ponto controvertido da causa que demande especial conhecimento científico ou técnico. § 4º Durante a arguição, o especialista, que deverá ter formação acadêmica específica na área objeto de seu depoimento, poderá valer-se de qualquer recurso tecnológico de transmissão de sons e imagens com o fim de esclarecer os pontos controvertidos da causa.

✍ *Comentários:* Em sede de embargos e retenção de benfeitorias, poderá haver compensação com frutos ou danos considerados devidos, mediante apuração de valores, podendo para tanto, se for o caso, nomear perito.

§ 6º O exequente poderá a qualquer tempo ser imitido na posse da coisa, prestando caução ou depositando o valor devido pelas benfeitorias ou resultante da compensação.

§ 7º A arguição de impedimento e suspeição observará o disposto nos arts. 146 e 148.

Art. 146. No prazo de 15 (quinze) dias, a contar do conhecimento do fato, a parte alegará o impedimento ou a suspeição, em petição específica dirigida ao juiz do processo, na qual indicará o fundamento da recusa, podendo instruí-la com documentos em que se fundar a alegação e com rol de testemunhas. § 1º Se reconhecer o impedimento ou a suspeição ao receber a petição, o juiz ordenará imediatamente a remessa dos autos a seu substituto legal, caso contrário, determinará a autuação em apartado da petição e, no prazo de 15 (quinze) dias, apresentará suas razões, acompanhadas de documentos e de rol de testemunhas, se houver, ordenando a remessa do incidente ao tribunal. § 2º Distribuído o incidente, o relator deverá declarar os seus efeitos, sendo que, se o incidente for recebido: I — sem efeito suspensivo, o processo voltará a correr; II — com efeito suspensivo, o processo permanecerá suspenso até o julgamento do incidente. § 3º Enquanto não for declarado o efeito em que é recebido o incidente ou quando este for recebido com efeito suspensivo, a tutela de urgência será requerida ao substituto legal. § 4º Verificando que a alegação de impedimento ou de suspeição é improcedente, o tribunal rejeitá-la-á. § 5º Acolhida a alegação, tratando-se de impedimento ou de manifesta suspeição, o tribunal condenará o juiz nas custas e remeterá os autos ao seu substituto legal, podendo o juiz recorrer da decisão. § 6º Reconhecido o impedimento ou a suspeição, o tribunal fixará o momento a partir do qual o juiz não poderia ter atuado. § 7º O tribunal decretará a nulidade dos atos do juiz, se praticados quando já presente o motivo de impedimento ou de suspeição.

Art. 148. Aplicam-se os motivos de impedimento e de suspeição: I — ao membro do Ministério Público; II — aos auxiliares da justiça; III — aos demais sujeitos imparciais do processo. § 1º A parte interessada deverá arguir o impedimento ou a suspeição, em petição fundamentada e devidamente instruída, na primeira oportunidade em que lhe couber falar nos autos. § 2º O juiz mandará processar o incidente em separado e sem suspensão do processo, ouvindo o arguido no prazo de 15 (quinze) dias e facultando a produção de prova, quando necessária. § 3º Nos tribunais, a arguição a que se refere o § 1º será disciplinada pelo regimento interno. § 4º O disposto nos §§ 1º e 2º não se aplica à arguição de impedimento ou de suspeição de testemunha.

✍ *Comentários:* O Código novo prevê a matéria nos arts. 145 a 148 e comete o mesmo deslize do Código em vigor (arts. 134 e 135) e não faz distinção entre impedimento e suspeição. Como veremos a seguir, ambos têm conteúdos distintos.

1. DA DIFERENÇA CONCEITUAL

Preleciona Amaral Santos (*Primeiras Linhas*, Ed. Saraiva, São Paulo, 1984, p. 198) que: "A distinção entre impedimento e suspeição avulta de importância pelos seus efeitos, que justificam as normas reguladoras do momento das respectivas denúncias. A regra contida no art. 305 (CPC em vigor) precisa ser considerada conforme se trate de exceção de impedimento ou de suspeição. Nesse dispositivo se diz que cabe "à parte oferecer exceção, no prazo de 15 dias, contado do fato que ocasionou a incompetência, o impedimento ou suspeição". Todavia, tal regra não se aplica à exceção de impedimento: a) O impedimento fere de nulidade a relação processual, tanto que constitui um dos fundamentos à propositura da ação rescisória do julgado (Cód. Proc. Civil, art. 485, II, correspondente ao artigo 966-II, do Cód. novo). Assim, conquanto deve ser arguido sob a forma de exceção (Cód. cit., art. 304), no momento estabelecido para esta (arts. 297, 305), nada obsta possa ser denunciado em qualquer fase do processo, mesmo em superior instância (Cód. cit., art. 305 — art. 966, II Cód. novo), à semelhança do que ocorre com a arguição de incompetência absoluta (Cód. cit., art. 113, art. 64, § 1º, Cód. novo), "visto que o impedimento e a incompetência absoluta ferem, com igual intensidade, a capacidade do juiz tanto que podem servir de fundamento à propositura da ação rescisória."

Ademais, é de se considerar que, como a incompetência absoluta, o impedimento pode e deve ser declarado de ofício, mesmo porque o juiz impedido é defeso exercer as suas funções no processo (Cód. cit., art. 134, art. 144 do Cód. novo). Entretanto, quando a parte deixar de oferecer a exceção de impedimento no prazo de 15 dias, contado da ciência do fato que o ocasionou (Cód. cit., art. 305, art. 966, II, do Cód. novo), à semelhança do que ocorre com a demora da denúncia da incompetência absoluta, responderá ela "integralmente pelas custas" (Cód. cit., art. 113, § 1º, art. 64, § 1º do Cód. novo); b) diversamente, a suspeição é vício sanável, que se desfaz pelo não uso da faculdade de argui-la no momento oportuno. Precluso o direito de excepcionar, não será mais de se falar em suspeição considerando-se tenha havido a aceitação do juiz.

A preclusão do direito de excepcionar dá-se: 1. em relação ao réu, quando não oferecida a exceção no prazo da contestação (Cód. cit., art. 297, art. 335, do Cód. novo), tratando-se de suspeição por motivo conhecido a esse tempo ou grau de jurisdição; 2. em relação ao autor, no prazo de 15 dias, a contar da distribuição da causa, tratando-se de suspeição por motivo conhecido a esse tempo. Nas comarcas em que haja um único juiz, a exceção poderá acompanhar a petição inicial; 3. em relação a ambas as partes, no prazo de 15 dias, "contado do fato", isto é, da ciência do fato que ocasionou a suspeição, quando esse fato for proveniente à propositura da ação ou da contestação, ou venha a ter conhecimento tão somente depois desses atos. Nos termos do art. 305 do CPC (art. 966-II, do Cód. novo), o direito de excepcionar pode ser exercido em qualquer tempo, ou grau de jurisdição, no prazo de 15 dias, Na Justiça do Trabalho, em comarca onde funcione Vara única, o autor poderá arguir concomitantemente com a inicial, de preferência em peça separada, se tiver conhecimento antecipado do fato; o réu poderá fazê-lo até a audiência em que apresentará defesa, não estando restrito ao prazo de 15 dias do art. 297 do CPC, já que no processo trabalhista a audiência obedece a critério de disponibilidade de data para a sua designação. Todavia, em não tendo conhecimento do fato, aplicável à espécie o art. 305 do CPC (art. 966, II, do Cód. novo) à míngua de previsão legal na CLT (art. 769). A parte terá 15 dias do conhecimento do fato para excepcionar, se ocorrer depois da defesa.

JUSTIÇA DO TRABALHO

2. DA SUSPEIÇÃO E DO IMPEDIMENTO: COMPETÊNCIA PARA APRECIAÇÃO

Antes do advento da EC n. 20/99, a jurisdição primária da Justiça do Trabalho era composta de um colegiado: Juiz Presidente e dois representantes classistas do empregado e do empregador. Nessa época, a suspeição ou o impedimento era julgado pelo próprio colegiado, caso um dos componentes do colegiado não se desse por suspeito. Atualmente, o juízo é monocrático. Poder-se-ia seguir as regras do processo comum, deixando ao tribunal *ad quem* a apreciação e o julgamento da suspeição. Contudo, o processo do trabalho prima pela celeridade. Daí ser mais conveniente, naqueles casos em que o juiz não se dá por suspeito, que prossiga na direção do processo. Poderá acontecer de a parte que arguiu o juiz de suspeito se desinteresse da arguição por haver saído vencedor na demanda. Entretanto, se vier a ser sucumbente e recorrer, poderá reavivar a matéria em sede Regional. Se for acolhida a suspeição, todos os atos processuais e decisórios serão considerados nulos e o processo recambiado a jurisdição primária com a determinação de que outro juiz seja designado para instruir e julgar a ação.

Enquanto, no processo civil, o juiz não reconhecendo a suspeição ou o impedimento dará as suas razões e ordenará a remessa dos autos ao tribunal *a quem* estará afeta a apreciação da matéria (arts. 312 e 313 do CPC, art. 146, §§ 1º, 4º e 5º, do Cód. novo), no processo trabalhista (art. 653 da CLT), à própria Vara do Trabalho competia julgar a suspeição arguida contra os seus membros.

Coqueijo Costa (*Direito Judiciário do Trabalho*, Forense, 1. ed., 1978, p. 257) entende que: "O juiz ou vogal inquinado de suspeição na exceção, deve imediatamente se afastar, convocando-se seu substituto já para decidir a exceção." *Data venia*, em que pese o entendimento do festejado processualista, essa posição só poderá ser aceita *de lege ferenda*. O processo trabalhista, eminentemente ágil, sem apego a certos formalismos que atravancariam o seu andamento, reflete-se nos preceitos do art. 653 da Consolidação, letra *c*. O direcionamento pretendido pelo saudoso juslaboralista tem rigor nem mesmo encontrado no processo comum e, se seguido, poderia constituir incentivo à procrastinação.

3. DA SUSPEIÇÃO: PODERES ESPECIAIS PARA ARGUIR

A suspeição é questão que refoge à discussão comum da causa e diz respeito ao foro íntimo do litigante. Não se presume que a outorga de procuração ao advogado já tenha incluído poderes para tanto. Esse o entendimento esposado pelo egrégio STF (STF, ap. DJ 30.4.56/628) *apud* Alexandre de Paula (ob. cit., 1977, vol. I/159, n. 7): "Em nosso direito processual sempre existiu a exigência de que, para propor a exceção de suspeição ao juiz, o procurador judicial precisou da outorga de poderes especiais."

Na doutrina, vamos encontrar nas lições de Alexandre de Paula, ob. cit. 1977, vol. II/129, o seguinte: "Não há necessidade de poderes especiais para arguir suspeição, uma vez que nenhum dispositivo expressamente o exige, como seria de mister, face a regra do parágrafo único do art. 38. O direito da parte de excepcionar o juiz, por suspeito ou impedido, não exclui o dever deste, de declarar-se impedido ou suspeito, quando reconhecer a ocorrência dos motivos (art. 137): A matéria constitui objeto das leis de organização judiciária e dos regimentos dos tribunais."

4. DA SUSPEIÇÃO: OUTRAS PESSOAS

"Aplicam-se os motivos de impedimento e de suspeição aos juízes de todos os tribunais. (...)." (art. 137 do CPC) "Aplicam-se também os motivos de impedimento e de suspeição: I — ao órgão do Ministério Público (...); II — ao serventuário de justiça; III — ao perito; IV — ao intérprete." (art. 138 do CPC) A Lei n. 8.455, 24.8.92 deu nova redação aos arts. 138 e 422. O assistente técnico não mais está sujeito à suspeição ou impedimento.

Art. 918. O juiz rejeitará liminarmente os embargos:

I — quando intempestivos;

II — nos casos de indeferimento da petição inicial e de improcedência liminar do pedido;

III — manifestamente protelatórios.

✍ *Comentário:* Os embargos serão rejeitados liminarmente: 1. quando forem intempestivos; 2. se o pedido inicial foi indeferido ou foi acolhida a improcedência do pedido *ab initio*; 3. se forem manifestamente protelatórios.

Parágrafo único. Considera-se conduta atentatória à dignidade da justiça o oferecimento de embargos manifestamente protelatórios.

✍ *Comentários:* O parágrafo inova no Código novo e tem investida radical ao classificar o manejo de embargos declaratórios como conduta atentatória à dignidade da justiça.

O que é ato protelatório? O legislador não define o que seria ato protelatório. O art. 600 do Código atual recepcionado pelo art. 774 do Cód. novo alinhava os procedimentos tidos como atos atentatórios à dignidade da justiça. Seriam estes os atos protelatórios?

O ato protelatório deve ter por base procedimento doloso, não culposo. Num país em que graça a mãos cheias as faculdades de direito de má qualidade, ainda que o bacharel consiga passar no exame da ordem, isso não significa que será um bom advogado. Uma quantidade considerável não teria a noção do que seria ato protelatório ao usar do remédio processual. O enquadramento atentatório remete para o art. 601 (art. 774 do Cód. novo), com aplicação de multa, possibilidade de proibir falar nos autos e outras sanções materiais e processuais. Do juiz, espera-se que aja com razoabilidade, sob pena de banalizar o conceito de ato protelatório. O ato protelatório é manifestação comissiva com a vontade dirigida para a finalidade de procrastinar, isto é, é sempre doloso.

Art. 919. Os embargos à execução não terão efeito suspensivo.

§ 1º O juiz poderá, a requerimento do embargante, atribuir efeito suspensivo aos embargos quando verificados os requisitos para a concessão da tutela provisória e desde que a execução já esteja garantida por penhora, depósito ou caução suficientes.

✍ *Comentário:* O juiz poderá atender a requerimento da parte e conceder efeito suspensivo, quando presentes os requisitos para concessão de tutela provisória. Todavia, a garantia do juízo é condição indispensável.

§ 2º Cessando as circunstâncias que a motivaram, a decisão relativa aos efeitos dos embargos poderá, a requerimento da parte, ser modificada ou revogada a qualquer tempo, em decisão fundamentada (art. 93, IX, CF).

✍ *Comentários:* As circunstâncias poderão aconselhar o retorno do efeito somente devolutivo, o que poderá acontecer a requerimento da parte ou de ofício pelo juiz, mediante decisão fundamentada (art. 93, IX, CF). Ocorrendo a hipótese, a garantia poderá ser liberada ou poderá ser, desde logo, transformada em penhora.

§ 3º Quando o efeito suspensivo atribuído aos embargos disser respeito apenas a parte do objeto da execução, esta prosseguirá quanto à parte restante.

✍ *Comentário:* Efeito suspensivo parcial e consequente prosseguimento da execução.

§ 4º A concessão de efeito suspensivo aos embargos oferecidos por um dos executados não suspenderá a execução contra os que não embargaram quando o respectivo fundamento disser respeito exclusivamente ao embargante.

✍ *Comentários:* Havendo mais de um executado, o efeito suspensivo não se estende aos demais, quando o fundamento referir-se exclusivamente ao embargante. *Contrario sensu*, se o fundamento for igual para para alguns ou todos os embargantes, o efeito suspensivo os beneficiará.

§ 5º A concessão de efeito suspensivo não impedirá a efetivação dos atos de substituição, de reforço ou de redução da penhora e de avaliação dos bens.

✍ *Comentários:* O efeito suspensivo tem por finalidade impedir que a execução vá além da penhora, salvo casos autorizados pela lei ou de produtos perecíveis. Não impedirá também a substituição, o reforço ou a redução de garantia e respectivas avaliações.

Art. 920. Recebidos os embargos:

I — o exequente será ouvido no prazo de 15 (quinze) dias;

II — a seguir, o juiz julgará imediatamente o pedido ou designará audiência;

III — encerrada a instrução, o juiz proferirá sentença.

✍ *Comentários:* Manejados os embargos à execução, o exequente terá o prazo legal de 15 (dias) para impugnar, querendo. Havendo impugnação, o juiz poderá julgar de imediato se houver condições para tanto. Poderá designar audiência de instrução a pedido de uma das partes ou mesmo de ofício, se os elementos dos autos não derem condições para o julgamento. Terminada a instrução processual, proferirá a sentença no menor prazo possível. Poderá o juiz (*dominus processus*) auscultar as partes se pretendem produzir provas. Havendo negativa, o julgamento será feito levando em conta o ônus da prova.

TÍTULO IV
DA SUSPENSÃO E DA EXTINÇÃO DO PROCESSO DE EXECUÇÃO

Capítulo I
DA SUSPENSÃO DO PROCESSO DE EXECUÇÃO

Art. 921. Suspende-se a execução:

I — nas hipóteses dos arts. 313 e 315, no que couber;

Art. 313. Suspende-se o processo: I — pela morte ou pela perda da capacidade processual de qualquer das partes, de seu representante legal ou de seu procurador; II — pela convenção das partes; III — pela arguição de impedimento ou de suspeição; IV — pela admissão de incidente de resolução de demandas repetitivas; V — quando a sentença de mérito: a) depender do julgamento de outra causa ou da declaração de existência ou de inexistência de relação jurídica que constitua o objeto principal de outro processo pendente; b) tiver de ser proferida somente após a verificação de determinado fato ou a produção de certa prova, requisitada a outro juízo; VI — por motivo de força maior VII — quando se discutir em juízo questão decorrente de acidentes e fatos da navegação de competência do Tribunal Marítimo; VIII — nos demais casos que este Código regula. § 1º Na hipótese do inciso I, o juiz suspenderá o processo, nos termos do art. 689. § 2º Não ajuizada ação de habilitação, ao tomar conhecimento da morte, o juiz determinará a suspensão do processo e observará o seguinte: I — falecido o réu, ordenará a intimação do autor para que promova a citação do respectivo espólio, de quem for o sucessor ou, se for o caso, dos herdeiros, no prazo que designar, de no mínimo 2 (dois) e no máximo 6 (seis) meses; II — falecido o autor e sendo transmissível o direito em litígio, determinará a intimação de seu espólio, de quem for o sucessor ou, se for o caso, dos herdeiros, pelos meios de divulgação que reputar mais adequados, para que manifestem interesse na sucessão processual e promovam a respectiva habilitação no prazo designado, sob pena de extinção do processo sem resolução de mérito. § 3º No caso de morte do procurador de qualquer das partes, ainda que iniciada a audiência de instrução e julgamento, o juiz determinará que a parte constitua novo mandatário, no prazo de 15 (quinze) dias, ao final do qual extinguirá o processo sem resolução de mérito, se o autor não nomear novo mandatário, ou ordenará o prosseguimento do processo à revelia do réu, se falecido o procurador deste. § 4º O prazo de suspensão do processo nunca poderá exceder 1 (um) ano nas hipóteses do inciso V e 6 (seis) meses naquela prevista no inciso II. § 5º O juiz determinará o prosseguimento do processo assim que esgotados os prazos previstos no § 4º.

Art. 315. Se o conhecimento do mérito depender de verificação da existência de fato delituoso, o juiz pode determinar a suspensão do processo até que se pronuncie a justiça criminal. § 1º Se a ação penal não for proposta no prazo de 3 (três) meses, contado da intimação do ato de suspensão, cessará o efeito desse, incumbindo ao juiz cível examinar incidentemente a questão prévia. § 2º Proposta a ação penal, o processo ficará suspenso pelo prazo máximo de 1 (um) ano, ao final do qual aplicar-se-á o disposto na parte final do § 1º.

✎ *Comentários:* Como regra, quando iniciado, ressalvadas hipóteses de motivos legais, o procedimento não se interrompe. O processo é uno e o procedimento é contínuo, mercê dos atos oficiais. A suspensão do processo só se dará naqueles casos mencionados em lei. Afora isso, qualquer paralisação será irregular e deverá merecer os cuidados do juiz instrutor (*dominus processus*). A suspensão do processo visa prover para que haja formação válida dos atos processuais. É um ato de paralisação necessário para o prosseguimento posterior. O ato tem nuanças ordinatórias, sem qualquer efeito constitutivo, extintivo ou negativo. É uma parada estratégica para prosseguimento posterior. O Código de Processo Civil alinha expressamente as hipóteses que autorizam a suspensão que poderá ser automática ou mediante autorização do juiz. O inciso VIII do art. 313 do Código novo (nos demais casos que este Código regula) deixa claro que não se trata de *numerus clausus*. *Ver abaixo art. 314:*

Art. 314. Durante a suspensão é vedado praticar qualquer ato processual, podendo o juiz, todavia, determinar a realização de atos urgentes a fim de evitar dano irreparável, salvo no caso de arguição de impedimento e de suspeição.

DA MORTE OU DA INCAPACIDADE DAS PARTES

Segundo o art. 313, I, CPC, suspende-se o processo: pela morte ou perda de capacidade processual de qualquer das partes, de seu representante legal ou de seu procurador. Como regra, o processo, se iniciado, ressalvadas hipóteses de motivos legais, não se interrompe. Advindo a morte ou a perda da capacidade processual de umas das partes, o juiz deverá suspender o processo para que sejam tomadas as providências necessárias e para que os atos processuais sejam praticados validamente. A morte de uma das partes, em havendo bens a partilhar, exige que a inventariante ocupe o polo respectivo (habilitação); em não havendo bens, a viúva, ou, na falta dela, um dos filhos, assumirá o pólo respectivo da demanda. Com a morte, ou a interdição de uma das partes, cessam os poderes do mandato (art. 682, II, CC). Nesse caso, a procuração deverá ser renovada por quem esteja legitimado para tanto. Com o falecimento de uma das partes, a suspensão do processo se faz necessária, uma vez que desaparece um dos sujeitos da relação processual. Dispõe o § 1º, do art. 265 do CPC em vigor, art. 313 do CPC novo, que: "No caso de morte ou de perda de capacidade processual de qualquer das partes, ou do seu representante legal, provado o falecimento ou a incapacidade, o juiz suspenderá o processo, salvo se já tiver iniciado a audiência de instrução e de julgamento; caso em que: a) o advogado continuará no processo até o encerramento da audiência; b) o processo só se suspenderá a partir da publicação da sentença ou acórdão." *Ver art. 689.*

Art. 689. Proceder-se-á à habilitação nos autos do processo principal, na instância em que estiver, suspendendo-se, a partir de então, o processo.

As letras "a" e "b" devem ser analisadas cuidadosamente. Primeiro, porque com a morte da parte a relação processual fica incompleta; segundo, com a morte da parte o advogado perde imediatamente os seus poderes (art. 682, II, CC). Se a audiência puder ser concluída no mesmo dia em que a notícia da morte foi recebida, não haverá óbice com supedâneo na economia processual. Todavia, se a informação for comunicada antes de iniciada a audiência, deve o juiz determinar o adiamento. A letra "b" só terá sentido se a sentença for prolatada ao final da audiência. Sabe-se que, encerrada a instrução e com pautas sobrecarregadas, a prolação da sentença é feita meses ou mesmo anos depois. Não tem sentido o prosseguimento do processo, irregular na sua formação subjetiva e no qual o advogado é despido dos seus poderes. O sobrestamento deve ser feito, determinando-se o saneamento representativo, providência que pode ser demorada pela presença de menores, incapazes etc.

DA MORTE OU DA INCAPACIDADE DO REPRESENTANTE

A morte ou a incapacidade do representante deságua na mesma consequência da morte de uma das partes. O detentor do direito substancial, como regra, possui também a legitimidade processual para poder defender em juízo os seus próprios interesses. A regra geral é a de que *legitimatio ad causam* e a *legitimatio ad processum* se somam na mesma pessoa. Entretanto, existem casos em que o titular do direito material não possui a legitimidade processual, isto é, não pode estar em juízo por si só. É o caso do menor de dezesseis anos (absolutamente incapaz) que deverá ser representado e do maior de dezesseis e menor de dezoito (relativamente capaz) que será assistido. Daqueles que, por enfermidade ou por deficiência mental, não tiverem o necessário discernimento, não podendo cuidar em juízo dos seus interesses. Somem-se aqui aqueles que, mesmo transitoriamente, não possam exprimir a sua vontade (art. 4º do CC). São ainda relativamente incapazes os ébrios, os viciados em tóxicos e os que tenham o discernimento reduzido, por deficiência mental e os pródigos. Em ocorrendo a hipótese, haverá a necessidade de nomeação de curador, de curador especial ou curador *ad hoc*. Para tanto, o juiz deverá conceder prazo razoável. Enquanto não superado o óbice da representação, o processo não poderá prosseguir. As dificuldades que poderão surgir são inúmeras, *v. g.*, interdição etc. Se for pessoa jurídica, as dificuldades serão menores, pois o contrato social sempre prevê para a espécie. A representação prosseguirá de conformidade com os atos constitutivos da sociedade.

Se a morte for do advogado, deverá ser dado prazo razoável para que a parte constitua novo patrono. Dispõe o § 3º, art. 313, do CPC novo (art. 265, § 2º, do CPC em vigor), que se houver morte do procurador de qualquer das partes, ainda que iniciada a audiência de instrução e julgamento, o juiz marcará, a fim de que a parte constitua novo mandatário, o prazo de 20 (vinte) dias, findo o qual extinguirá o processo sem julgamento do mérito, se o autor não nomear novo mandatário, ou mandará prosseguir, à revelia do réu, tendo falecido o advogado deste.

O parágrafo deve ser interpretado sem a dureza que aflora *prima facie*. O prazo de 20 (vinte) dias poderá não ser o suficiente em dependendo do nível cultural da parte. Nesse caso, verificando o juiz que não existe qualquer investida procrastinatória, deve conceder a prorrogação, já que o objetivo primeiro é a entrega da prestação jurisdicional. Por outro lado, a extinção ou revelia não deve ser aplicada quando o processo já está em fase adiantada, quando foi juntada defesa e o processo foi para a fase de instrução ou já foi instruído. A esta altura do procedimento, nenhuma das partes tem interesse que o processo seja extinto ou que prossiga à sua revelia. É preferível que aguarde no arquivo à espera de que outro causídico seja contratado.

No processo do trabalho, o problema não existe, já que o advogado não tem peso de obrigatoriedade (art. 791 da CLT). Entretanto, se a parte havia constituído advogado e este veio a falecer, deverá o juiz do trabalho dar prazo razoável, que poderá ser aquele mencionado no § 3º, do art. 313, do CPC novo (15 dias) (art. 769 da CLT), o qual poderá ser prorrogado até mesmo de ofício pelo juiz. Não sendo constituído novo advogado, o processo prosseguirá normalmente.

Os comentários retro dizem respeito à hipótese em que o advogado foi solitariamente constituído. Se a constituição foi de um escritório onde todos os advogados têm poderes, não haverá maiores transtornos se um dos advogados vier a falecer ou se tornar incapaz. Se a morte se der em audiência, esta será suspensa imediatamente, prosseguindo em outro dia com outro advogado constante da procuração. Tão logo a incapacidade do advogado seja denunciada ao juiz, este determinará imediatamente a suspensão do processo. Se a incapacidade for momentânea, *v. g.*, lapso de memória, o causídico retornará a oficiar no processo tão logo adquira a capacidade.

DA HABILITAÇÃO DOS SUCESSORES DA PARTE

Para que a representação se convalide e se torne apta ao prosseguimento do processo, é necessária a hábil habilitação. Para a habilitação dos sucessores do falecido ou a nomeação de tutor ou de curador à pessoa que se tornou incapaz não existe prazo legal determinado, ficando ao douto critério do juiz conceder o prazo que considere razoável. O tema habilitação rege-se pelas normas previstas nos arts. 687 a 690 do Código novo. A negligência da parte, todavia, poderá redundar na extinção do processo sem julgamento do mérito (art. 485, II, do Cód. novo).

Quando a perda de incapacidade for obra de interdição judicial, o curador tão logo nomeado deverá assumir a sua posição no processo (art. 755, § 3º, do Cód. novo), uma vez que, embora sujeita à apelação, a sentença de interdição será inscrita no registro de pessoas naturais e imediatamente publicada na rede mundial de computadores no sítio do tribunal a que estiver vinculado o juízo e na plataforma de editais do Conselho Nacional de Justiça onde permanecerá; por 6 (seis) meses na imprensa local uma vez; no órgão oficial por três vezes, com intervalo de 10 (dez) dias, devendo constar do edital os nomes do interdito e do curador, a causa da interdição, os limites da curatela e, não sendo total a interdição, os atos que o interdito poderá praticar autonomamente.

O curador deverá juntar aos autos cópia da sentença que determinou a interdição. Também poderá suceder a hipótese prevista no art. 245 do Código novo: não se fará a citação, quando se verificar que o réu é demente ou está impossibilitado de recebê-la. Se o réu for demente, o processo deverá ser sobrestado a fim de que seja tomada a providência necessária para a representação hábil (curatela). Se a impossibilidade for proveniente de alguma dependência, *v. g.*, ébrio, viciado em tóxico, pessoas relativamente capazes (art. 4º do CC), haverá a assistência legal (curatela, art. 1.767, III, do CC). Estão sujeitos à curatela, aquelas pessoas que, por enfermidade ou doença mental, não tenham o necessário discernimento para os atos da vida civil.

DO INTERDITO

De conformidade com o Código Civil (art. 1.768), a interdição poderá ser promovida pelos pais ou pelos tutores (I), pelo cônjuge ou por qualquer parente (II) ou pelo Ministério Público. Os incisos indicados são taxativos, isto é, a legitimação não poderá ser ampliada para além das pessoas ali indicadas. Todavia, a ordem não é preferencial. Se o filho for solteiro, os pais ou tutor estão aptos a promover a interdição. Porém, se o interditando for casado, com convivência *more uxorio*, será o cônjuge que estará apto a requerer a interdição para proteger o patrimônio do casal. Obviamente, se estiver separado legalmente, o cônjuge perderá a legitimidade para proceder à interdição. Por certo, havendo omissão de quem está legitimado, o Ministério Público poderá requerer a interdição. Mas isso não deve tirar o poder daqueles legitimados próximos ao interditando. No entanto, em existindo filhos menores, e se os legitimados no inciso (I), pais ou tutores, não tomarem a providência da interdição, o cônjuge separado poderá fazê-lo em defesa do patrimônio da prole do casal. Consideram-se parentes, para os efeitos legais, os que estejam colocados na linha reta em qualquer grau e na colateral até o quarto grau. E o círculo de parentesco não poderá ser ampliado. Há uma presunção de *hominis* que do quinto grau em diante não há o requisito afetividade capaz de agir com presteza, em se apresentando a hipótese.

A interdição em si não deixa de ser um ato de violência, pois se estará penetrando na vida privada de uma pessoa e retirando o seu poder de dispor livremente dos seus bens. Contudo, a perspectiva que se apresenta é a de que o interditando poderá causar sérios prejuízos aos seus familiares e a terceiros. Entretanto, não se descarta a possibilidade de a interdição ter inspiração dolosa, com o objetivo preconcebido de neutralizar o interditando para ter a administração do seu patrimônio com inspiração escusa. Por isso, o juiz deverá ter muito cuidado ao tratar do assunto, sendo inarredável ouvir o interditando, pessoas da sua amizade, além, naturalmente, de existir um laudo técnico sobre a doença que se lhe imputa.

DA CONVENÇÃO DAS PARTES

O processo, cognitivo ou executório, poderá ser suspenso por iniciativa das partes. Podem achar que um estudo mais aprofundado sobre o que se discute, sobre aquilo que foi objeto de prova na instrução probatória, poderá permitir um acordo. As partes têm esse direito (princípio dispositivo) e a composição é, seguramente, o melhor meio de compor lide. A convenção traduz-se em negócio jurídico envolvendo os litigantes e poderá ser feita sem necessidade de autorização do juiz instrutor, bastando que as partes, conjuntamente, comuniquem a intenção ao juízo e requeiram a suspensão do processo.

Existem, todavia, certos óbices à convenção das partes: a) quando um ato processual estiver em curso, o processo não poderá ser suspenso, *v. g.*, o executado por obrigação de pagar quantia certa foi intimado no cível para efetuar o pagamento em quinze dias, sob pena de multa (art. 523, § 1º, do Cód. novo), ou foi citado na Justiça do Trabalho para pagar ou dar bens à penhora. O prazo não poderá ser interrompido pelas partes. No primeiro caso, somente transcorrido o prazo (*tempus iudicati*) é que o processo poderá ser suspenso; na segunda hipótese, somente depois de indicados bens à penhora e garantido o juízo é que o processo poderá ser suspenso; b) quando iniciada a audiência de instrução e julgamento, ou de instrução e julgamento, não poderá haver a interrupção do ato. Em se apresentando as hipóteses, as partes devem fazer o requerimento conjunto antes de iniciado o ato. Não será permitida também a suspensão, quando um ato estiver produzindo os seus efeitos, *v. g.*, durante o transcorrer do prazo recursal (art. 224, § 3º, do Cód. novo). Todavia, temos por razoável a suspensão do processo ainda que tenha sido designado prazo para a prolação da sentença (art. 366 do Cód. novo). Nesse caso, pode e deve o juiz sobrestar o julgamento do processo e aguardar. A composição das partes é ato de vontade preferível à prolação de sentença. A composição elimina a lide; a sentença a instiga. Entretanto, o prazo convencionado entre as partes encontra limite na lei. Dispõe o art. 313, § 4º, do Cód. novo: "A suspensão do processo por convenção das partes, nunca poderá exceder de um ano na hipótese do inciso V (força maior) nem a 6 (seis) meses do previsto no inciso II (Convenção das partes)". "Findo o prazo, o escrivão fará os autos conclusos ao juiz, que ordenará o prosseguimento do processo" (§ 3º *in fine*). A suspensão do processo, embora inicialmente seja um direito das partes, não poderá exceder o prazo de seis meses (§ 3º e inciso II, art. 313, do Cód. novo). O Estado, como detentor do poder jurisdicional, tem o interesse maior de compor a lide, caso não haja composição. Decorrido o prazo legal, o prosseguimento do processo é um poder/dever do Estado que culminará com a composição da lide num comando sentencial condenatório ou absolutório.

DA SUSPENSÃO DO PROCESSO PELO JUIZ

O juiz poderá suspender o andamento do processo a qualquer momento que julgar necessário, na qualidade de *dominus processus*. Se o conhecimento da lide depender necessariamente da verificação da existência de um fato delituoso, pode o juiz mandar sobrestar o andamento do processo até que se pronuncie a justiça criminal (art. 315 do CPC). Todavia, se ação penal não for exercida dentro de 30 (trinta) dias, contados da intimação do despacho de sobrestamento, cessará o efeito deste, decidindo o juiz cível a questão prejudicial (parágrafo único). Não obstante, autônomos ambos os processos (civil e penal), devem dar ao mesmo fato considerado delituoso igual tratamento. Do que se infere que, negada a autoria na ação penal, não poderá a ação civil declarar a existência da mesma. No entanto, se a autoria for negada por deficiência de prova na ação penal, nada impede que ela seja declarada reconhecida no processo civil ou no processo do trabalho, com condenação em responsabilidade civil indenizatória. Contudo, o resultado do cível ou trabalhista não reflete na ação penal (art. 63, parágrafo único) Em suma, a coisa julgada penal reflete no cível; porém, a recíproca não é verdadeira. O art. 315 do Código novo é uma espécie de recomendação ao juízo cível. Por isso que, decorridos trinta dias da intimação do despacho de sobrestamento, o processo prosseguirá normalmente.

DA INCOMPETÊNCIA, SUSPEIÇÃO E IMPEDIMENTO DO JUIZ

A incompetência tem lugar quando o juiz usurpa competência que não lhe pertence, que poderá ser em razão da matéria, do lugar, da pessoa e funcional. Em certos casos, embora competente, a lei retira do juiz a possibilidade de dizer o direito diante da possibilidade de ser parcial e, em outros casos, a certeza de que será parcial.

DA SUSPEIÇÃO DO JUIZ

A imparcialidade é o requisito mais importante da jurisdição. Sem essa qualidade não há como desenvolver a jurisdição e entregar o direito de forma correta. O juiz investido da função de julgador representa o próprio Estado e não poderá ser influenciado por nenhum elemento externo. Do juiz, exige-se serenidade e imparcialidade. Quando isso não acontece quem perde é o próprio Poder Judiciário. Nada preocupa mais do que ter um processo julgado por um juiz imparcial. Tolera-se até mesmo o juiz com despreparo cultural jurídico ou a sua tendência à prolixidade e à morosidade. Parcial, não!

O art. 145 do Código novo enumera os casos em que se reputa fundada a suspeição. A suspeição diz respeito à possibilidade de parcialidade do juiz diretor do processo. A jurisdição como poder/dever do Estado, representada por juízes, propõe-se a dar uma prestação jurisdicional justa e imparcial. Daí por que havendo algum motivo que possa levar ao comprometimento da imparcialidade, deve o juiz afastar-se do caso. Aplica-se aqui o ditado popular de que "não basta que a mulher de César seja honesta, é preciso, também, que ela pareça honesta aos olhos de todos". Qualquer acontecimento que possa indicar a possibilidade de parcialidade será motivo para que o juiz deixe o processo. O juiz, caso não queira declinar a causa, poderá dar-se por suspeito por motivo de foro íntimo. A suspeição poderá ter como fundamentos inúmeros motivos que, por estarem hospedados numa série incontável de hipóteses que poderão surgir, não seria possível enumerar. Todavia, os casos enumerados no art. 145 são de suspeição absoluta, isto é, se existentes, o juiz deverá dar-se por suspeito. Se não o fizer, todos os atos praticados estarão comprometidos pela nulidade. Se presente um dos motivos enumerados no art. 145 e o juiz não se der por suspeito, poderá a parte interessada arguir a suspeição. Se o juiz se der por suspeito, será convocado substituto; se o juiz não se der por suspeito, o processo será suspenso até o julgamento, podendo o tribunal indicar substituto para os despachos mais urgentes. Entretanto, nos casos rotulados no art. 145, ainda que a parte interessada não argúa a suspeição, poderá fazê-lo a qualquer momento, pois, por ser de presunção absoluta, não será corroída pela preclusão. São exemplos fora do casuísmo enumerado no art. 145: *v. g.*, juiz professor de determinada faculdade onde leciona declina de julgar mandado de segurança por motivo de foro íntimo.

A suspeição diz respeito ao juiz, não ao juízo, motivo pelo qual não ocorrerá o desaforamento do processo. Para a arguição de suspeição, não necessita o advogado de poderes expressos, bastando a cláusula *ad judicia*. Nesse sentido, STF, 3ª T., 4.2.1966, RE n. 56.930, DJ 16.3.1969, p. 765. Em que pese a decisão da Excelsa Corte, prolatada há cerca de quarenta anos, o Tribunal de Justiça de São Paulo decidiu em sentido contrário: "Como é cediço, só pode arguir o impedimento ou a suspeição do Magistrado, como representante da parte, o advogado que tenha poderes especiais e específicos a esse fim. É que o impedimento e a suspeição, nos termos do que consta no art. 144 *et seq.* do Código novo, têm caráter subjetivo, ou seja, estabelecem vínculo intersubjetivo entre o julgador e a parte ou os seus próximos, de modo que, em se tratando de suspeição, à própria parte cabe avaliar se ocorrem qualquer as hipóteses, que obrigam o afastamento do julgador da lide." (Ac. un. da Câm. Esp., 23.02.1995, na Exceção de Suspeição n. 20.516-0, rel. Des. Yussef Cahali, JTJSP 170/282.)

A suspeição se dá com a parte, não com o advogado da parte. A antipatia pessoal nutrida pelo advogado contra o juiz não se transfere para os processos patrocinados pelo advogado, embora não seja incomum a arguição de suspeição do juiz baseada nessa antipatia ou mesmo por suspeição arguida pelo advogado em outro processo. Na hipótese de haver amizade íntima do juiz com o advogado da parte, a suspeição só poderá ser invocada pelo juiz que usará o "motivo de foro íntimo".

Em suma: a suspeição rotulada no art. 144, sendo verdadeira, não se convalida pelo fato de a parte não argui-la. Confirmada pelo juiz, ela se torna absoluta, *juris et de jure*.

DO IMPEDIMENTO

Dispõe o art. 134, CPC que "É defeso ao juiz exercer as suas funções no processo contencioso ou voluntário:" nas hipóteses que enumera (*numerus clausus*). O comando é peremptório: é defeso, é proibido. Tem-se aqui o caso do impedimento do juiz. Por óbvio, que não bastará a simples alegação da parte. Em havendo a alegação e se o juiz se der por impedido, será convocado juiz substituto para funcionar naquele processo até final, com prolação da decisão de mérito. Se o juiz não se der por impedido, poderá a parte arguir exceção de impedimento e, nesse caso, o processo ficará suspenso até resolução final, podendo o relator da suspeição no tribunal nomear juiz para os despachos mais urgentes. Entretanto, se a parte não arguir a exceção, poderá fazê-lo a qualquer momento, já que sendo o impedimento de cunho absoluto, *juris et de jure*, não haverá preclusão.

Comparando-se as hipóteses do art. 144 (impedimentos) e as do art. 145 (suspeição), verifica-se que se aproximam. Ambas, se comprovadas, são de valor absoluto, *juris et de jure*, o que significa que todos os atos praticados pelo juiz (suspeito ou impedido) estarão tisnados de nulidade absoluta e, portanto, não se convalidam pela inércia da parte e qualquer das hipóteses poderá ser declarada em qualquer momento ou grau de jurisdição, não havendo falar em preclusão se não arguidas pela parte interessada. Isso se dá pelo fato de ser iniciativa do juiz, por dever de ofício. O fato de o juiz se calar e de a parte interessada não arguir não significa que teria desaparecido o vício.

Em todos os casos enumerados nos arts. 144 e 145, o juiz poderá dar-se *ab initio* por impedido ou suspeito por motivo de foro íntimo, hipótese em que não estará obrigado a declinar o motivo. Todavia, os motivos de impedimento são taxativos, enquanto os de suspeição são apenas exemplificativos, pois, além das hipóteses indicadas, inúmeras outras poderão ocorrer no motivo de foro íntimo, que poderá ser uma simples antipatia com o advogado da parte.

A exemplo da suspeição, também o impedimento se dá com o juiz, não com o juízo, pelo que não haverá necessidade de desaforamento do processo, permanecendo na mesma Vara, Turma, Câmara, Grupo de Turmas, Seção Especializada etc.

DA SUSPEIÇÃO E DO IMPEDIMENTO NO PROCESSO DO TRABALHO

Antes do advento da EC n. 24/1999, quando as antigas Juntas de Conciliação e Julgamento eram de formação colegiadas (Juiz Presidente e dois representantes classistas), a arguição de impedimento ou de suspeição de qualquer componente do colegiado era julgada pelo próprio colegiado. A parte, se insatisfeita com a decisão, poderia reviver a discussão da matéria em futuro recurso. Com a extinção da representação paritária, a situação mudou e o juízo colegiado passou a ser monocrático. Desapareceu a figura do juiz presidente, para dar lugar ao juiz titular da Vara. O tema ainda não foi devidamente resolvido, variando os entendimentos: um no sentido de que, arguida a suspeição ou o impedimento, se o juiz não se der por impedido prosseguirá no processo, podendo a parte reviver a matéria em recurso ordinário, já que a decisão do juiz não se dando por impedido é meramente interlocutória, irrecorrível, portanto, em sede trabalhista. Outro entendimento é, no sentido de que, feita a arguição, o juiz deverá dar a sua posição e enviar o incidente para julgamento no tribunal, aproximando-se ao que sucede no processo comum. Porém, não se deve perder de vista que o processo do trabalho é informado pela prestação jurisdicional mais célere. Assim, em se tratando de processo envolvendo empregado e empregador, se o juiz não se der por suspeito ou por impedido, prosseguirá normalmente na instrução e julgamento do processo. Se a parte interessada não estiver satisfeita, poderá rediscutir a matéria em sede preliminar no recurso que vier a ser interposto. É muito provável que a parte que arguiu a suspeição ou o impedimento sinta-se confortada com a sentença proferida e não rediscuta a matéria. Corre-se, é verdade, o risco de nulidade da sentença e de todos os demais atos decisórios. Mas o custo benefício colhido na prática é alentador. Com o alargamento da competência pela EC n. 45/2004, haverá quem queira aplicar as regras do processo comum.

DA SENTENÇA DE MÉRITO

O processo será suspenso (art. 313 do CPC), quando a sentença de mérito: a) depender do julgamento de outra causa, ou da declaração de existência ou inexistência de relação jurídica, que constitua o objeto principal de outro processo pendente; b) não puder ser proferida senão depois de verificado determinado fato, ou de produzida certa forma, requisitada a outro juízo; c) tiver por pressuposto o julgamento de questão de estado, requerido como declaração incidente. Todavia, a suspensão não poderá extrapolar o prazo de um ano (art. 313, § 3º, do Cód. novo). Nos casos das letras "a", "b" e "c", findo o prazo, o juiz mandará prosseguir no processo. A vocação da jurisdição é a entrega da prestação jurisdicional o mais breve possível, daí a limitação do prazo de suspensão.

DA FORÇA MAIOR

O legislador citou o caso de força maior de forma genérica. Segundo o Código Civil, o caso fortuito ou a força maior verifica-se no fato necessário, cujos efeitos não era possível evitar ou impedir (parágrafo único, art. 393, do CC). Dar-se-á a força maior (ou caso fortuito), quando houver acontecimento estranho à vontade de alguém, que não tenha sido causado por culpa. A força maior poderá ser o caso fortuito, bem como a existência de justo impedimento, como a existência de obstáculo judicial. A matéria deverá ser analisada pelo juiz instrutor à vista dos acontecimentos em cada caso concreto e deferirá ou não a suspensão com esteio na força maior. São exemplos de força maior, a tromba d'água que impediu a parte de cumprir prazo ou de comparecer à audiência; o atropelamento de uma das partes no dia e na hora da audiência. Poderá não existir a força maior, mas haver impedimento legal, *v. g.*, a parte comparece para retirar os autos em carga para recorrer e estes estão conclusos com o juiz ou foram retirados em carga pela parte adversa.

DOS OUTROS CASOS DE SUSPENSÃO

De conformidade com o inciso VI (nos demais casos que este Código regula), verifica-se que os incisos do art. 313 do Código novo não são taxativos, mas meramente exemplificativos. A suspensão do processo, além daqueles casos enumerados no Código em vários lugares ou mesmo em leis extravagantes, poderá acontecer por determinação do juiz na direção do processo e seria impossível enumerar-se os casuísmos. *Ad exemplum:* antes de iniciar a audiência previamente designada, comparece o advogado com um atestado médico comprovando que o autor ou o réu está, naquele momento, sendo submetido a uma cirurgia. Na audiência de instrução, o juiz determina a suspensão do processo, fazendo os autos conclusos para melhor estudar o processo antes da instrução. O juiz que substitui o titular determina a suspensão do processo até o retorno do titular. O juiz determina a suspensão dos processos durante o período da copa do mundo. São casos que acontecem na prática e que estão contidos no poder de direção do juiz.

O art. 76 CPCn determina que, verificada a incapacidade processual ou a irregularidade de representação *(ver art. 75 CPCn)*, que se faça a suspensão do processo e que se conceda prazo razoável para que a parte sane a irregularidade. A nomeação à autoria possibilita ao juiz suspender o processo para ouvir o autor; no caso de denunciação à lide, diz que, determinada a citação, o processo ficará suspenso. No chamamento ao processo, diz que o juiz suspenderá o processo; recebida a exceção, o processo ficará suspenso (art. 313, III, do Cód. novo), até que seja definitivamente julgada. Inúmeros outros casos existem registrados no Código, *v. g.*, o art. 1.952 do Código em vigor, sem correspondente no Código novo (embargos de terceiro) determina a suspensão do processo principal, quando os embargos versarem sobre todos os bens. Isso não impedira que o juiz determine a suspensão até o julgamento dos embargos de terceiro.

II — no todo ou em parte, quando recebidos com efeito suspensivo os embargos à execução;

✍ *Comentário:* O efeito suspensivo poderá ser total ou parcial. Será parcial, desde que a parte garanta o juízo daquela parte.

III — quando o executado não possuir bens penhoráveis;

✍ *Comentários:* A execução permanecerá suspensa. Para o crédito tributário e o trabalhista, tem aplicação o art. 40 da Lei n. 6.830/1980. A Lei dos Executivos Fiscais tem aplicação na execução trabalhista *ex vi* do art. 889 da CLT. O crédito trabalhista, desde que apurado e efetuada a citação (pessoal, por hora certa ou por edital), não mais prescreve.

IV — se a alienação dos bens penhorados não se realizar por falta de licitantes e o exequente, em 15 (quinze) dias, não requerer a adjudicação nem indicar outros bens penhoráveis;

✍ *Comentários:* Dar-se-á a suspensão se os bens penhorados não encontrarem licitantes e o credor, no prazo de 15 (quinze) dias, não requerer a adjudicação. A execução prosseguirá tão logo o exequente indique outros bens para a praça ou leilão, oportunidade em que os bens penhorados anteriormente serão liberados.

V — quando concedido o parcelamento de que trata o art. 916.

Art. 916. No prazo para embargos, reconhecendo o crédito do exequente e comprovando o depósito de trinta por cento do valor em execução, acrescido de custas e de honorários de advogado, o executado poderá requerer que lhe seja permitido pagar o restante em até 6 (seis) parcelas mensais, acrescidas de correção monetária e de juros de um por cento ao mês. § 1º O exequente será intimado para manifestar-se sobre o preenchimento dos pressupostos do *caput*, e o juiz decidirá o requerimento em 5 (cinco) dias. § 2º Enquanto não apreciado o requerimento, o executado terá de depositar as parcelas vincendas, facultado ao exequente seu levantamento. § 3º Deferida a proposta, o exequente levantará a quantia depositada, e serão suspensos os atos executivos. § 4º Indeferida a proposta, seguir-se-ão os atos executivos, mantido o depósito, que será convertido em penhora. § 5º O não pagamento de qualquer das prestações acarretará cumulativamente: I — o vencimento das prestações subsequentes e o prosseguimento do processo, com o imediato reinício dos atos executivos; II — a imposição ao executado de multa de dez por cento sobre o valor das prestações não pagas. § 6º A opção pelo parcelamento de que trata este artigo importa renúncia ao direito de opor embargos § 7º O disposto neste artigo não se aplica ao cumprimento da sentença.

§ 1º Na hipótese do inciso III, o juiz suspenderá a execução pelo prazo de 1 (um) ano, durante o qual se suspenderá a prescrição.

✍ *Comentários:* A suspensão por 1 (um) ano não significa que a execução não poderá prosseguir se forem encontrados outros bens passíveis de ser vendidos em hasta pública. Se a execução permanecer suspensa, não haverá prescrição até o prazo de 1 (um) ano. A partir daí, passará a correr o prazo de 2 (dois) anos.

STJ — AGRAVO REGIMENTAL NOS EMBARGOS DE DECLARAÇÃO NO AGRAVO EM RECURSO ESPECIAL AgRg nos EDcl no AREsp 31985 PR 2011/0182273-8 (STJ). Date de publicação: 04.06.2013

Ementa: PROCESSUAL CIVIL E ADMINISTRATIVO. AGRAVO REGIMENTAL NOS EMBARGOS DE DECLARAÇÃO NO AGRAVO EM RECURSO ESPECIAL. **EXECUÇÃO** CONTRA A FAZENDA PÚBLICA. **AÇÃO** DE CONHECIMENTO E **EXECUÇÃO. PRAZOS** AUTÔNOMOS. TERMO INICIAL DA **PRESCRIÇÃO** DA PRETENSÃO EXECUTIVA: TRÂNSITO EM JULGADO DA SENTENÇA CONDENATÓRIA. **SÚMULA 150/STF**. INTERRUPÇÃO POR UMA ÚNICA VEZ. CONTAGEM DO **PRAZO** PELA METADE. **SÚMULA** 383/**STF**. 1. Em função da autonomia do processo de **execução** em relação ao de conhecimento, a **Súmula** n. **150/STF** estabelece idêntico **prazo** prescricional da **ação** de conhecimento para o processo de **execução,** que, no caso dos autos, é de cinco anos. 2. Havendo protesto interruptivo da **prescrição,** o **prazo** poderá ser interrompido uma única vez, recomeçando a contar pela metade, nos termos da **Súmula** 383/**STF**. Precedentes: AgRg no REsp 1.274.308/RS, Rel. Min. Herman Benjamin, Segunda Turma, DJe 22/5/12; AgRg no Ag 1.381.009/PR, Rel. Min. Benedito Gonçalves, Primeira Turma, DJe 24/5/11; AgRg no REsp 1.215.854/RS, Rel. Min. Teori Albino Zavascki, Primeira Turma, DJe 1/7/11; AgRg no REsp 1.247.027/DF, Rel. Min. Humberto Martins, Segunda Turma, DJe 4/11/11. 3. No caso em análise, conforme consignado pela Corte *a quo*, o **prazo** prescricional da **ação** executória foi interrompido em 22/7/05, pelo ajuizamento de um protesto, recomeçando a correr pela metade. Assim, ajuizada a **execução** em 3/3/08, quando já ultrapassado o **prazo** de dois anos e meio, é de se reconhecer a ocorrência da **prescrição.** 4. Agravo regimental não provido.

§ 2º Decorrido o prazo máximo de 1 (um) ano sem que seja localizado o executado ou que sejam encontrados bens penhoráveis, o juiz ordenará o arquivamento dos autos.

§ 3º Os autos serão desarquivados para prosseguimento da execução se a qualquer tempo forem encontrados bens penhoráveis.

§ 4º Decorrido o prazo de que trata o § 1º sem manifestação do exequente, começa a correr o prazo de prescrição intercorrente.

✍ *Comentários:* Decorrido o prazo de 1 (um) ano, sem indicação de bens para a hasta pública, os autos aguardarão no arquivo (§ 1º); se forem encontrados bens, os autos serão desarquivados e prosseguirá a execução (§ 3º); vencido o prazo de 1 (um) anos, sem manifestação do exequente, terá início o prazo prescricional intercorrente.

Nada impede que o credor se utilize da prerrogativa do art. 202 do Código Civil e promova a interrupção da prescrição (caso ainda não tenha feito), providência que pode ser utilizada apenas uma vez.

§ 5º O juiz, depois de ouvidas as partes, no prazo de 15 (quinze) dias, poderá, de ofício, reconhecer a prescrição de que trata o § 4º e extinguir o processo.

✍ *Comentários:* Decorrido o prazo prescricional, o juiz, ouvidas as partes, declarará a prescrição intercorrente. O parágrafo sob comento utiliza do vocábulo "poderá", o qual deve ser entendido como deverá. Se o juiz tem poderes para fazê-lo de ofício é porque a prescrição tem hoje a natureza jurídica de direito público. O fato de o § 5º do Código em vigor não ter correspondente no art. 59 do Código novo em nada modifica a situação, uma vez que o juiz só declara de ofício tudo aquilo que tem natureza jurídica pública. O que tem natureza privada, dependerá de requerimento da parte.

Processo do trabalho: não encontrados bens para a garantia do juízo, os autos aguardarão no arquivo o tempo que for necessário sem que haja a possibilidade de prescrição (art. 40 da Lei dos Executivos Fiscais, aplicável por força do art. 889 da CLT).

Art. 922. Convindo as partes, o juiz declarará suspensa a execução durante o prazo concedido pelo exequente para que o executado cumpra voluntariamente a obrigação.

Parágrafo único. Findo o prazo sem cumprimento da obrigação, o processo retomará o seu curso.

✍ *Comentários:* O processo executório poderá ser suspenso a pedido das partes para que o executado cumpra voluntariamente a obrigação. O prazo de suspensão deve ficar ao douto critério do juiz. O prazo deverá ser aquele que possibilite às partes um entendimento mais razoável. Preferível uma suspensão mais demorada e que consiga o acordo, à continuidade da execução em todos os seus trâmites e recursos devidos e possíveis. Verificando da impossibilidade, o exequente deverá requerer o prosseguimento.

Art. 923. Suspensa a execução, não serão praticados atos processuais, podendo o juiz, entretanto, salvo no caso de arguição de impedimento ou de suspeição, ordenar providências urgentes.

✍ *Comentário:* Mesmo suspensa a execução, isso não impede que o juiz ordene providências urgentes. Excepciona a hipótese em que seja inquinado de suspeito ou de impedido.

Capítulo II
DA EXTINÇÃO DO PROCESSO DE EXECUÇÃO

Art. 924. Extingue-se a execução quando:

I — a petição inicial for indeferida;

✍ *Comentários:* Inépcia da inicial — Lembra Calmon de Passos que na comarca onde existir apenas uma Vara o processo nem chega a se formar, sem o despacho liminar do juiz. Somente quando houver mais de uma Vara é que a formação tem início com a distribuição (*Comentários ao Código de Processo Civil*, Ed. Forense, São Paulo, sem data, vol. II, p. 418). Basta que se compare o inciso I com os demais incisos II a V para verificar que o inciso I não tem conteúdo para a extinção da execução.

O arquivamento não impede que a parte retorne com a execução, corrigidas as falhas. O indeferimento da petição inicial não tem nexo de causalidade com a extinção da execução.

II — a obrigação for satisfeita;

III — o executado obtiver, por qualquer outro meio, a extinção total da dívida;

IV — o exequente renunciar ao crédito;

V — ocorrer a prescrição intercorrente.

✍ *Comentários:* O inciso II é claro e dispensa comentários; o inciso III diz da extinção da dívida por qualquer meio (novação, remissão); o inciso IV diz da renúncia da dívida. O termo renúncia está corretamente colocado, quando em outras partes do Código foi usado o termo "desistência" como sinônimo de "renúncia", prática incorreta. Quem renuncia, renuncia ao próprio mérito; quem desiste, desiste da execução naquele momento, nada impedindo que prossiga oportunamente; o inciso V dá como causa da extinção da execução a prescrição intercorrente, que por ter natureza jurídica de direito público deverá ser declarada de ofício pelo juiz.

Art. 925. A extinção só produz efeito quando declarada por sentença.

✍ *Comentários:* Este artigo mais reforça a natureza pública da prescrição. Deverá, todavia, ser declarada pelo juiz de ofício ou por requerimento do interessado. Por cautela, antes de declará-la, o juiz deve ouvir as partes. A ausência não terá qualquer consequência.

Capítulo II
DA APELAÇÃO

Art. 1.009. Da sentença cabe apelação.

✍ *Comentários:* A apelação é o recurso típico do nosso sistema processual. Tem cabimento para rever sentenças prolatadas nos processos de conhecimento, de execução, de urgência, nos procedimentos especiais e nos voluntários. Interessante notar que no Código em vigor a apelação tem cabimento das sentenças terminativas e definitivas, isto é, sempre que haja o término do processo. Quando a decisão for interlocutória e não houver o término do processo, caberá o agravo de instrumento. Todavia, pelo sistema do Código que entrará em vigor, houve modificação que não foi para melhor. O agravo de instrumento tem cabimento das decisões interlocutórias, desde que a matéria esteja alinhada no art. 1.015. Do que se pode concluir que toda decisão interlocutória que não esteja listada no art. 1.015 desafiará o recurso de apelação e aquelas que integram capítulo da sentença serão apreciadas e decididas pela apelação (§ 3º, art. 1.009, do CPCn) Toda matéria que foi objeto de decisão interlocutória, para que possa ser apreciada, deverá ser suscitada como preliminar nas razões de apelação ou, sendo o caso, nas contrarrazões.

Enfoque crítico: o legislador não foi feliz ao impor a modificação, trazendo para a apelação a apreciação de decisões interlocutórias. Retornamos, de alguma forma, ao Código de 1939, onde não havia definição para a apelação e o agravo de instrumento e o famigerado agravo de petição poderia guerrear decisões interlocutórias e sentenças de mérito, próprias de apelação. A dificuldade que imperava, à época, era tanto que levou Frederico Marques, jurista de escol, a dedicar o volume IV, quase inteiro da sua obra *Instituições de Direito Processual Civil*, 3. ed. Forense, Rio, 1969, para delinear o caminho que deveria ser seguido para o manejo dos recursos de apelação, de agravo de instrumento e de agravo de petição, tal era a dificuldades que reinava. O processo deve ser simples, destituído de filigranas, mas que busca resultados. O sistema atual de fazer a diferenciação entre o término do processo ou não, deixando para o agravo de instrumento todas as decisões interlocutórias, é o melhor. O legislador complicou por falta de intimidade com o processo. Houve um lamentável retrocesso.

§ 1º As questões resolvidas na fase de conhecimento, se a decisão a seu respeito não comportar agravo de instrumento, não são cobertas pela preclusão e devem ser suscitadas em preliminar de apelação, eventualmente interposta contra a decisão final, ou nas contrarrazões.

✍ *Comentários:* O legislador deu uma guinada de 180 graus ao fixar a matéria que poderá ser objeto de agravo de instrumento (art. 1.015), considerando *numerus clausus*. O parágrafo traz para o âmbito da apelação tudo aquilo que extrapolar o núcleo operacional do agravo de instrumento. Na falta de recurso, a matéria interlocutória não poderá ser barrada pela preclusão, podendo a parte que se sentir prejudicada renovar a discussão em sede de apelação, desde que a suscite em preliminar na apelação eventualmente interposta. Se a matéria for de interesse do apelado, deverá suscitá-la em contrarrazões.

§ 2º Se as questões referidas no § 1º forem suscitadas em contrarrazões, o recorrente será intimado para, em 15 (quinze) dias, manifestar-se a respeito delas.

✍ *Comentários:* O parágrafo presta homenagem ao princípio do contraditório, possibilitando que o agravante tome conhecimento das decisões interlocutórias que serão apreciadas e julgadas pelo colegiado. Terá, para tanto, o prazo de 15 (quinze) dias o qual é idêntico ao prazo para apelar (princípio do paralelismo).

§ 3º O disposto no *caput* deste artigo aplica-se mesmo quando as questões mencionadas no art. 1.015 integrarem capítulo da sentença.

✍ *Comentários:* O parágrafo deixa, didaticamente, claro que as interlocutórias que integrarem o capítulo da sentença também serão apreciadas e julgadas pelo tribunal, desde que habilmente suscitadas nos termos dos §§ 1º e 2º. O art. 1.015 nomeia o rol das hipóteses agraváveis de instrumento de forma rígida, isto é, taxativa.

Art. 1.010. A apelação, interposta por petição dirigida ao juízo de primeiro grau, conterá:

I — os nomes e a qualificação das partes;

II — a exposição do fato e do direito;

III — as razões do pedido de reforma ou de decretação de nulidade;

IV — o pedido de nova decisão.

✍ *Comentários:* O *caput* indica os requisitos que não podem faltar na apelação. O inciso IV é ocioso e demonstra excesso de formalismo. Se o sucumbente (total ou parcial) interpõe a apelação, a conclusão óbvia é a de que pretende que o recurso seja apreciado e que nova decisão seja proferida e provido o recurso. Pela lei dos contrastes, para a existência do inciso IV, deveria haver a possibilidade de o recorrente pedir "que não fosse efetuada nova decisão". O exemplo não é cerebrino. O inciso IV é que é ocioso, por demasiadamente óbvio. O pior é que o tribunal certamente não conhecerá do recurso por ausência de um dos requisitos legais, caso o recorrente não efetue o pedido para que nova decisão seja feita. Seria a filigrana barrando o resultado.

§ 1º O apelado será intimado para apresentar contrarrazões no prazo de 15 (quinze) dias.

✍ *Comentários:* O comando do parágrafo é imperativo, posto que o princípio do contraditório é de ordem pública. Cabe à parte usar ou não da prerrogativa no prazo legal. Não o fazendo, haverá preclusão. Todavia, a ausência de contrarrazões não significa que o apelado perderá o processo só por isso. O uso poderá auxiliar o juiz, quando bem elaborada com análise séria sobre a instruções probatória e a aplicação da lei.

§ 2º Se o apelado interpuser apelação adesiva, o juiz intimará o apelante para apresentar contrarrazões.

✍ *Comentário:* No caso de haver apelação adesiva, cumpre-se o contraditório, abrindo-se prazo para que o apelante apresente contrarrazões.

§ 3º Após as formalidades previstas nos §§ 1º e 2º, os autos serão remetidos ao tribunal pelo juiz, independentemente de juízo de admissibilidade.

✍ *Comentários:* O parágrafo inova ao retirar do juiz de primeiro grau a incumbência de verificar se estão presentes todos os requisitos de admissibilidade para o efetivo processamento do recurso. A inovação autoriza que o juízo primário faça, desde logo, a remessa dos autos ao tribunal, sem se preocupar se os requisitos de admissibilidade estão ou não presentes. A incumbência agora passa para o relator. O primeiro grau ganha tempo e o relator perde tempo. Vê-se, pois, que a modificação era necessária tendo em vista que entre as possibilidades de agravar de instrumento não mais está a decisão interlocutória que indefere o processamento do recurso. O art. 1.015 reduziu a possibilidade de agravo de instrumento sobre as decisões interlocutórias, fixando-as de forma taxativa.

O processo do trabalho ainda ocupa a vanguarda ao utilizar o princípio da irrecorribilidade das interlocutórias, deixando a discussão para o tribunal em caso de recurso. A prática demonstra que um índice considerável de decisões interlocutórias não são levadas ao tribunal porque a sentença proferida foi satisfatória para a parte.

Art. 1.011. Recebido o recurso de apelação no tribunal e distribuído imediatamente, o relator:

I — decidi-lo-á monocraticamente apenas nas hipóteses do art. 932, incisos III a V;

II — se não for o caso de decisão monocrática, elaborará seu voto para julgamento do recurso pelo órgão colegiado.

✍ *Comentários:* O recurso no tribunal será distribuído de conformidade com o que determinar o Regimento Interno. O relator poderá decidir monocraticamente nos termos dos incisos III a V do art. 932; se a hipótese não estiver presente, o relator deverá elaborar o seu voto para posterior julgamento pelo órgão colegiado.

Art. 932. Incumbe ao relator:

III — não conhecer de recurso inadmissível, prejudicado ou que não tenha impugnado especificamente os fundamentos da decisão recorrida;

✍ *Comentários:* O relator não conhecerá do recurso por ausência de adequação; antes de conhecer do recurso verificará se estão presentes os pressupostos (objetivos e subjetivos) de admissibilidade, as condições da ação e verificará se as razões que dão suporte à sentença recorrida foram impugnadas especificamente.

V — depois de facultada a apresentação de contrarrazões, dar provimento ao recurso se a decisão recorrida for contrária a:

a) súmula do Supremo Tribunal Federal, do Superior Tribunal de Justiça ou do próprio tribunal;

b) acórdão proferido pelo Supremo Tribunal Federal ou pelo Superior Tribunal de Justiça em julgamento de recursos repetitivos;

c) entendimento firmado em incidente de resolução de demandas repetitivas ou de assunção de competência;

✍ *Comentários:* O relator, facultada a apresentação de contrarrazões, dará provimento ao recurso nos termos do art. 932, inciso V.

Art. 932. Incumbe ao relator:

V — depois de facultada a apresentação de contrarrazões, dar provimento ao recurso se a decisão recorrida for contrária a:

a) súmula do Supremo Tribunal Federal, do Superior Tribunal de Justiça ou do próprio tribunal;

b) acórdão proferido pelo Supremo Tribunal Federal ou pelo Superior Tribunal de Justiça em julgamento de recursos repetitivos;

c) entendimento firmado em incidente de resolução de demandas repetitivas ou de assunção de competência;

VI — decidir o incidente de desconsideração da personalidade jurídica, quando este for instaurado originariamente perante o tribunal;

VII — determinar a intimação do Ministério Público, quando for o caso;

A decisão monocrática do relator desafiará o agravo interno previsto no art. 1.021. O agravo interno é também conhecido como agravo inominado ou regimental pela doutrina e pela jurisprudência.

> Art. 1.021. Contra decisão proferida pelo relator caberá agravo interno para o respectivo órgão colegiado, observadas, quanto ao processamento, as regras do regimento interno do tribunal.
>
> § 1º Na petição de agravo interno, o recorrente impugnará especificadamente os fundamentos da decisão agravada.
>
> § 2º O agravo será dirigido ao relator, que intimará o agravado para manifestar-se sobre o recurso no prazo de 15 (quinze) dias, ao final do qual, não havendo retratação, o relator levá-lo-á a julgamento pelo órgão colegiado, com inclusão em pauta.
>
> § 3º É vedado ao relator limitar-se à reprodução dos fundamentos da decisão agravada para julgar improcedente o agravo interno.
>
> § 4º Quando o agravo interno for declarado manifestamente inadmissível ou improcedente em votação unânime, o órgão colegiado, em decisão fundamentada, condenará o agravante a pagar ao agravado multa fixada entre um e cinco por cento do valor atualizado da causa.
>
> § 5º A interposição de qualquer outro recurso está condicionada ao depósito prévio do valor da multa prevista no § 4º, à exceção da Fazenda Pública e do beneficiário de gratuidade da justiça, que farão o pagamento ao final.

Art. 1.012. A apelação terá efeito suspensivo.

✍ *Comentários:* Comparando-se o *caput* com o § 3º, infra, tem-se que o termo "terá", em verdade, significa "poderá". Não é comando imperativo, pois depende do requerimento do apelante para que o juiz conceda ou não o efeito suspensivo.

§ 1º Além de outras hipóteses previstas em lei, começa a produzir efeitos imediatamente após a sua publicação a sentença que:

I — homologa divisão ou demarcação de terras;

II — condena a pagar alimentos;

III — extingue sem resolução do mérito ou julga improcedentes os embargos do executado;

IV — julga procedente o pedido de instituição de arbitragem;

V — confirma, concede ou revoga tutela provisória;

VI — decreta a interdição.

✍ *Comentário:* Os termas alinhados nos incisos I a VI começam a produzir efeito imediatamente, além de outros previstos em lei.

Os recursos, como regra, têm efeito apenas devolutivo, conforme dispõe o art. 995 CPCn. O *caput*, todavia, contraria essa regra ao conferir efeito também suspensivo à apelação. Todavia, a concessão do efeito está condicionada à circunstância de que haja requerimento do apelante, nos termos do § 3º, infra. Referido parágrafo usa do termo "pedido". O juiz não atende a pedido, mas a "requerimento." A terminologia usada é equivocada.

§ 2º Nos casos do § 1º, o apelado poderá promover o pedido de cumprimento provisório depois de publicada a sentença.

✍ *Comentário:* Desde que publicada a sentença, o apelado poderá requerer a execução provisória.

§ 3º O pedido de concessão de efeito suspensivo nas hipóteses do § 1º poderá ser formulado por requerimento dirigido ao:

I — tribunal, no período compreendido entre a interposição da apelação e sua distribuição, ficando o relator designado para seu exame prevento para julgá-la;

II — relator, se já distribuída a apelação.

✍ *Comentários:* O requerimento de efeito suspensivo poderá ser dirigido ao tribunal, se o recurso não foi ainda distribuído: se foi, a competência funcional será do relator. Se antes da distribuição for designado juiz para analisar o requerimento, ele ficará prevento.

§ 4º Nas hipóteses do § 1º, a eficácia da sentença poderá ser suspensa pelo relator se o apelante demonstrar a probabilidade de provimento do recurso ou se, sendo relevante a fundamentação, houver risco de dano grave ou de difícil reparação.

✍ *Comentários:* Nos casos nomeados no § 1º, a eficácia imediata da sentença poderá ser suspensa pelo relator se o apelante demonstrar a probabilidade de provimento do recurso ou que haverá risco de dano grave ou de difícil reparação, trazendo fundamentos ponderosos.

Art. 1.013. A apelação devolverá ao tribunal o conhecimento da matéria impugnada.

✍ *Comentários:* A apelação somente poderá submeter ao tribunal aquela matéria que foi realmente impugnada. Aquilo que não foi impugnado não poderá ser objeto de revisão. O que não foi impugnado foi aceito pela parte adversa.

§ 1º Serão, porém, objeto de apreciação e julgamento pelo tribunal todas as questões suscitadas e discutidas no processo, ainda que não tenham sido solucionadas, desde que relativas ao capítulo impugnado.

✍ *Comentário:* Embora haja restrição da apreciação na horizontalidade, devolvendo-se somente a matéria que foi impugnada, serão objeto de apreciação e julgamento todas as questões discutidas, ainda que não tenham sido solucionadas na jurisdição primária e desde que estejam contidas no capítulo ou nos capítulos da sentença recorrida. Existe aqui uma análise profunda maior pelos tribunais.

§ 2º Quando o pedido ou a defesa tiver mais de um fundamento e o juiz acolher apenas um deles, a apelação devolverá ao tribunal o conhecimento dos demais.

✍ *Comentários:* A regra geral é a de que o primeiro grau de jurisdição poderá decidir levando em conta apenas um dos fundamentos apresentados pela parte; esse princípio, todavia, não se aplica aos tribunais, posto que a apelação devolverá todos os fundamentos que deverão ser apreciados.

§ 3º Se o processo estiver em condições de imediato julgamento, o tribunal deve decidir desde logo o mérito quando:

✍ *Comentário:* O julgamento meritório somente é possível quando a causa estiver madura, isto é, for matéria de direito ou, sendo de fato, depois de produzida a instrução, o juiz extinguiu o processo por ausência de uma das condições da ação equivocadamente.

I — reformar sentença fundada no art. 485;

☑ Nota: Extinção do processo (art. 515, § 3º, do CPCn). Excepcionado o art. 487 do CPCn, o artigo 485 dispõe julgamento sem resolução do mérito. Os incisos II a IV são hipóteses em que não haverá julgamento do mérito.

II — decretar a nulidade da sentença por não ser ela congruente com os limites do pedido ou da causa de pedir;

✍ *Comentário: Ver art. 141 CPCn.*

III — constatar a omissão no exame de um dos pedidos, hipótese em que poderá julgá-lo;

✍ *Comentário:* Se for matéria de fato haverá, supressão de jurisdição; poderá julgar se a matéria for de direito.

IV — decretar a nulidade de sentença por falta de fundamentação.

✍ *Comentários:* A ausência de fundamentação tem sido uma constante em sentenças e acórdãos de tribunais. O decreto de nulidade tem finalidade didática e saneadora.

§ 4º Quando reformar sentença que reconheça a decadência ou a prescrição, o tribunal, se possível, julgará o mérito, examinando as demais questões, sem determinar o retorno do processo ao juízo de primeiro grau.

✍ *Comentários:* Reformada sentença primária que acolheu a prescrição ou a decadência, desde que processo já tenha sido instruído, haverá possibilidade da apreciação meritória. O parágrafo autoriza o julgamento sem que se possa falar em supressão de jurisdição (indevidamente usada supressão de instância).

§ 5º O capítulo da sentença que confirma, concede ou revoga a tutela provisória é impugnável na apelação.

✍ *Comentários:* Interessante notar que o parágrafo sob comento refere-se à sentença que concede ou revoga a tutela provisória. Somente por ter usado o termo "sentença", o recurso cabível será a apelação. Se fosse usado o termo "decisão interlocutória", o recurso seria o agravo de instrumento, art. 1.015, inciso I: tutelas provisórias. Na prática, dificilmente, o juiz proferirá sentença para conceder ou revogar uma tutela provisória, mas sim decisão interlocutória. Se assim for feito, não haverá outra saída a não ser o manejo do agravo de instrumento.

Art. 1.014. As questões de fato não propostas no juízo inferior poderão ser suscitadas na apelação, se a parte provar que deixou de fazê-lo por motivo de força maior.

✍ *Comentários:* O motivo de força maior é utilizado com a finalidade de permitir a inovação probatória em sede de apelação, provada a existência de força maior. A regra vigente é a proibição. A ausência do rigor processual poderá estimular a deslealdade processual e a má-fé em torno da força maior. O sistema da proibição até então adotado se nos afigura o melhor. Será difícil provar a força maior que impediu que questões de fato fossem propostas no juízo primário.

Capítulo III
DO AGRAVO DE INSTRUMENTO

Art. 1.015. Cabe agravo de instrumento contra as decisões interlocutórias que versarem sobre:

I — tutelas provisórias;

II — mérito do processo;

III — rejeição da alegação de convenção de arbitragem;

IV — incidente de desconsideração da personalidade jurídica;

V — rejeição do pedido de gratuidade da justiça ou acolhimento do pedido de sua revogação;

VI — exibição ou posse de documento ou coisa;

VII — exclusão de litisconsorte;

VIII — rejeição do pedido de limitação do litisconsórcio;

IX — admissão ou inadmissão de intervenção de terceiros;

X — concessão, modificação ou revogação do efeito suspensivo aos embargos à execução;

XI — redistribuição do ônus da prova nos termos do art. 373, § 1º;

Art. 373. O ônus da prova incumbe: § 1º Nos casos previstos em lei ou diante de peculiaridades da causa relacionadas à impossibilidade ou à excessiva dificuldade de cumprir o encargo nos termos do *caput* ou à maior facilidade de obtenção da prova do fato contrário, poderá o juiz atribuir o ônus da prova de modo diverso, desde que o faça por decisão fundamentada, caso em que deverá dar à parte a oportunidade de se desincumbir do ônus que lhe foi atribuído.

XII — (VETADO);

XIII — outros casos expressamente referidos em lei.

✍ *Comentários:* Os incisos que informam o art. 1.015 do CPCn são taxativos e representam *numerus clausus*, isto é, não podem ser reduzidos nem aumentados. O Código novo determinou uma modificação radical no sistema recursal abrangendo a apelação e o agravo de instrumento. Pelo Código atual, a apelação tem por objeto a impugnação de sentença proferida na fase de conhecimento em primeiro grau, quando existe o término do processo nessa jurisdição; o agravo de instrumento tem por objeto impugnar as decisões interlocutórias, ou seja, aquelas decisões, que podem ou não tisnar o mérito acessório, não da causa principal, e nunca terminam a jurisdição. Esse é um sistema secular. A novidade é que, afora as hipóteses previstas de forma taxativa no art. 1.015, as demais decisões interlocutórias, todas, desafiarão o recurso de apelação, inclusive aquelas interlocutórias proferidas e contidas no capítulo da sentença apelada, uma vez que para elas não existe preclusão. Houve aqui um certo malabarismo processual do legislador. E para pior. Deixou-se o procedimento que era claro para adotar o complicado.

Parágrafo único. Também caberá agravo de instrumento contra decisões interlocutórias proferidas na fase de liquidação de sentença ou de cumprimento de sentença, no processo de execução e no processo de inventário.

✍ *Comentários:* O agravo de instrumento tem cabimento contra decisões interlocutórias prolatadas na fase de liquidação de sentença ilíquida ou no cumprimento de sentença no processo de execução.

Art. 1.016. O agravo de instrumento será dirigido diretamente ao tribunal competente, por meio de petição com os seguintes requisitos:

I — os nomes das partes;

II — a exposição do fato e do direito;

III — as razões do pedido de reforma ou de invalidação da decisão e o próprio pedido;

IV — o nome e o endereço completo dos advogados constantes do processo.

Comentário: Requisitos formais para a admissibilidade do agravo de instrumento.

Art. 1.017. A petição de agravo de instrumento será instruída:

I — obrigatoriamente, com cópias da petição inicial, da contestação, da petição que ensejou a decisão agravada, da própria decisão agravada, da certidão da respectiva intimação ou outro documento oficial que comprove a tempestividade e das procurações outorgadas aos advogados do agravante e do agravado;

II — com declaração de inexistência de qualquer dos documentos referidos no inciso I, feita pelo advogado do agravante, sob pena de sua responsabilidade pessoal;

III — facultativamente, com outras peças que o agravante reputar úteis.

Comentário: Peças que formarão o agravo e que possibilitarão a sua análise e julgamento. Responsabilidade criminal do advogado pelas declarações.

§ 1º Acompanhará a petição o comprovante do pagamento das respectivas custas e do porte de retorno, quando devidos, conforme tabela publicada pelos tribunais.

Comentário: Comprovantes que deverão ser juntados com a petição inicial.

§ 2º No prazo do recurso, o agravo será interposto por:

I — protocolo realizado diretamente no tribunal competente para julgá-lo;

II — protocolo realizado na própria comarca, seção ou subseção judiciárias;

III — postagem, sob registro, com aviso de recebimento;

IV — transmissão de dados tipo fac-símile, nos termos da lei;

V — outra forma prevista em lei.

Comentário: Modalidades pelas quais o agravo poderá ser interposto.

§ 3º Na falta da cópia de qualquer peça ou no caso de algum outro vício que comprometa a admissibilidade do agravo de instrumento, deve o relator aplicar o disposto no art. 932, parágrafo único.

Comentários: Se houver a falta de peças ou existir algum vício que possa comprometer a admissibilidade do processo, o relator "concederá" o prazo de 5 (cinco) dias para que a parte sane a erronia. Decorrido o prazo, se a peça não foi juntada ou se o vício não foi sanado, o processamento do recurso será indeferido.

> Art. 932. Incumbe ao relator: Parágrafo único. Antes de considerar inadmissível o recurso, o relator concederá o prazo de 5 (cinco) dias ao recorrente para que seja sanado vício ou complementada a documentação exigível.

§ 4º Se o recurso for interposto por sistema de transmissão de dados tipo fac-símile ou similar, as peças devem ser juntadas no momento de protocolo da petição original.

Comentários: A juntada dos documentos será feita no ato do protocolo da petição inicial, quando o recurso for interposto por sistema de transmissão de dados tipo fac-símile.

§ 5º Sendo eletrônicos os autos do processo, dispensam-se as peças referidas nos incisos I e II do *caput*, facultando-se ao agravante anexar outros documentos que entender úteis para a compreensão da controvérsia.

✍ *Comentário:* Nos autos do processo eletrônico, ficam dispensadas as peças exigidas nos inciso I e II do *caput*. O agravante poderá juntar outros documentos que repute úteis.

Art. 1.018. O agravante poderá requerer a juntada, aos autos do processo, de cópia da petição do agravo de instrumento, do comprovante de sua interposição e da relação dos documentos que instruíram o recurso.

✍ *Comentários:* A norma possibilita que a parte dê conhecimento ao juiz nos autos do processo principal. Com a ciência da interposição do agravo, o juiz poderá convencer-se e proferir decisão de retratação. Trata-se de uma faculdade dada ao impetrante no processo eletrônico.

§ 1º Se o juiz comunicar que reformou inteiramente a decisão, o relator considerará prejudicado o agravo de instrumento.

✍ *Comentários:* Pelo juízo da reforma que tem o juiz sobre o agravo de instrumento e o agravo interno, poderá rever a decisão agravada. Nesse caso, o agravo perde o objeto e o relator o considerará prejudicado.

§ 2º Não sendo eletrônicos os autos, o agravante tomará a providência prevista no *caput*, no prazo de 3 (três) dias a contar da interposição do agravo de instrumento.

✍ *Comentário:* Se o agravo não for eletrônico, o agravante tomará a providência no prazo de 3 (três) dias, contados da interposição do agravo de instrumento.

§ 3º O descumprimento da exigência de que trata o § 2º, desde que arguido e provado pelo agravado, importa inadmissibilidade do agravo de instrumento.

✍ *Comentário:* O não cumprimento da exigência posta no § 2º terá como consequência a inadmissibilidade do agravo de instrumento.

Art. 1.019. Recebido o agravo de instrumento no tribunal e distribuído imediatamente, se não for o caso de aplicação do art. 932, incisos III e IV, o relator, no prazo de 5 (cinco) dias:

I — poderá atribuir efeito suspensivo ao recurso ou deferir, em antecipação de tutela, total ou parcialmente, a pretensão recursal, comunicando ao juiz sua decisão;

II — ordenará a intimação do agravado pessoalmente, por carta com aviso de recebimento, quando não tiver procurador constituído, ou pelo Diário da Justiça ou por carta com aviso de recebimento dirigida ao seu advogado, para que responda no prazo de 15 (quinze) dias, facultando-lhe juntar a documentação que entender necessária ao julgamento do recurso;

III — determinará a intimação do Ministério Público, preferencialmente por meio eletrônico, quando for o caso de sua intervenção, para que se manifeste no prazo de 15 (quinze) dias.

✍ *Comentários:* Não sendo o caso previsto no art. 832, incisos III e IV, o relator, no prazo de 5 (cinco) dias, poderá atribuir o efeito suspensivo ao recurso ou proceder à antecipação da tutela (total ou parcial), comunicando a decisão ao juiz primário. Fará a intimação do agravado pessoalmente, por carta com AR, se não houver procurador constituído; pelo diário oficial ou por carta com AR dirigida ao advogado, se houver, para apresentar, querendo, contraminuta no prazo de 15 (quinze) dias, com a possibilidade de trazer para os autos os documentos que entender necessários ao julgamento do recurso.

> Art. 832. Não estão sujeitos à execução os bens que a lei considera impenhoráveis ou inalienáveis. III — os vestuários, bem como os pertences de uso pessoal do executado, salvo se de elevado valor; IV — os vencimentos, os subsídios, os soldos, os salários, as remunerações, os proventos de aposentadoria, as pensões, os pecúlios e os montepios, bem como as quantias recebidas por liberalidade de terceiro e destinadas ao sustento do devedor e de sua família, os ganhos de trabalhador autônomo e os honorários de profissional liberal, ressalvado o § 2º;

Art. 1.020. O relator solicitará dia para julgamento em prazo não superior a 1 (um) mês da intimação do agravado.

Comentários: Depois de intimado o agravado, o relator solicitará à secretaria dia para o julgamento em prazo são superior a 30 dias. O uso da palavra mês não tem sentido prático e bem demonstra a ausência de intimidade do legislador com a prática forense. Seguramente, nenhum juiz utilizará o termo mês para evitar confusão, posto que a palavra mês tem significado dúbio. Existem meses de 28, 29, 30 e 31 dias. Na prática, não é o relator que faz o controle de prazos para julgamento dos recursos. É a secretaria que planeja a pauta para as audiências e o número de processos que serão apreciados em cada audiência. O secretário(a) poderá até falar com o presidente do colegiado, não com o relator.

ENFOQUES TRABALHISTAS ESPECIAIS

1. DA COMPETÊNCIA PARA A EXECUÇÃO

O juízo da ação também será o juízo da execução, ressalvadas modificações na competência em razão da matéria, da hierarquia ou quando ocorrer a supressão do órgão judiciário (art. 87 do CPC em vigor recepcionado pelo art. 43 do Cód. novo), que cuida da *perpetuatio jurisdictionis*. A Lei n. 11.232, de 22.12.2005, em vigor desde o dia 24.6.2006, acrescentou o art. 475-P, parágrafo único, do CPC, em vigor recepcionado pelo art. 516 do Cód. novo que diz: "...o exequente poderá optar pelo juízo do atual domicílio do executado, pelo juízo do local onde se encontrem os bens sujeitos à execução ou pelo juízo do local onde deva ser executada a obrigação de fazer ou de não fazer, casos em que a remessa dos autos do processo será solicitada ao juízo de origem." As novas regras civilistas são de boa receptividade e podem perfeitamente servir de subsídio ao processo do trabalho.

O preceito civilista contido no art. 516 acrescenta uma outra exceção ao princípio de que o juiz da ação também é o juiz da execução, permitindo que o processo executório seja enviado definitivamente para outro juízo. Todavia, quando se tratar de litisconsórcio são necessários certos cuidados. Se for litisconsórcio ativo, com advogados diversos, o atendimento dependerá do requerimento de todos. Se apenas um requerer, o pedido deverá ser indeferido, por motivos óbvios, pois o desmembramento seria nocivo. O juiz é *dominus processus* e deve velar pelo bom andamento. Se o litisconsorte for passivo, a remessa será inviável.

2. DA *PERPETUATIO JURISDICTIONIS*

De conformidade com a regra geral, o juiz da ação é o juiz da execução (art. 877 da CLT), regra também contida no diploma processual comum (art. 575, II, do CPC, recepcionado pelo art. 781 do Cód. novo). Exceção à regra geral, vamos encontrar no art. 87 do CPC, recepcionado pelo art. 43 do Cód. novo, subsidiariamente aplicável no processo trabalhista, *ex vi* do art. 769 da CLT. *Ver o item 2.4. Ver, também, comentários do item anterior, que complementa este.*

A *perpetuatio jurisdictionis* se amplia com o advento do art. 475-P, parágrafo único, recepcionado pelo art. 516 do Cód. novo. O princípio de que o juiz da ação também é o juiz da execução se relativiza, pois a lei deixa a critério do exequente optar em proceder à execução no local em que se encontram os bens que serão expropriados em hasta pública ou no atual domicílio do executado. Nesse caso, o exequente deverá requerer a remessa dos autos ao juízo de origem. O legislador usou o verbo "solicitar" indevidamente, pois o correto é "requerer". Nos autos do processo, não se solicita, se requer, mormente em se cuidando de ato que retira a competência do juízo natural. O juiz poderá ter motivos para não aquiescer à remessa, *v. g.*, cuida-se de execução em que participam litisconsortes e apenas um fez o requerimento.

3. DA RELAÇÃO JURÍDICA SUBSTANCIAL

O credor, titular da relação jurídica substancial, não pode, inadimplente o devedor, ignorar o aparato estatal e agir por conta própria sobre o patrimônio garantidor. Inadimplente o devedor, nasce (*actio nata*) o seu direito de exigir do Poder Judiciário a prestação jurisdicional, transformando em realidade o comando abstrato contido na sentença (interesse de agir). O titular do direito substancial pode a qualquer momento, desde que exigida a obrigação e inadimplente o devedor e desde que o seu direito não haja sido obstado pela prescrição ou pela decadência, buscar o apoio jurisdicional do Estado, que não poderá se negar a atender (princípio da indeclinabilidade). A relação jurídica substancial atrela o crédito do credor ao patrimônio do devedor, devendo este responder pela obrigação inadimplida com o seu patrimônio. Se o patrimônio vier a ser dilapidado, quando ajuizada a ação, estará caracterizada a fraude à execução (art. 593 do CPC, recepcionado pelo art. 792 do Cód. novo). Se os bens foram dilapidados antes de vencida a dívida pelo decurso do tempo ou de previsão legal de certos acontecimentos que determinem o vencimento imediato, estará caracterizada a fraude contra credores, desde que a alienação de bens motive a insolvência do devedor. Nesse caso, o ato poderá ser anulado (art. 158, §§ 1º e 2º, do CC). A fraude à execução é ineficaz e a fraude contra credores é anulável. A primeira beneficia apenas aquele credor que já havia ajuizado ação para cobrar o crédito ou que tinha ação fundada em direito real; a fraude contra credores beneficia todos os credores, com exceção daqueles credores cujos negócios foram efetuados quando já insolvente o devedor (art. 158, § 2º, do CC).

Lembra Liebman que "a sanção não é elemento da relação jurídica privada. Titular do poder sancionatório é o Estado, como elemento integrante da sua soberania. Só ignorando deliberadamente a participação do órgão estatal e o papel que lhe cabe no processo de execução, papel de todos os pontos de vista decisivo e insubstituível, é que se pode pretender localizar no direito do credor o poder de invadir a esfera jurídica do devedor: seria, pois, querer construir a teoria do processo sem levar em conta a existência do juiz. Não se pode enquadrar a sanção como parte integrante do direito ao crédito, isto porque, posto a relação obrigacional tenha, logo após a falta de cumprimento espontâneo da obrigação, como conteúdo a prestação do obrigado, e, aliás, de caráter incoercível, não é dado ao credor pretender atuar a sanção com seus próprios esforços e meios. O que nasce para o credor, diante da resistência manifestada pelo devedor à sua pretensão executiva, é o direito de provocar a atuação da jurisdição executiva para que o Estado-juiz, pondo em movimento os instrumentos coativos de que dispõe, possa realizar a satisfação do seu direito substancial. Assim, não se pode colocar um terceiro direito entre o direito à prestação (de caráter substancial) e o direito de ação (de aspecto processual), porque não há espaço para um direito substancial à sanção, nem para uma atitude agressiva, do direito subjetivo: ou se pretende conseguir a prestação do obrigado disposto a satisfazê-la voluntariamente, ou se pretende consegui-la através do processo; terceiro caminho é que não existe, e é perfeitamente imaginário o direito que se lhe quer fazer corresponder" (*apud* Antonio Carlos Costa e Silva, *Tratado do Processo de Execução*, vol. I, p. 466-467).

Essa concepção não nega vigência, destarte, à faculdade que assiste ao credor de dispor dos órgãos da jurisdição executiva para satisfação cabal do seu direito. É que a relação jurídica obrigacional, segundo essa concepção, está incrustada na mesma ordem jurídica onde se situa o direito de ação. Consequentemente, se o obrigado não cumpre a obrigação, surge para o credor a oportunidade de se servir do direito de agir, na busca da realização do seu direito substancial. Por outro lado, dessa concepção resulta que, do inadimplemento, o poder de atuar a sanção e a responsabilidade do devedor induzem à formação de uma relação jurídica diversa da obrigacional, e mais ainda daquela que constituirá o processo de execução: a relação jurídica sancionadora.

4. DA RESPONSABILIDADE SEM DÉBITO

Débito e responsabilidade são elementos que se apresentam simultâneos na obrigação, quando se referem à mesma pessoa (beneficiária/devedora). São exemplos que contrariam a regra: art. 818 do CC (solidariedade); art. 827 do CC (fiança): arts. 14 e 56 do Dec. n. 2.044/1908 (aval); art. 592 do CPC (subsidiariedade); art. 2º, § 2º, da CLT (solidariedade); art. 455 da CLT (solidariedade) etc.

Lembra Antonio Carlos Costa e Silva: a "responsabilidade é concebida como sendo um direito de agir sobre o patrimônio, enquanto o débito se apresenta como sendo o direito de agir sobre a pessoa do devedor. Se a pessoa do devedor não existisse, jamais o direito podia ser satisfeito. Mas se existe a pessoa, porém, esta não tem patrimônio, ou este é insuficiente, a lei destaca os dois elementos e imputa a responsabilidade a uma terceira pessoa, relacionada juridicamente com a pessoa do devedor, competindo-lhe resgatar a obrigação, com o sacrifício do seu patrimônio, por uma obrigação que não contraiu. Logo, os dois citados elementos se distanciam no que concerne aos respectivos objetos. O débito emerge da obrigação que tem o devedor de prestar, e que provém de uma ordem expedida pelo ordenamento jurídico, sob a forma de coação (o dever-prestar). A responsabilidade de seu turno é determinada ao patrimônio, total ou parcialmente, de modo que este possa ser garantidor da realização da obrigação, pois foi com o seu empenho que o obrigado contraiu a obrigação, ou, então, viu-se-lhe imposta." (*Tratado* cit. v. 1, p. 465-466.)

Afirma o eminente autor: "Nesta altura impende salientar que a revisão de Brinz e Amira peca quando afirma a existência de responsabilidade sem débito e débito sem responsabilidade." Diz, ainda, que a recíproca — débito sem responsabilidade — não é verdadeira: "Não há nenhuma dificuldade em considerar-se que a responsabilidade pode apartar-se do débito, bastando que haja solidariedade no compromisso. O que não se pode é visualizar o reverso, como tencionavam os revisionistas e seus inumeráveis seguidores."

Ousamos discordar dessa ótica. Embora a regra geral seja o débito com responsabilidade (devedor principal e coobrigado), o Código Civil prevê o caso de débito sem responsabilidade, ao dispor, no art. 814, que "as dívidas de jogo ou de aposta não obrigam a pagamento (...)".

Dispõe Mendonça Lima que "pode haver obrigação sem responsabilidade e responsabilidade sem obrigação. A obrigação natural (*v. g.*, dívida prescrita; dívida de jogo etc.) impede a responsabilidade, porque não permite a cobrança por qualquer que seja a ação; a responsabilidade do fiador, com seus bens, existe, embora não seja o obrigado. Por conseguinte, o devedor pode ter obrigação e não serem seus bens responsáveis; e os bens serem responsáveis e seu proprietário não ser o devedor" (*Comentários ao Código de Processo Civil*. Ed. Forense, Rio, 194, vol. 6, t. II, p. 471.)

5. DA RESPONSABILIDADE EXECUTÓRIA SECUNDÁRIA

A regra geral é a de que os bens do devedor, presentes e futuros (art. 591 do CPC), recepcionados pelo art. 789 do Cód. novo) respondem pela obrigação contraída e inadimplida. Todavia, "ficam sujeitos na execução os bens: I — do sucessor a título singular, tratando-se de execução de sentença proferida em ação fundada em direito real; II — do sócio, nos termos da lei; III — do devedor, quando em poder de terceiros; IV — do cônjuge, nos casos em que os seus bens próprios, reservados ou de sua meação, respondem pela dívida; V — alienados ou gravados com ônus real em fraude de execução" (art. 592 do CPC, recepcionado pelo art. 590 do Cód. novo). "O credor, que estiver, por direito de retenção, na posse de coisa pertencente ao devedor, não poderá promover a execução sobre outros bens senão depois de excutida a coisa que se achar em seu poder" (art. 594 do CPC, recepcionado pelo art. 793 do Cód. novo). "O fiador, quando executado, poderá nomear à penhora bens livres e desembaraçados do devedor (art. 827 do CC). Os bens do fiador ficarão, porém, sujeitos a execução, se os do devedor forem insuficientes à satisfação do direito do credor. Parágrafo único. O fiador, que pagar a dívida, poderá executar o afiançado nos autos do mesmo processo." (art. 595 do CPC, recepcionado pelo art. 794 do Cód. novo.) "Os bens particulares dos sócios não respondem pelas dívidas da sociedade senão nos casos previstos em lei; o sócio, demandado pelo pagamento da dívida, tem direito a exigir que sejam primeiro excutidos os bens da sociedade. § 1º Cumpre ao sócio, que alegar o benefício deste artigo [benefício de ordem], nomear bens da sociedade, sitos na mesma comarca, livres e desembargados, quantos bastem para pagar o débito. § 2º Aplica-se aos casos deste artigo o disposto no parágrafo único do artigo anterior" (art. 596 do CPC, recepcionado pelo art. 795 do Cód. novo). No caso do fiador, poderá renunciar expressamente o benefício de ordem, caso em que a sua responsabilidade será solidária: "O fiador que alegar o benefício de ordem, a que se refere este artigo, deve nomear bens do devedor, sitos no mesmo município, livres e desembargados, quantos bastem para solver o débito." "Não aproveita este benefício [de ordem] ao fiador: I — se ele o renunciou expressamente (art. 828, I, do CC); II — se se obrigou como principal pagador, ou devedor solidário [art. 265 do CC]; III — se o devedor for insolvente, ou falido" (arts. 827, parágrafo único, e 828, do CC). "A fiança conjuntamente prestada a um só débito por mais de uma pessoa importa o compromisso de solidariedade entre elas, se declaradamente não se reservarem o benefício de divisão." (art. 829 do CC)

Os sócios não são devedores, senão responsáveis secundários pela execução. A defesa que tiverem será efetuada por meio de embargos de terceiro e não devem ser citados, porque partes passivas não são. Tudo isso em se cuidando de sociedades regularmente constituídas. Se a sociedade não for regularmente constituída (sociedade irregular ou de fato), a responsabilidade do sócio será ilimitada, uma vez que os bens da pseudassociedade se misturam com o patrimônio dos sócios.

Lembra Antonio Carlos Costa e Silva que "existem as chamadas sociedades de fato, ou irregulares, porque não têm personalidade jurídica (...). As primeiras, anota Fran Martins, são as que existem eivadas de nulidade, apresentando-se ao público como se fossem sociedades, isto é, realizando, ostensivamente, atos de comércio, em suma, com todas as suas características, sem, no entanto, possuírem ato constitutivo, ou, possuindo-o, não tenham providenciado o seu arquivamento na Junta Comercial competente. As últimas (irregulares) são organizadas legalmente, isto é, com ato constitutivo devidamente arquivado na repartição competente (Junta do Comércio ou Registro do Comércio), mas, posteriormente, praticam atos que desnaturam a natureza social. Isto é, as sociedades de fato são identificadas pela aparência, enquanto as irregulares, pelo seu ato constitutivo, arquivado no Registro de Comércio. A consequência é que as sociedades de fato não têm personalidade jurídica, o que não sucede com as irregulares. (...) Daí decorre que, estando o terceiro de boa-fé, ao contratar com a sociedade de fato recebe, em garantia, o patrimônio particular do sócio, nunca qualquer que possa existir sob a aparência social. Sendo assim, a responsabilidade do sócio, em caso que tal, é principal e não secundária, de modo a não se adequar a instituição contida no n. II do art. 592 do Código de Processo" (*Tratado* cit., vol. I, p. 501).

Sobre as sociedades de fato e irregulares, preferimos a posição de Rubens Requião, estribada em Waldemar Ferreira: "Os sócios às vezes deixam de reduzir a escrito seu ajuste, e 'a sociedade, assim constituída, vive, funciona e prospera. Mas vive de fato. Como sociedade de fato se considera'; e, 'outras vezes, ela se organiza por escrito. Articulam-se os dispositivos da lei social. O contrato, porém, não se arquiva no Registro do Comércio'. A sociedade é, por isso, irregular (...). Tanto as sociedades de fato como as irregulares não possuem personalidade jurídica, pois lhes falta a inscrição no 'registro peculiar', que é o Registro do Comércio. Mas convém esclarecer que essas entidades não perdem a sua condição de sociedades comerciais, valendo a advertência de Pedro Lessa de que 'a sociedade irregular é menos que a sociedade regular e mais que a comunhão de bens, tomada essa expressão em sentido restrito'. A responsabilidade dos sócios, no caso, é ilimitada, porém, subsidiária. Os credores particulares dos sócios só podem executar os fundos líquidos que o devedor possuir na sociedade se não tiver outros bens desembargados, ou se, depois de executados, os que tiver não forem suficientes para o pagamento (CCo, art. 29, revogado pela Lei n. 10.406/2002) [CC, art. 1.026]. E, por igual, o credor da sociedade deve primeiro, pelas dívidas sociais, executar a sociedade, para, na falta de bens, realizar a responsabilidade ilimitada do sócio, que por isso é subsidiária (art. 350, CCo, revogado pela Lei n. 10.406/2002) [art. 1.024, CC]." Lembra o autor que "a sociedade anônima, não tendo seus atos constitutivos registrados, não passa a ser irregular, apenas não se constitui, e seus diretores são responsáveis pelos atos que praticarem" (*Curso de Direito Comercial*. Ed. Saraiva, São Paulo, 1960, vol. I, p. 268).

Permitimo-nos discordar do insigne autor no que respeita à responsabilidade dos "sócios". Temos para nós que os arts. 292 e 350 do Código Comercial (revogados pela Lei n. 10.406/2002) diziam respeito àqueles sócios de sociedades com personalidade jurídica. Em verdade, não se podem separar os bens dos "componentes" de uma sociedade de fato ou irregular dos bens dessa mesma "sociedade". Não haverá como saber quais são os bens dessa "sociedade". É que os bens da sociedade e dos seus componentes se misturam. Se na sociedade em nome coletivo todos os sócios são ilimitada e solidariamente (art. 1.039, CC) responsáveis pelas dívidas sociais, com maior razão, o serão se irregular ou se de fato é a sociedade.

Permitimo-nos discordar do insigne autor no que respeita à responsabilidade dos "sócios". Temos para nós que os arts. 292 e 350 do Código Comercial (revogados pela Lei n. 10.406/2002) diziam respeito àqueles sócios de sociedades com personalidade jurídica. Na realidade, não se podem separar os bens dos "componentes" de uma sociedade de fato ou irregular dos bens dessa mesma "sociedade". Não haverá como saber quais são os bens dessa "sociedade". É que os bens da sociedade e dos seus componentes se misturam. Se na sociedade em nome coletivo todos os sócios são ilimitada e solidariamente (art. 1.039, CC) responsáveis pelas dívidas sociais, com maior razão, o serão se irregular ou se de fato é a sociedade.

No que concerne à mulher casada, a sua responsabilidade secundária fica condicionada ao proveito que a dívida contraída pelo cônjuge varão tenha ensejado à família. Decidiu o STF que "é entendimento predominante na jurisprudência, na interpretação do art. 3º da Lei n. 4.121, de 27.8.1962, que a mulher, para evitar que sua meação seja atingida pela penhora, deverá provar, cumpridamente, dois requisitos essenciais: a) que a dívida não trouxe benefício ao casal; b) que o gravame atingiu, efetivamente, a sua meação" (*RTJ* 80/510). Nota: A Lei n. 4.121/1962 — conhecida com o Estatuto da Mulher — encontra-se revogada.

O princípio contido no art. 659, § 2º, do CPC (recepcionado pelo art. 836 do Cód. Novo) não se aplica ao processo do trabalho, onde haverá possibilidade de penhora de bens, ainda que não garanta o juízo integralmente. Far-se-á a execução parcial para atender ao pagamento do crédito alimentar. O produto da praça ou leilão será totalmente empregado para se obter o principal. Não havendo bens para dar continuidade à execução, os autos aguardarão no arquivo oportunidade para o reinício, sem correr o risco da prescrição (art. 40 da Lei n. 6.830/80), *ex vi* do art. 889 da CLT. O Projeto de Lei n. 4.497/2004 foi transformado na Lei n. 11.382/2006, que deu nova redação ao art. 649 do CPC (recepcionado pelo art. 833 do Cód. novo), a saber: "São absolutamente impenhoráveis:

> (...) II — os móveis, pertences e utilidades domésticas que guarnecem a residência do executado, salvo os de elevado valor ou que ultrapassem as necessidades comuns correspondentes a um médio padrão de vida;
>
> III — os vestuários, bem como os pertences de uso pessoal do executado, salvo se de elevado valor;
>
> IV — os vencimentos, subsídios, soldos, salários, remunerações, proventos de aposentadoria, pensões, pecúlios e montepios; as quantias recebidas por liberalidade de terceiro e destinadas ao sustento do devedor e sua família, os ganhos de trabalhador autônomo e os honorários de profissional liberal, observado o disposto no § 2º, do art. 833 do Cód. novo deste artigo [Nota: O § 3º do art. 649 do CPC em vigor não poderá ser observado, posto que foi objeto de veto pelo Presidente da República]; (...)
>
> X — até o limite de 40 (quarenta) salários mínimos, a quantia depositada em caderneta de poupança.
>
> § 1º A impenhorabilidade não é oponível à cobrança do crédito concedido para a aquisição do próprio bem.
>
> § 2º O disposto nos incisos IV e X do *caput* não se aplica à hipótese de penhora para pagamento de prestação alimentícia, independentemente de sua origem, bem como às importâncias excedentes a 50 (cinquenta) salários mínimos mensais, devendo a constrição observar o disposto no art. 528, § 8º, e no art. 529, § 3º do Cód. novo.

> Art. 528. No cumprimento de sentença que condene ao pagamento de prestação alimentícia ou de decisão interlocutória que fixe alimentos, o juiz, a requerimento do exequente, mandará intimar o executado pessoalmente para, em 3 (três) dias, pagar o débito, provar que o fez ou justificar a impossibilidade de efetuá-lo.
>
> § 8º O exequente pode optar por promover o cumprimento da sentença ou decisão desde logo, nos termos do disposto neste Livro, Título II, Capítulo III, caso em que não será admissível a prisão do executado, e, recaindo a penhora em dinheiro, a concessão de efeito suspensivo à impugnação não obsta a que o exequente levante mensalmente a importância da prestação.
>
> Art. 529. Quando o executado for funcionário público, militar, diretor ou gerente de empresa ou empregado sujeito à legislação do trabalho, o exequente poderá requerer o desconto em folha de pagamento da importância da prestação alimentícia.
>
> § 3º Sem prejuízo do pagamento dos alimentos vincendos, o débito objeto de execução pode ser descontado dos rendimentos ou rendas do executado, de forma parcelada, nos termos do *caput* deste artigo, contanto que, somado à parcela devida, não ultrapasse cinquenta por cento de seus ganhos líquidos.

O Projeto de Lei n. 4.731/2004 vem ao encontro daquilo que sempre apregoamos, ou seja, prosseguir com a execução quando o executado possuir um único bem ou vários bens que não garantam o juízo. A regra procedimental civilista da garantia do juízo tem sido empregada no processo do trabalho, excetuadas honrosas exceções, fazendo que o crédito trabalhista, sabidamente de natureza alimentar, fique hibernando no arquivo (art. 40 da Lei n. 6.830/80), à espera de que o devedor junte bens suficientes à famigerada garantia do juízo. Isso sempre nos pareceu um contrassenso sem pé na razoabilidade. O PL, se transformado em lei, trará modificações nos arts. 880 e 884 da CLT, permitindo que a execução prossiga, mesmo sem que o juízo esteja garantido integralmente, abrindo-se prazo para embargos. Erra, todavia, o legislador ao tornar expresso no art. 659, § 2º do CPC (art. 836, *caput*, do Cód. novo), erro já cometido anteriormente pela Lei n. 11.382/92 ao dar nova redação ao art. 659.

Art. 882 da CLT, quando a preferência, de acordo com o art. 889 da CLT, seria pelos arts. 9º e 11 da Lei n. 6.830/80 (LEF). *Ver art. 655 (art. 835 do CPCn)*, com nova redação, e 655-A (art. 854 do CPCn) e 655-B (art. 843 do CPCn), conforme Lei n. 11.382/2006, cujos comentários serão feitos oportunamente no capítulo respectivo.

Em contrapartida, se o devedor agir de má-fé e indicar bens insuficientes à garantia do juízo, quando possuir bens suficientes para tanto, incidirá na multa de 10 a 20% do valor atualizado da execução, em favor do credor, sem prejuízo de outras sanções de natureza processual (impedir de falar nos autos) ou material. Isso significa que, além de sanções processuais, a parte recalcitrante poderá ser penalizada com outra multa, que poderá superar o parâmetro de 20% (§ 4º, art. 884).

6. DOS LIMITES DA FUNÇÃO EXECUTÓRIA

A função executória do Estado está limitada às providências necessárias para vencer a resistência do devedor renitente que não cumpre a obrigação declarada por sentença. Se for preciso, o Estado poderá se utilizar de força, com penhora e praceamento dos bens penhorados. Poderá, em ocorrendo a hipótese, determinar a prisão do depositário que se **apresentar infiel**. A prestação jurisdicional, nessa fase, embora deva proporcionar ampla defesa ao devedor, deve ser entregue com rapidez. Devem, pois, ser usados todos os meios suasórios para que a entrega do bem de vida se faça sem delongas e se garanta o prestígio do Poder Judiciário.

Lembra Araken de Assis: "Do exercício da atividade jurisdicional os cidadãos esperam a formulação de uma regra concreta, que resolva a lide; a atuação prática deste comando, se necessário; e, em casos excepcionais, a rápida asseguração desses objetivos ou de algum direito subjetivo ameaçado. Correspondem tais expectativas, curialmente, às funções de cognição, de execução e cautelar da jurisdição." (*Manual do Processo de Execução.* 13. ed. RT, São Paulo, 2010, p. 75-76.)

7. DO DEPOSITÁRIO INFIEL E A POSIÇÃO DO STF

O Supremo Tribunal Federal acolheu pedido de inconstitucionalidade sobre a prisão do depositário infiel, como se vê pelas ementas abaixo:

> **Prisão Civil e Depositário Infiel**
>
> Em conclusão de julgamento, o Tribunal concedeu *habeas corpus* em que se questionava a legitimidade da ordem de prisão, por 60 dias, decretada em desfavor do paciente que, intimado a entregar o bem do qual depositário, não adimplira a obrigação contratual — v. Informativos ns. 471, 477 e 498. Entendeu-se que a circunstância de o Brasil haver subscrito o Pacto de São José da Costa Rica, que restringe a prisão civil por dívida ao descumprimento inescusável de prestação alimentícia (art. 7º, 7), conduz à inexistência de balizas visando à eficácia do que previsto no art. 5º, LXVII, da CF ("não haverá prisão civil por dívida, salvo a do responsável pelo inadimplemento voluntário e inescusável de obrigação alimentícia e a do depositário infiel"). Concluiu-se, assim, que, com a introdução do aludido Pacto no ordenamento jurídico nacional, restaram derrogadas as normas estritamente legais definidoras da custódia do depositário infiel. Prevaleceu, no julgamento, por fim, a tese do *status* de supralegalidade da referida Convenção, inicialmente defendida pelo Min. Gilmar Mendes no julgamento do RE 466343/SP, abaixo relatado. Vencidos, no ponto, os Ministros Celso de Mello, Cezar Peluso, Ellen Gracie e Eros Grau, que a ela davam a qualificação constitucional, perfilhando o entendimento expendido pelo primeiro no voto que proferira nesse recurso. O Min. Marco Aurélio, relativamente a essa questão, se absteve de pronunciamento. HC 87585/TO, rel. Min. Marco Aurélio, 3.12.2008. (HC-87585)
>
> **Prisão de Depositário Judicial Infiel e Revogação da Súmula n. 619 do STF**
>
> Na linha do entendimento acima sufragado, o Tribunal, por maioria, concedeu *habeas corpus*, impetrado em favor de depositário judicial, e averbou expressamente a revogação da Súmula n. 619 do STF ("A prisão do depositário judicial pode ser decretada no próprio processo em que se constituiu o encargo, independentemente da propositura de ação de depósito"). Vencido o Min. Menezes Direito que denegava a ordem por considerar que o depositário judicial teria outra natureza jurídica, apartada da prisão civil própria do regime dos contratos de depósitos, e que sua prisão não seria decretada com fundamento no descumprimento de uma obrigação civil, mas no desrespeito ao múnus público. HC 92566/SP, rel. Min. Marco Aurélio, 3.12.2008. (HC-92566)

O Supremo Tribunal Federal modificou o entendimento com relação à prisão do depositário infiel, rompendo com a tradição de várias décadas. A modificação do ponto de vista prático trará sérios inconvenientes, uma vez que o depositário, ainda que tenha agido dolosamente, com infidelidade, não poderá ter a sua prisão decretada, como vemos pela decisão abaixo da Excelsa Corte, por maioria, de revogar a Súmula n. 619:

A nova tomada de posição da Excelsa Corte, não obstante possa ser tida como correta, cria uma situação de impasse nas lides judiciais, principalmente na fase executória. O fiel depositário nada mais é do que a *longa manus* do juiz da ação. Vale dizer, não tendo o juiz a possibilidade de guardar o bem penhorado nomeia uma pessoa que pode ser o próprio proprietário do bem ou mesmo um terceiro que cuidará do bem como se seu fosse e o devolverá ao juiz tão logo seja determinado e isso sói acontecer por ocasião da hasta pública, quando o bem é arrematado ou adjudicado. Pelo direcionamento atual, se o fiel depositário negar-se a entregar ou mesmo desaparecer com o bem, não poderá ser decretada a sua prisão no mesmo processo, como previa a Súmula n. 619 do STF, agora revogada. Rompe-se com o princípio da autoridade. Cria-se mais uma oportunidade para o devedor dificultar e procrastinar um comando sentencial condenatório.

A falha teve início com a subscrição do Pacto de São José da Costa Rica sem resguardar toda e qualquer matéria que fosse contrária à orientação prevista na Constituição Federal. Todavia, nada impede e tudo aconselha que referido "Pacto" seja denunciado e revisto para que a subscrição garanta a vigência das normas constitucionais para a espécie.

Enquanto isso não acontece, não pode o juiz ficar sem meios que garantam o princípio da autoridade. O sistema jurídico tem de encontrar mecanismos idôneos para que haja efetividade do direito e do seu exercício. Tem-se, assim, no caso concreto, se a parte se nega a restituir o bem, deve o juiz determinar imediatamente a busca e apreensão do bem, com a prisão de quem resistir. Esta ordem de prisão nada tem a ver com a infidelidade do depositário, mas com a resistência em entregar o bem (art. 329 do CP). Se o bem desapareceu em poder do depositário (proprietário do bem ou terceiro), deve o juiz determinar o arresto e remoção de tantos bens quantos bastem para cobrir o valor do bem desaparecido, os quais serão posteriormente levados à hasta pública. Todas essas providências serão tomadas sem prejuízo de o procedimento do depositário infiel ser enquadrado no crime de desobediência, a critério do Ministério Público (art. 330 do CP).

8. DA EXECUÇÃO E DO PRECEITO SANCIONADOR

O preceito sancionador proveniente do comando abstrato de uma sentença condenatória se efetiva por atos de coação que se materializam por meio do poder jurisdicional. Vale dizer, quando o devedor não cumpre espontaneamente a sua obrigação, o Estado, por intermédio do juiz, pode obrigá-lo mediante o emprego de meios coativos. Para isso, usa da execução aparelhada para promover a execução forçada, quebrando a resistência do devedor renitente e cumprindo o Estado o papel de compor lides. Preleciona Frederico Marques que "a realização prática da regra sancionadora imposta na sentença condenatória se efetiva através dos atos de coação estatal do processo executório. Se o condenado não cumpre voluntariamente o mandamento condenatório, o Estado, através do juiz, pode obrigá-lo a isso, em procedimento adequado e a pedido do credor, mediante o emprego de meios coativos. A execução forçada é meio e modo pelo qual se efetiva e se realiza a sanção". (*Instituições de Direito Processual Civil*. Ed. Forense, Rio, 1971, v. 5, p. 23).

8.1. Do procedimento concursal de preferência

Em concorrendo vários credores, a liberação do dinheiro arrecadado em hasta pública se dará depois de estabelecida a ordem das respectivas prelações pelo juiz nos termos do art. 711 do CPC recepcionado pelo art. 908 do CPCn. Cuida-se aqui de procedimento incidental, que poderá ser levado a efeito na fase final do processo executório por quantia certa, quando os bens penhorados forem transformados em dinheiro por ocasião da hasta pública. Vale dizer, esse concurso preferencial somente deverá (poderá) ser instaurado depois de terminadas as discussões em cada processo na fase executória por quantia certa, definido o valor a ser executado. A reunião, antes de ser definido o *quantum debeatur* em cada processo, não seria operosa e dificultaria o andamento procedimental com as inúmeras discussões e os inúmeros recursos.

Preleciona Buzaid que, em concorrendo a cumulação de processos com a reunião das execuções em que as respectivas penhoras recaiam sobre bens idênticos, constituído fica o litisconsórcio entre os credores do devedor comum, que é um litisconsórcio ativo *sui generis*. O nexo entre as pretensões dos diversos credores, a formar assim o litisconsórcio, é "a afinidade de questões por um ponto comum de fato" *[ver art. 46, IV, do CPC atual recepcionado pelo art. 113, III, do CPCn)]*, qual seja, a identidade da penhora levada a efeito por credor, respectivamente". Lembra Liebman que não se cuida de um processo novo, mas de ampliação subjetiva na execução decorrente da pluralidade de credores em procedimento cumulativo. Adverte Lopes da Costa que, em sendo parte no processo, os credores que promoveram a penhora que os reuniu num só processo de execução forçada e também o executado, deve este também ser intimado para falar sobre a pretensão dos diversos credores. O Código de Processo Civil não indica qual seria o procedimento a ser seguido em tais casos, pelo que se deve adotar a regra da prevenção para a reunião das execuções (art. 106 do CPC recepcionado pelo art. 58 do CPCn). Lembra Frederico Marques que, requerido o concurso preferencial por um dos credores, devem ser intimados os demais credores e o devedor comum, dando-se oportunidade para que cada um fale sobre o pedido e requeira o que for do seu interesse. No processo civil, a intimação será feita na pessoa do advogado da parte, observado, quanto ao prazo, o que dispõe o art. 185 do CPC recepcionado pelo art. 218, § 3º, do CPCn (*Manual de Direito Processual Civil*. Ed. Saraiva, São Paulo, 1975, v. 4, p. 210).

No processo do trabalho, embora o procedimento seja muito pouco utilizado, nada impede e tudo aconselha o seu uso. Trata-se de modo prático de reunião de execuções autônomas numa execução coletiva de devedor solvente, onde nenhum credor abdica do seu direito, pois a liberação do numerário deverá obedecer à ordem de prelação. A reunião deve ser procedida aguardando-se determinado prazo para que o valor do principal seja fixado de forma definitiva. Vale dizer, as discussões possíveis devem ser restritas aos embargos de segunda fase, ou seja, depois da hasta pública, os quais serão resolvidos pelo juízo onde se instaurou o concurso preferencial de credores. Em ocorrendo a hipótese da instauração do concurso preferencial de credores, os advogados (em havendo) deverão ser intimados, e, na falta, será intimado o próprio credor (art. 791 da CLT). O prazo será aquele indicado pelo juiz e, na falta, aquele indicado no art. 185 do CPC recepcionado pelo art 218 do CPCn.

A reunião não é obrigatória. Na prática, pouquíssimos juízes tomam a iniciativa. O mais comum é que registrem as várias penhoras na ordem da prelação (art. 612 do CPC recepcionado pelo art. 797 do CPCn) na Vara onde ocorreu a primeira penhora. Suponha-se que o mesmo bem foi penhorado cinco vezes (1ª, 2ª, 3ª, 4ª, 5ª) e que a Vara que fez a 5ª penhora na ordem de preferência realizou a hasta pública. Nesse caso, a preferência será de quem realizou a execução. A partir daí, as preferências se modificam e a 1ª passa a ser a 2ª, e assim por diante. Se houver sobra de numerário proveniente da hasta pública, será enviada para a Vara que detém agora a preferência; se sobrar numerário, para a seguinte na preferência.

A penhora feita isoladamente no mesmo bem, sem que a vara que primeiro penhorou tenha conhecimento, poderá ter como consequência a devolução ao devedor de possível sobra de numerário. E isso é mais ou menos comum acontecer, quando é praceado novamente bem que já está em mãos de arrematante em execução de outro processo. A penhora do mesmo bem deve ser levada a efeito no processo em que foi efetuada a primeira penhora, obedecendo-se à ordem de prelação (1ª, 2ª, 3ª etc.). Dessa maneira, a sobra de numerário não será devolvida ao devedor.

9. DO JULGAMENTO DO CONCURSO DE CREDORES

Instaurado o concurso preferencial de credores, concedido prazo razoável para que todos os interessados dele se socorram, o juiz prevento proferirá decisão antecipada na qual fixará a ordem de preferência para o levantamento do dinheiro que vier a ser depositado. A decisão será proferida depois de ouvidas as partes interessadas em prazo razoável. Todavia, a disputa entre os credores fará suporte sobre a preferência dada à anterioridade da penhora (art. 712 do CPC recepcionado pelo art. 909 do CPCn). Da decisão, caso algum credor não concorde com a sua classificação, poderá recorrer. Cuida-se de incidente em sede executiva, daí o termo correto ser decisão, e não sentença, pois não é julgamento que põe fim ao processo. Segundo o art. 711 recepcionado pelo art. 908 do CPCn, receberá em primeiro lugar aquele que "promoveu a execução", vale dizer, aquele que levou o bem à hasta pública, ato posterior à penhora. No concurso de preferência, não existe a discussão, uma vez que o concurso deverá realizar-se na vara que efetuou a primeira penhora (art. 106 do CPC recepcionado pelo art. 58 do CPCn). Todavia, em não havendo o concurso de preferência, aquela vara que promover a execução, ato posterior ao da simples penhora, ou seja, aquela vara que levar o bem à hasta pública, terá a preferência na liberação do dinheiro depositado pelo devedor ou que for produto de arrematação. O primeiro na preferência passará para o segundo lugar, e, assim, respectivamente, quanto às demais preferências.

No concurso preferencial de credores, poderá concorrer o titular de execução provisória. Todavia, nenhum valor poderá ser liberado sem que a parte apresente caução idônea (art. 475-O, III, do CPC recepcionado pelo art. 520 do CPCn). Se a sentença exequenda vier a ser cassada ou apenas modificada, reduzido o direito, proceder-se-á a novo concurso de preferência, pois o valor eliminado ou reduzido da execução provisória será repassado aos demais credores na ordem preferencial.

Poderá ocorrer que a penhora foi efetuada em único bem localizado em outra base territorial, procedendo-se à execução mediante carta precatória executória. O juízo deprecado, nesse caso, se transforma na *longa manus* do juízo deprecante (art. 747 do CPC recepcionado pelo art. 914, § 2º, do CPCn) e será o competente para decidir dos embargos que se refiram ao bem, se este foi por ele penhorado sem indicação do deprecante. Todavia, se a indicação foi do juízo deprecante, deste será a competência para decidir impugnação que diga respeito ao bem. Quanto aos demais atos, são de competência do juízo deprecante. Disso resulta que o concurso preferencial de credores se fará no juízo deprecante, cabendo a este resolver incidentes da execução e distribuir o dinheiro arrecadado de conformidade com a preferência fixada anteriormente. A Lei n. 11.232/2005, por evidente lapso do legislador, manteve os embargos do art. 747, que são procedidos no juízo deprecado e que dizem respeito somente ao bem penhorado por aquele juízo, sem qualquer ingerência do juízo deprecante. Melhor seria que o *nomen juris* fosse substituído por "incidente de impugnação". Não havia motivo para que desse à execução mediante precatória o mesmo tratamento excepcionado para a Fazenda Pública (arts. 730 e 741 do CPC recepcionados pelos arts. 910 e 535 do CPCn) e à execução de pensão alimentícia (art. 732 do CPC recepcionado pelo art. 528, § 8º, do CPCn), excepcionado o caso de carta rogatória. Uma nova redação poderia excepcionar a hipótese da rogatória, cujos casos são infinitamente menores. Com o lapso, a decisão na execução de quantia certa implementada por carta desafiará o recurso de apelação.

10. DA SEÇÃO DE CRÉDITO

A execução poderá também ser promovida ou prosseguida pelos sucessores *causa mortis* ou por ato *inter vivos* (art. 567 do CPC recepcionado pelo art. 778, § 1º, II, do CPCn). Em primeiro lugar, o espólio é o legitimado ativo para a execução, o qual deverá ser representado legalmente pelo inventariante, excepcionado o caso do inventariante dativo (art. 12, V e § 1º, do CPC recepcionado pelo art. 75, VII e § 1º, do CPCn), caso em que todos os herdeiros e sucessores do falecido figurarão como autores ou réus em todas as ações em que o espólio for parte. Enquanto não for feita a partilha, a representação será do espólio. Todavia, se o espólio for representado por inventariante dativo, a legitimação ativa será de todos os herdeiros, que formarão um litisconsórcio ativo necessário.

O cessionário também poderá promover a execução, quando o direito resultante do título executivo lhe for transferido por ato *inter vivos*. Em ocorrendo a hipótese, o cessionário será também parte legítima para promover a execução. Trata-se apenas de ônus, não de obrigação de tomar o lugar do cedente. A ida ao processo traduz mera faculdade. Disso resulta que, se o cessionário não requerer o seu ingresso na execução, esta deverá continuar com o cedente. Dispõe o art. 42 do CPC recepcionado pelo art. 109 do CPCn que a alienação da coisa ou do direito litigioso, a título particular, por ato entre vivos, não altera a legitimidade das partes; que o cessionário só poderá intervir no processo para substituir o cedente caso a tanto consinta a parte contrária (§ 1º); que o cessionário poderá intervir na qualidade de assistente do cedente (§ 2º). Esse não é o entendimento vigente. O juiz ouvirá os argumentos da parte contrária (executado) contra o ingresso do cessionário na ação e decidirá dentro do critério da razoabilidade, mesmo porque o processo não é lugar para atitudes egoísticas ou espírito de emulação, arbítrio ou capricho.

> "A proibição de alterar-se subjetivamente o processo é resquício de épocas superadas. A exigência de consentimento a que se refere o § 1º do art. 42 do CPC (art.109 CPCn) não significa reconhecimento de direito de negá-lo por mero arbítrio ou capricho. Cumpre ao juiz apreciar as razões da negativa, acolhendo-as ou não." (TJRJ, 1ª Câm., Agr. 26.800, rel. Des. Costa e Silva, v. u., 25.4.1975) (*apud* Alexandre de Paula, Código de Processo Anotado, 7. ed. RT, v.1., p. 173).

O art. 567 do CPC recepcionado pela art. 778, § 1º, II, do CPCn, também menciona o sub-rogado como legitimado ativamente para a posição de exequente. Tanto o cessionário como o sub-rogado não estão obrigados a tomar a posição do exequente. Em ocorrendo a hipótese, persistirá a legitimação ativa do credor originário em cujos direitos se sub-rogou o terceiro, já agora como substituto processual, o mesmo se podendo dizer no caso em que o credor permanece em lugar do cessionário.

Sobre o tema, constata Frederico Marques que o Código não mencionou a legitimação ativa da massa falida e da herança jacente, para figurarem na execução. Mas uma e outra se enquadram no n. I do art. 566 recepcionado pelo art. 778 do CPCn pelo que seria redundante qualquer menção expressa a esse respeito. Com o "espólio", o mesmo não ocorre, por circunstâncias especiais e peculiares, que criam, quando nada, dúvida e equivocidade, a exigir esclarecimentos mais explícitos da lei. Lembra que se subsume no mencionado art. 566, n. I (art. 778 do CPCn) o crédito do advogado que queira exigir diretamente do devedor os honorários a que este foi condenado. Arremata: as pessoas mencionadas no art. 567 (art. 778, § 1º, do CPCn) podem não só dar início à execução, como ainda passar a ocupar o lugar do exequente originário, no curso da execução, com o que se operará alteração subjetiva na relação processual. Se ocorrida no momento da propositura da ação executiva, a mudança se dá em relação ao título executivo, daí por que será necessário que o exequente junte prova de sua legitimação ativa, como sucessor *mortis causa*, cessionário ou sub-rogado (*Manual*, cit. v. 4, p. 81).

11. DA EXECUÇÃO DE TÍTULO EXTRAJUDICIAL

De conformidade com o art. 876 da CLT, as decisões transitadas em julgado (execução definitiva) ou das quais não haja recurso, com efeito suspensivo (execução provisória), os acordos inadimplidos, os termos de ajuste de conduta firmados perante o Ministério Público do Trabalho e os termos de conciliação prévia serão executados pela forma estabelecida na CLT. Comanda o art. 877-A que o juiz que seria competente para a ação também será o competente para a execução do título executivo extrajudicial. Essas modificações foram postas pela Lei n. 9.958/2000. Antes do seu advento, o processo do trabalho não previa a execução de título extrajudicial. Persistem, todavia, sem executoriedade os acordos firmados entre as partes que não tenham sido homologados em juízo.

12. DA TEORIA DO DIREITO ABSTRATO

- O sucumbimento do autor não implica necessariamente o abuso no exercício de seu direito de demandar, do que cumpre haver prova inequívoca para fazê-lo responder por perdas e danos (TJGB, *Adcoas* 1971/1.404).

✍ *Comentários:* O ajuizamento da ação não significa certeza do sucesso. Daí por que o nosso processo adotou a teoria do direito abstrato que se opõe à teoria do direito concreto. A impossibilidade de provar o alegado não significa que o autor da ação tenha usado de má-fé. A declaração de um direito ou a sua negativa tem cunho meramente formal, razão pela qual existem casos em que a parte não consegue provar o seu direito, ou é considerada revel por ter perdido a hora. Partir da premissa, *v. g.*, de que, alegada uma justa causa e não provada, o empregador teria agido de má-fé seria abrir porta larga para o dano moral, transformando o instituto em panaceia.

13. DO PROCEDIMENTO DELIBATÓRIO

- A competência originária do Supremo Tribunal é apenas para homologar a sentença estrangeira. Extraída a respectiva carta, sua execução se fará no juízo comum, que for competente (STF, *RTJ* 44/771).

✍ *Comentários:* O procedimento delibatório da Excelsa Corte tem por suporte apenas os elementos formais que envolvem a decisão. Será executada no Brasil a sentença proferida no estrangeiro que reúna os seguintes requisitos: a) haver sido proferida por juiz competente; b) terem sido as partes citadas ou haver-se legalmente verificado a revelia; c) ter passado em julgado e estar revestida das formalidades necessárias para a execução no lugar em que foi proferida; d) estar traduzida por intérprete autorizado; e) ter sido homologada pelo Supremo Tribunal Federal (art. 15 da LICC). O parágrafo único do art. 15 diz: "Não dependem de homologação as sentenças meramente declaratórias do estado das pessoas." De conformidade com a Emenda Constitucional n. 45/2004, que deu nova redação ao art. 105, I, *i*, a competência delibatória passou para o Superior Tribunal de Justiça.

14. DA DUPLICIDADE DE COISAS JULGADAS

- Havendo duas sentenças, ambas passadas em julgado, que se contradigam, prevalece a proferida a final, não podendo o juiz negar-lhe cumprimento, até que se rescinda (TJGB, 5ª Câm., Ap. 85.732, rel. Des. Ebert Chamoun, ac. unân., 7.5.1974).

✍ *Comentários:* O entendimento retro não é o melhor nem tem o respaldo da doutrina e da jurisprudência. Enquanto não for desconstituída a segunda sentença com trânsito em julgado, pela via rescisória, ambas poderão ser executadas. Decorrido o prazo decadencial, ambas serão executadas (*dormientibus non succurrit jus*). Se fosse possível escolher, seria mais lógico que prevalecesse a primeira sentença transitada em julgado, pois a segunda, com certeza, foi objeto de má-fé (art. 471 do CPC e art. 505 do CPCn), já que a ninguém é dado desconhecer a lei (art. 3º da LICC). Ainda que se contradigam, haveria de prevalecer a primeira, quer tenha sido favorável ou desfavorável. Todavia, dentro do prazo decadencial, o autor da rescisória poderá escolher qual a decisão que pretende desconstituir, se ambas forem condenatórias.

15. DA PRESCRIÇÃO DA EXECUÇÃO

- O interesse de provocar a execução não é apenas do vencedor, mas também do vencido, para evitar o acréscimo dos acessórios, e até do juízo, para que sua sentença não resulte inócua. Não é por outra razão que a CLT concede a iniciativa da execução não somente às partes, como também o juiz e até mesmo ao Ministério Público (art. 878 e seu parágrafo único, da CLT). Não se pode falar, pois, de prescrição do direito de executar a sentença trabalhista porque decorridos dois anos de seu trânsito em julgado. (TST, TP, ROAR 622/84, Ac. 1.196/88, rel. desig. Min. José Ajuricaba da Costa e Silva, 1º.7.1988, *LTr* 53-5/620.)

✍ *Comentários:* Temos de enfocar dois momentos: antes e depois da citação. Antes da citação, poderá ocorrer a prescrição. Daí a razão pela qual pode o juiz do trabalho proceder à liquidação e à citação de ofício, até mesmo por edital, caso o devedor não seja encontrado. Citado o executado, pessoalmente, por hora certa ou por edital, ainda que não sejam encontrados bens, não mais ocorrerá a prescrição, podendo o processo aguardar no arquivo (art. 40 da Lei n. 6.830/80).

16. DA RESPONSABILIDADE DE CÔNJUGES SEPARADOS

- A propositura da ação de separação judicial não implica a suspensão dos processos de execução trabalhista ajuizados contra a firma do casal. (TRT-11ª R., Ap. 38/84, Ac. 433/84, rel. Juiz Antonio Carlos Marinho Bezerra, 27.11.1984, *LTr* 49-5/607.)

✍ *Comentários:* Tenha-se como hipótese a empregada doméstica. O patrimônio do casal garante a execução. A separação do casal ou o acordo entre ambos de que um dos cônjuges ficará responsável pelo pagamento tem valor de *res inter alios* em relação à empregada. Se aquele que ficou responsável pelo pagamento desapareceu com os bens, o outro cônjuge responderá com o seu patrimônio. De resto, o exequente poderá penhorar bens partilhados de qualquer dos cônjuges, pois não está vinculado ao acordo que só vale entre as partes.

17. DA RESPONSABILIDADE SUBSIÁRIA

- Quem assume a responsabilidade pessoal de cumprir o acordo pode ser executado pelo inadimplemento (TRT-SP 028800879 31, 1ª T., Ac. 21.331/88, rel. Juiz José Serson, *DL* 16.8.1988).

✍ *Comentários:* Isso pode acontecer quando o advogado tem poderes expressos para fazer acordo em nome da empresa e esta tem passado conhecido por não honrar seus compromissos, exigindo a parte que o advogado pessoalmente se comprometa ao pagamento em caso de inadimplência. Nesse caso, o advogado é responsável subsidiário pelo pagamento, espécie de fiador. Deve, nessa hipótese, constar do termo conciliatório que o advogado desiste do benefício de ordem e se torna solidariamente responsável.

18. DA NATUREZA JURÍDICA DE DECISÃO DE LIQUIDAÇÃO

- Execução. Fixados os limites da execução, ao ser proferida sentença de liquidação, não se pode mais alterar o *quantum* da execução sem ofensa à coisa julgada. Ação rescisória julgada procedente. (TST-2ª R., TP, ROAR 508/81, Ac. 3.226/83, rel. Guimarães Falcão, *DJU* 16.12.1983, *RDT* 49/72.)

✍ *Comentários:* O acórdão aplica as regras civilistas à decisão liquidatória, concedendo-lhe o *status* de sentença. Todavia, a liquidação de sentença, em sede trabalhista, não é ação, mas simples incidente, que se resolve por decisão interlocutória mista e não por sentença (art. 162 do CPC e art. 203 do CPCn). Por isso, na execução trabalhista as decisões não fazem coisa julgada e em todas elas o juiz tem o juízo da retratação até mesmo no agravo de petição. Somente haverá coisa julgada se a decisão interlocutória mista for rediscutida em via regional por meio do agravo de petição. Aí, sim, o acórdão que vier a ser proferido transita em julgado. Registre-se, também, que a liquidação de sentença para pagamento de quantia certa sofreu modificações pela Lei n. 11.232/2005. A liquidação no processo civil passou a ser simples fase de prosseguimento da ação prolatada na fase cognitiva. Vale dizer, a liquidação de sentença deixou de ser uma ação para ser simples incidente onde o *quantum debeatur* é apurado. A decisão não tem mais a dignidade de sentença (art. 162 do CPC), mas de simples decisão interlocutória atacável por agravo de instrumento (art. 522 do CPC e art. 1.015 do CPCn). Da decisão de liquidação, caberá agravo de instrumento (art. 475-H do CPC e art. 1.015 do CPCn). Em lugar de embargos, criou-se o incidente de impugnação (art. 475-J, § 1º, do CPC), de cuja decisão caberá agravo de instrumento (art. 475-M, § 3º), salvo quando resultar na extinção do processo, caso em que caberá apelação.

19. DOS PRINCÍPIOS INFORMADORES DA FASE EXECUTÓRIA

Existem algumas regras que se traduzem em princípios informadores do processo do trabalho, dadas as diferenças e as peculiaridades, quando comparado com o processo civil. Muito embora haja coincidência de procedimentos entre o processo do trabalho e o processo civil, eleito este como alento subsidiário (art. 769 da CLT), não se pode relegar ao oblívio que, muitas vezes, as regras comuns buscadas em sede de subsídio devem ser adaptadas à realidade trabalhista, pena de não servirem ao fim perseguido. Em todo o sistema legislativo, não sendo exceção o sistema processual, encontraremos linhas gerais coincidentes que aproximam os institutos. Não existe a possibilidade de afastamento total de qualquer instituto, por mais distante que esteja em suas regras conceituais, pois em algum momento haverá regras e características coincidentes recepcionadas numa demonstração de aproximação e de conivência. De modo geral, os princípios informadores em sede executória trabalhista são os mesmos do processo civil, fonte subsidiária por excelência, respeitadas as peculiaridades do processo do trabalho.

A doutrina brasileira indica distinção entre princípios informadores e princípios fundamentais. Enquanto os princípios informadores dizem respeito à ordem técnica e universal, sem possibilidade de variações por injunções socioeconômicas, os princípios fundamentais são informados por carga ideológica que impõe determinado balanceamento em cada ordenamento concreto (Arruda Alvim, *Curso de Direito Processual*. 12. ed. RT, 2014, São Paulo, vol. 3, p. 181).

Aconselha Robert Wynnes Millar (*Los principios formativos del procedimiento civil*, *apud* Araken de Assis, *Manual da Execução*. 13. ed. RT, São Paulo, 2010, p. 112) que o uso apurado da terminologia evitará incertezas. Previne Hans Walter Fasching que os princípios fundamentais não constituem dogmas nem axiomas, mas traduzem o resultado de experiência acumulada ao longo de anos com diferentes modelos processuais, com a sua aplicação e com a sua finalidade. Para Liebman (*Diritto costituzionale e processuale civile*, *apud* Aaken de Assis, ob.cit. p. 112) a matriz comum dos princípios fundamentais se encontra na Constituição.

20. DO ERRO MATERIAL

Na execução, onde se dá a materialização do comando emergente da sentença exequenda, não há lugar para inovação. O erro material é uma inovação que pode e deve ser expungida a qualquer tempo, por qualquer grau de jurisdição, porque atenta contra o princípio da imutabilidade da coisa julgada. O erro material não transita em julgado em tempo algum. A lei não limita o tempo para o exercício da faculdade conferida ao juiz para corrigir inexatidões materiais, ou retificar erros de cálculos. Assim, mesmo depois da interposição de recurso, enquanto este não sobe, ou mesmo depois do trânsito em julgado da sentença ou do acórdão, o juiz poderá efetuar a correção. A competência é do juiz que estiver em exercício na Vara e, na jurisdição *ad quem*, do próprio órgão que prolatou o ato judicial. Todavia, se o erro material foi objeto de apreciação em via recursal e foi tido como inexistente, incidindo a jurisdição *ad quem* também em erro — *v. g.*, a correção era sobre sessenta meses e não sobre seiscentos —, o erro material se transforma em erro de fato. Nesse caso, a parte prejudicada poderá se valer da ação rescisória com suporte em erro de fato. Ver, sobre o tema, julgado do STF, 2ª Turma, RE 79.524/SP, ac. unân., *DJ* 25.4.1975, *RF* 256/209.

21. DA LIQUIDAÇÃO E DA INEXISTÊNCIA DA OBRIGAÇÃO

É na fase de conhecimento, denominada ação de conhecimento no processo comum, que o poder jurisdicional reconhece ou nega a existência de um direito. Mesmo porque é durante o processo de conhecimento que o autor poderá e deverá produzir todas as provas que entender necessárias para demonstrar a existência de um direito seu e o réu demonstrar durante a instrução probatória a inexistência de qualquer direito, possibilitado a ambos levar a discussão às jurisdições superiores por meio dos recursos respectivos. Por isso, a afirmação de que todo direito é declarado ou negado durante o processo de conhecimento. É nessa oportunidade que, em caso de sentença condenatória, é declarado o *an debeatur* e, tanto quanto possível, também o *quantum*.

No processo executório, não se concede nenhum direito, mas apenas e tão somente se apuram os valores em pecúnia de uma sentença ilíquida. Não pode, por exemplo, o juiz instrutor, por ocasião do julgamento, dizer que, pelo conjunto probatório, não se pode aferir se o autor laborou em horas extras e remeter a apuração para o processo de execução. O que pode, em certos casos, é analisar as provas por amostragem, quando o volume de documentos é excessivo, e comprovar rigorosamente que, num determinado mês, foram laboradas horas extras que não foram pagas. Poderá condenar em horas extras (*an debeatur*) e remeter o levantamento de todos os documentos para a liquidação de sentença, mas com a certeza de que, pelo menos, aquelas horas extras são devidas. Melhor, todavia, é que se determine um levantamento por perito, para que a sentença, nessa parte, seja prolatada líquida. Essa mesma providência deve ser levada a efeito no caso de condenação em danos morais ou perdas e danos por litigância de má-fé. Vale dizer, a sentença condenatória ou o acórdão regional ou do tribunal superior deve apontar, expressamente, o valor em pecúnia.

Lembra Calmon Passos, em questão celebrizada por Calamandrei, que "se a existência e o valor do dano não houverem sido demonstrados no processo de conhe-cimento, a tentativa de sua apuração na fase de liquidação da sentença poderá revelar que não há dano a ressarcir, o *quantum* é igual a zero". Repete Artur Ribeiro que "entre deixar a sentença sem execução e condenar sem provas, é preferível a primeira solução"(*apud* Araken de Assis, ob. cit., p. 329). Não admitimos uma coisa nem outra. O juiz não poderá condenar sem provas, pois isso seria a ditadura jurisdicional, a pior que se pode conceder. Também não pode remeter para a fase de acertamentos a declaração do direito, posto que aí não se declara nenhum direito, apenas se apuram os valores devidos (*quantum*).

22. DO VALOR A SER PENHORADO

Fica ao criterioso arbítrio do juízo o valor a ser penhorado, levando-se em conta que o bem levado à hasta pública não alcança o seu valor real, mas é sempre arrematado por valor inferior.

Em obediência ao princípio de celeridade e de economia processual e ao princípio de que a execução deverá ser promovida de forma menos onerosa ao devedor (art. 620 do CPC recepcionado pelo art. 805 do CPCn) e não seja prejudicial ao credor, zelará o juízo para que se proceda de uma única vez, evitando as execuções sucessivas que exigiriam vários editais de praça e leilão.

Embora determine a lei (art. 883 da CLT) que, se o executado não pagar, nem garantir a execução, seguir-se-á a penhora dos bens, tantos quantos bastem ao pagamento da importância da condenação, acrescida de custas, juros, correção monetária e demais despesas, a prática ensina que o volume de bens a ser penhorado está em consonância com a sua aceitabilidade no mercado. Não se pode levar em conta o valor estimativo de ordem sentimental. Deve--se ter em mente que o bem levado à praça ou ao leilão nunca alcançará o preço de mercado, daí a necessidade de se penhorar volume maior para que o valor arrecadado seja suficiente à liquidação do débito. Do que se conclui que os bens penhorados não podem coincidir simplesmente com o valor da dívida, pois, levando em conta o valor conseguido em hasta pública, haveria a necessidade de penhoras e praça e leilões sucessivos, encarecendo a execução, com vários editais, e propiciando investidas protelatórias (embargos e recursos).

23. DA NEGATIVA DE CUMPRIMENTO DE CARTA PRECATÓRIA

O juízo deprecado age dentro da sua base jurisdicional a pedido do juízo deprecante como espécie de *longa manus*. O Código Buzaid, rompendo com a tradição do nosso direito (art. 889, § 2º, do CPC de 1939), transferiu para o juízo deprecado a apreciação dos seus próprios atos (art. 747 do CPC). O art. 209 do CPC, à evidência, não esgota a matéria e não nos parece deva ser considerado taxativo ou exaustivo. Alerta a jurisprudência que, "na apreciação do preenchimento dos requisitos legais, não deve ser o juiz demasiadamente rigoroso, nem deve ser apressado na recusa do cumprimento de precatória, por falta de qualquer requisito. Todo o empenho no processo é atingir a finalidade do ato" (TJSP, *RT* 265/207).

Todavia, o juízo deprecado não está obrigado, evidentemente, a cumprir determinação visivelmente ilegal do juízo deprecante, *v. g.*, penhora de bens cuja impenhorabilidade está prevista em lei; nomeação de fiel depositário pelo juízo deprecante dentro da jurisdição do deprecado; nomeação do perito etc.

Alerta Alexandre de Paula que "o juiz não pode cumprir cartas nas quais lhe deprequem atos manifestamente ilegais, como, a penhora de bens impenhoráveis". Aduz que "o Código de Processo Civil português contém disposição expressa a respeito: o cumprimento de carta pode ser recusado 'se a requisição for para ato que a lei proíbe absolutamente' (art. 184, n. I, "b", recepcionado pelos arts. 219 e 224 do CPCn). Igualmente deverá recusar a execução de atos a respeito dos quais a ele, deprecado, é que caberia decidir, como, *v. g.*, a nomeação de determinada pessoa para depositária de bens penhorados, ou para avaliação de qualquer bem. Assim, também, se dois juízes se julgam competentes para processar um feito, enquanto não solucionado o conflito, pode e deve qualquer deles recusar cumprimento a precatórias provindas do outro e relativas ao mesmo processo".

Lembra Alexandre de Paula que "o magistrado deprecante não tem mais autoridade que o deprecado. Se o que vai cumprir a deprecação não poderia, *ex autoritate legis*, realizar o ato, não poderá fazê-lo a pedido nem à ordem de ninguém. Se a lei enumera bens que considera absolutamente impenhoráveis (Código anterior, art. 942, e Código atual, art. 649, recepcionado pelo art. 833, CPCn), nem o juiz deprecante pode mandar penhorá-los, nem pode fazê-lo o deprecado. Não se concebe um magistrado praticando atos ilegais. E ilegal é a prática de ato expressamente proibido por lei".

Na hipótese de dois juízes se julgarem mutuamente incompetentes para cumprir determinada precatória, estando a matéria *sub judice*, deverá a parte interessada peticionar ao relator do processo e este poderá determinar que um dos juízes em conflito despache, a fim de evitar dano irreparável, *v. g.*, precatória para tomada de depoimento de pessoa acometida de moléstia grave, com risco de vida, vistoria *ad perpetuam rei memoriam.* Esse ato será isolado e eventual, sem prejuízo do que restar decidido posteriormente.

"Carta precatória — Recusa de cumprimento — Incompetência do juízo deprecante. Não é lícito ao juiz deprecado recusar o cumprimento à precatória, à consideração de incompetência do juiz deprecante. Cabe ao juiz deprecante apreciar a exceção de incompetência. Conflito conhecido e declarado competente o juiz deprecado, para determinar o cumprimento da carta, simplesmente." (STJ, 2ª Seção, CP 1.452/SP, rel. Min. Nilson Naves, 1º.4.1991, v. u., *Coad Inf. Sem.* 35/91, p. 558, Ementa 55.428.)

24. DA COMPETÊNCIA EXECUTÓRIA DE SENTENÇAS ESTRANGEIRAS

A competência, na forma da Constituição anterior (art. 125, X), era dos juízes federais (justiça comum federal), e a atual Constituição (art. 109, X) repete *ipsis litteris* o inciso X do art. 125 da CF/1969. A única exceção no tocante à competência de matéria trabalhista está expressa no inciso I do art. 109 da Constituição Federal, quando cuida das causas da União, autarquias e empresas públicas federais (autoras, rés, assistentes ou opoentes). Logo, a competência para executar sentença estrangeira é dos juízes federais de primeiro grau.

No entanto, a escolha da competência entre os juízes federais será determinada de conformidade com a sede geográfica onde a sentença deverá ser cumprida — segundo as regras territoriais, portanto [arts. 94 (art. 46 do CPCn) a 100 (art. 53 do CPCn) do CPC]. É, pois, o objeto da condenação que indicará qual o juiz federal competente. Se a condenação versar sobre direito pessoal, ou, dizendo respeito a direito real, este se referir, porém, à coisa móvel, a ação de execução será proposta no foro do domicílio do devedor (art. 94). Na sua falta, então, no foro supletivo previsto nos §§ 1º, 2º e 3º do mesmo art. 94. Existem, contudo, diversas possibilidades diante das quais o foro comum pode ser derrogado pelos especiais para a execução da sentença estrangeira" (Antonio Carlos Costa e Silva, ob. cit., p. 120).

25. DO CUMPRIMENTO DE CARTA ROGATÓRIA

De conformidade com o inciso X do art. 109 da CF, o qual repete nesta parte a Constituição anterior (art. 125, X), a execução de carta rogatória, depois do *exequatur*, e de sentença estrangeira, depois da homologação, é dos juízes federais (justiça federal comum).

À primeira vista, pode parecer que os juízes federais comuns seriam competentes mesmo em se cuidando de matéria trabalhista. Todavia, referido preceito há de ser interpretado em consonância com o art. 114, *caput*, que cuida da competência da Justiça do Trabalho. Em se cuidando de matéria trabalhista, a competência é da Justiça do Trabalho. No que concerne à escolha da competência entre juízes do trabalho, *vide* item 5.8. Não se perca de vista que o juiz do trabalho, além de ser federal, é especialista na matéria, o que não acontece com os juízes federais comuns.

26. DA PESSOA JURÍDICA DE DIREITO PÚBLICO INTERNACIONAL — EXECUÇÃO

A execução de pessoa jurídica de direito público internacional apresenta enfoques e dificuldades próprios e específicos. A superação dessas dificuldades está diretamente ligada ao relacionamento político (política internacional) existente entre o país estrangeiro e o Brasil. As dificuldades impostas pelo princípio da imunidade de jurisdição (extraterritorialidade) são superadas em havendo relacionamento de cooperação mútua.

A primeira dificuldade se apresenta com a renúncia ou não da imunidade.

A renúncia, expressa ou tácita, da imunidade de jurisdição na fase cognitiva não significa renúncia da imunidade na fase de execução, para a qual nova renúncia é necessária. O reconhecimento de imunidade entre nações soberanas é questão que refoge à simples análise jurídica da questão para se projetar no âmbito da política internacional. Sem que haja entendimento a esta parte, o comando emergente da sentença proferida em um país simplesmente não será executado em outro. Lembra Amílcar de Castro que "atualmente, em quase todos os países, com raras exceções, executam-se sentenças estrangeiras, ou por meio de outra ação de conhecimento, ou mediante processo de *exequatur*. Precisamente porque a sentença é ato público, praticado legitimamente em jurisdição estranha, é que no fórum não se lhe pode sistematicamente negar valor. É claro que nenhum Estado distribui justiça fora de sua jurisdição, mas nada impede, e tudo aconselha, que no fórum se atribua validade a atos judiciais emanados de países estrangeiros, assim como se atribui valor a atos praticados pelos particulares" (*Direito Internacional privado*, Ed. Forense, Rio, 1958, v. 2, p. 236).

Pela Constituição (art. 102, III), a competência para apreciar recursos extraordinários interpostos das causas decididas em única ou última instância continua a ser do Supremo Tribunal Federal.

Constatávamos por meio de julgados que a Excelsa Corte mantinha posição conservadora sobre a matéria, e dizíamos que tal constatação não deveria desacoroçoar as jurisdições inferiores, pena de se perpetuar a situação. Embora reconhecêssemos a dificuldade que teria o juízo para levar a bom termo a execução, mesmo em havendo renúncia na fase de conhecimento e na fase executória, caso a pessoa jurídica de direito público internacional não se dispusesse a efetuar o pagamento (impenhorabilidade), deveria a execução prosseguir por intermédio da Justiça do Trabalho, mediante ofício do juiz ao Ministério das Relações Exteriores, encaminhado pelo Ministério da Justiça, solicitando ao Estado estrangeiro que fizesse cumprir uma decisão judicial que se apresentava irrecorrível, juntando cópia autêntica e devidamente traduzida para o idioma do país. Neste sentido, já decidiu o egrégio Tribunal Regional do Trabalho da 2ª Região em agravo de petição (TRT-SP, 1ª T., Proc. 12.703/77, Ac. 2.516/78), relator o eminente jurista Antonio Lamarca: "Tratando-se de bem pertencente a país que, com o Brasil, seja signatário da Convenção de Viena sobre relações diplomáticas, a impenhorabilidade é de ser declarada. Prossegue-se, no entanto, na execução, mediante ofício ao Ministério das Relações Exteriores, encaminhado através do Ministério da Justiça, encarecendo ao Estado estrangeiro que faça cumprir, pelo órgão que representa os seus interesses no Brasil, uma decisão judicial com trânsito em julgado."

Como salienta Bartin, "esse problema de conflito de jurisdição só poderá ser resolvido em relação a um Estado determinado, de acordo com a sua própria legislação. Claro está, adverte Bartin, que a norma geral adotada pelo legislador deixará de ser aplicada para que prevaleça alguma outra norma aprovada em tratado ou convenção. Vale dizer, em havendo tratado ou convenção entre o Brasil e o país cujo órgão está sendo executado, há real possibilidade de sucesso na execução" (*apud* Eduardo Espíndola, *Lei de Introdução ao Código Civil Comentado*, Ed. Freitas Bastos, São Paulo, 1044, p. 261).

Todavia, o Supremo Tribunal Federal, a partir do julgamento da Ap. Cív. 9.696/SP, passou a adotar a regra da "imunidade temperada", sob a influência da *European Convention on State Immunity and Additional Protocol*, assinada em maio de 1972, que permite, sob determinadas condições, submeter o Estado contratante à jurisdição das cortes de outro Estado contratante (Capítulo I, art. 1º). Não se admite, por exemplo, que Estado contratante alegue a imunidade, quanto às obrigações contratuais que tenham de ser executadas no território de outro país (art. 4º), ou acerca de contratos de trabalho entre o Estado e o indivíduo e que tenha de ser executado no território do Estado do foro do contrato (arts. 4º e 5º).

O posicionamento hoje adotado pela Suprema Corte está em consonância com a doutrina universal e elimina privilégio odioso em situações em que não existia característica de soberania ou de império.

No Proc. STJ-AC 5/SP 89.11635-5-Ac. 3ª T. 19.6.1990 (*LTr* 54-9-1109), decidiu o Superior Tribunal de Justiça, relator o Min. Cláudio Santos: "Por todo o exposto, sendo indiscutível que a Justiça brasileira, a partir daquele julgamento da Suprema Corte, passou a adotar a regra da imunidade temperada, para não excluir da nossa jurisdição os litígios derivados de atos negociais, inclusive de relações de trabalho, fortemente protegidos pelo legislador brasileiro, superando a preliminar de nulidade do processo, meu voto é pelo provimento da apelação, para afastar a imunidade reconhecida e determinar o prosseguimento da reclamação trabalhista ajuizada pelo recorrente." E ementou: "Jurisdição — Imunidade — Reclamação trabalhista contra Estado estrangeiro. A moderna doutrina do Direito Internacional Público não mais admite como absoluta a regra da imunidade jurisdicional de Estado estrangeiro. Exceção dos feitos de natureza trabalhista, dentre outros".

> "A carta rogatória obedece à convenção internacional entre o Brasil e o país do qual se solicita a prática de algum ato; não havendo convenção internacional, a rogatória será remetida à autoridade judiciária estrangeira competente por via diplomática, depois de traduzida para a língua do país em que há de praticar-se o ato. Há países que não cumprem carta rogatória, ou por princípio ou porque o seu sistema processual é incompatível com o ato que se pretende praticar. Salvo o caso de citação que, como se viu acima, passa a ser feita por edital, se o país estrangeiro não cumpre rogatória, o ato deixa de ser praticado, arcando a parte interessada com o ônus decorrente da omissão. Não é por isso que o processo ficará sem decisão; o juiz decidirá como se tal fato ou prova não existisse. Para o cumprimento de rogatória vinda do exterior há necessidade de *exequatur* concedido pelo Presidente do STF (RISTF, arts. 225 e ss.)."

☑ *Nota*: A EC n. 45/2004 deu essa competência ao STJ (art. 105, I, *i*, da CF).

27. DA LITISPENDÊNCIA POSSÍVEL ENTRE AÇÕES PROPOSTAS EM PAÍSES DIVERSOS

Dispõe o art. 90 do CPC (art. 24 da CPCn): "A ação intentada perante tribunal estrangeiro não induz litispendência, nem obsta a que a autoridade judiciária brasileira conheça da mesma causa e das que lhe são conexas."

É natural que assim seja. O princípio que rege a soberania é muito eloquente.

Todavia, não se pode perder de vista que o Código de Direito Internacional Privado, denominado Código Bustamante, promulgado pelo Decreto n. 18.871, de 13.8.1929, que também rege entre nós, dispõe, em seu art. 394, que "a litispendência, por motivo de pleito em outro Estado contratante, poderá ser alegada em matéria cível, quando a sentença, proferida em um deles, deva produzir no outro os efeitos de coisa julgada". E excepciona no art. 395: "Em matéria penal, não se poderá alegar a exceção de litispendência por causa pendente em outro Estado contratante." E no art. 396 excepciona para a coisa julgada: "A exceção de coisa julgada, que se fundar em sentença de outro Estado contratante, só poderá ser alegada quando a sentença tiver sido pronunciada com o comparecimento das partes ou de seus representantes legítimos, sem que se haja suscitado questão de competência do tribunal estrangeiro baseada em disposições deste Código."

Salienta Bartin (*apud* Eduardo Espíndola, ob. cit., p. 261) que "esse problema de conflito de jurisdição só poderá ser resolvido em relação a um Estado determinado, de acordo com a sua própria legislação. Claro está, adverte, que a norma geral adotada pelo legislador deixará de ser aplicada para que prevaleça alguma outra norma aprovada em tratado ou convenção".

O bom relacionamento e a reciprocidade de tratamento entre países que se aproximam por meio de tratados e de convenções são imprescindíveis.

Temos, assim, que a regra do art. 90 do Código de Processo Civil não prevalecerá para aqueles países que se filiaram ao Código Bustamante.

28. DO DEPOSITÁRIO INFIEL E A NOVA POSIÇÃO DO STF

O Supremo Tribunal Federal modificou o entendimento com relação à prisão do depositário infiel, rompendo com tradição de várias décadas. A modificação do ponto de vista prático trará sérios inconvenientes, uma vez que o depositário, ainda que tenha agido dolosamente, não poderá ter a sua prisão decretada como vemos pela decisão abaixo da Excelsa Corte, por apertada maioria, revogada a Súmula n. 619.

O novo posicionamento da Excelsa Corte tem respaldo nos §§ 2º e 3º do art. 5º da Constituição Federal, incluído pela Emenda Constitucional n. 45/2004, *in verbis*: "Os tratados e convenções internacionais sobre direitos humanos que forem aprovados em cada Casa do Congresso Nacional, em dois turnos, por três quintos dos votos dos respectivos membros, serão equivalentes às emendas constitucionais." O § 4º, inciso III, do art. 60, da Constituição Federal, a seu turno, já previa: "Não será objeto de deliberação a proposta de emenda tendente a abolir: inciso IV — os direitos e garantias individuais." Do que restou o entendimento de que a norma proveniente de tratado, desde que presentes os requisitos previstos no § 3º do art. 5º da Constituição, revogará a norma constitucional anterior, se mais benéfica ao direito individual, tornando-se imune a redução futura (cláusula pétrea). Tem-se, pois, que o constituinte derivado, demonstrando não conhecer a própria Constituição Federal, acabou entrando numa armadilha: deu *status* de norma constitucional ao tratado e a convenção internacional que, aprovados, passou a concorrer com as normas constitucionais vigentes, revogando aquela menos benéfica aos direitos humanos. Somente aqueles tratados e convenções que forem aprovados sem os requisitos do § 3º, do art. 5º, da Constituição Federal, terão o *status* de norma subalterna dentro do nosso ordenamento jurídico. O tratado de São José de Costa Rica foi aprovado no Brasil pelo Decreto Legislativo n. 27, de 25.9.1992, e promulgado pelo Decreto n. 678, de 6.11.1992, presentes os requisitos do § 3º, do art. 5º, da Constituição Federal.

> "Prisão de Depositário Judicial Infiel e Revogação da Súmula n. 619 do STF. Na linha do entendimento acima sufragado, o Tribunal, por maioria, concedeu *habeas corpus*, impetrado em favor de depositário judicial, e averbou expressamente a revogação da Súmula n. 619 do STF ('A prisão do depositário judicial pode ser decretada no próprio processo em que se constituiu o encargo, independentemente da propositura de ação de depósito'). Vencido o Min. Menezes Direito que denegava a ordem por considerar que o depositário judicial teria outra natureza jurídica, apartada da prisão civil própria do regime dos contratos de depósitos, e que sua prisão não seria decretada com fundamento no descumprimento de uma obrigação civil, mas no desrespeito ao múnus público. HC 92566/SP, rel. Min. Marco Aurélio, 3.12.2008. (HC-92566)
>
> Não há mais a possibilidade da prisão do depositário considerado infiel, salvo no caso de execução de prestação alimentícia. Concluiu o Ministro Celso Mello que o Pacto de São José de Costa Rica assinado pelo Brasil sobre Direitos Humanos, ratificado em 1992, proíbe em seu art. 7º, § 7º, a prisão civil por dívida, excetuado o devedor voluntário de pensão alimentícia. O mesmo ocorre com o art. 11 do Pacto Internacional sobre Direitos Civis e Políticos patrocinados em 1966 pela Organização das Nações Unidas (ONU), ao qual o Brasil aderiu em 1990. Até a Declaração Americana dos Direitos da Pessoa Humana, firmada em 1948, em Bogotá (Colômbia), com a participação do Brasil, já previa a proibição, enquanto a Constituição brasileira de 1988 ainda recepcionou legislação antiga sobre o assunto. O mesmo ocorreu com a Conferência Mundial sobre Direitos Humanos, realizada em Viena (Áustria), em 1993, com participação ativa da delegação brasileira, então chefiada pelo Ministro da Justiça e Ministro aposentado do STF Maurício Corrêa, preconizou a prisão civil por dívida. Lembra, ainda, que a Constituição Federal, no § 2º, do art. 5º, dispõe que os direitos e garantias nela expressos "não excluem outros decorrentes do regime e dos princípios por ela adotados, ou dos tratados internacionais em que a República Federativa do Brasil seja parte".

O Ministro Gilmar Mendes não concede aos Tratados e Convenções Internacionais sobre direitos humanos a que o Brasil aderiu o *status* constitucional, mas apenas o de supralegal (acima da legislação ordinária), ressalvando a hipótese em que a norma for ratificada pelo Congresso Nacional de acordo com a EC n. 45 (§ 3º, do art. 5º, da CF), ou seja, votada pela maioria de dois terços em dois turnos de votação. Na ocasião, o Ministro advertiu para o que considerou "um risco para a segurança jurídica" a equiparação dos textos dos Tratados e das Convenções Internacionais ao *status* constitucional. Com Gilmar Mendes, foram votos vencidos: Ministros: Marco Aurélio, Ricardo Lewandowski, Cármen Lúcia e Direito de Menezes. *Habeas Corpus* 87.585. Processos relacionados: RE 349703 e RE 46634. No mesmo julgamento, foi cassada a Súmula n. 619 do STF.

A nova tomada de posição da Excelsa Corte, por douta e apertada maioria, cria uma situação de impasse nas lides judiciais, principalmente na fase executória. Urge que se estabeleça norma regimental em que haja a necessidade de concordância de dois terços dos Ministros para certos casos.

O fiel depositário nada mais é do que a *longa manus* do juiz da ação. Vale dizer, não tendo o juiz a possibilidade de guardar o bem penhorado, nomeia uma pessoa que pode ser o próprio proprietário do bem ou um terceiro que cuidará do bem como se seu fosse e o devolverá ao juiz tão logo seja determinado e isso sói acontecer por ocasião da hasta pública, quando o bem é arrematado ou adjudicado. Pelo direcionamento atual, se o fiel depositário negar-se a entregar ou mesmo desaparecer com o bem não poderá ser decretada a sua prisão, como previa a Súmula n. 619 do STF, agora revogada. Rompe-se com o princípio da autoridade. Cria-se mais uma oportunidade para o devedor dificultar e procrastinar um comando sentencial condenatório. A transformação da condenação em realidade torna-se mais difícil.

O óbice ora apontado pela Excelsa Corte com a análise da subscrição do Pacto de São José de Costa Rica, sem resguardar toda e qualquer matéria que fosse contrária à orientação prevista na Constituição Federal, foi antecedido de outros. Necessário que em todos os documentos internacionais, aos quais o Brasil aderiu sem ressalvas, haja uma tomada de posição com o objetivo de ressalvar o texto constitucional, posto que, sem isso, o nosso sistema jurídico terá sérias dificuldades com o princípio da autoridade. Sem dúvida, os pactos, tratados e convenções assinados e ratificados pelo Brasil não foram antecedidos dos devidos cuidados.

Enquanto isso não acontece, não pode o juiz executor ficar sem meios que garantam o princípio da autoridade. O sistema jurídico tem de encontrar mecanismos idôneos para que haja efetividade do direito e do seu exercício. Tem-se, assim, no caso concreto, que, se a parte se negar a restituir o bem, deve o juiz determinar imediatamente a busca e apreensão, com a prisão de quem resistir. Esta ordem de prisão nada tem a ver com a infidelidade do depositário, mas com a resistência em entregar o bem (art. 329 do CP). Se o bem desapareceu em poder do depositário (proprietário do bem ou terceiro), deve o juiz determinar o arresto e remoção de tantos bens quantos bastem para cobrir o valor do bem desaparecido, os quais serão posteriormente levados à hasta pública. Todas essas providências serão tomadas sem prejuízo de o procedimento do depositário infiel ser enquadrado no crime de desobediência, a critério do Ministério Público (art. 330 do CP).

29. DO BEM DE FAMÍLIA

Sobre a jurisprudência firmada, interessante que o intérprete se atenha aos dispositivos constitucionais (art. 105, III, *a, b, c*) que concedem ao Superior Tribunal de Justiça a prerrogativa de dar a última palavra sobre a interpretação de Lei Federal. Sobre essa competência, não há exceção às normas trabalhistas.

Bem de alto valor

PROCESSUAL CIVIL. FALTA DE PREQUESTIONAMENTO. SÚMULA N. 211/STJ. BEM DE FAMÍLIA. LEI N. 8.009/09. IMÓVEL DE ELEVADO VALOR. RESTRIÇÕES À GARANTIA DA IMPENHORABILIDADE. INEXISTÊNCIA. 1. A tese desenvolvida com esteio no art. 274 do Código Civil não foi objeto de análise pela instância ordinária, o que configura falta de prequestionamento e impede o acesso da matéria a este Superior Tribunal de Justiça. Incidência da Súmula n. 211/STJ.

2. A recorrente pretende afastar o regime protetivo da Lei n. 8.009/90 sob a justificativa de que o único bem imóvel pertencente ao executado, e que serve de morada para sua família, possui valor bastante elevado, caracterizando-se como residência luxuosa de alto padrão — casa situada no bairro do Leblon, Município do Rio de Janeiro/RJ.

3. A Lei n. 8.009/90 não estabelece qualquer restrição à garantia do imóvel como bem de família no que toca a seu valor nem prevê regimes jurídicos diversos em relação à impenhorabilidade, descabendo ao intérprete fazer distinção onde a lei não o fez.

4. Independentemente do elevado valor atribuído ao imóvel pelo Fisco, essa variável não abala a razão preponderante que justifica a garantia de impenhorabilidade concebida pelo legislador: de modo inequívoco, o em referência serve à habitação da família. É o bastante para assegurar a incidência do regime da Lei n. 8.009/90.

5. Recurso especial conhecido em parte e não provido. REsp 1320370 / RJ. RECURSO ESPECIAL. 2012/0033556-0.

✍ *Comentários:* Diz a ementa que a Lei n. 8.009/1990 não traz qualquer restrição sobre o valor do imóvel. Isso é verdade. Todavia, referida lei deverá ser interpretada em consonância com o Código Civil, de forma sistemática, arts. 1.711, a 1.722. O art. 1.711 do Código Civil dispõe que o bem de família será instituído mediante escritura pública ou testamento, desde que não supere a um terço do patrimônio líquido existente ao tempo da instituição. O bem imóvel poderá ser prédio urbano ou rural com seus respectivos pertences, em ambos os casos destinado do domicílio familiar (art. 1.712). Os bens mobiliários destinados não poderão exceder o valor do prédio instituído em bem de família (art. 1.713). Os valores imobiliários deverão ser individualizados no instrumento que instituir o bem de família. Todavia, na prática, os tribunais vêm aceitando como bem de família, quando a parte possui apenas um imóvel que lhe sirva de residência ou que esteja alugado, usufruindo do aluguel para morar em imóvel menor. De tudo isso aflora claro que a lei restringe, sim, o bem de família a um terço do patrimônio líquido do instituidor. Logo, se o devedor possui um único bem e esse bem tem um valor extraordinário, *v. g.*, deve 100 mil e tem uma mansão de 3 milhões, não vemos como não penhorar o bem. Nesse caso, deve o devedor vender o bem, pagar a dívida e comprar um imóvel menor. Tem-se aqui a aplicação do princípio da razoabilidade.

Caso em que a genitora reside no imóvel

PROCESSO CIVIL. DIREITO CIVIL. EXECUÇÃO. LEI N. 8.009/90. PENHORA DE BEM DE FAMÍLIA. DEVEDOR NÃO RESIDENTE EM VIRTUDE DE USUFRUTO VITALÍCIO DO IMÓVEL EM BENEFÍCIO DE SUA GENITORA. DIREITO À MORADIA COMO DIREITO FUNDAMENTAL. DIGNIDADE DA PESSOA HUMANA. ESTATUTO DO IDOSO. IMPENHORABILIDADE DO IMÓVEL.

1. A Lei n. 8.009/1990 institui a impenhorabilidade do bem de família como um dos instrumentos de tutela do direito constitucional fundamental à moradia e, portanto, indispensável à composição de um mínimo existencial para vida digna, sendo certo que o princípio da dignidade da pessoa humana constitui-se em um dos baluartes da República Federativa do Brasil (art. 1º da CF/1988), razão pela qual deve nortear a exegese das normas jurídicas, mormente aquelas relacionadas a direito fundamental.

2. A Carta Política, no capítulo VII, intitulado "Da Família, da Criança, do Adolescente, do Jovem e do Idoso", preconizou especial proteção ao idoso, incumbindo desse mister a sociedade, o Estado e a própria família, o que foi regulamentado pela Lei n. 10.741/2003 (Estatuto do Idoso), que consagra ao idoso a condição de sujeito de todos os direitos fundamentais, conferindo-lhe expectativa de moradia digna no seio da família natural, e situando o idoso, por conseguinte, como parte integrante dessa família.

3. O caso sob análise encarta a peculiaridade de a genitora do proprietário residir no imóvel, na condição de usufrutuária vitalícia, e aquele, por tal razão, habita com sua família imóvel alugado. Forçoso concluir, então, que a Constituição Federal alçou o direito à moradia à condição de desdobramento da própria dignidade humana, razão pela qual, quer por considerar que a genitora do recorrido é membro dessa entidade familiar, quer por vislumbrar que o amparo à mãe idosa é razão mais do que suficiente para justificar o fato de que o nuproprietário habita imóvel alugado com sua família direta, ressoa estreme de dúvidas que o seu único bem imóvel faz jus à proteção conferida pela Lei n. 8.009/1990.

4. Ademais, no caso ora sob análise, o Tribunal de origem, com ampla cognição fático-probatória, entendeu pela impenhorabilidade do bem litigioso, consignando a inexistência de propriedade sobre outros imóveis. Infirmar tal decisão implicaria o revolvimento de fatos e provas, o que é defeso a esta Corte ante o teor da Súmula n. 7 do STJ.

5. Recurso especial não provido. REsp 950663/SC. RECURSO ESPECIAL 2007/0106323-9.

✍ Comentários: O fato de o titular do bem de família, em princípio, não habitar o imóvel não descaracteriza o direito. Nada impede que o titular alugue o imóvel e com o dinheiro do aluguel recebido mantenha a sua família num outro imóvel mais modesto e sobreviva. De nada adianta morar num imóvel de alto padrão se não dispõe de poder aquisitivo para a sobrevivência.

Bem de família dado em hipoteca

DIREITO CIVIL E PROCESSUAL CIVIL. RECURSO ESPECIAL. DUPLICATA ACEITA. *CAUSA DEBENDI*. REEXAME DE PROVAS. INCIDÊNCIA DA SÚMULA N. 7. IMPENHORABILIDADE DO BEM DE FAMÍLIA. IMÓVEL DADO EM HIPOTECA PARA GARANTIR DÍVIDA DE TERCEIRO. NÃO APLICAÇÃO DA EXCEÇÃO PREVISTA NO ART. 3º, INCISO V, DA LEI N. 8.009/90.

1. A discussão acerca da *causa debendi* subjacente à emissão de duplicata mercantil encontra óbice na Súmula n. 7/STJ. Ademais, a jurisprudência da Casa vem afirmando, de forma reiterada, que, havendo aceite, de regra, o aceitante se vincula à duplicata afastada a possibilidade de investigação quanto ao negócio causal. 2. O caráter protetivo da Lei n. 8.009/90 impõe sejam as exceções nela estabelecidas interpretadas restritivamente. Nesse sentido, a exceção prevista no inciso V do art. 3º da Lei n. 8.009/90 abarca somente a hipoteca constituída como garantia de dívida própria do casal ou da família, não alcançando aquela que tenha sido constituída em garantia de dívida de terceiro. 3. Recurso especial parcialmente provido. REsp 997261/SC RECURSO ESPECIAL. 2007/0243853-1

✍ Comentários: Se o imóvel gravado de bem de família foi adquirido mediante financiamento ou mediante hipoteca, esse fato por si só é capaz de desnaturar o benefício com relação à dívida, prevalecendo o benefício no tocante a outras dívidas. *Ver art. 3º, II, da Lei n. 8.009/1990.*

Embargos de terceiro titulado por quem não tem o domínio do bem de família

RECLAMAÇÃO CONSTITUCIONAL — DECISÃO PROFERIDA NO RECURSO ESPECIAL N. 1.198.800/SP RECONHECENDO A LEGITIMIDADE DA PARTE — SENTENÇA DE JUÍZO CÍVEL NEGANDO AO RECLAMANTE O DIREITO DE INVOCAR A PROTEÇÃO DA LEI N. 8.090/90 (BEM DE FAMÍLIA) — DESCUMPRIMENTO DA DETERMINAÇÃO CONTIDA NA DECISÃO PROLATADA POR ESTA CORTE SUPERIOR — RECLAMAÇÃO PROVIDA.

I — A r. decisão proferida nos autos do recurso especial n. 1.198.800/SP reconheceu a legitimidade e o interesse de agir do ora reclamante para promover os embargos de terceiro, embora não fosse o proprietário do bem.

II — Restou, pois, configurado o desrespeito à r. decisão proferida pelo e. Superior Tribunal de Justiça, na medida em que a r. sentença reclamada entendeu que o ora reclamante não pode ser alcançado pelos benefícios da Lei n. 8.090/90, por não ser o titular do domínio e residir junto com seus genitores, os quais são os provedores do lar.

III — Reclamação procedente. Rcl 6718/SPRECLAMAÇÃO. 2011/0214097-6

✍ *Comentários:* Nesse caso, os titulares seriam os pais, não o filho. Isso não significa que o filho deve ser proprietário de um bem transformado em bem de família e nele resida com seus genitores. O STJ entendeu que o filho, residindo com os pais, mesmo não sendo proprietário teria legitimidade para defender o bem. O entendimento do STJ refoge ao ortodoxo.

Taxa de condomínio

É possível a penhora do bem de família na hipótese de execução de dívida oriunda das despesas condominiais do referido bem, na qual o devedor não indica outros bens à penhora ou não os possui, tendo em vista as exceções à impenhorabilidade do bem de família, previstas no art. 3º da Lei n. 8.009/1990, entre elas as dívidas condominiais, conforme inciso IV do referido dispositivo legal. Não é possível o conhecimento do recurso especial na hipótese em que o recorrente alega que a execução das dívidas condominiais do bem de família, que acarretou a penhora do próprio bem, não ocorreu da forma menos gravosa ao devedor, conforme previsto no art. 620 do CPC, tendo em vista que apreciar a contrariedade ao referido dispositivo legal encontra óbice na Súmula n. 7 deste Tribunal. Não ocorre violação do art. 620 do CPC na hipótese de penhora de bem de família em execução de dívida oriunda das despesas condominiais do próprio bem, na qual o devedor não indica outros bens à penhora ou não os possui, tendo em vista que, nesse caso, não há outra forma de se proceder à execução senão expropriando o bem de família, inexistindo outro modo de execução nos gravosa ao devedor, conforme os termos do art. 620 do CPC. STJ-EDcl no Ag 1384275/SP EMBARGOS DE DECLARAÇÃO NO AGRAVO DE INSTRUMENTO. 2011/0010259-2.

✍ Comentários: Embora o inciso IV do art. 3º da Lei n. 8.009/1990 fala em "taxas de contribuições" que está mais certamente enquadrada em taxas cobradas pelo município (taxa de lixo, de limpeza etc.), os tribunais vêm reconhecendo a exceção também para a cobrança de cotas condominiais. A nosso ver, corretamente, baseado no mesmo princípio que retira o benefício no caso da hipoteca para a aquisição do imóvel transformado em bem de família. Suponha a hipótese em que metade dos condôminos deixasse de pagar o valor mensal do condomínio. As consequências seriam funestas.

Bem de família e a responsabilidade do fiador

AGRAVO REGIMENTAL. LOCAÇÃO. ARGUMENTOS INSUFICIENTES PARA ALTERAR A DECISÃO AGRAVADA. LOCAÇÃO. BEM DE FAMÍLIA. FIADOR. PENHORABILIDADE. POSSIBILIDADE. AUSÊNCIA DE PREQUESTIONAMENTO. INCIDÊNCIA DA SÚMULA N. 211/STJ.

1. O agravante não trouxe argumentos novos capazes de infirmar os fundamentos que alicerçaram a decisão agravada, razão que enseja a negativa do provimento ao agravo regimental.

2. A jurisprudência desta Corte é clara, no sentido de que é possível a penhora do bem de família de fiador de contrato de locação, mesmo quando pactuado antes da vigência da Lei n. 8.245/91, que alterou o art. 3º, inc. VII, da Lei n. 8.009/90. Precedentes.

3. À luz do Enunciado Sumular n. 211/STJ, é inadmissível o recurso especial que demande a apreciação de matéria sobre a qual não tenha se pronunciado a Corte de origem, apesar de opostos embargos de declaração.

4. Agravo regimental a que se nega provimento. STJ — AgRg nos EDcl nos EDcl no AgRg nos EDcl no REsp 771700/RJ. AGRAVO REGIMENTAL NOS EMBARGOS DE DECLARAÇÃO NO RECURSO ESPECIAL 2005/0128805-1.

✍ *Comentários:* Em princípio, o fiador é um cidadão comum que enfrenta as mesmas dificuldades do povo em geral. O imóvel gravado como bem de família, se retirado, terá consequência no próprio e no seio familiar. Os tribunais vêm entendendo, e nesse sentido o STJ, que o titular que funcionou como fiador sabia das consequências e do risco que estava correndo. Em verdade, essa orientação dá maior valor ao patrimônio do que ao social, permitindo que o fiador e sua família venham a sofrer as consequências até mesmo de não terem onde morar. Por outro lado, não se pode abrir as porteiras e reconhecer que aquele que se dispôs a ser fiador possa simplesmente desdizer a responsabilidade que assumiu e se locupletar com uma possível "esperteza". De qualquer forma, deverá ficar provado que o fiador, ao assumir o compromisso com a sua mulher, sabia exatamente o que estava fazendo. *Mutatis mutandis*, guardadas as devidas proporções, está configurada a renúncia. A renúncia deve ser expressa. Não poderá haver renúncia se o fiador não tinha noção daquilo que estava assinando. Todavia, o inciso VII do art. 3º excepciona a fiança concedida em contrato de locação.

Da renúncia do titular do bem de família

BEM DE FAMÍLIA. IMPENHORABILIDADE. NEGATIVA DE PRESTAÇÃO JURISDICIONAL. INOCORRÊNCIA. VIOLAÇÃO À COISA JULGADA. INOCORRÊNCIA. RENÚNCIA AO BENEFÍCIO ASSEGURADO PELA LEI N. 8.009/90. IMPOSSIBILIDADE. DESTINAÇÃO RESIDENCIAL DADA AO IMÓVEL POSTERIORMENTE À PENHORA. DETERMINAÇÃO DE REMESSA DOS AUTOS À ORIGEM PARA ANÁLISE DA QUESTÃO À LUZ DA JURISPRUDÊNCIA DESTA CORTE.

1. Os Embargos de Declaração são corretamente rejeitados se não há omissão, contradição ou obscuridade no acórdão embargado, tendo a lide sido dirimida com a devida e suficiente fundamentação.

2. Não viola a coisa julgada a decisão que examina a alegação de impenhorabilidade do bem de família, na hipótese em que não houve decisão anterior sobre a matéria no Acórdão que decidiu a respeito da necessidade de ampliação da penhora.

3. Esta Corte possui entendimento firmado no sentido de que a proteção legal conferida ao bem de família pela Lei n. 8.009/90 não pode ser afastada por renúncia ao privilégio pelo devedor, constituindo princípio de ordem pública, prevalente sobre a vontade manifestada, que se tem por viciada *ex vi legis* (REsp 805.713/DF, Rel. Ministro Aldir Passarinho Junior, Quarta Turma, julgado em 15.3.2007, DJ 16.4.2007 p. 210).

4. Não se aplica a Lei n. 8.009/90, na hipótese em que o executado transfere residência para o imóvel dado, anteriormente, à penhora.

5. Hipótese em que não é possível, nesse momento processual, concluir se o bem era de família ou se o devedor utilizou dessa alegação com o intuito de fraudar a execução, conforme alega o recorrente, uma vez que o julgamento pelo Tribunal de origem apenas analisou a tese jurídica, não examinando a concretude do caso.

6. Necessário, no caso concreto, o retorno dos autos à origem para o reexame da questão à luz da jurisprudência destacada neste julgado.

7. Recurso Especial provido. STJ-REsp 714858/RS. RECURSO ESPECIAL 2005/0002341-5.

✍ *Comentários:* Esta ementa jurisprudencial do STJ, de alguma forma, desdiz a hipótese do fiador, cuja execução do bem de família não deixa de ser uma "renúncia imposta". Se o benefício é de ordem pública, ele não pode oferecer o bem à penhora ou ser fiador, pois em ambos os casos teria de renunciar ao benefício que, segundo o próprio STJ, é irrenunciável. Na prática, as Empresas Imobiliárias não qualificam como fiador aquele que possui apenas um imóvel.

Indenização por ato ilícito do titular

RECURSO ESPECIAL. AÇÃO DE INDENIZAÇÃO POR ATO ILÍCITO. FURTO QUALIFICADO. EXECUÇÃO DE SENTENÇA. EMBARGOS DO DEVEDOR. PENHORA. BEM DE FAMÍLIA. EXCEÇÃO DO ART. 3º, VI, DA LEI N. 8009/90. POSSIBILIDADE.

1. O art. 3º, VI, da Lei n. 8.009/90 prevê que a impenhorabilidade do bem de família é oponível em qualquer processo de execução civil, fiscal, previdenciária, trabalhista ou de outra natureza, salvo quanto tiver "sido adquirido com produto de crime ou para execução de sentença penal condenatória a ressarcimento, indenização ou perdimento de bens".

2. Entre os bens jurídicos em discussão, de um lado a preservação da moradia do devedor inadimplente, e de outro o dever de ressarcir os prejuízos sofridos indevidamente por alguém em virtude de conduta ilícita criminalmente apurada, preferiu o legislador privilegiar o ofendido, em detrimento do infrator, criando esta exceção à impenhorabilidade do bem de família.

3. No caso, faz-se possível a penhora do bem de família, haja vista que a execução é oriunda de título judicial decorrente de ação de indenização por ato ilícito, proveniente de condenação do embargante na esfera penal com trânsito em julgado, por subtração de coisa alheia móvel (furto qualificado).

4. Para a admissibilidade do recurso especial, na hipótese da alínea "c" do permissivo constitucional, é imprescindível a indicação das circunstâncias que identifiquem ou assemelhem os casos confrontados, mediante o cotejo dos fundamentos da decisão recorrida com o acórdão paradigma, a fim de demonstrar a divergência jurisprudencial existente (arts. 541 do CPC e 255 do RISTJ).

5. Recurso especial a que se nega provimento. REsp 947518 / PR. RECURSO ESPECIAL 2007/0098591-4

✍ *Comentários:* A indenização por ato ilícito é de molde a desnaturar o benefício denominado bem de família. A responsabilidade, nesse caso, deve ser plena, pois o peso social que daí advém deve ser sopesado. O benefício que a lei concede àquele que possui apenas um imóvel e o constitui bem de família não pode se transformar em salvo-conduto para a prática de atos ilícitos, prejudiciais a terceiros. O autor do ato ilícito deve responder pelas suas consequências com o seu patrimônio, sem prejuízo dos reflexos criminais que deverá sofrer pelo Estado, ainda que esse patrimônio esteja selado com a denominação de bem de família. A lei é uma construção cultural criada para prover e prever para uma realidade, não para criar privilégios ou imunidades para a prática de atos abusivos contra outrem. O ato ilícito poderá ser doloso ou culposo (art. 186 do CC). A responsabilidade em ambos está ligada ao nexo de causalidade e ao dano imposto.

30. DA EXECUÇÃO DE IMÓVEL HIPOTECADO E O CRÉDITO TRABALHISTA

O crédito trabalhista goza de superprivilégio e está colocado na ordem de preferência acima do próprio executivo fiscal pelo art. 186 do CTN, diploma legal hierarquicamente superior à Lei dos Executivos Fiscais (Lei n. 6.830/80). A preferência trabalhista opõe-se, inclusive, aos credores com garantia real — penhor, anticrese, hipoteca etc. e subsiste ainda que a garantia tenha sido constituída antes. Nesse sentido, dispõem os arts. 10 e 30 da Lei n. 6.830/80, aplicáveis *ex vi* do art. 889 da CLT. O crédito acidentário perdeu a preferência, desde que a responsabilidade passou para a União.

Ensina o Ministro do Supremo Tribunal, Aliomar Baleeiro, que "o privilégio do crédito tributário pode ser considerado absoluto, pois deverá ser pago de preferência a qualquer outro, exceto os decorrentes de legislação do trabalho, isto é, salários, indenizações, incluindo-se nestas, a nosso ver, para esse fim, também as indenizações da Lei de Acidentes do Trabalho (esta agora de responsabilidade da União). O concurso de preferências, quando o sujeito passivo deve a mais de uma pessoa de direito público, está regulado pelo parágrafo único do art. 187. Os credores hipotecários, pignoratícios, anticréticos etc. não podem opor ao fisco a garantia real de que são titulares. Se alienados os bens onerados em favor desses credores, o adquirente fica sub-rogado no débito, salvo se houver prova da quitação nos títulos de aquisição, ou forem adquiridos em hasta pública, caso em que a sub-rogação se dá no preço depositado (preferência sobre hipoteca anterior: RE 74.762, *RT* 67/197; sobre penhor industrial do Dec.-lei n. 413: RE 74.856, Trigueiro, *RTJ* 66/263; *idem*, RE 74.632, Xavier, *RTJ* 67/805" (*Direito Tributário Brasileiro*. 10. ed. Forende, Rio, 1983, p. 606).

Nota: A infortunística, antes de responsabilidade do empregador, passou para a responsabilidade da União (Lei n. 8.213/90, art. 86), motivo pelo qual a preferência do crédito trabalhista é absoluta, ressalvado o caso do art. 83, I, da Lei n. 11.101/2005 (LF). Na preferência acidentária contida no inciso I do art. 83, deve ser entendida a indenização por danos materiais ou morais provenientes de acidente do trabalho.

Nas arrematações por créditos quirografários, o credor hipotecário sub-roga-se no preço depositado. Todavia, em se cuidando de crédito trabalhista, inexiste essa possibilidade, já que o credor trabalhista tem preferência no pagamento (art. 186 do CTN). O crédito hipotecário, intimado ou não o credor hipotecário, persistirá sobre o bem arrematado ou adjudicado e poderá fazer valer o seu direito nos termos do art. 333, II, do CC. Ressalva-se a hipótese do art. 1.499, inciso VI, quando a iniciativa executória parte do credor hipotecário, não tendo aplicação, portanto, quando o bem for penhorado por terceiro, *v. g.*, penhora pelo credor trabalhista, caso em que o selo hipotecário acompanhará o bem arrematado ou adjudicado (art. 33, II do CC).

No caso de "assunção de dívida", o credor hipotecário deverá ser notificado para que possa pronunciar-se de conformidade com o art. 303 do CC que diz, *in verbis*: "O adquirente do imóvel hipotecado pode tomar a seu cargo o pagamento do crédito garantido; se o credor, notificado, não impugnar em 30 (trinta) dias a transferência do débito, entender-se-á dado o assentimento."

De conformidade com citado art. 303 do CC, a notificação do credor hipotecário é obrigatória. Recebida a notificação, poderão ocorrer as seguintes hipóteses: a) o credor hipotecário, dentro do prazo de trinta dias (*tempus utile*), oferecerá impugnação, não aceitando a mudança subjetiva do devedor. A impugnação deverá ser escrita (instrumento público ou particular) ou qualquer outro meio expresso que demonstre a sua discordância. Nesse caso, embora a dívida seja garantida pela hipoteca do imóvel, o antigo devedor permanecerá também como responsável; b) se o credor hipotecário deixar transcorrer *in albis* o prazo de trinta dias, ter-se-á como concedido o consentimento. Nesse caso, o adquirente levará o imóvel com o ônus hipotecário; c) o fato de o credor hipotecário haver impugnado no prazo, não impede a transferência do bem, apenas e tão somente o antigo devedor permanecerá também responsável, caso a garantia desapareça. Há uma diferença procedimental na hipótese em que o bem hipotecado é penhorado por terceiro (art. 333, II, do CC) e quando é levado à praça pelo próprio credor hipotecário (art. 1.499 do CC). Na primeira hipótese, a execução é de iniciativa de terceiro credor e o arrematante ou o adjudicante levará consigo o bem adquirido com a dívida hipotecária que poderá ser cobrada imediatamente, já que com a penhora (art. 333, II, do CC) venceu-se imediatamente, ressalvado o art. 303 do CC. Na segunda hipótese, como vimos, a execução é levada a efeito pelo próprio credor hipotecário, não por terceiro (art. 1.499, IV, do CC). Daí resultam duas possibilidades: primeira — se o valor adquirido em hasta pública for maior do que o crédito hipotecário, o numerário que sobejar será entregue ao devedor proprietário do imóvel hipotecado; segunda — se o valor conseguido em hasta pública for menor do que o crédito hipotecário, o restante do crédito, sem garantia, transforma-se em quirografário.

31. DA ALIENAÇÃO FIDUCIÁRIA

Existem atualmente algumas empresas, principalmente no ramo de transportes, em que a frota de veículos está toda vinculada a contratos de *leasing* ou de alienação fiduciária. A praxe tem por objetivo dificultar qualquer execução contra a empresa. Em tais hipóteses, o raciocínio a ser feito em execução trabalhista não é o civilista evidentemente, mas aquele que prestigie a realidade trabalhista em que o crédito tem natureza jurídica alimentar (art. 100 da CF) e goza de superprivilégio, nos termos do art. 186 do Código Tributário Nacional com *status* de Lei Complementar. Some-se a isso o fato de a execução trabalhista, naquilo em que a CLT for omissa ou incompleta (art. 889 da CLT), ser regida pela Lei dos Executivos Fiscais (Lei n. 6.830/80), em especial pelos arts. 29, 30 e 31. Os privilégios a que se refere o art. 31 são os que dizem respeito ao crédito trabalhista e à indenização por dano material e moral proveniente de acidente de trabalho. O bem alienado fiduciariamente não constitui óbice a que seja objeto de penhora: "A impenhorabilidade do bem alienado fiduciariamente não significa que não possa ser penhorado por créditos de natureza trabalhista, dada a mais ampla proteção legal, constituindo privilégio, *ex vi* do disposto no art. 449 da CLT." (TRT-8ª R., 553/78, Ac. 9.918, rel. Juiz Álvaro Elpídio Vieira Amazonas, 12.1.1979, *LTr* 43/481.)

Em que pesem argumentos contrários, todos de ordem civilista, o bem alienado fiduciariamente não se traduz em óbice para a penhora. O devedor fiduciário, à medida que vai pagando o seu débito, vai liberando o bem, que passa a fazer parte do seu patrimônio.

Suponha-se um veículo alienado fiduciariamente que valha hoje R$ 15.000,00 (quinze mil reais) e que reste um saldo devedor de R$ 1.000,00 (mil reais). Se o bem levado à hasta pública alcançar valor que pague a dívida e ainda sobre para o credor fiduciário, não haverá qualquer prejuízo.

Todavia, se o valor for suficiente apenas para o pagamento do crédito trabalhista, este terá a preferência (art. 186 do CTN). A dívida fiduciária, a exemplo dos direitos reais, acompanhará o bem, onerando-o.

O art. 66 da Lei n. 4.728, de 14.7.1965, alterado pelo Dec.-lei n. 911, de 1º.10.1969, em seu § 7º, que aplicava à alienação fiduciária as regras do Código Civil, em especial o art. 762 do CC/1916, foi revogado pela Lei

n. 10.931/2004. O tema ora tratado pelo art. 66-B não repete a normatização anterior. O bem gravado de alienação fiduciária não pode ser ofertado pelo devedor trabalhista, em face do que dispõe o § 2º do art. 66-B. Nada impede, todavia, que o juiz da execução, de ofício, determine a penhora, tendo em conta o disposto no art. 30 da Lei n. 6.830/80, *ex vi* do art. 889 da CLT, *verbis*: "Sem prejuízo dos privilégios especiais sobre determinados bens, que sejam previstos em lei, responde pelo pagamento da Dívida Ativa da Fazenda Pública a totalidade dos bens e das rendas, de qualquer origem ou natureza, do sujeito passivo, seu espólio ou sua massa, inclusive os gravados por ônus real ou cláusula de inalienabilidade ou impenhorabilidade, seja qual for a data da constituição do ônus ou da cláusula, excetuados unicamente os bens e rendas que a lei declara absolutamente impenhoráveis." Como vimos pelas modificações introduzidas pela Lei n. 11.382/2006, a impenhorabilidade absoluta somente resiste nos incisos IV (vencimentos etc.), V (máquinas etc.), VI (seguro de vida), VII (materiais de obras em andamento), VIII (pequena propriedade rural) e IX (recursos públicos para a educação, saúde ou assistência social). O art. 650 preservou o bem de família, com o veto presidencial.

O arrematante ou o adjudicante receberá o bem com o selo de gravação fiduciária e deverá continuar honrando o débito pelo que restar.

O Código Civil cuida da matéria nos arts. 1.361 a 1.368. O art. 1.367 diz que têm aplicação à propriedade fiduciária os arts. 1.421, 1.425, 1.426, 1.427 e 1.436. Referidos artigos têm aplicação em sede civil. No processo do trabalho, como vimos retro, a matéria é direcionada pelo art. 30 da Lei n. 6.830/80 (LEF), *ex vi* do art. 889 da CLT. *Ver Súmulas ns. 489 do STF e 92 do STJ.*

Constitui providência inarredável que se faça constar do edital que o bem está onerado fiduciariamente e que o resíduo da dívida é de *x* reais.

Observação: defendemos essa tese há cerca de três décadas e já contamos com um grande número de juízes adeptos no primeiro grau e no segundo grau. O novo Código de Processo Civil dispõe *in verbis:*

> "Art. 835. A penhora observará, preferentemente, a seguinte ordem: XII — direitos aquisitivos derivados de promessa de compra e venda e de alienação fiduciária em garantia."

> ALIENAÇÃO FIDUCIÁRIA. MANUTENÇÃO DA PENHORA. A constrição judicial deve recair sobre os direitos e ações que tenha o fiduciante sobre o bem, tendo em vista a possibilidade de reversão da propriedade do bem quando da quitação integral da dívida. (Processo 01769-1999-231-04-00-1(AP) Redator: Ricardo Carvalho Fraga Data: 29.4.2008 Origem: 1ª Vara do Trabalho de Gravataí.)
>
> EMBARGOS DE TERCEIRO. PENHORA. ALIENAÇÃO FIDUCIÁRIA. Hipótese em que a penhora realizada deve ser mantida, uma vez que anterior à alienação fiduciária. Ainda que assim não fosse, a alienação fiduciária do bem não impede a penhora sobre o mesmo. O credor não tem propriedade plena sobre o bem e sim propriedade resolúvel, que é dependente do inadimplemento da obrigação do seu devedor, tendo preeminência no tema o superprivilégio do crédito trabalhista, aferido na preferência que possui sobre os créditos tributários, conforme o demonstra o art. 186 do Código Tributário Nacional, de forma a se extrair a regra de que não há impedimento, na execução trabalhista, à penhora de bens dados em garantia a título de alienação fiduciária. Recurso desprovido." (Processo 01234-2007-002-04-00-0 (AP) Redator: Eurídice Josefina Bazo Tôrres Data: 13.11.2008 Origem: 2ª Vara do Trabalho de Porto Alegre.)
>
> PENHORA SOBRE VEÍCULO ALIENADO FIDUCIARIAMENTE. Tratando-se de crédito trabalhista que detém privilégio, não há impedimento para que sejam penhorados os direitos e ações sobre o veículo alienado fiduciariamente, pois há expectativa de direito futuro decorrente da reversão dessa propriedade. ([...] Processo 00106-2005-751-04-00-4 (AP) Redator: Marçal Henri dos Santos Figueiredo Data: 17.9.2008 Origem: Vara do Trabalho de Santa Rosa.)
>
> ALIENAÇÃO FIDUCIÁRIA INCIDENTE SOBRE VEÍCULO. PENHORA DE DIREITOS DO FIDUCIANTE. A penhora de bem alienado fiduciariamente deve se dar pelos direitos e ações do fiduciante sobre o mesmo bem. Assim, considerando a natureza alimentar do crédito trabalhista, e tendo o devedor pago parcelas dos bens alienados fiduciariamente, nada impede, ainda que inferior o montante já pago a título de prestações em relação à dívida apurada no processo, sejam penhorados os direitos e ações dos bens alienados fiduciariamente. Agravo parcialmente provido." (TRT 4ª Região, AP n. 00565-1998-009-04-00-5, Juíza Relatora Dra. Rosane Serafini Casa Nova, publicado em 5.10.2007.)
>
> AGRAVO DE PETIÇÃO. PENHORA SOBRE BEM GRAVADO COM CLÁUSULA DE ALIENAÇÃO FIDUCIÁRIA. Possível a penhora em bem sobre o qual pesa alienação fiduciária. Em caso de inadimplência, a propriedade resolver-se-á em proporção frente às partes envolvidas e os pagamentos efetuados. Agravo de petição não provido. (Processo n. 02374-2007-060-02-00-7 — 12ª Turma — Relator: Davi Furtado Meirelles — Acórdão 20080495669 — DOE 13.6.2008.)

AGRAVO DE PETIÇÃO. AUTOMÓVEL COM CLÁUSULA DE ALIENAÇÃO. CONSÓRCIO. PENHORA. POSSIBILIDADE. O fato de o automóvel penhorado conter cláusula de alienação, por ter sido adquirido por consórcio ainda não quitado, não obsta sua penhora, pois o gravame acompanhará o bem, restando garantido o direito de terceiro. Agravo de Petição a que se nega provimento. (Processo n. 01940-2000-443-02-00-4 — 5ª Turma — Acórdão 20070046144 — Relator: Anélia Li Chum — DOE 23.2.2007.)

A jurisprudência, como vimos, varia na jurisdição ordinária e o Tribunal Superior do Trabalho adota a corrente restritiva. A jurisprudência, todavia, deve se formar de baixo para cima, onde recebe o sopro da realidade, numa efervescência constante. A jurisprudência restritiva afronta a prerrogativa posta no art. 186 do Código Tributário Nacional e afronta o princípio da hierarquia das normas, já que o Código Tributário Nacional tem foro de Lei Complementar.

Os adeptos da restrição olvidam que o crédito trabalhista tem natureza alimentar e que em sede fiduciária tem aplicação o mesmo princípio que vige para o credor hipotecário, constante dos arts. 303 e 333 do Código Civil.

Dissemos alhures que:

> "o art. 66 da Lei n. 4.728, de 14.07.1965, alterado pelo Dec.-lei n. 911, de 1º.10.1969, em seu § 7º, que aplicava à alienação fiduciária as regras do Código Civil, em especial o art. 762 do CC/1916, foi revogado pela Lei n. 10.931/2004. O tema ora tratado pelo art. 66-B não repete a normatização anterior. O bem gravado de alienação fiduciária não pode ser ofertado pelo devedor trabalhista, em face do que dispõe o art. 66-B. Nada impede, todavia, que o juiz da execução, de ofício, determine a penhora, tendo em conta o disposto no art. 30 da Lei n. 6.830/80, *ex vi* art. 889 da CLT. O arrematante ou o adjudicante receberá o bem com o selo de gravação fiduciária e deverá continuar honrando o débito pelo que restar. Constitui providência inarredável que se faça constar do edital que o bem está onerado fiduciariamente e que o resíduo da dívida é de x reais." Arrematado ou adjudicado o bem, o novo proprietário leva consigo o restante da dívida existente, selada por fiduciária.

Por ser esse o entendimento que não arrosta o princípio da hierarquia das normas e que protege o crédito trabalhista considerado alimentar, sem causar maus-tratos ao credor fiduciário, deverá ser adotado em algum momento por unanimidade ou por maioria absoluta, restando, talvez, um pequeno lugar para os informados.

Enquanto isso não acontece, teremos hipótese como a que descrevemos a seguir:

O empregador despediu a empregada doméstica, cujo salário não era pago há quatro meses, cujo débito se eleva a 3 mil reais. Não possui nenhum bem em seu nome; possui apenas um carro alienado fiduciariamente, adquirido em 60 prestações das quais já foram pagas 40. A empregada dispensada foi abandonada pelo marido e cuida de 5 filhos, todos menores. O juiz da execução terá que resolver se o empregador continuará locomovendo-se com o carro em detrimento da doméstica e deixará que a doméstica e sua família morra de inanição, isto é, fará ou não ou penhorará do bem gravado e o mandará à hasta pública, considerando que o devedor já é proprietário de 40/60 avos do veículo. O magistrado não cometerá nenhuma ilegalidade, repita-se, se levar em conta que o art. 186 do Código Tributário Nacional tem *status* de Lei Complementar a render tributos somente à Constituição Federal, não podendo, por isso, levar em conta a dívida fiduciária. Se o fizer, estará afrontando o princípio da hierarquia das normas e privilegiando o patrimônio em desprestígio de crédito de natureza alimentar. Tem-se, em verdade, que a fiduciária foi erigida a verdadeiro "tabu" lançando espécie de obnubilação, de obscuridade, com forte no entendimento civilista. No processo civil, pode e deve ser aplicada. No processo do trabalho, temos o art. 889 da CLT, a Lei n. 6.830/1980 e o art. 186 da Lei n. 5.172/66 (CTN-Lei Complementar). Numa interpretação sistemática com aplicação rigorosa de princípios de hermenêutica, não há como dar guarida ao que dispõe o art. 66 da Lei n. 4.728/1965, alterada pelo Dec.-lei n. 911/1969, em seu § 7º, que aplicava as regras civilistas, em especial o art. 762 do CC/1916, revogado pela Lei n. 10.931/2004.

RECURSO DE EMBARGOS — PENHORA — EXECUÇÃO — CÉDULA DE CRÉDITO INDUSTRIAL — BEM GRAVADO COM ALIENAÇÃO FIDUCIÁRIA — OFENSA AO ATO JURÍDICO PERFEITO — VIOLAÇÃO DO ART. 896 DA CLT CONFIGURADA. Tratando-se de cédula de crédito industrial gravada por alienação fiduciária, a determinação de penhora do bem que não se encontra no domínio do devedor-executado ofende o princípio constitucional que protege o ato jurídico perfeito, inscrito no inciso XXXVI do art. 5º da Constituição Federal. A cédula de crédito industrial garantida por alienação fiduciária difere sobremaneira das cédulas de crédito rural pignoratícia ou hipotecária. Enquanto naquele caso o domínio do bem alienado permanece na esfera jurídica do credor, nos termos do art. 66 da Lei n. 4.728/65, nestes a titularidade do bem permanece sob o domínio do devedor-executado, razão pela qual não se há de falar em penhora de bem gravado por alienação fiduciária. Nesse sentido encontra-se a redação da Orientação Jurisprudencial n. 226 da SBDI-1. Recurso de embargos conhecido e provido. (Processo: E-RR — 3899/2002-906-06-00.1 Data de Julgamento: 30.6.2008, Relator Ministro: Aloysio Corrêa da Veiga, Subseção I Especializada em Dissídios Individuais — Data de Publicação: DJU 22.8.2008. (Grifo nosso.)

(TST-076227) AGRAVO DE INSTRUMENTO EM RECURSO DE REVISTA. EXECUÇÃO. CÁLCULOS DE LIQUIDAÇÃO. METODOLOGIA EMPREGADA PARA O CÁLCULO DA MÉDIA DAS COMISSÕES. CORREÇÃO MONETÁRIA. A pretensão do executado esbarra na necessidade de análise dos procedimentos adotados pelo Tribunal Regional, na confecção da conta de liquidação, sobretudo em face de alteração da moeda vigente à época, o que torna a alegada ofensa ao art. 5º, XXXV, da Constituição Federal tão somente reflexa e, por conseguinte, inviável o cabimento de recurso de revista, em execução, a teor do art. 896, § 2º, da CLT e da Súmula n. 266 do TST. Agravo de instrumento a que se nega provimento. (AIRR n. 2007/1994-025-04-40, 7ª Turma do TST, Rel. Pedro Paulo Manus, j. 11.2.2009, unânime, DJ 13.2.2009.)

As ementas retro do Tribunal Superior do Trabalho não apresentam simetria ao analisarem o mesmo tema constitucional: inciso XXXVI do art. 5º.

Na primeira ementa, verifica-se que a Subseção Especializada em Dissídios Individuais analisou o recurso de embargos e chegou à conclusão de que a penhora de bem alienado fiduciariamente ofendia o inciso XXXVI, do art. 5º, da Constituição, no que diz respeito ao ato jurídico perfeito. Isto é, a C. Subseção Especializada libertou-se do óbice da Súmula n. 266 e analisou a lei infraconstitucional para conhecer e prover o recurso de reflexa, como vem decidindo a quase unanimidade do TST.

Já na segunda ementa, em que o tema debatido é liquidação de sentença, que poderá perfeitamente envolver o excesso de execução, decidiu-se pelo não cabimento da recurso em sede executória sob o argumento de que a ofensa ao inciso XXXXVI do art. 5º é apenas reflexa e sem possibilidade de análise de lei infraconstitucional com forte na Súmula n. 266.

A primeira ementa está correta ao dizer que a ofensa é direta e não reflexa do ato jurídico perfeito. Apenas não está correta ao reconhecer a impossibilidade da penhora, arrostando os arts. 889 da CLT, 186 do Código Tributário Nacional e a Lei n. 6.830/80, arts. 29 e 30.

A segunda ementa segue a quase totalidade do TST e afirma que, para reconhecer erros na liquidação de sentença, dizemos nós ainda que seja por excesso de execução, haveria a necessidade de analisar lei infraconstitucional, providência defesa pela Súmula n. 266.

O engano está na conceituação. Todo excesso que for imposto à coisa julgada, quer em cálculos, quer por excesso ou redução de execução, fere diretamente esta (inciso XXXVI do art. 5º), não havendo necessidade de analisar lei infraconstitucional para que isso seja constatado.

A incoerência cometida na análise — já que não devemos falar em erro, posto que erra quem nada sabe — está no entendimento distorcido do verdadeiro conteúdo da Súmula n. 266 do TST. Com isso, a norma constitucional em sede executória vem sendo desrespeitada sem qualquer cerimônia pelas jurisdições ordinárias, certas de que a Súmula n. 266 continuará operando ainda por muito tempo como barreira instransponível, neutralizando até mesmo o recurso extraordinário para a Excelsa Corte em âmbito executório. Com isso, dá-se celeridade, mas não se faz justiça. Os jurisdicionados já não olham o Judiciário trabalhista com a mesma confiança! A celeridade não deve nem pode arrostar princípios outros, principalmente o da veracidade que é o de dar a cada um aquilo que lhe pertence: nem mais nem menos. A celeridade será sempre desejada, mas não a qualquer preço. Deve conviver de forma harmônica com os demais princípios.

Repetimos aqui o que dissemos antes. O legislador do novo Código de Processo Civil foi mais sensível à realidade e incluiu a penhora de bem gravado com alienação fiduciária no art. 835, inciso XII : " direitos aquisitivos derivados de promessa de compra e venda e de ALIENAÇÃO FIDUCIÁRIA EM GARANTIA" (g. n). Esse mesmo raciocínio pode e deve ser aplicado para a penhora de bem gravado de *leasing*, usando-se por analogia os arts. 303 e 333, II, do Código Civil, que permite a penhora e a alienação de bem gravado com direito real. O novo Código veio corrigir distorção, não só civilista, mas principalmente no processo do trabalho em que os juízes seguiam, como regra, a jurisprudência civilista, olvidando o superprivilégio do crédito trabalhista com o referendo do art. 186 do Código Tributário Nacional, lei com *status* de Lei Complementar, enquanto a garantia fiduciária está prevista em lei ordinária (princípio da hierarquia das normas).

32. DO REGISTRO DA PENHORA

Em se tratando de bens móveis, não há necessidade de registro da penhora. Todavia, determinados bens móveis exigem certas providências: a penhora de veículo deve ser comunicada ao Detran; a penhora de ações de empresa de capital aberto deve ser comunicada à Bolsa de Valores; de aeronave, deve ser comunicada ao Departamento da Aeronáutica; de cota de sócio, deve ser registrada à margem do contrato social da empresa na Junta Comercial e comunicada aos demais sócios, posto que terão preferência na arrematação. O registro da penhora ou do arresto independerá do pagamento de custas ou outras despesas, observado o disposto no art. 14 (art. 7º, IV, da Lei n. 6.830/80).

Entendemos que esse preceito há de ser adaptado, determinando-se que o órgão competente margeie as despesas existentes, as quais serão pagas no final, nos termos da Lei n. 6.899/81, evitando-se o enriquecimento sem causa do devedor que corre à álea do processo. Sobre o assunto, traçando normas, veio a lume o Provimento CR n. 5/84 (hoje 8/84) da Corregedoria da Justiça do Trabalho da 2ª Região.

Antes do provimento retro, era de certa forma comum o oficial de registro de cartório imobiliário recusar-se a efetuar o registro da penhora, e muitas vezes apoiado pelo próprio juiz corregedor, sem que o exequente pudesse efetuar o pagamento, numa demonstração eloquente de avidez desenfreada e ao arrepio da própria lei.

No Parecer n. 135/84 da Corregedoria da Justiça Comum de São Paulo, encontrava-se a seguinte afirmação: "Inaplicável, assim, o disposto no inc. IV do art. 7º da Lei n. 6.830/80, seja porque o registro da penhora não tipifica trâmite ou incidente da execução, seja porque não foi intenção do legislador conferir idêntico tratamento aos interesses do Estado e aos de reclamante trabalhista." (*sic*)

A afirmação, sem dúvida, demonstrava desconhecimento da matéria pelo ilustre parecerista, já que não atentara sequer para o disposto no art. 186 do CTN, na sua redação anterior: "O crédito tributário prefere a qualquer outro, seja qual for sua natureza ou o tempo de sua constituição, ressalvados os créditos decorrentes da legislação do trabalho."

Mais adiante, o ilustre parecerista afirmava que "doutrina e jurisprudência não exigem o registro da penhora".

A afirmação contrariava norma contida no art. 240 da Lei n. 6.015, de 31.12.1973 (Lei dos Registros Públicos), que dispõe: "O registro da penhora faz prova quanto à fraude de qualquer transação posterior."

Ademais, tem a parte o direito inalienável de usar todas as providências legais à sua disposição com o objetivo de frustrar qualquer discussão futura. *Alieno facto jus alterius non mutatur* (não se muda o direito de alguém por fato alheio).

E o fato de parte da doutrina e parte da jurisprudência então entenderem desnecessária a providência, isso não constituía motivo bastante para se impor ao interessado risco que não queria, não desejava, nem deveria correr. O argumento usado contrariava o princípio de que ninguém está obrigado a fazer ou de não fazer alguma coisa senão em virtude de lei. E, neste caso, a própria lei (art. 240) já determina o registro.

Felizmente, com a edição do Provimento da CRT da 2ª Região CR n. 5/84 (hoje 8/84) e, mais recentemente, da Lei n. 10.444/2002, que acresceu o § 4º (nova redação dada pela Lei n. 11.382/2006) ao art. 659 do CPC, a matéria restou superada em prestígio da própria justiça.

Nota: A antiga redação (Lei n. 10.444/2002) usava corretamente o termo "registro" da penhora. Referido § 4º teve a sua redação alterada pela Lei n. 11.382/2006, a saber: "A penhora de bens imóveis realizar-se-á mediante auto ou termo de penhora, cabendo ao exequente, sem prejuízo da imediata intimação do executado (art. 652, § 4º), providenciar, para presunção absoluta de conhecimento por terceiros, a respectiva 'averbação' no ofício imobiliário, mediante a apresentação de certidão de inteiro teor do ato, independentemente de mandado judicial." Todavia, lamentavelmente, vem se tornando uma tônica o uso de terminologia incorreta pelo legislador, que, no caso, parece entender que "averbação" e "registro" têm os mesmos significados. Entretanto, sem razão, como se verifica do art. 167, I, n. 5, e do art. 240 da Lei dos Registros Públicos. Há cerca de três décadas, a Lei dos Registros Públicos determinava o registro no Cartório de Registro Imobiliário (CRI) para a transferência da posse e domínio do bem imóvel, enquanto a penhora era "averbada". A partir de então, o registro no Cartório passou a denominar-se "matrícula" e a "averbação" passou a ser registro.

Com a modificação ora trazida pela Lei n. 10.444/2002 ao art. 659, com a inclusão do § 4º, ora referendado pela Lei n. 11.382/2006, o registro da penhora passou a ser exigência *ad solemnitatem*. Disso resulta que, sem registro, não haverá penhora formalizada. Não havendo penhora formalizada, o terceiro adquirente será sempre de boa-fé. A nova redação veio confirmar aquilo que afirmávamos e pôs fim à discussão jurisprudencial estéril que contrariava, inclusive, o art. 240 da LEF.

Walter Ceneviva registrava entendimento do Conselho Superior da Magistratura de São Paulo:

> "636. Penhora incidente sobre bem alienado — A interpretação deste artigo tem sido objeto de discussão: a contar da exegese adotada pelo Conselho Superior da Magistratura, em São Paulo, de que penhora anterior à alienação do bem pode ser registrada após o registro aquisitivo do adquirente e junto a este. Essa corrente aceita que, feito negócio pertinente a imóvel, o adquirente tem o dever de obter prévias certidões forenses esclarecedoras da situação do alienante. Denunciada por elas a penhora — ainda não levada ao cartório imobiliário — e público que é o processo, aberto ao conhecimento de todos, o adquirente não se pode escusar, alegando boa-fé. Deve ser atingido pelo registro da penhora."
>
> "637. Inconveniente quebra de sistema criada pela jurisprudência — Com este caminho introduz-se uma quebra inaceitável do sistema: afasta-se a predominância do direito real e se dá realce ao pessoal, inerente à penhora não registrada. É interpretação contrária à letra do art. 240. Deste resulta a afirmação positiva de que só o registro da penhora faz prova, quanto à fraude, de transação posterior e de que, a contrário, enquanto inexistente o registro, não se pode alegar, por força da lei. Lançada a penhora nos assentamentos do cartório de imóveis, só então será conhecível pelo outorgado comprador de modo apto a repercutir na esfera de seu direito. A cognoscibilidade que decorre das certidões forenses pedidas ao alienante é relevante, mas com feição secundária. Por meio do registro de imóvel, a realidade se torna oponível ao terceiro, como fim precípuo desse tipo de assentamento público. Em composição mais antiga entendeu o CSMSP que, 'se o imóvel objeto de carta de arrematação está transcrito em nome de terceiro e não do executado na execução fiscal, tal fato obsta a transcrição, sob pena de se atentar contra o princípio da continuidade, que rege o sistema registrário brasileiro'."
>
> "638. Adstrição ao princípio da coisa julgada da Justiça do Trabalho — O CSMSP reformou decisão do juiz corregedor de cartório imobiliário cujo oficial recusou o cumprimento a mandado expedido por juiz presidente de Junta de Conciliação e Julgamento [hoje Vara do Trabalho] em processo de execução trabalhista no qual era executada uma empresa. A responsabilidade dos titulares de uma certa transcrição, na condição de sócios ou ex-sócios da executada, restou reconhecida perante a Justiça do Trabalho. Considerou, todavia, o CSMSP: 'O oficial, suscitada a dúvida, e a corregedoria, acolhendo-a, ultrapassaram os lindes da atividade administrativa de que são detentores, pois atingiram e afrontaram a atividade jurisdicional do Poder Judiciário, representada pela decisão do juiz do trabalho que dirimiu controvérsia judicial e ditou o direito a ser aplicado. A matéria está afeta à jurisdição da Justiça do Trabalho, a que não se pode sobrepor a jurisdição administrativa da corregedoria dos ofícios de registro público. Certo ou errado, a Junta de Conciliação e Julgamento [hoje Vara do Trabalho] envolveu os proprietários do imóvel na execução de que se trata; determinou a penhora e a tem por boa e regular para os fins executórios. O registro de imóveis só tem que respeitar o que foi disposto na jurisdição competente, perante a qual as razões dos prejudicados terão de ser deduzidas em processo próprio, para alcançarem o levantamento da penhora'." (Lei dos Registros Públicos (atualizada conforme as Leis ns. 11.789. 11.790 e 11.802/2008), 19ª Saraiva, São Paulo, 2009, p. 523.)

33. DA PENHORA DE BEM DE FAMÍLIA

A Lei n. 8.009, de 29.3.1990, dispõe sobre a impenhorabilidade do bem de família, excepcionando os veículos de transporte, obras de arte e adornos suntuosos.

Para os efeitos de impenhorabilidade, de que trata a lei, considera-se residência um único imóvel utilizado pelo casal ou pela entidade familiar para moradia permanente (art. 5º).

Em sendo imóvel rural, a impenhorabilidade restringir-se-á à sede de moradia, com os respectivos móveis, e, no caso do art. 5º, XXVI, da CF (pequena propriedade rural), à área limitada como pequena propriedade rural (art. 4º, § 2º). O § 3º, do art. 649, do CPC, que permitia a penhora do bem de família, foi vetado pela autoridade competente.

Segundo o art. 3º, a impenhorabilidade é oponível em qualquer processo de execução civil, fiscal, previdenciária, trabalhista. Excepciona no inciso I para aqueles casos em que o crédito trabalhista seja de trabalhador da própria residência e das respectivas contribuições previdenciárias.

Todavia, a persistir a exceção da lei no tocante às contribuições previdenciárias, ainda que restrita, estar-se-á malferindo preceito expresso no art. 186 do CTN.

Temos para nós, também, que referida lei, ao investir contra o crédito trabalhista, desrespeita mandamento constitucional, que premia os créditos de natureza alimentícia (art. 100), aí incluído o crédito trabalhista em sua inteireza, não somente aquele do trabalhador na residência. Ao se impedir que seja penhorado bem do sócio, cuja empresa desapareceu com o fundo de comércio, estar-se-á transferindo para o trabalhador o risco do empreendimento. Quando o empreendimento não dá certo e a empresa não se mostra idônea financeira e economicamente, pouco importando o motivo ou causa do insucesso, o trabalhador nunca responderá, e isso porque jamais corre os riscos do empreendimento, porque também jamais participa do lucro da empresa, ressalvadas honrosas exceções.

Assim, se se tiver de levar à praça um imóvel ou bem do sócio cuja empresa se tornou insolvente ou desapareceu com o fundo de comércio, não se há de perquirir se aquele é o único bem do sócio. E tudo isso porque o trabalhador, em sua quase unanimidade, nunca teve casa para morar e a expectativa de um dia vir a ter é tão remota que permanece como sonho, um desejo de difícil realização. O crédito trabalhista há de ser pago com todas as preferências, posto que se cuida não de morar, já que muitos moram embaixo de viadutos, mas de sobrevivência.

De resto, a Lei n. 5.172/66 (CTN) tem a dignidade de lei complementar, não podendo ser obstada ou malferida por lei ordinária. A Lei n. 8.009/90 não tem aplicabilidade em âmbito do direito trabalhista, a uma, porque desrespeita preceito da própria Constituição, e a duas, porque investe contra lei hierarquicamente superior, que se traduz no art. 186 do CTN (Lei Complementar).

Os comentários que seguem sobre o Projeto de Lei infranomeada foram frustrados pelo veto presidencial ao parágrafo único, do art. 650, do CPC. A Lei n. 11.382/2006 havia confirmado o conteúdo do PL. O legislador havia demonstrado sensibilidade ao pretender terminar com uma regalia odiosa que garante ao devedor morar em residências suntuosas, em vez de morar de forma mais modesta e pagar as suas dívidas. Deve-se o veto à falta de sensibilidade social. Some-se aqui o veto ao inciso IV do art. 649, cujo § 3º dizia, *in verbis*: "Na hipótese do inciso IV do *caput* deste artigo, será considerado penhorável até 40% (quarenta por cento) do total recebido mensalmente acima de 20 (vinte) salários mínimos, calculados após efetuados os descontos de imposto de renda retido na fonte, contribuição previdenciária oficial e outros descontos compulsórios." Esse parágrafo possibilitava a cobrança sobre salários, pensões etc. vultosos, praxe adotada pelo processo do trabalho, tendo em conta o privilégio do crédito trabalhista e a sua natureza salarial. Com esses dois vetos, permite-se ao mau pagador que continue vivendo nababescamente, morando em mansão e recebendo salário elevado. O legislador mostrou sensibilidade social e marcou posição de vanguarda. O Poder Executivo, com o veto presidencial, frustrou o avanço social.

33.1. Do valor do bem de família

De conformidade com o artigo 1.711 do CC, o valor não poderá ultrapassar 1/3 (um terço) do patrimônio líquido existente ao tempo da instituição, mantidas as regras sobre a impenhorabilidade do imóvel residencial em lei especial. Com essa restrição, pretendeu o legislador obstar que, parte considerável do patrimônio, ou mesmo a totalidade, do bem fosse tocado pela impenhorabilidade e permanecesse imobilizado, o que seguramente viria em prejuízo de futuros credores, situação que poderia acoroçoar atitudes fraudatórias. Os arts. 1º e 5º, parágrafo único, da Lei n. 8.009/1990, devem ser interpretados de forma sistemática com o art. 1.711 do CC, do que resultará que, em existindo um único imóvel cujo valor ultrapasse o valor de uma residência que ofereça condições normais de moradia, ele deverá adequar-se ao terço (1/3) previsto no Código Civil. Poderá ser enviado à praça, garantido ao devedor um terço do valor do bem do que for arrecadado na hasta pública. Isso para os créditos que não sejam beneficiados com a preferência do art. 186 do Código Tributário Nacional. Para aqueles que forem beneficiados com a preferência, não vemos como possa prevalecer a Lei n. 8.009/1990 sem causar maus-tratos ao Código Tributário Nacional em face do princípio da hierarquia das normas, posto que possui *status* de Lei Complementar.

A lei é uma construção cultural com objetivo de prover para uma situação e não para garantir vantagens. No caso do crédito trabalhista, essa situação seria não só injusta, mas ilegal por contrariar o *caput* do art. 1.711 do CC. Tenha-se em mente que o crédito trabalhista tem finalidade alimentar. Em se apresentando a hipótese, não vemos óbice para que o bem seja penhorado para garantir o crédito trabalhista, devendo o responsável (sócio da empresa) responder e buscar o ressarcimento de forma regressiva na empresa que se mostrou inidônea econômica e financeiramente, cujo fundo de comércio, na maioria das vezes, desapareceu impedindo que o sócio se utilizasse do benefício previsto no art. 596 do CPC (art. 795 do CPCn).

33.2. Da legalização do bem de família

O bem de família pode ser instituído pela sociedade familiar por iniciativa dos cônjuges ou da entidade familiar, ou por testamento, exclusivamente por meio de escritura pública. A desobediência da lei na Constituição deságua na ineficácia do ato. Por outro lado, como regra, somente quem é proprietário do imóvel pode instituí-lo bem de família em benefício próprio ou em favor de terceiro. A lei restringe limite econômico expresso a um terço (1/3) do valor do patrimônio líquido (art. 1.711 do CC). Considera-se constituído pelo registro de seu título no Registro de Imóveis, de conformidade com a Lei dos Registros Públicos, art. 167, inciso I, n. 1. Somente com o registro se confirma a publicidade do ato para validade contra terceiros, atribuindo oponibilidade *erga omnes*. Na falta de registro, o bem de família não se constitui e o bem poderá ser penhorado. O bem de família é isento de execução por dívidas posteriores à sua instituição, salvo a de hipoteca e as que provierem de tributos relativos ao prédio, ou de despesas condominiais (art. 1.715 do CC). Para que a parte possa apresentar óbice à penhora deverá comprovar a constituição do bem de família, mediante o hábil registro.

33.3. Da locação do imóvel gravado de bem de família

Tem-se pela Lei n. 8.009/1990 que o art. 1º, *caput*, traz expressamente a expressão "que sejam seus proprietários e nele residam, salvo nas hipóteses previstas em lei". O art. 1.723 do CC a seu turno não encampa a restrição e diz apenas prédio urbano ou rural, servindo em ambos os casos "a domicílio familiar". Numa interpretação sistemática do que dispõem o art. 1º da lei e o Código Civil, tem-se que o uso do bem de família não estará restrito a que sirva de residência ou de domicílio ao beneficiário, mas de domicílio familiar. O legislador civilista está mais rente à realidade. A prática judicante diária é prenhe de exemplos no sentido de que o beneficiário do bem de família não tem condições de sobrevivência se não alugar o imóvel urbano ou rural. Registramos caso concreto em que a viúva alugou o imóvel modesto por dois mil reais, e noutro foi morar por 500 reais. Com a sobra, sobrevive e mantém a filha estudando. De resto, a própria Lei n. 8.009/1990 não fez qualquer proibição expressa nesse sentido. Nesse caso, o fruto do bem gravado tem a mesma natureza jurídica de bem de família, baseada no princípio civilista de que o acessório segue o principal. Entendimento diverso afronta a realidade e não deve ser tolerado. Tem-se aqui, *mutatis mutandis*, o mesmo princípio que rege o usufruto e que não impede que o usufrutuário alugue o imóvel para sobreviver da renda proveniente do aluguel.

33.4. Do solteiro e o bem de família

Quando se fala em bem de família vem imediatamente a ideia de que o elemento solteiro não estaria beneficiado pela Lei n. 8.009/1990. O art. 5º da Lei diz que "Para os efeitos de impenhorabilidade, de que trata esta lei, considera-se residência um único imóvel utilizado pelo casal ou pela entidade familiar para moradia permanente". O art. 1.714 do CC menciona a palavra "cônjuges" a confirmar a situação familiar.

Alerta Fabrício Zamprogna Matiello que "Aos solteiros, todavia, não é dado instituírem bem de família; tampouco poderão assim proceder os tutores e os curadores em proveito dos tutelados e curatelados" (*Código Civil comentado*. 3. ed. São Paulo: LTr, 2008. p. 1119).

Dispõe o léxico: "Família é um grupo de pessoas vivendo sobre o mesmo teto (pai, mãe e filhos)" (*Dicionários Houaiss*. Rio de Janeiro: Objetiva, 2001. p. 1304).

Não nos parece que o benefício possa ser restrito à entidade familiar como apregoa o léxico. Nem a lei restringe a tanto, uma vez que poderá ser conceituada de família a união de marido e de mulher, ainda que não tenham filhos, *v. g.*, poderá ser estéril e obviamente a lei não restringe tais casos. Temos aí uma exceção como fruto da realidade. Não nos esqueçamos de que a lei é instituída para prover para uma realidade. Outras hipóteses poderão ser indicadas: a Constituição Federal, art. 226, § 3º, considera entidade familiar a "união estável" e o § 4º considera "entidade familiar" "a comunidade formada por qualquer dos pais e seus descendentes". Temos aí outra exceção, qual seja, a entidade familiar não constituída de marido e mulher, mas de companheiro e de companheira e de casais do mesmo sexo. A Lei n. 9.278/1996, que regula a união estável, foi considerada aplicável para as uniões homoafetivas (entre pessoas do mesmo sexo) pelo Superior Tribunal de Justiça. O que significa a ampliação da entidade familiar com a união estável de pessoas do mesmo sexo, com possibilidade inclusive de adoção. *Ver julgamentos nos Processos STJ — REsp 148.897*, relator Ministro Ruy Rosado de Aguiar; REsp 395.904, relator Ministro Háleio Quaglia Barbosa; REsp 238.715, Ministro Humberto Gomes Barros, todos reconhecendo como união estável (entidade familiar) a união entre pessoas do mesmo sexo. Tem-se, pois, que a Constituição Federal, ao proteger a união estável, dando o mesmo tratamento como se casados fossem, não proibiu o reconhecimento da união estável entre pessoas do mesmo sexo. Do que resulta que a lei ordinária pode tudo aquilo que a Constituição não proíbe.

Fizemos esse introito como pano de fundo antes de analisarmos o direito de o indivíduo solteiro ser beneficiado pela Lei n. 8.009/1990. Como vimos, a restrição que existia no conceito de "entidade familiar" foi aos poucos cedendo espaço e a Constituição de 1988 incluiu naquele conceito a união estável entre pessoas de sexos diferentes e a doutrina e a jurisprudência avançaram no sentido de conhecimento de união estável entre pessoas do mesmo sexo.

O indivíduo solteiro não surgiu do nada, ele é fruto do relacionamento de homem e mulher. Certamente, nasceu no seio de uma entidade familiar. O fato de haver ficado só pelo falecimento dos pais ou mesmo pelo fato de passar a morar só, fora da casa dos pais ou por haver se divorciado não pode significar que perdeu o vínculo que o prende à entidade *mater* que é a família. A entidade familiar, embora numa conceituação típica seja constituída de marido e mulher, com ou sem filhos, de companheiro e companheira, com ou sem filhos, não se desvirtua, com a morte ou com a separação. O solteiro está na mesma posição de um casal sem filhos e que um deles falece. Não se pode concluir que o cônjuge supérstite tenha perdido o caráter de "entidade familiar".

Com oportunidade, o Superior Tribunal de Justiça editou a Súmula n. 364: "O conceito de impenhorabilidade de bem de família abrange também o imóvel pertencente a pessoas solteiras, separadas e viúvas.".

34. DA PENHORA SOBRE DEPÓSITOS DE INSTITUIÇÃO FINANCEIRA

A penhora de dinheiro existente na tesouraria da instituição financeira não se reveste de ilegalidade e não imprime maus-tratos à Lei n. 4.595/64, que dispõe sobre a política e as instituições monetárias, bancárias e creditícias, cria o Conselho Monetário Nacional e dá outras providências, e a Lei Complementar n. 105/2001, que dispõe sobre o sigilo das operações de instituições financeiras e dá outras providências. O Superior Tribunal de Justiça (Processo REsp n. 342287) decidiu que "o dinheiro disponível nos caixas das instituições financeiras pode ser penhorado, com exceção das reservas técnicas mantidas pelas instituições no Banco Central". Com essa decisão, fora confirmada a penhora de quantia determinada para prover à execução contra a Caixa Econômica Federal. Como dizíamos nas edições anteriores, esse entendimento já fora firmado há mais de uma década.

A penhora apenas não pode atingir numerário que diga respeito às reservas bancárias que a lei considera impenhoráveis. Nesse sentido, entendimento esposado pelo Superior Tribunal de Justiça:

> Penhora — Banco — Reservas bancárias. Determinou o tribunal *a quo* que a penhora seria efetivada em dinheiro que não estivesse incluído nas importâncias referentes às reservas bancárias mantidas junto ao Banco Central do Brasil, não restando caracterizadas, portanto, as apontadas contrariedades, como a divergência jurisprudencial, eis que o paradigma afasta a penhora da conta "reservas bancárias". Aferir as alegações recursais, no sentido de que todo numerário captado no mercado pertence à reserva bancária, e ultrapassar os fundamentos do acórdão recorrido, necessário seria analisar as circulares do Banco Central do Brasil e o próprio regulamento que disciplina as reservas bancárias, além de adentrar em peculiaridades fáticas do caso concreto, o que se torna inviável em sede de recurso especial. (STJ, 3ª T., AG-AI 208.822/PR, rel. Min. Menezes Direito, v. u., 26.4.1999, *Coad Info* 26/99, n. 88198.)

Interessante constatar que as instituições financeiras aplicam o numerário que lhes é entregue em depósito e respondem perante os depositantes pelos valores depositados. Em verdade, confundem o seu numerário próprio com os depósitos recebidos. A penhora é feita sempre sobre o seu numerário próprio.

35. DA PENHORA EM EXECUÇÃO TRABALHISTA SOBRE IMÓVEL PENHORADO EM EXECUÇÃO FISCAL

Dispõe a Lei n. 8.212, de 24.7.1991, art. 53, que, "na execução judicial da dívida ativa da União, suas autarquias e fundações públicas, será facultado ao exequente indicar bens à penhora, a qual será efetivada concomitantemente com a citação inicial do devedor. § 1º Os bens penhorados nos termos deste artigo ficam desde logo indisponíveis".

Evidentemente, referidos preceitos deverão ser interpretados em consonância com o art. 100 da CF, o art. 29 da Lei n. 6.830/80 (LEF) e os arts. 186 e 187 do CTN, os quais informam sobre a execução trabalhista (art. 889 da

CLT). Vale dizer, a "indisponibilidade" de que fala o § 1º retrocitado diz respeito àqueles créditos cuja preferência não esteja acima do crédito tributário.

Daí por que discordamos do entendimento do Egrégio Conselho Superior da Magistratura do Estado de São Paulo, expendido na Ap. Cív. n. 29.886-0/4, de São Paulo, *DOE* 4.6.1996: "O outro óbice (indisponibilidade), contudo, não pode ser superado enquanto não liberadas as constrições decorrentes de penhoras concretizadas em execuções fiscais movidas pela Fazenda Nacional contra a pessoa jurídica que figura no registro como titular de domínio. A indisponibilidade a que se refere a Lei n. 8.212/91 não é aquela decorrente exclusivamente de ato jurídico bilateral, voluntário, e envolve inclusive a expropriação forçada e consequente de venda judicial para pagamento de obrigações do devedor: A indisponibilidade é forma especial de inalienabilidade e de impenhorabilidade (cf. CENEVIVA, Walter. *Manual do registro de imóveis*, p. 143), impedindo, a exemplo do que ocorre com os casos de bens de diretores e sócios de sociedades e empresas em regime de liquidação extrajudicial, acesso de todo e qualquer título de disposição ou de oneração, ainda que confeccionado em data anterior à liquidação propriamente dita. O dispositivo tem caráter amplo e genérico, e não compete ao registrador interpretá-lo restritivamente.

Não nos parece que assim seja.

Suponha-se a hipótese da existência de débitos tributários e trabalhistas contra determinado devedor, sendo certo que ele somente possui um único bem imóvel, e que o poder público haja efetuado a penhora. A prevalecer o entendimento acima mencionado, com a penhora do único bem, ele ficaria indisponível, enquanto o ente público não se recebesse do seu crédito, e o crédito trabalhista, que goza de superprivilégio nos termos do art. 186 do CTN, passaria a segundo plano e perderia preferência ao crédito tributário, alavancando o desprestígio à lei. No caso trabalhista, Lei Complementar.

Mirando-se por outra ótica, tem-se que a "indisponibilidade" de que fala a lei diz respeito ao proprietário. Os bens declarados indisponíveis pela Lei n. 8.212/91 não estão e não poderiam estar alijados da execução trabalhista. Essa não foi a *mens legislatoris* e não poderia sê-lo em face do superprivilégio e da natureza jurídica do crédito trabalhista. Ademais, o art. 53 da Lei n. 8.212/91, que registra exceção à regra que permite a alienação do bem, ainda que constrito, em nenhum momento declara que, depois da prelação do bem em execução fiscal, o imóvel tornar-se-ia impenhorável ou inalienável.

Não se olvide, todavia, que não se pode evitar que o bem penhorado seja alienado pelo devedor. E a alienação assim levada a efeito terá pleno valor entre as partes contratantes (*pacta sunt servanda*). A consequência é que a alienação é ineficaz em relação ao credor que tenha efetuado a penhora do bem, o que significa que o comprador levará o bem com o ônus que o grava. Vale dizer, se a dívida não for remida pelo devedor, com liberação da penhora, o bem, ainda que alienado, será levado à hasta pública. *Ver art. 240 da Lei dos Registros Públicos.*

Duas conclusões se nos afiguram possíveis: a) a Lei n. 8.212/91, art. 53, § 1º, inovou e retirou do proprietário a faculdade de dispor de imóvel penhorado em execução fiscal promovida pela União, suas autarquias ou fundações; b) o bem penhorado pelo ente público não constitui óbice à nova penhora para pagamento de créditos trabalhistas, tendo estes preferência sobre o executivo fiscal, não se levando em conta a preferência da penhora (art. 612 do CPC, art. 797 do CPCn), nem a anterioridade do crédito.

36. DA PENHORA DE BEM GRAVADO DE *LEASING*

No contrato de *leasing*, a empresa usuária detém a posse direta dos bens dos quais é depositária. Durante o prazo da operação de *leasing*, a empresa usuária pagará aluguéis, normalmente mensais. Findo o prazo contratual, a empresa usuária optará por uma das hipóteses que seguem: a) renovar o arrendamento; b) devolver o equipamento para venda a terceiros; c) comprar o bem arrendado por um montante estipulado no início do contrato, denominado valor residual.

Durante o prazo do contrato, o bem não compõe o ativo da empresa, não pertence ao usuário e não pode ser penhorado.

Todavia, existe uma nova espécie de *leasing*, muito usada atualmente sobre veículos, em que o valor residual, que haveria de ser pago no final, é pago mensalmente em parcelas que se somam ao aluguel mensal. Disso decorre que, no final do contrato, o cliente será o proprietário do bem.

Tem-se, pois, que a parte adquire mês a mês aquele patrimônio, não havendo por que não se aplicarem em tais casos as mesmas regras da alienação fiduciária.

Em tais casos, o bem poderá ser objeto de penhora se outro bem não existir para garantir a execução de crédito trabalhista. O fato de não estar contabilizado no patrimônio da empresa não significa obstáculo, já que integra o patrimônio de fato. Reportamo-nos aos comentários dos itens 33.1, 2, 3 e 4.

37. DO PROCESSO DO TRABALHO — APLICAÇÃO DO ART. 475-J (ART. 523, § 1º, DO CPCn)

O Tribunal Superior de Justiça tem a última palavra na interpretação de lei federal (art. 105, III,"c", da Constituição Federal) e decidiu que o art. 475-J, recepcionado pelo artigo 523, § 1º, do novo Código de Processo Civil que entrará em vigor em março de 2016, tem aplicação ao processo do trabalho:

> Trata-se, na origem, de ação rescisória em reclamação trabalhista que foi proposta, distribuída e sentenciada antes da CF/1988, quando ainda a Justiça Federal detinha competência para julgar demandas trabalhistas contra empresas públicas federais. No REsp, a CEF, em se tratando de reclamação trabalhista regida pela CLT, insurge-se quanto à aplicação do art. 475-J do CPC. Destaca o Min. Relator que a questão consiste em definir se o citado dispositivo pode ser aplicado na fase de cumprimento de uma sentença condenatória de natureza trabalhista. Explica que o citado artigo é inovação trazida pela reforma processual promovida pela Lei n. 11.232/2005, a qual pôs fim à execução para entrega de quantia certa como processo autônomo, substituindo-o por uma fase de cumprimento da sentença. Com efeito, é medida de coerção indireta que busca, de um lado, estimular o devedor ao cumprimento voluntário da obrigação constante na sentença condenatória e, do outro lado, puni-lo pelo inadimplemento com multa (sanção legal). Assim, juntamente com outros instrumentos, como a multa cominatória e a possibilidade de parcelamento da dívida, concorrem para uma prestação jurisdicional mais célere em obediência aos princípios constitucionais. Dessa forma, para o Min. Relator, no plano teórico, não haveria incompatibilidade entre a regra do art. 475-J do CPC e o processo do trabalho; ao contrário, o primeiro, pela sua racionalidade, guardaria estreita relação com o processo trabalhista. Quanto ao argumento de não ser possível a aplicação analógica do artigo em comento no processo trabalhista, no qual persiste o processo de execução autônomo, informa que não haveria empecilho, visto que o instituto em questão é instrumento de coerção, não de execução. Nesse sentido, para o Min. Relator, basta dizer que o comportamento omissivo do devedor é que dá ensejo à sanção, a qual antecede o próprio início da fase de cumprimento de sentença. Logo, não se vislumbraria a tese de incompatibilidade sistêmica entre o citado artigo e o modelo de execução trabalhista em processo autônomo. *Quanto a não ser possível aplicação analógica porque a CLT já teria regulado suficientemente o processo do trabalho e aí faltaria o pressuposto para aplicação da analogia que é a lacuna da lei, afirma o Min. Relator, entre outros argumentos, que dos arts. 880 a 883 da CLT não se extrai que esteja prevista medida de coerção indireta semelhante à do art. 475-J do CPC ou, tampouco, que esses artigos tenham excluído a possibilidade de aplicação por analogia do previsto no dispositivo em comento. Quanto ao art. 889 da CLT expressamente determinar que, em caso de omissão, dever-se-ia aplicar subsidiariamente a Lei de Execuções Fiscais, segundo o Min. Relator, para enfrentar esse argumento, deve-se levar em conta o art. 769 da CLT — o qual também aponta que, nos casos omissos, aplica-se o direito processual comum. Assim, explica que o art. 889 da CLT deve conviver com o art. 769 da CLT. Sendo assim, embora o processo do trabalho deva socorrer-se na Lei de Execução Fiscal, não pode descuidar-se do processo civil comum, especialmente quanto à aplicação dos institutos mais afeitos ao processo trabalhista. Aponta que, com essa orientação, o TST tem aplicado a multa do art. 538, parágrafo único, do CPC, quando interpostos embargos declaratórios protelatórios. Informa ainda que, embora haja precedentes, não está pacificada, no TST a aplicação analógica do art. 475-J do CPC no processo do trabalho, contudo sua aplicação não encontra nenhum obstáculo de ordem técnica e propicia a realização de uma tutela jurisdicional mais adequada e efetiva. Por último, ressalta caber, na hipótese dos autos, a aplicação do princípio* in dubio pro operario, *a autorizar o entendimento firmado no acórdão recorrido. Diante do exposto, a Turma negou provimento ao recurso da CEF. Precedentes citados do TST: RR 135800-87.2006.5.13.0006, DEJT 4.12.2009; RR 21400-14.2007.5.01.0021, DEJT 7.5.2010; RR 1539876-76.2005.5.01.0900, DJ 13.6.2008; AIRR 467740-26.2005.5.09.0658, DJ 20.6.2008, e AIRR 34540-85.2004.5.02.0444, DJ 27.6.2008. REsp 1.111.686-RN*, Rel. Min. Sidnei Beneti, julgado em 1º.6.2010.

38. DA SUBSTITUIÇÃO PROCESSUAL — POSIÇÃO DO STF

Em decisão recente, o Supremo Tribunal Federal, por sua douta maioria, decidiu que nos termos do art. 8º, III, da Constituição, a substituição do sindicato é ampla não só em termos de direito coletivo, mas também de direito individual:

"Concluído julgamento de uma série de recursos extraordinários nos quais se discutia sobre o âmbito de incidência do inciso III do art. 8º da CF/88 ("*ao sindicato cabe a defesa dos direitos e interesses coletivos ou individuais da categoria, inclusive em questões judiciais e administrativas;*") — v. Informativos 84, 88, 330 e 409. O Tribunal, por maioria, na linha da orientação fixada no MI 347/SC (DJU de 8.4.94), no RE 202063/PR (DJU de 10.10.97) e no AI 153148 AgR/PR (DJU de 17.11.95), conheceu dos recursos e lhes deu provimento para reconhecer que o referido dispositivo assegura ampla legitimidade ativa *ad causam* dos sindicatos como substitutos processuais das categorias que representam na defesa de direitos e interesses coletivos ou individuais de seus integrantes. Vencidos, em parte, os Ministros Nelson Jobim, Cezar Peluso, Eros Grau, Gilmar Mendes e Ellen Gracie, que conheciam dos recursos e lhes davam parcial provimento, para restringir a legitimação do sindicato como substituto processual às hipóteses em que atuasse na defesa de direitos e interesses coletivos e individuais homogêneos de origem comum da categoria, mas apenas nos processos de conhecimento, asseverando que, para a liquidação e a execução da sentença prolatada nesses processos, a legitimação só seria possível mediante representação processual, com expressa autorização do trabalhador." RE 193503/SP, RE 193579/SP, RE 208983/SC, RE 210029/RS, RE 211874/RS, RE 213111/SP, RE 214668/ES, rel. orig. Min. Carlos Velloso, rel. p/ o acórdão Min. Joaquim Barbosa, 12.6.2006. (RE-193503) (RE-193579) (RE-208983) (RE-210029) (RE-211874) (RE-213111) (RE-214668)

A decisão da Excelsa Corte adotou posição contrária àquela que já havia conseguido o consenso nas jurisdições inferiores, inclusive da mais alta Corte Trabalhista, de conformidade com o Enunciado n. 310, recentemente cancelado para adequar-se ao novo direcionamento ditado pelo STF.

Não nos parece que a posição ora adotada seja a melhor, pois transforma o trabalhador em relativamente capaz, dando poderes excessivos aos sindicatos. Não temos como válidos os argumentos ventilados por associações de classe de juízes de que com isso será reduzido o número de processos. Ora, nada impedia ou impede que os sindicatos ajuízem ações plúrimas, sempre que possível, reduzindo, assim, o número de ações. A verdade é que os sindicatos sempre buscam maior poder de pressão sob a categoria para exigir a sindicalização, inconformados com o inciso V, do art. 8º, da Constituição. Todavia, não se podem desconhecer as duas faces de uma mesma realidade: se, de um lado, nos grandes centros, temos sindicatos confiáveis, na maioria das regiões do país, os sindicatos não correspondem às exigências da categoria, pois foram criados com finalidade preconcebida de receber parte do chamado "imposto sindical" e de direcionar apaniguados para os cargos de "juízes classistas", estes em boa hora extirpados da Justiça do Trabalho pela EC n. 24/99.

Por outro lado, a substituição processual (legitimidade processual) em sede trabalhista é diferente da civilista onde vai buscar alento (art. 6º do CPC, art. 18 do CPCn). Enquanto no processo comum a substituição poderá ser exclusiva ou concorrente, no processo do trabalho não existe a substituição exclusiva em sede individual, pois será sempre concorrente. Disso resulta, que o sindicato não é o senhor absoluto, com poderes para proibir o trabalhador de tomar a direção da ação. O trabalhador poderá assumir a posição de autor no momento que isso lhe parecer oportuno. E como não existe a possibilidade da permanência simultânea de sindicato e de autor, o sindicato sai da posição de substituto processual, podendo permanecer na posição de representante sindical. Ainda que o trabalhador não assuma a posição, bastará que a parte que ocupa o polo passivo na lide requeira o depoimento do "substituído" para que este tenha obrigatoriamente de ocupar o polo ativo na qualidade de autor, pois só assim poderá ser ouvido na ação, com a possibilidade de incorrer em confissão real. Se requerido pela parte, a sua vinda é obrigatória, sob pena de cerceamento de defesa e possível nulidade da sentença que vier a ser proferida.

Tenha-se em mente que a substituição processual trabalhista é atípica, pois o sindicato não tem qualquer interesse no direito substancial, fato que impedirá o trabalhador de integrar a lide na qualidade de litisconsorte. Finalmente, o sindicato não terá poderes para transigir, confessar, desistir da ação ou reconhecer o direito da parte adversa. Nesse sentido, a doutrina universal, encabeçada por Chiovenda, citado por Waldemar Mariz de Oliveira Jr. (*Substituição Processual*. Ed. Revista dos Tribunais, 1971, p. 90 e 91).

A posição ora adotada pelo Supremo Tribunal Federal não mereceu o referendo de nada menos do que cinco Ministros que optavam em que o poder do sindicato se mantivesse em sede coletiva e em sede individual restrita ao direito individual homogêneo referente à categoria. Essa era a posição que já alcançara consenso nas jurisdições ordinárias. O tempo dirá do acerto ou não da Excelsa Corte ou da necessidade de retroceder pressionada pela realidade.

Em recente julgamento, o relator, Ministro Dalazen, no Recurso de Revista n. 590378/1999.2, ressaltou seu entendimento sobre o tema ao considerar que a hipótese de substituição processual não é irrestrita, mas limitada à proteção de direitos e interesses coletivos ou individuais da categoria. Em relação à segunda espécie, foi ressaltado que nem todos os direitos individuais admitem a defesa pelo sindicato. A prerrogativa alcança os interesses decorrentes de uma origem comum, os chamados interesses individuais homogêneos, que podem ser defendidos em juízo tanto pelo indivíduo quanto pelo sindicato.

Não nos parece que teria sido essa a intenção da Excelsa Corte, qual seja, a de restringir a substituição aos direitos individuais homogêneos, pois foi esse o motivo em que apoiaram os votos divergentes de 5 (cinco) Ministros, reduzindo a conclusão a uma minoria apertadíssima. Por esse motivo, defendemos a tese de que o julgamento de inconstitucionalidade deveria ser sempre referendado por 2/3 (dois terços) dos 11 (onze) Ministros. A maioria simples não é convincente. Seria essa forma também um ato de cordialidade com Poder Legislativo e ao mesmo tempo fortaleceria a conclusão da Excelsa Corte, por uma maioria qualificada.

39. EXCESSO DE EXECUÇÃO — FISCALIZAÇÃO PELO JUIZ

É importante dizer que a obediência absoluta à coisa julgada deve ser exigida pelo juiz da execução. Advém daí duas hipóteses: na primeira, poderá acontecer que o exequente execute menos do que lhe seria devido e isso passe despercebido pelo juiz, já que o executado, na maioria dos casos, concordará, ao arrepio do princípio de lealdade processual e de boa-fé.

Esse lapso, todavia, não deságua na preclusão, e o valor deixado para trás poderá ser executado a qualquer momento. Não se pode falar em preclusão, em razão de não poder ela desdizer a coisa julgada, que, de resto, era obrigação do juiz verificar, por absoluto dever de ofício.

A segunda hipótese diz respeito ao excesso de execução. Como dissemos, o juiz da execução deverá estar atento para não permitir o excesso, pois tem ele a função de guardião da coisa julgada. Em havendo o excesso, este poderá ser eliminado a qualquer momento ou grau de jurisdição, a requerimento da parte ou de ofício pelo juiz ou relator. A exemplo do que sucede com a execução feita a menor, o excesso também não preclui.

Verifica-se, na prática, uma certa erronia, normalmente quando o juiz assina, sem conferir, despacho feito na secretaria, com o seguinte teor: "Diga a parte sobre os cálculos apresentados, sob pena de serem homologados." O primeiro erro verifica-se ao transferir para a parte a responsabilidade pela obediência à coisa julgada, quando essa responsabilidade é do juiz; a segunda é penalizar a parte, como se a sua negativa pudesse desdizer a coisa julgada que, de resto, somente poderá ser contestada por meio de ação rescisória e, mesmo assim, dentro do prazo decadencial de dois anos.

Em algumas Varas, a erronia se repete no julgamento de embargos à execução, quando a parte não impugnou os cálculos apresentados e estes excedem a execução. Ao julgar os embargos, o juiz diz apenas: "Preclusa a oportunidade, já que a parte não impugnou os cálculos. Rejeitam-se os embargos." Em suma: reconhece-se a preclusão, onde não ela existe, e a usa para afrontar e desdizer a coisa julgada, como se isso fosse possível. Tudo em prejuízo do exequente ou do executado, quando cabia ao juiz fiscalizar o exato cumprimento da coisa julgada (§ 1º, do art. 879, da CLT). A coisa julgada pertence ao Estado e a preclusão não tem o condão de desdizê-la. Ao juiz, cabe o dever, do próprio ofício, de garantir que ela seja executada dentro dos limites subjetivos e objetivos. Na qualidade de *dominus processus*, não pode o juiz de qualquer grau de jurisdição adotar o facilitário para arrostar a *res judicata.*

40. DO PRINCÍPIO DA IMUNIDADE TEMPERADA ADOTADA PELO STF

"Estado empregador — Autonomia municipal. Sem qualquer respaldo jurídico a reclamada pretender a não aplicabilidade de norma federal ao Município. A autonomia municipal não pode ser levada a tais extremos, pena de subversão da própria ordem social" (TRT-SP 02880075780, ac. 4ª T., Rel. Juiz Francisco Antonio de Oliveira, Bol. TRT 23ª Reg. 04/90, p. 63.)

"Imunidade de Jurisdição — Reclamação trabalhista — Litígio entre Estado estrangeiro e empregado brasileiro — Evolução do tema na doutrina, na legislação comparada e na jurisprudência do Supremo Tribunal Federal — Da imunidade jurisdicional absoluta à imunidade jurisdicional meramente relativa — Recurso extraordinário não conhecido — Os Estados Estrangeiros não dispõem de imunidade de jurisdição perante o Poder Judiciário Brasileiro, nas causas de natureza trabalhista, pois essa prerrogativa do Direito Internacional Público tem caráter meramente relativo.

O Estado estrangeiro não dispõe de imunidade de jurisdição, perante órgãos do Poder Judiciário Brasileiro, quando se tratar de causa de natureza trabalhista. Doutrina. Precedentes do STF (RTJ 133/159 e RTJ 161/643-644)."

"Privilégios diplomáticos não podem ser invocados, em processos trabalhistas, para coonestar o enriquecimento sem causa de Estado estrangeiro, em inaceitável detrimento de trabalhadores residentes em território brasileiro, sob pena de essa prática consagrar censurável desvio ético-jurídico, incompatível com o princípio da boa-fé e inconciliável com os grandes postulados do direito internacional. O princípio resultante da imunidade de execução não inibe a justiça brasileira de exercer jurisdição nos processos de conhecimento instaurados contra Estados Estrangeiros — A imunidade de jurisdição, de um lado, e a imunidade de execução, de outro, constituem categorias autônomas, juridicamente inconfundíveis, pois — ainda que guardem estreitas relações entre si — traduzem realidades independentes e distintas, assim reconhecidas quer no plano conceitual, quer, ainda, no âmbito de desenvolvimento das próprias relações internacionais. A eventual impossibilidade jurídica de ulterior realização prática de título judicial condenatório, em decorrência da prerrogativa da imunidade de execução, não se revela suficiente para obstar só por si, a instauração, perante Tribunais Brasileiros, de processos de conhecimento contra Estados Estrangeiros, notadamente quando se tratar de litígio de natureza trabalhista. Doutrina. Precedentes." (STF — RE AgR 222368-PE — Rel. Min. Celso de Mello — DJU 14.02.2003, p. 70.)

O STF há quase duas décadas adotou o princípio da "imunidade temperada" com escudo na *European Convention on State Immunity and Additional Protocol*, o que significa que não existe imunidade em matéria trabalhista, quando o empregado é contratado no Brasil e aqui presta serviços ao organismo internacional. *Ver nossa obra "O Processo na Justiça do Trabalho, 5. ed. LTr, 2008, itens 1.57 e ss.*

41. DO DEPOSITÁRIO INFIEL E A POSIÇÃO DO STF

O Supremo Tribunal Federal modificou o entendimento com relação à prisão do depositário infiel, rompendo com tradição de várias décadas. A modificação do ponto de vista prático trará sérios inconvenientes, uma vez que o depositário, ainda que tenha agido dolosamente, não poderá ter a sua prisão decretada como vemos pela decisão abaixo da Excelsa Corte, por apertada maioria, revogada a Súmula n. 619.

O novo posicionamento da Excelsa Corte tem respaldo no §§ 2º e 3º, do art. 5º, da Constituição Federal, incluído pela Emenda Constitucional n. 45/2004, *in verbis*: "Os tratados e convenções internacionais sobre direitos humanos que forem aprovados em cada Casa do Congresso Nacional, em dois turnos, por três quintos dos votos dos respectivos membros, serão equivalentes às emendas constitucionais." O § 4º, inciso III, do art. 60, da Constituição Federal, a seu turno, já previa: "Não será objeto de deliberação a proposta de emenda tendente a abolir: inciso IV — os direitos e garantias individuais." Do que restou o entendimento de que a norma proveniente de tratado, desde que presentes os requisitos previstos no § 3º, do art. 5º, da Constituição, revogará a norma constitucional anterior, se mais benéfica ao direito individual, tornando-se imune a redução futura (cláusula pétrea). Tem-se, pois, que o constituinte derivado, demonstrando não conhecer a própria Constituição Federal, acabou entrando numa armadilha: deu *status* de norma constitucional ao tratado e à convenção internacional que, aprovados, passa a concorrer com as normas constitucionais vigentes, revogando aquela menos benéfica aos direitos humanos. Somente aqueles tratados e convenções que forem aprovados sem os requisitos do § 3º, do art. 5º, da Constituição Federal, terão o *status* de norma subalterna dentro do nosso ordenamento jurídico. O tratado de São José de Costa Rica foi aprovado no Brasil pelo Decreto Legislativo n. 27, de 25.9.1992 e promulgado pelo Decreto n. 678, de 6.11.1992, presentes os requisitos do § 3º, do art. 5º, da Constituição Federal.

> *"Prisão de Depositário Judicial Infiel e Revogação da Súmula n. 619 do STF — Na linha do entendimento acima sufragado, o Tribunal, por maioria, concedeu* habeas corpus, *impetrado em favor de depositário judicial, e averbou expressamente a revogação da Súmula n. 619 do STF ("A prisão do depositário judicial pode ser decretada no próprio processo em que se constituiu o encargo, independentemente da propositura de ação de depósito"). Vencido o Min. Menezes Direito que denegava a ordem por considerar que o depositário judicial teria outra natureza jurídica, apartada da prisão civil própria do regime dos contratos de depósitos, e que sua prisão não seria decretada com fundamento no descumprimento de uma obrigação civil, mas no desrespeito ao múnus público. HC 92566/SP, rel. Min. Marco Aurélio, 3.12.2008 (HC-92566)."*

Não há mais a possibilidade da prisão do depositário considerado infiel, salvo no caso de execução de prestação alimentícia. Concluiu o Ministro Celso de Mello que o Pacto de São José de Costa Rica assinado pelo Brasil sobre

Direitos Humanos, ratificado em 1992, proíbe em seu art. 7º, § 7º, a prisão civil por dívida, excetuado o devedor voluntário de pensão alimentícia. O mesmo ocorre com o art. 11 do Pacto Internacional sobre Direitos Civis e Políticos patrocinados em 1966 pela Organização das Nações Unidas (ONU), ao qual o Brasil aderiu em 1990. Até a Declaração Americana dos Direitos da Pessoa Humana, firmada em 1948, em Bogotá (Colômbia), com a participação do Brasil, já previa a proibição, enquanto a Constituição brasileira de 1988, ainda recepcionou legislação antiga sobre o assunto. O mesmo ocorreu com a Conferência Mundial sobre Direitos Humanos, realizada em Viena (Áustria), em 1993, com participação ativa da delegação brasileira, então chefiada pelo Ministro da Justiça e Ministro aposentado do STF Maurício Corrêa, que preconizou a prisão civil por dívida. Lembra, ainda, que a Constituição Federal, no § 2º, do art. 5º, dispõe que os direitos e garantias nela expressos "não excluem outros decorrentes do regime e dos princípios por ela adotados, ou dos tratados internacionais em que a República Federativa do Brasil seja parte".

O Ministro Gilmar Mendes não concede aos Tratados e Convenções Internacionais sobre direitos humanos a que o Brasil aderiu o *status* constitucional, mas apenas o de supralegal (acima da legislação ordinária), ressalvando a hipótese em que a norma for ratificada pelo Congresso Nacional de acordo com a EC n. 45 (§ 3º, do art. 5º, da CF), ou seja, votada pela maioria de dois terços em dois turnos de votação. Na ocasião, o Ministro advertiu para o que considerou "um risco para a segurança jurídica" a equiparação dos textos dos Tratados e das Convenções Internacionais ao *status* constitucional. Juntamente com Gilmar Mendes foram votos vencidos: Ministros Marco Aurélio, Ricardo Lewandowski, Cármen Lúcia e Direito de Menezes. *Habeas Corpus* n. 87.585. Processos relacionados: RE n. 349703 e RE 46634. No mesmo julgamento, foi cassada a Súmula n. 619 do STF.

A nova tomada de posição da Excelsa Corte, por douta e apertada maioria, cria uma situação de impasse nas lides judiciais, principalmente na fase executória. Urge que se estabeleça norma regimental em que haja a necessidade de concordância de dois terços dos Ministros para certos casos.

O fiel depositário nada mais é do que a *longa manus* do juiz da ação. Vale dizer, não tendo o juiz a possibilidade de guardar o bem penhorado, nomeia uma pessoa que pode ser o próprio proprietário do bem ou um terceiro que cuidará do bem como se seu fosse e o devolverá ao juiz tão logo seja determinado e isso soe acontecer por ocasião da hasta pública, quando o bem é arrematado ou adjudicado. Pelo direcionamento atual, se o fiel depositário negar-se a entregar ou mesmo desaparecer com o bem não poderá ser decretada a sua prisão, como previa a Súmula n. 619 do STF, agora revogada. Rompe-se com o princípio da autoridade. Cria-se mais uma oportunidade para o devedor dificultar e procrastinar um comando sentencial condenatório. A transformação da condenação em realidade torna-se mais difícil.

O óbice ora apontado pela Excelsa Corte com a análise da subscrição do Pacto de São José de Costa Rica, sem resguardar toda e qualquer matéria que fosse contrária à orientação prevista na Constituição Federal, foi antecedido de outros. Necessário que em todos os documentos internacionais, aos quais o Brasil aderiu sem ressalvas, que haja uma tomada de posição com o objetivo de ressalvar o texto constitucional, posto que, sem isso, o nosso sistema jurídico terá sérias dificuldades com o princípio da autoridade. Sem dúvida, os pactos, tratados e convenções assinados e ratificados pelo Brasil não foram antecedidos dos devidos cuidados.

Enquanto isso não acontece, não pode o juiz executor ficar sem meios que garantam o princípio da autoridade. O sistema jurídico tem de encontrar mecanismos idôneos para que haja efetividade do direito e do seu exercício. Tem-se, assim, no caso concreto, se a parte se negar a restituir o bem, deve o juiz determinar imediatamente a busca e apreensão, com a prisão de quem resistir. Esta ordem de prisão nada tem a ver com a infidelidade do depositário, mas com a resistência em entregar o bem (art. 329 do CP). Se o bem desapareceu em poder do depositário (proprietário do bem ou terceiro), deve o juiz determinar o arresto e remoção de tantos bens quantos bastem para cobrir o valor do bem desaparecido, os quais serão posteriormente levados à hasta pública. Todas essas providências serão tomadas sem prejuízo de o procedimento do depositário infiel ser enquadrado no crime de desobediência, a critério do Ministério Público (art. 330 do CP).

42. DA RENÚNCIA

Com a renúncia, o titular do direito material abre mão do seu direito. Com a renúncia, abre-se mão do próprio mérito. O titular do direito não necessita de autorização da parte adversa para renunciar. Diferentemente da desistência, a parte para desistir tem de pedir autorização para a parte contrária na ação e esta poderá concordar ou não. A desistência não terá nenhuma influência restritiva no patrimônio daquele que pleiteia a desistência e não impede que, se desistir da ação, outra venha a ajuizar, desde que não decorrido o prazo prescricionário ou decadencial. A desistência em sede executória, não significa que o exequente esteja abrindo mão da execução e poderá voltar a executar a qualquer momento. Como regra, o executado não deve concordar com a desistência, pois que esta certamente lhe será prejudicial pelos juros e correção monetária que se somarão ao tempo parado. A renúncia transita em julgado formal e materialmente, pouco importando se a homologação foi monocrática ou de colegiado.

Primeira Seção

AR. RENÚNCIA. COISA JULGADA MATERIAL.

Nos termos do art. 269, V, do CPC, o provimento jurisdicional que acolhe a renúncia ao direito sobre o qual se funda a ação tem natureza de sentença de mérito, produzindo coisa julgada material. Logo, cabe ação rescisória do referido ato, caso presentes os pressupostos do art. 485 do CPC. Ademais, conforme dispõe o art. 38 do referido *codex*, a renúncia ao direito litigioso só pode ser manifestada validamente por procurador investido de poderes especiais e expressos. Assim, a Seção deu provimento à ação rescisória. Precedente citado: STJ. AgRg na AR 3.737-SC, DJe 3.3.2008. **AR 3.506-MG, Rel. Min. Teori Albino Zavascki, julgada em 26.5.2010. Informativo-n.-0436 Período: 24 a 28 de maio de 2010.**

DO CRÉDITO TRABALHISTA. FALÊNCIA. RESPONSABILIDADE DOS SÓCIOS

Não se pode perde de vista que, em caso de dificuldade de prosseguir a execução na Justiça do Trabalho por ausência de bens da empresa que garantam à execução, posto que arrecadados pelo administrador judicial, poderá a parte penhorar bens de sócios da empresa falida, uma vez que as prerrogativas concedidas à pessoa jurídica, não se estende ao sócio ou aos administradores da S.A. O patrimônio do sócio, não obstante goze este do benefício de ordem (art. 596 do CPC, art. 795, § 1º, do CPCn), será penhorado, simplesmente porque não conseguirá indicar bens da falida desembaraçados e que possam dar respaldo à execução. Nesse caso, o sócio poderá se habilitar junto à falida para se ressarcir, sem os benefícios que seriam concedidos ao crédito trabalhista. Essa via pode e deve ser utilizada. O crédito trabalhista tem natureza jurídica alimentar. Cuida, pois, da própria sobrevivência do trabalhador e da sua família. O trabalhador não pode correr o risco do empreendimento, pois, como regra, não participa dos lucros. A força do trabalho é irrecuperável e não tem a possibilidade de ingerência sobre os objetivos econômicos e financeiros da empresa. A sua relação entre a empresa e os motivos que ocasionaram a "quebra" é de ***res inter alios***. É mais ou menos comum, a pessoa jurídica pedir falência e os sócios continuarem com os seus patrimônios em estado de excelência. Tanto no passado como atualmente, a falência poderá ser preparada com antecedência e tornar-se um meio hábil de enriquecimento dos sócios. O sócio solidário (art. 6º da LF) tem suspensa a prescrição dos seus créditos junto aos credores.

RECUPERAÇÃO JUDICIAL — REENGENHARIA DO STF. ARTIGO 54 FOI REINVENTADO, ALI ACRESCENTANDO-SE O INCISO PRIMEIRO DO ART. 83. ESTE ARTIGO DIZ RESPEITO Á FALÊNCIA. O ART. 54 DIZ RESPEITO À RECUPERAÇÃO JUDICIAL

No Recurso Extraordinário n. 583955, o STF decidiu que o juiz responsável pelo processo de recuperação de empresas é competente para executar créditos trabalhistas. Diz o relator, Ministro Ricardo Lewandowski em determinado ponto do acórdão:

"A lei em questão alterou a antiga lei de falências, estabelecendo, em seu art. 60 que, se o plano de recuperação judicial aprovado envolver alienação judicial de filiais ou de unidades produtivas isoladas do devedor, caberá ao juiz ordenar a sua realização, dentro de critérios estabelecidos no artigo 142 da própria lei. E, no parágrafo único deste artigo (refere-se ao art. 60), a mencionada lei liberou o objeto da alienação de qualquer ônus, estabelecendo, ainda, que não haverá sucessão do arrematante nas obrigações do devedor inclusive as de natureza tributária, observadas as condições estabelecidas no parágrafo 1º do art. 141 desta lei."

O artigo 60 manda observar o disposto nos arts. 141 e 142 da LF. O § 1º trata das exceções em que o arrematante levará o bem com o ônus da sucessão. O art. 142 delineia as regras para a alienação judicial (leilão, por lances orais, propostas fechadas e pregão). Vê-se que a recuperação judicial está regida pelos artigos 47 a 74. A remessa aos artigos 141 e 142 é uma exceção subsidiária, posto que a falência está regida pelos artigos 75 a 160. O art. 6º também excepciona e normatiza para a falência e para a recuperação judicial em função da prescrição, da apuração do crédito, processamento das execuções trabalhistas, reserva de valores, prazo, habilitação e para dizer que as execuções fiscais não serão suspensas.

Conclui o v. acórdão: "Neste caso, os créditos de natureza alimentar, ou seja, valores devidos no montante até cinco salários mínimos vencidos nos três meses anteriores ao pedido de recuperação judicial, devem ser agora pagos dentro de 30 dias (parágrafo único do art. 54 da Lei n. 11.101)."

"Quanto aos de valores que vão até 150 salários mínimos, o prazo é de um ano (art. 54, *caput*), da mesma lei). Já quem tiver crédito oriundo de relação trabalhista de valor mais elevado o que exceder a 150 salários minimos será inscrito como crédito quirografário (destituído de qualquer privilégio ou preferência."

Note-se que o art. 54 fala expressamente sobre o pagamento em 30 dias de crédito de natureza alimentar até cinco (5) salários mínimos. De um ano para o pagamento dos créditos trabalhistas e acidentários, mas em nenhum momento menciona o pagamento dos 150 salários mínimos, ou sobre o excesso que deverá ser inscrito como quirografário. Esta parte está expressa no art. 83, I e VI, letra "c".

O comando do art. 54 proíbe a empresa em recuperação judicial de indicar prazo superior para o pagamento dos créditos trabalhistas e acidentários, na sua totalidade.

O art. 83, I e VI, "c", que rege a falência, foi autorizado com a nova redação dada ao art. 186 da Lei n. 5.172/1966 (Código Tributário Nacional), com a intervenção da Lei Complementar n. 118/2005, isto é, autorizou para o regime falimentar, não, evidentemente, para a recuperação judicial que tem regras próprias e definidas, como se verifica do art. 50, VIII.

O art. 60, que cuida de plano de recuperação judicial, libera a alienação de ônus de sucessão ao arrematante nas obrigações do devedor, inclusive as de natureza tributária, observado o disposto no § 1º do art. 141 desta lei. O § 1º diz que não se aplica o inciso II (haverá sucessão no caso de alienação), quando o arrematante for: I — sócio da sociedade falida, ou sociedade controlada pela falido; II — parente, em linha reta ou colateral até o 4º grau, consanguíneo ou afim, do falido ou de sócio da sociedade falida; ou III — identificado como agente do falido com o objetivo de fraudar a sucessão.

Nesta parte, a recuperação judicial (art. 60, 2ª parte) e a falência (art. 141, II) possuem a mesma normatização que proíbe a sucessão na alienação, com a exceção expressa no § 1º do art. 141.

Entretanto, o art. 54, reengenhado (legislado mesmo) pela Excelsa Corte, tornou-o híbrido com o acréscimo das normas do art. 83, I e VI, letra "c", modificando a estrutura e conteúdo do artigo aprovado pelo Poder Legislativo.

O argumento foi o do "princípio da universalidade" do juiz falimentar. O Ministro Celso de Mello, que acompanhou o voto do relator, argumentou que se acolhida a pretensão da autora da ação "desarticularia a coerência do sistema instituído pela Lei n. 11.101/05".

A pretensão da autora era o de que não se aplicasse ao processo de recuperação judicial as regras do art. 83, I e VI, "c", só deferidos à falência. Por outro lado, o princípio da universalidade já está garantido com a habilitação na falência e na recuperação judicial.

Eis o art. 54 na sua redação original:

> "O plano de recuperação judicial não poderá prever prazo superior a 1 (um) ano para o pagamento dos créditos derivados da legislação do trabalho ou decorrentes de acidente de trabalho vencidos até a data do pedido de recuperação judicial.
>
> Parágrafo único. O plano não poderá, ainda, prever prazo superior a 30 (trinta) dias para o pagamento, até o limite de 5 (cinco) dias para o pagamento, até o limite de 5 (cinco) salários mínimos por trabalhador, dos créditos de natureza estritamente salarial vencidos nos 3 (três) meses anteriores ao pedido de recuperação judicial."

Eis o art. 54 com o acréscimo do art. 83, I, e V, "c", feito ao parágrafo único:

> "O plano de recuperação judicial não poderá prever prazo superior a 1 (um) ano para o pagamento dos créditos derivados da legislação do trabalho ou decorrentes de acidente de trabalho vencidos até a data do pedido de recuperação judicial.

☑ Nota: O pagamento é pela totalidade (art. 449 da CLT) ou em conformidade com o inciso II, do art. 50 da LF, autorizada a flexibilização pelo inciso VI, do art. 7º, da Constituição Federação.

> Parágrafo único. O plano não poderá, ainda, prever prazo superior a 30 (trinta) dias para o pagamento, até o limite de 5 (cinco)dias para o pagamento, até o limite de 5 (cinco) salários mínimos por trabalhador, dos créditos de natureza estritamente salarial vencidos nos 3 (três) meses anteriores ao pedido de recuperação judicial."

Eis abaixo o acréscimo ao parágrafo único de matéria específica do processo falimentar, agora também para recuperação judicial:

"Os créditos derivados da legislação do trabalho, limitados a 150 (cento e cinqüenta) salários mínimos por credor."

☑ Nota: Silenciou quanto ao acidente de trabalho, previsto no final do inciso I do art. 83. O silêncio quanto ao crédito acidentário significa que este tomou preferência superior ao crédito trabalhista, causando maus-tratos ao art. 186 do CTN.

Entretanto, o art. 50, que alberga a "RECUPERAÇÃO JUDICIAL", no inciso VIII, comanda que:

Caput — "Constituem meios de recuperação judicial, observada a legislação pertinente a cada caso, dentre outros: **VIII — redução salarial, compensação de horário e redução da jornada, mediante acordo ou convenção coletiva."**

A legislação a ser observada é o art. 186 do Código Tributário Nacional, o art. 449, §§ 1º e 2º, da CLT, art. 7º, inciso VI da CF (irredutibilidade de salário, salvo mediante acordo coletivo ou convenção coletiva, princípio da flexibilização).

A interpretação feita pelo STF deu ao art. 54 uma redação híbrida em que se defere para a "Recuperação Judicial" as mesmas prerrogativas da falência, sem que haja autorização legal. Todavia, para a redução da prerrogativa da preferência do art. 83, I e VI, "c", foi necessária a modificação redacional do art. 186 do Código Tributário Nacional pela Lei Complementar n. 118/2005 para servir às finalidades da Falência no art. 83, I e VI, não à "recuperação judicial". Não há nenhuma autorização da lei estendendo os mesmos benefícios à recuperação judicial.

O Supremo Tribunal Federal, máxima vênia, num trabalho de reengenharia legislativa, deu nova redação ao art. 54 da Lei de Falências, que cuida da Recuperação Judicial, onde inclui a redação constante do art. 83, inciso I, VI, "c". Vale dizer, pela via interpretativa, aquela Corte Máxima criou um artigo híbrido com excelentes resultados prejudiciais ao trabalhador.

O resultado é que o trabalhador, que não corre o risco do empreendimento, que não participa dos lucros, que não tem voz no gerenciamento da empresa, cuja força de trabalho que enriqueceu a empresa não pode ser restituída, que não teve nenhuma participação nos fatos que determinaram a falência ou a recuperação judicial, já foi castigado pela Lei de Falência, quando não mediram esforços para desprestigiar o crédito de natureza alimentar, modificando o art. 186 do CTN, que cuida da preferência, por meio da Lei Complementar n. 118/2005, para conseguir o art. 83, I e VI, reduzir expressivamente a preferência a 150 salários mínimos, transformar em crédito quirografário o restante.

Já agora, por meio de douta interpretação, a Excelsa Corte equiparou o processo de recuperação judicial ao processo falimentar e acrescento ao parágrafo único do art. 54, os inciso I e VI, "c" do art. 83, levando de roldão os arts. 186 do CTN, o art. 449 da CLT, o art. 50, inciso VIII, da Lei de Falências, art. 7º, inciso VI e, decerto, o art. 485, V, do CPC.

Produção Gráfica e Editoração Eletrônica: GRAPHIEN DIAGRAMAÇÃO E ARTE
Projeto de Capa: FABIO GIGLIO
Impressão: PAYM GRÁFICA E EDITORA